KB198390

공급망 붕괴의 시대

HOW THE WORLD RAN OUT OF EVERYTHING

Copyright © 2024 by Peter S. Goodman
All rights reserved.

Korean translation copyright © 2025 by SEJONG BOOKS, INC
Published by arrangement with Mariner Books, an imprint of HarperCollins Publishers
through EYA Co.,Ltd.

이 책의 한국어판 저작권은 EYA Co.,Ltd 를 통해
Mariner Books, an imprint of HarperCollins Publishers와
독점 계약한 세종서적㈜이 소유합니다.
저작권법에 의하여 한국 내에서 보호를 받는 저작물이므로
무단 전재 및 복제를 금합니다.

반도체칩부터 생필품까지, 글로벌 공급망의 숨겨진 이야기

공급망 붕괴의 시대

피터 굿맨
지음

장용원
옮김

HOW THE WORLD RAN OUT OF EVERYTHING

세종

미국 공급망의 주요 항구

시애틀항
워싱턴주
사우스다코타
미시간
펜실베이니아
뉴욕항·뉴어크항
볼티모어항
오클랜드항
캘리포니아
캔자스
미주리
노스캐롤라이나
사우스캐롤라이나
로스앤젤레스항 • • 롱비치항
찰스턴항
조지아
미시시피
서배너항
텍사스
휴스턴항

일러두기

- 본문에서 괄호 안의 내용은 저자의 보충 설명이다.
- 각주의 ●표시는 역자 주이다.
- 주요 항구, 산업 도시의 위치를 지도 검색으로 확인하며 읽기를 추천드린다.

2부 대양을 가로질러

3부 본국으로 귀환한 세계화

한국어판 서문

현대자동차는 미국 남동부에 최첨단 공장을 건설하면서 이 공장이 세계 경제를 뒤흔드는 격동적인 사건에 대비한 보험이 되어 줄 것으로 기대했다.

현대는 76억 달러를 들여[1] 조지아주의 작은 마을에 세운 이 공장에 회사의 열망을 보여주듯 메타플랜트아메리카라는 거창한 이름을 붙였다. 메타플랜트아메리카는 현대, 기아, 제네시스 등의 브랜드를 단 전기 자동차를 비롯해 한국의 자동차 대기업 현대가 설계한 최신 자동차의 생산 거점으로 활용될 예정이었다.

현대는 미국에 공장을 건설함으로써 앞으로 들어설 미국 정부가 대한국 무역 적자가 심각하다고 판단해 어떤 관세 정책을 펴더라도 그 영향을 최소화할 생각이었다. 신차는 미국 땅에서 미국 노동자에 의해 만들어질 터였다. 현대자동차에는 이것이 국가주의적 열의가 넘치는 시대를 버티게 해줄 위안의 원천이었다. 이 공장은 북미 공급망을 활용함으로써 부품 조달의 국제 해운업계 의존도도 낮춰줄 터였다. 국제 해운업 카르텔은 팬데믹 기간에 공공연하게 바가지요금을 받아 공장과 소비자 사이의 거리를 좁혀야 한다는 생각을 불러일으켰었다.

특히 현대는 이 새 공장 덕분에 바이든 정부가 전기 자동차 보급을 촉진하기 위해 제공하는 세금 공제 혜택을 받을 수 있게 될 참이었다. 세금 공제 혜택에는 미국산 배터리를 사용해 미국에서 자동차를 생산해야 한다는 조건이 붙어 있었다. 현대 경영진은 이 조항이 역대 미국 지도자들이 설파한 자유 무역 정신에 위배된다며 항의했었다. 하지만 이 공장의 존재는 현대가 어쩔 수 없이 국제 통상에 적용되는 새로운 규칙을 받아들였다는 사실을 증명하는 것이었다.

미국은 사실상 거의 모든 분야에서 세계 최대의 소비 시장이다. 광활한 미국 땅에서 교외에 거주하는 사람들에게는 직장에 가기 위해 또는 아이들을 축구 연습장에 데려가기 위해 SUV가 필요하다. 현대는 영리하게도 넓은 태평양을 건너지 않고도 이런 수요를 돈으로 연결할 수 있는 수단에 투자했다.

그러던 중 2024년 11월 도널드 J. 트럼프가 대통령에 재선되면서 이 시스템에 새로운 충격이 닥쳤다.

트럼프는 관세에 사로잡힌 사람이다. 그는 첫 번째 재임 기간에 무역 전쟁을 시작했는데, 백악관을 되찾으면 이 전쟁을 강화하겠다고 약속했다. 그는 모든 중국산 수입품에 60%에 이르는 일률적인 관세를 부과하는 한편, 멕시코와 캐나다에서 미국으로 들어오는 모든 상품에도 25%의 관세를 물리겠다고 했다. 대미 무역 흑자를 기록하는 나라는 모두 결국은 미국의 관세 부과 대상이 될 위험에 처할 것으로 보였다. 그것만으로도 현대가 조지아주에 공장을 지은 것이 현명했다는 사실을 확인시켜 주는 것 같았다.

하지만 트럼프 당선인은 전기 자동차를 일자리 킬러로 묘사하는 등 전기 자동차에도 적대적이었다.[2] 이런 입장 덕분에 그는 제조업 근로자들의 표를 긁어모을 수 있었다. 화석 연료 업계로부터 선거 자금을 모금할 수 있었던 것은 말할 필요도 없다. 그는 현대가 조지아 공장을 건설한 동기가 되었던 세금 공제 혜택을 겨냥하고 있다.

일부 전문가들은 트럼프가 억만장자 일론 머스크의 조언을 듣는다는 사실을 근거로 세금 공제 혜택이 유지되리라는 희망적인 전망을 했다. 이들은 머스크가 미국 전기 자동차의 거인 테슬라의 CEO이므로 가솔린차를 전기차로 바꾸도록 장려하는 정책을 선호할 것으로 생각했다. 하지만 머스크는 지난 정부의 유물이자 경쟁사를 지원하는 정책인 세금 공제 혜택을 폐지하는 것을 선호하는 것으로 밝혀졌다.[3] 현대 같은 회사의 자동차가 미국에서 보조금을 받지 못하면 테슬라의 판매량이 늘어날 것이기 때문이었다.

이 말은 거대한 현대자동차 신공장의 경제성이 갑자기 불확실해졌다는 뜻이었다.

이런 우려는 트럼프가 멕시코 수입품에 관세를 부과하겠다고 언급함으로써 더 심화되었다. 멕시코는 자동차 부품의 주요 공급처이자 북미 무역 블록의 핵심 국가다. 이런 멕시코의 수입품에 관세가 부과되면 현대는 조지아 공장에 쓸 부품과 원자재 조달에 어려움을 겪을 터였다.

트럼프는 미국 제조업의 일자리를 늘리겠다는 명분으로 무역 전쟁을 추구하고 있다. 하지만 현대는 트럼프가 취임하기도 전에 조지아 공장의 생산을 감축하고 미국 시장에 판매할 차량을 한국 공장에서 생산하는 방안을 검토하고 있는 것으로 알려졌다.

나는 2년 전에 취재차 멕시코 북부에 갔다가 그곳을 방문한 한국 기업 대표단과 마주친 적이 있다. 그들은 몬테레이시 인근에 공장 부지를 물색하고 있었다. 그중 한 사람은 나에게 자기네 회사는 미국 고객사의 요청 때문에 어쩔 수 없이 멕시코에 공장을 지어야 한다고 했다. 그의 회사는 텍사스주에 공장이 있는 미국의 상징적 브랜드 존 디어에 건설 장비 부품을 납품하는 회사였다. 존 디어는 한국에 있는 납품업체의 공장에서 부품을 운송하는 과정에 발생하는 지연과 비용 상승을 더는 참을 수 없었다. 그리하여 납품업체에 공장을 미국 가까이 옮기지 않으면 거래를 끊을 수도 있다고 협박했다. 그래서 이 회사는 도로나 철로로 5시간 안에 존 디어 공장에 도달할 수 있는 지역에 공장을 짓기 위해 멕시코로 눈을 돌렸다.

한국에서 온 이 대표는 세계화는 끝났다고 말했다. 그러면서 앞으로는 지역 공급망이 대세가 될 것이라고 했다.

그렇다면 트럼프의 두 번째 재임 기간에는 어떤 일이 일어날 것인가? 멕시코는 여전히 중국에서의 생산을 대체할 중요한 대안으로 남을 것인가, 아니면 미국이 관세를 부과해야 한다고 생각할 만한 위협이 될 것인가? 한국 기업은 미국의 핵심 동맹국이라는 한국의 지위 덕분에 트럼프의 분노에서 벗어날 수 있을 것인가, 아니면 조만간 자칭 '관세 맨'인 트럼프의 표적이 될 것인가? 이것들은 모두 많은 것이 걸려 있는 거대한 변수다.

한국 기업은 오랫동안 세계화의 기회를 능숙하게 활용해 왔다. 삼성, LG, 현대 등은 국내 대기업에서 세계적인 인기 브랜드로 성장해 엄청난 매출을 올리면서 뛰어난 디자인으로 명성을 떨치고 있다. 이들은 빠르게 바뀌는 소비자 취향에 맞춰 가면서 글로벌 공급망과 유통망을 구축했다.

하지만 규칙은 끊임없이 빠르게 바뀌고 있다. 그 변화의 속도가 너무 빨라 갈수록 경쟁 우위를 유지하는 일은 힘들어지고 있다.

메타플랜트아메리카는 미국 시장에 팔 상품을 미국 내에서 만드는 것의 가치에 베팅한 것이었다. 분명히 기념비적인 일이었지만 정확히 무엇을 보여주는 기념비로 남을까? 현명한 투자로 기록될까, 아니면 미래에 일어날 일은 예측하기 어렵다는 교훈으로 기억될까?

피터 S. 굿맨
뉴욕, 2024년 12월

"세상이 무너져 버렸어"

남부 캘리포니아는 항구가 봉쇄된 것처럼 보였다.

서로 긴밀히 연결된 로스앤젤레스항과 롱비치항 앞바다, 태평양의 차가운 물 위에 50척이 넘는 거대한 선박이 발이 묶인 채 떠 있었다. 이들 선박이 부두에 정박해 화물을 하역할 차례를 기다리는 시간이 며칠이면 될 줄 알았는데 몇 주로 늘어났다. 궁금증을 못 이긴 일부 호사가들이 망원경을 들고 물가로 가서 검푸른 수평선까지 줄지어 늘어선 배를 세어 보려고 했지만 헛일이었다.

전쟁 때문이 아니었다. 세계 경제가 멈춰서면서 보인 모습이었다.

2021년 10월, 지구는 100년 만에 만난 최악의 팬데믹에 점령당했다. 국제 통상은 여기저기서 기능 장애를 일으켜 사람들을 당혹하게 했다. 원래의 지리가 바뀌어 바다가 넓어지기나 한 듯이 중국의

공급망 붕괴의 시대

공장에서 미국의 대형 마트에 이르는 거리가 더 멀어졌다.

컨테이너선의 크기를 고려할 때(가장 큰 컨테이너선은 길이가 자유의 여신상 높이의 네 배가 넘는다) 발이 묶인 선박 하나만 따져도 목적지에 도착하지 못한 주문품의 양이 엄청나다는 것을 알 수 있었다. 거대한 선박의 갑판에는 의류, 전자제품, 자동차 부품, 가구, 냉장 과일, 장난감, 의료 장비, 음료수, 그리고 페인트에서 의약품에 이르기까지 다른 제품의 원료로 쓰이는 화학물질이 가득 담긴 드럼통 등 현대 생활에서 상상할 수 있는 모든 물품이 하늘 높이 쌓여 있었다.

대기 중인 선박 가운데 중국의 농업 대기업 이하이케리인터내서널이 보낸 컨테이너 138개를 실은 홍콩 선적의 화물선 CSCL스프링호가 있었다.[1] 이들 컨테이너에는 카놀라박(粕) 펠릿이 모두 합해 730만 파운드 들어 있었는데, 이는 소 2만 두를 일주일 동안 먹일 수 있는 양이었다. 이 때문에 사료 부족으로 힘들어하던 미국 축산업자들의 어려움이 가중되었다.

이렇게 멈춰 선 선박 중 다섯 척에는 피지산 생수가 총 590만 킬로그램 실려 있었다.[2] 780만 킬로그램이 넘는 하이네켄 맥주도 발이 묶였다.[3] 싱가포르 선적인 완하이 625호에는 청량음료를 담는 플라스틱병과 합성 직물을 만드는 데 쓰이는 핵심 소재 폴리에틸렌 테레프탈레이트 수지가 140만 킬로그램 가까이 실려 있었는데, 이 또한 공급이 달리는 물품이었다. 같은 배에는 태양광 패널 230만 킬로그램과 철사 울타리 자재 70만 킬로그램도 실려 있었다. 한국의 부산항에서 막 도착한 키프로스 선적 현대 홍콩호에는 테슬라 차량에 쓰일 자동차 카펫 원단 2만 9,261킬로그램과 콘홀 게임 장비 1만 3,028킬로그램이 실려 있었다.

남부 캘리포니아의 대형 항구 두 곳의 앞바다에 대기하던 선박에는 모두 250억 달러가 넘는 물품이 적재되어 있었던 것으로 추정된다.[4] 이것은 엄청난 규모에 달하는 세계적인 공급망 붕괴로 발목이 잡힌 화물의 극히 일부에 불과했다. 전 세계 컨테이너 선박의 거의 13%가 중국, 북미, 유럽의 항구 앞바다에 떠 있었다.[5] 1조 달러 이상의 제품이 항구의 정체로 발이 묶여 있었던 것이다.

이 물건들은 모두 다른 곳에 있어야 할 것들이었다.

하지만 격리당한 미국인들이 지하실에 실내 자전거를 들이고, 침실을 사무용 가구로 채우고, 주방에 제빵 장비를 설치하는 등 대재앙에 대비하면서 전례 없이 밀려드는 컨테이너로 부두는 몸살을 앓았다. 이들 제품은 대부분 아시아에서 만들어졌다. 화물차 운송업계는 쓰나미처럼 밀려드는 화물을 운송할 기사를 충분히 채용할 수 없다고 투덜거렸다. 화물 보관 창고는 물건이 지붕까지 꽉 찼을 뿐 아니라 일손도 부족했다. 몇 년에 걸친 비용 절감으로 속 빈 강정처럼 된 철도는 급증하는 수요를 감당하지 못해 휘청거렸다.

이 때문에 수만 개의 컨테이너가 항구에 쌓인 채 다음 목적지까지 끌어다 줄 사람을 기다렸다. 해안에서 몇 킬로미터 떨어진 바다 위에서는 많은 배가 닻을 내린 채 대기했고, 맥이 빠진 선원들은 언제쯤이면 육지에 닿을지 알 길이 없었다.

미국인들이 갑자기 의료 기기, 손 소독제부터 치약, 스마트폰에 이르기까지 모든 것을 살 수 없게 된 이유가 여기에 있었다. 목수가 목재를 구할 수 없었던 이유, 집에 페인트를 칠하려는 가정에서 아무

색이나 구할 수 있는 색으로 칠할 수밖에 없었던 이유, 병원이 구할 수 없는 약 대신 품질이 떨어지는 약으로 대체해야 했던 이유도 모두 남부 캘리포니아 앞바다에서 벌어진 상황 때문이었다.

수십 년 동안 세계는 크기가 줄어들어 인간에게 완전히 정복된 듯이 보였고, 각 대륙은 컨테이너선과 인터넷, 세계화에 대한 확고한 믿음으로 이어져 있었다. 그런 지구가 이제 다시 광활하고 신비로움에 가득 찬 듯이 느껴졌다.

롱비치항 앞바다에 발이 묶인 화물선 가운데 덴마크 선적의 머스크 엠덴호도 있었다. 길이 365미터, 폭 48미터의 이 컨테이너선은 뉴욕 그랜드센트럴역의 다섯 배가 넘는 크기였다.[6] 중국의 닝보항●에서 막 도착한 이 배에는 컨테이너가 약 1만 2,000개 실려 있었다.[7]

화물 중에는 한국의 가전 브랜드인 LG의 컨테이너 474개와 나이키 제품이 가득 든 컨테이너 74개가 포함되어 있었다.[8] 장난감 대기업 마텔과 해즈브로도 엠덴호에 실린 총 160개의 컨테이너가 도착하기를 기다리고 있었다. 이 배에는 벌링턴코트팩토리가 선적한 컨테이너 48개도 실려 차례를 기다리고 있었다. 북미의 날씨는 서서히 추워지고 있었다.

머스크 엠덴호에 실린 헤이건 워커Hagan Walker의 화물은 적하목록에 MSMU8771295로 기록된 40피트 컨테이너 하나뿐이었다. 하

● 寧波. 중국 동부 저장성에 위치한 항구 도시로, 상하이에서 남동쪽으로 약 200km 떨어져 있으며, 국제 무역과 물류의 중심지 중 하나다.

지만 그 컨테이너에는 그가 창업한 스타트업의 짧은 역사에서 가장 중요한 주문품이 담겨 있었다.

워커의 회사 글로Glo는 미시시피주의 작은 마을에 있었다. 이 회사에서는 물에 넣으면 불이 켜지는 플라스틱 장난감 큐브를 만들었다. 워커는 최근에 회사를 한 단계 성장시킬 수 있을 큰 계약을 따냈다. '세서미 스트리트'에 목욕 장난감을 납품하는 계약이었는데, 거기에는 '세서미 스트리트'의 상징이라 할 엘모의 피겨도 포함되어 있었다. 그는 두 달 앞으로 다가온 크리스마스 시즌에 이들 장난감을 선보일 계획이었다.

수많은 다른 기업과 마찬가지로 워커도 회사 운영을 두 가지 핵심 요소에 의존했다. 바로 제품을 만드는 중국의 공장과 이들 제품을 미국의 해안으로 운반하는 거대한 컨테이너선이었다. 이것이 값싸고 신뢰할 수 있는 사업 방식이라는 사실은 수십 년에 걸쳐 입증되었다. 주요 브랜드 기업이나 틈새시장을 겨냥한 업체 모두 세계 최대 경제 대국에 오븐 클리너부터 항공기 부품에 이르기까지 모든 것을 공급한 방법이었다.

하지만 그 방정식이 무너지고 있었다.

이해에는 물류대란으로 고통받고 있었다. 중국의 공장에서는 인력과 원자재 부족으로 상당한 생산 지연이 발생했다. 해운업계는 밀려드는 주문을 감당하지 못했다. 컨테이너선의 선복船腹, freight space 을 예약하는 것은 불가능한 일에 가까웠다. 태평양을 가로지르는 화물 운송 비용은 열 배로 치솟았다.

이런 와중인 2021년 3월 23일, 하늘이 짓궂은 장난이라도 치듯 거대한 컨테이너선 한 척이 이집트의 수에즈운하에서 좌초되는 일이 벌어졌다. 운하 통행이 막히면서 아시아에서 유럽으로 향하던 엄청난 양의 화물이 이동을 멈췄다. 그 후 몇 달 동안 전 세계의 공장들은 부품과 원자재가 운송되기를 기다렸다. 그사이 생산은 차질을 빚었고, 근로자들은 생계를 위협받았다.

워커는 이런 여러 위협을 그럭저럭 헤쳐 나왔다. 그런데 이제 그는 가장 힘든 시련에 맞닥뜨렸다. 2021년 가을 남부 캘리포니아 앞바다의 교통 체증은 역대 최악이었다.

달력은 크리스마스 시즌을 향해 착착 나아가고 있는데, 내가 '공급망의 대붕괴'가 일어났다고 칭한 이 기간에 워커의 엘모 인형은 하염없이 물 위에 떠 있었다.

사회 전체적으로 볼 때, 불이 켜지는 '세서미 스트리트' 장난감이 크리스마스 시즌에 맞춰 최종 목적지에 도착할 수 있느냐 아니냐 하는 것은 큰 문제가 아니었다. 그보다 훨씬 심각한 문제가 많았지만 워커의 컨테이너는 가장 이상적인 추적 대상이었다(이 책에서 우리는 워커의 컨테이너를 추적할 예정이다). 이 컨테이너를 따라가다 보면 태평양과 미대륙을 횡단하는 수많은 화물이 거치는 경로를 알 수 있기 때문이다. 평범하면서도 놀라운 이 오디세이는 세계의 공급망을 위협하는 다양한 문제를 지켜보기에 이상적인 대상이다. 이 컨테이너 하나의 여정을 쫓다 보면 당시 공중 보건의 대재앙 속에서 수조 달러에 이르는 상품이(그중 일부는 생명을 구하는 데 필수적인 것들이었다) 어떻게 그리고 왜 사실상 사라지다시피 했는지 알게 될 것이다.

머스크 엠덴호가 워커의 화물을 싣고 롱비치항 앞바다에 떠 있는 대기열에 합류할 당시 유럽과 아프리카에서부터 북미와 남미에 이르기까지 사람들은 마스크나 의료용 가운 같은 개인 보호 장비가 부족해 어려움을 겪고 있었다. 이 때문에 일선 의료진은 적절한 보호 장비 없이 코로나19 감염자를 돌봐야 했다.

공포에 휩싸인 사람들의 사재기로 세계 곳곳의 상점 진열대에서 화장지가 사라지는 일이 벌어졌다. 항생제나 아스피린 같은 의약품은 물론 여성용 위생용품도 구하기 어려워졌다. 슈퍼마켓의 육류 진열장은 텅 비었다. 인기 있는 아침 식사 대용 시리얼인 그레이프 너츠와 버블티 만들 때 들어가는 타피오카 펄도 한동안 보기 어려웠다.

컴퓨터 칩을 제조하던 아시아의 공장은 급격한 수요 증가를 따라가지 못했다. 칩이 온갖 기계장치의 두뇌가 된 시대에 비상사태가 발생한 것이다. 일본, 미국, 브라질의 자동차 공장은 칩이 부족해 자동차 생산을 중단했다. 미국 자동차 딜러들은 보통 한 달 판매량의 두세 배 정도 되는 차를 보유하고 있었다. 그런데 2021년 말이 되자 이들의 재고가 사상 최저치로 떨어져 한 달 판매량의 절반도 남지 않게 되었다.[9] 신차가 부족해지자 중고차 가격이 폭등했다.

의료 기기 제조업체들은 애플이나 구글 같은 스마트폰 회사보다 자신들의 주문을 먼저 처리해달라고 반도체 회사에 도덕을 명분으로 압박을 가했지만 대부분 헛일이었다. 주요 전자제품 회사들은 낡은 바비 인형 같은 장난감이나 중고 플레이스테이션 같은 비디오 게임 콘솔을 몰래 사들여 그 안에 들어 있는 칩을 뜯어내기 시작했다. 분유까지 고갈되면서 미국의 수백만 가정이 절망의 나락으로 떨어졌다.

글로벌 공급망이 얼마나 복잡한지 한 번도 생각해 본 적 없던 일반인들에게는 이 모든 일이 너무도 당혹스러웠다. 생필품이 부족해지자 이들은 현대의 삶 자체가 엉망진창이 되었다는 사실을 직감했다. 아무도 글로벌 공급망을 통제하지 않는다는 어둡고 불안한 진실이 드러났다.

부유한 국가의 현대인들은 인터넷이 전통적인 시공간의 제약을 초월했다는 생각에 젖어 있었다. 시간이나 요일이나 날씨와 관계없이 아무 때나 온라인에 접속해 클릭한 뒤 주문한 물건을 실은 트럭이 도착하기를 기다리기만 하면 되었다.

심각한 불확실성으로 가득 찬 세상에서 이것만은 확실했다.

공급망은 상품을 순환시키는 체계일 뿐 아니라 인간이 환경을 통제한다는, 내면 깊숙이 뿌리 내린 의식의 원천이자 현대인의 삶을 하나로 묶는 흔치 않은 시스템이었다. 정부 불신, 언론에 대한 회의, 기업의 동기에 대한 의심으로 가득 찬 시대지만, 적어도 택배기사를 집 앞으로 오게 하는 보이지 않는 힘은 믿을 수 있었다. 농장, 공장, 물류센터를 가정과 기업으로 이어주는 연결 고리는 끊기지 않을 것처럼 보였다.

우리는 거래가 도덕적으로 고결하다는 환상은 가지고 있지 않다. 우리는 대부분 공급망을 지배하는 기업들이 경제를 더 불평등하게 만들고, 직원들을 종종 괴롭히는 경영자들을 배 불리고, 민주주의를 타락시키고, 자연환경은 말할 것도 없고 정치 담론을 오염시킨다는 사실을 알고 있었다. 우리의 소비 행태가 남아시아와 라틴아메리카의 노동자들을 착취하는 한편, 기후변화를 일으켜 인류를 멸종 위기에 빠트리고 있다는 사실도 나름대로 인식하고 있었다.

우리는 아마존을, 치명적인 팬데믹 기간에 물류창고 직원들에게 마스크는 공급하지 못했지만 우주로 날아갈 수 있을 만큼 엄청난 재산을 소유한 억만장자 제프 베이조스가 운영한다는 사실을 알고 있었다. 하지만 우리가 무엇을 구매하는지도 알고 있었다. 우리가 돈을 주고 사는 것은 확실함, 보장 그리고 필요한 것이 무엇이든 떨어질까 봐 걱정하지 않아도 되는 안심이었다. 글로벌 자본주의에서 흔히 볼 수 있는 불미스러운 조건에 암묵적으로 동의하는 대가로 우리는 불과 몇십 년 전만 해도 상상할 수 없었던 편리함과 신뢰를 얻었다.

이 말은 상품 배송 지연이나 상품 부족보다 시스템이 망가진 것이 더 큰 문제라는 뜻이었다. 이렇게 되자 모든 것이 통제 불능인 최악의 순간으로 치달을 가능성을 생각해야 했다.

공급망 붕괴가 시작되는 사이에 미니애폴리스에서 밀라노에 이르기까지 도시에서는 코로나19에 걸린 사람들을 병원으로 이송하는 구급차의 사이렌 소리가 끊이지 않았다. 사람들이 병실에 자리가 없어 병원 복도에 놓인 들것 위에서 죽어갔고 산소 호흡기는 동이 났다. 샌프란시스코에서 스톡홀름에 이르기까지 요양원에서는 입소자들이 자녀와 손주들에게 작별 인사도 하지 못한 채 홀로 숨을 거두었다. 매일 죽음의 물결이 이어지고 있다는 암울한 소식이 전해졌고, 급기야 세계적으로 700만 명에 이르는 사람이 목숨을 잃었다.

사람들은 공중 보건 당국의 지혜에서부터 결혼 생활을 지탱하는 힘에 이르기까지 모든 것에 대한 믿음을 시험하는 실존적 공포에 굴복하고 있었다. 두려움, 밀실 공포증, 지루함 등 봉쇄된 삶에서 오는 정신적 긴장은 공급망의 붕괴로 가중되었다. 슈퍼마켓이나 식당에도 갈 수 없었고, 아이를 학교에 보낼 수도 없었으며, 친구들과 만날 수도 없었고, 자신이나 가족이 어떻게 될까 봐 겁에 질린 우리는 그 어느 때보다도 더 배달 시스템에 물건을 의존했다.

그런데 그것마저 붕괴되자 정신적 충격은 더 깊어졌다.

우리 가족은 팬데믹 초기의 2년 동안 런던에 거주했다. 우리는 봉쇄 조치로 삶의 많은 부분이 박탈된 상황에서 상대적 특권을 누리고 있다는 사실을 잘 알았다. 아내 디아나와 나는 재택근무를 할 수 있었다. 집에는 두 아이가 놀 수 있는 야외 공간이 있었고, 갑작스럽게 받게 된 두 아이의 원격교육을 수용할 만큼 인터넷 대역폭도 충분했다. 팝콘, 장난감, 직소 퍼즐 등 스트레스와 불안에서 잠시나마 벗어날 수 있게 해줄 것들을 보관할 공간도 있었다. 하지만 우리는 곧이어 다가올 엄청난 일을 앞두고 마음을 졸이고 있었다. 아내가 딸을 조산한 지 8년 만인 2020년 4월 초에 셋째를 출산할 예정이었다.

나는 자신이 세워놓은 계획이 팬데믹이라는 참혹한 현실 앞에서 하나씩 무너져 내리는 모습을 담담히 받아들이는 아내를 지켜보았다. 아기를 돌봐주기로 했던 장인·장모는 영국에 올 수 없었고, 출산 기간에 두 아이를 보살펴주기로 했던 친구도 우리 집에 머물 수 없었다. 마음속으로 그리던 평화로운 육아 휴직은 전시 상황처럼 바뀌어버렸다. 나는 아내가 건강한 사내아이를 출산하는 모습을 지켜보면서 몇 분 안에 아기 곁을 떠나야 한다는 사실을 알고 있었다. 그리고 몇 년째 동생을 낳아달라고 조르던 두 아이가 동생을 보러 병원에 올 수 없다는 사실도 알고 있었다.

아내는 관공서가 문을 닫았기에 출생증명서로 아이의 존재를 증명할 수 없다는 사실을 받아들였다. 병원에서는 의학적으로 필요한 제왕절개 수술이 끝난 지 하루 반 만에 아내를 퇴원시켰다. 나는 아이를 품에 안고 기뻐하는 아내를 부축해 계단을 올라가 침실로 들어갔다. 그리고 아내가 수유 시간, 기저귀 배출량, 몸무게 등을 기록하면서 아이를 돌보는 모습을 지켜보았다. 우리는 아이의 발육 상태를 의사가 직접 확인할 수 없다는 사실을 이해했다.

그러다 아내는 화장지를 주문하려다 실패했다. 내가 사재기해 놓으려다 참았던 물건이다. 아내는 손 소독제를 주문하려고 했지만 잘되지 않자 직접 만들기로 했다. 하지만 주재료인 소독용 알코올과 알로에 젤이 품절되어 어디에서도 구할 수 없다는 사실을 알게 되었다. 아내는 소독용 물티슈와 N95 마스크를 주문하려 했고, 예비용으로 분유를 더 주문해 놓으려고 했다. 나는 아내가 이런 생필품을 문 앞까지 배달시키는 데 실패하자 결국 허물어지는 모습을 지켜봐야 했다.

아내는 이성적으로는 우리의 삶이 금방이라도 무너질 위험에 처한 상황이 아니라는 것쯤은 알고 있었다. 우리가 여전히 지구상에서 가장 운이 좋은 축에 속한다는 사실도 인식하고 있었다. 하지만 감정적 차원에서나 현실적 차원에서 느끼는, 우리가 알고 있던 삶은 끝났다.

아내는 나에게 이렇게 말했다. "우리는 그저 건강한 아기만 태어나면 좋겠다는 생각뿐이었잖아? 그런데 건강한 아기가 태어나고 보니 세상이 무너져 버렸어."

실제로 근본적인 무언가가 망가진 상태였다. 갑자기 현대 생활의 기본 메커니즘이 작동을 멈춰 어디에서나 구할 수 있었던 간단한 물건조차 살 수 없는 어처구니없는 일이 일어났다.

도대체 무슨 일이 벌어지고 있었을까?

내가 알게 된 답은 바로 세계화의 붕괴였다.

최근 수십 년 사이, 북미에서 유럽, 일본에 이르기까지 다국적 기업들은 무자비할 정도로 효율성 추구에 기업의 운명을 걸었다. 이들은 원가를 낮추고 수익을 늘리려고 계속 세계 여기저기에 있는 공장을 찾아다니며 생산을 맡겼다. 그리고 그중 으뜸은 중국이었다.

이들은 이런 전략에 아무런 리스크가 없다는 듯이 그리고 중국의 공업단지가 오하이오주나 바이에른주에 속하기나 한다는 듯이 행동했다. 저가 운송을 불변의 현실로 생각했기 때문이다. 이들은 해운업이 정부의 감시를 거의 받지 않고 운영되는, 기본적으로 카르텔이라는 사실을 몰랐거나 알았다고 해도 크게 신경 쓰지 않았다.

주문한 제품이 미국 해안에 도착하면 발주 기업은 노동자 수백만 명의 손에 달린 운송 네트워크에 의존했다. 이들 노동자는 주주의 이익을 늘리려고 임금과 근로 조건이 저하되더라도 위험하고 외롭고 영혼을 갉아먹는 일을 묵묵히 수행했다. 끊임없는 효율성 추구가 지배하는 공급망을 구축하는 과정에서 운수회사와 철도회사는 노동자들의 시간은 가치가 없을 뿐 아니라 무한하다는 듯이 이들을 대했다. 그러다 보니 다음 화물을 기다리는 시간에 대한 보상은 아예 생각조차 할 수 없었다.

나는 25년에 걸쳐 아시아, 유럽, 북미의 경제에 관한 글을 써오는 동안 일반적으로 공급망을 상업의 나머지 부분과 분리된 것으로 보고 이야기하는 전통적 서술을 자주 접했다. 공급망은 공장과 소비자를 이어주는, 선박과 트럭과 물류창고를 아우르는 연결점의 네트워크로 이것이 따로 떨어져 있다는 생각이었다. 하지만 이는 잘못된 생각이다. 우리가 공급망이라고 하는 것은 그보다 더 넓은 경제와 불가분의 관계에 있다. 공급망의 작동 방식에도(누가 대가를 받고, 누가 리스크를 부담하고, 누가 팬데믹 기간에 재택근무를 할 수 있고, 누가 위험에 노출되어야 할지 등) 일반적 삶을 형성하는 역학관계와 가치가 그대로 반영된다.

철도회사, 화물차 운송회사, 창고업자 등 주요 기업들은 오랫동안 노동자를 가족이 있고, 병원에도 가야 하고, 그밖에 해야 할 일이 있는 인간으로 취급하기보다는 줄여야 할 비용으로 다루었다. 고용주들은 착취를 일삼으면서도 노동자 부족은 걱정할 필요가 없다고 생각했다. 노동조합은 약했고 노동자 계층은 급여가 절실했다. 따라서 화물 운송이나 육류 가공 그리고 거칠기는 하지만 중요한 그밖의 공급망 기능을 수행하는 고된 업무를 기꺼이 받아들일 노동자가 충분할 것으로 예상할 수 있었다.

동시에 수십 년 동안 거의 모든 문제의 해결책으로 열렬히 신봉해온 규제 완화는 경제의 운명을 철도에서 육류 가공에 이르기까지 주요 산업을 지배하는 소수의 독점 기업에 넘겨주는 역할을 했다. 이것이 지난 반세기에 걸친 미국 자본주의의 근본적 변화, 즉 주주 이익을 최우선 순위로 끌어올리고 재무적 고려를 다른 무엇보다 중요하게 여긴 행태가 만들어낸 결과물이다. 제조업, 운송업, 식품가공업 등 경제의 주요 영역을 다루는 기업의 경영자들은 고객이나 지역사회의 목소리에 귀를 기울이는 대신 멀리 떨어져 있지만 절대 권력을 가진 상사, 즉 월스트리트 자금 관리자의 말을 들었다. 이들은 공급량을 제한해 상품이나 서비스의 가격을 올리는 수단으로 생산 능력을 줄였다. 그 결과 재난이 닥칠 때마다 시장은 쉽게 혼란에 빠지고 공급 부족에 시달렸다.

워싱턴의 두 주요 정당은 오랫동안 거대 기업이 시장을 장악하게 내버려두면 효율성이 높아지리라는 환상적인 생각을 믿어왔다. 그런 믿음은 종교적 광신에 가까웠다. 이것은 우연이 아니라 수십 년에 걸쳐 활동해온 기업 로비스트가 승리한 산물이었다. 역대 정부와 의회는 견제받지 않는 독점력의 위험성에 대한 수십 년간의 교훈을 무시하고 기본적인 독점금지법을 무력화했다. 그들은 합병으로 확보한 규모(의 경제)가 소비자에게 풍부한 선택권과 낮은 가격을 제공하는 최고 방법이라는 생각을 받아들였다. 혹은 적어도 그에 수반하는 선거 기부금은 받아들였다.

팬데믹은 이런 모든 가정이 안고 있는 위험성을 밖으로 드러냈다. 팬데믹은 인류가 멀리 떨어진 공장과 컨테이너 선박에 물자 공급을 의존하는 것이 어떤 결과를 낳는지 적나라하게 보여줬다.

팬데믹은 세계가 보호 장비나 의약품 같은 중요한 제품을 중국이라는 한 나라에 지나치게 의존하는 것이 얼마나 무모한 일인지 보여주었다. 특히 미국과 중국이 무역전쟁에 휘말려 있어 더 그러했다.

팬데믹은 비용 절감에 따라 임금과 근로 조건이 열악해진 사람들로 채워진 운송 시스템에 의존하는 일의 리스크를 드러냈다. 이들은 언제든 자신을 고용한 기업에 반발할 가능성이 있었다.

팬데믹은 육류와 분유를 비롯한 기본 생필품 공급을 독점업체 손에 맡기는 일의 위험성을 보여주었다. 그 결과는 가격 폭등과 텅 빈 진열대였다. 효율성이라는 미명 아래 거대 기업이 시장을 지배하도록 방치했더니 월스트리트에만 효율적인 결과를 낳았다.

세계 최강국 미국은 국력을 동원해 나치를 물리치고, 인간을 달에 보내고, 컴퓨터 시대를 여는 데 성공했다. 하지만 치명적인 팬데믹이 닥치자 의료진에게 제공할 마스크를 충분히 만들거나 확보하지 못했다. 가장 취약한 국민이 호흡을 의존할 산소 호흡기도 충분히 만들지 못했다. 기초 의약품의 재고도 충분히 확보할 수 없었다. 오랫동안 미국 기업을 지배해온 효율성 숭배가 믿음을 배신한 것이었다.

이렇게 확실하게 드러난 공급망 문제의 직접적 원인이 된 충격을 일으킨 것은 코로나19였다. 하지만 코로나19는 단지 수십 년에 걸쳐 누적되어온 취약성의 가면을 벗겨낸 것뿐이었다.

화물차 운송은 고용주들의 약탈적 금융 사기 행각에 휘둘리는 끔찍한 생계 수단이었기에 그에 따른 결원을 꾸준한 신규 채용으로 메워왔다. 미국의 철도는 투자자들에게 약탈당하는 일이 잦아 운송 시스템이라기보다는 배당금의 원천 역할을 해왔는데, 이것은 강도 귀족●이 판을 치던 19세기까지 거슬러 올라가는 이야기다. 육류 가공

● Robber Baron. 중세시대에 자신의 영지를 지나가는 사람들에게 불법으로 통행세를 걷은 귀족을 가리키던 말로, 19세기 후반에 미국에서 이 용어가 되살아나 악덕 자본가를 이렇게 불렀다.

공장에서부터 물류창고에 이르기까지 상품을 생산하고 우리들 각자의 집까지 배달하는 사람들은 오랫동안 생활과 생존 가운데 하나를 선택할 수밖에 없었다.

팬데믹이 이런 상황을 만든 것은 아니지만, 팬데믹으로 그 결과가 극명하게 드러났다.

글로벌 공급망의 전반적 혼란은 또 다른 경제적 고통을 일으키는 데 일조했다. 바로 인플레이션이었다.

2022년 초가 되자 세계 각국의 중앙은행은 물가 상승을 억제한다는 명목으로 금리를 올리기 시작했다. 이렇게 되자 주택자금 대출이나 신용카드 대출을 받은 사람들의 이자 부담이 늘어났다. 일반 근로자들은 실직 위협에 내몰렸고, 주가는 하락했다. 경제학자들은 인플레이션의 원인을 두고 논쟁을 벌였지만, 엄청난 양의 상품이 항구 앞바다에 갇혀 있는 것도 그 원인 중 하나임은 분명했다. 고통은 전 세계로 퍼져나갔고 증가하는 비용은 보통 사람들이 부담했다.

2023년 초가 되자 팬데믹 기간에 있었던 최악의 혼란은 가라앉았다. 항구의 교통 체증은 거의 사라졌고, 해상 운임은 급락했으며, 상품 부족 현상은 완화되었다. 하지만 근본적 위험은 그대로 남아 앞으로 또 일어날 피할 수 없는 혼란을 기다리고 있다.

세계 경제는 변동성이 지속되는 새로운 시대로 접어들었다. 기후변화가 자연의 영역을 변화시킴에 따라 글로벌 공급망은 새로운 규칙과 끊임없는 리스크 재평가의 대상이 될 것이다. 러시아의 우크라이나 침공으로 세계가 두 진영으로 갈라질 가능성이 커짐에 따라 국제 무역의 지형은 복잡해질 것이다. 중국과 미국은 냉전에 휩싸인 것으로 보인다. 그 여파는 전 세계에 미쳐 동맹과 무역 협정을 재편하고, 국제 관계의 본질에 대한 기본적 인식을 바꾸고 있다.

이런 것들은 엄청난 변수다. 우리는 다음 충격이 언제 올지, 또 어디에서 일어날지 알 수 없다. 하지만 분명한 것은 그런 순간이 오고 있다는 것이다.

다음에 올 혼란에 대처하려면 먼저 상황이 왜 이 지경에 이르렀는지를 알아야 한다. 공급망이 왜 이렇게 복잡해졌고, 왜 이렇게 확장되었으며, 왜 한 나라에 집중되었는지 이해할 필요가 있다. 그런 다음 회복탄력성을 높여 사회를 보호하고자 공급망을 재구성해야 한다.

상장 기업의 경영자들과 그들이 고용한 정치권의 조력자들은 세계 경제를 상대로 환상 놀이를 벌여왔다. 그들은 절박한 노동자와 탐욕스러운 독점기업가에게 의존하는 공급망의 위험성을 애써 못 본 체하며 지구의 규모를 무시해왔다. 그들은 이전의 재난이 남긴 교훈을 무시하고 이런 행위를 반복적으로 해왔다. 그래야 노동자에서 소비자와 환자에 이르기까지 다른 모든 사람의 이익을 훼손하더라도 투자자의 배를 불릴 수 있었기 때문이다.

우리에게 익숙한 세계화는 '적기공급생산방식Just in Time'이나 '린생산lean manufacturing'이라는 개념의 중독성이 매우 강한 효율성에 따라 추진되었다. 이 기치 아래 다국적 기업들은 예비 부품이나 제품을 창고에 보관하는 비용을 절감했다. 그리고 필요한 물품은 웹과 컨테이너 선박에 의존해 실시간으로 받았다.

기업이 이 방식을 택한 이유는 창고에 들어가는 비용을 줄이면 주주에게 나눠줄 현금을 확보할 수 있었기 때문이다. 하지만 이들이 너무 지나치게 나가는 바람에 주주들은 즉각적인 만족감을 느꼈을지 모르지만, 그 대신 공급망의 활력이 떨어졌다.

팬데믹으로 공급 부족 사태를 겪은 일부 기업은 적기공급생산방식에서 '만일의 사태에 대비하기Just in Case'로 정책을 전환해 재고를 쌓아두기 시작했다.

미국과 중국이 서로를 경쟁국으로 대하면서 다국적 기업들은 일부 생산 공장을 베트남 같은 다른 나라로 옮기고 있다. 미국 기업들은 변덕스러운 태평양과 씨름할 필요 없이 낮은 생산 비용을 유지할 수 있는 멕시코와 중앙아메리카에 생산 공장을 세우고 있다. 일부 기업은 이른바 리쇼어링을 받아들여 생산 공장을 미국으로 이전하고 있다.

기후변화의 징후가 점점 뚜렷해지자 이에 대한 우려가 깊어지면서 이런 모든 목표를 향해 노력하는 속도가 빨라지고 있다. 기업들은 탄소 발자국을 고려해(대중의 호감을 잃을 수 있다는 두려움에 더해 환경운동가들이 촉발했다) 고객과 더 가까운 곳에서 상품을 제조하려는 경향을 보이고 있다.

이제 경영자들은 투자자 모임이나 싱크탱크 콘퍼런스 같은 곳에서 예전에 효율성을 찬양했듯이 회복탄력성과 지속 가능성을 위해 최선을 다하겠다고 다짐한다. 하지만 공급망의 전통적 기반은 그대로 남아 있다. 현재의 위기가 진정되고 나면 과거의 유혹이 되살아날 가능성이 높다.

언제나 그렇듯이, 저임금 지역으로 생산 공장을 이전해 원가를 줄인 경영자는 상여금을 받을 가능성이 높다. 같은 경영자가 회복탄력성에 대한 미사여구를 늘어놓으며 배당금 대신 창고에 돈을 지출하면 회사 전용기를 이용할 수 없게 될 위험성이 높다.

이 말은 우리는 여전히 다음에 올 충격의 영향에 취약하다는 뜻이다.

이 책은 세 부분으로 이루어져 있다. 1부에서는 헤이건 워커의 주문에 따라 제품을 생산한 중국 공장에서 캘리포니아의 롱비치항까지 제품의 이동 경로를 추적한다. 그 과정에서 중국이 어떻게 세계 제조업의 중심으로 부상했는지 살펴본다. 그리고 다국적 기업들이 어떻게 자기들에게 유리한 이야기를 하며 중국을 세계무역기구WTO의 대열에 합류시켰는지도 알아본다. 그들은 이것을 자유 사회의 이익이라고 묘사했다. 중국 중심의 세계화 시대를 만든 핵심 요소인 컨테이너 운송의 등장과 적기공급생산방식의 수용도 살펴본다. 또 비즈니스 컨설턴트들이 어떻게 합리적인 생각을, 재고를 대폭 줄여야 한다는 단순한 원칙으로 바꾸어 세계를 위기로 몰아넣었는지 살펴본다. 그리고 바로 이런 재앙을 우려한 공급망의 선구자 헨리 포드의 유산도 알아본다.

2부에서는 남부 캘리포니아에서 미대륙을 가로질러 미시시피주까지 가는 워커의 컨테이너의 다음 여정을 추적한다. 그 과정에 화물 하역과 트럭 운송부터 철도 수송에 이르기까지 컨테이너의 이동과 관련된 모든 산업의 작동 방식을 살펴본다. 특히 급격한 규제 완화가 불러온 취약성에 주의를 기울일 것이다. 또 도축장 근로자와 목장 주인들의 경험을 바탕으로 독점기업가들이 어떻게 희소성을 조작해 가격을 올리고 재난을 이용해 이득을 취했는지도 살펴본다.

3부에서는 위기를 기회로 삼아 공급망을 다시 구성하는 방법을 알아본다. 우선 중국 공장의 대안을 모색하는 워커를 추적한 뒤 상품 생산 공장을 다시 본국으로 가져오는 리쇼어링 가능성을 살펴본다. 마지막으로, 미국 소비자와 더 가까운 곳에서 제품을 생산하려는 기업들이 멕시코 투자를 늘리는 현상을 살펴보면서 점점 커지고 있는 제조업에 대한 지역 접근법의 중요성을 고찰한다.

가슴 쓰린 우리의 여정 끝에 놓인 것은 단 하나의 진실이다. 바로 인류가 의약품이나 컴퓨터 칩에서부터 장난감과 게임에 이르기까지 우리 시대의 제품에 접근하고자 무질서하고 취약한 글로벌 공급망에 의존하게 되었다는 사실이다. 수많은 형태의 노동 착취에 의존하고 있어 언제든 무너질 가능성이 있는 이 시스템은 투자자 계층에게 보상하는 수단으로 구축되었다. 그리고 그 대가는 때때로 일어나는 신뢰의 상실이다.

공급망의 대붕괴는 그저 최근에 일어난 특이한 사건이 아니다. 우리가 이 시스템을 정상화하지 못하면 반드시 발생할 역기능의 예고편이다.

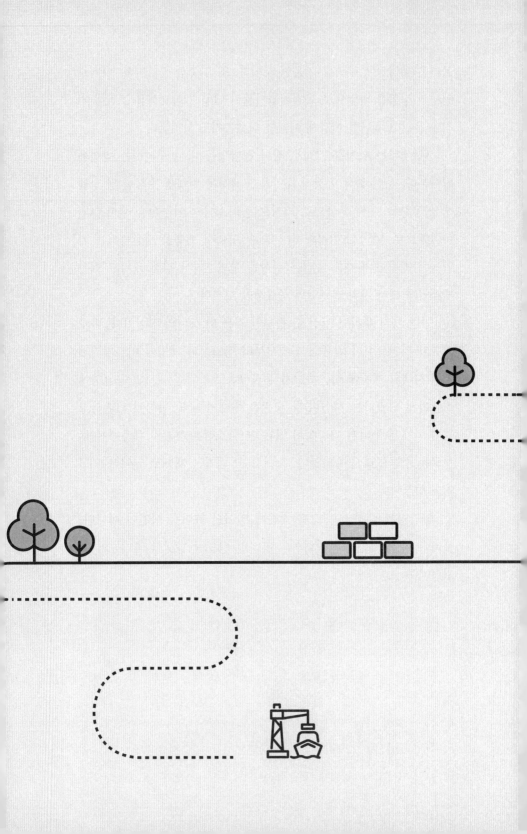

1부

공급망의 대붕괴

1장

"그냥 중국에서 만드는 게 나아요"
'세계의 공장'의 기원

헤이건 워커는 불이 켜지는 장난감 큐브를 미국에서 만들고 싶었을 것이다.

워커는 가족 간 유대를 중시하는 미국 남부의 시골 출신이었다. 미시시피주립대학을 졸업한 그는 재능 있는 공학도들이 흔히 가는 실리콘밸리나 오스틴, 뉴욕 같은 매력적인 곳에 가지 않고 인구 2만 5,000명의 대학 도시 스타크빌에 남아 스타트업 회사를 설립했다.

워커는 '이해관계자 중심의 접근법'이나 '사회 환원' 등 구세주 같은 사명으로 자신의 사업을 묘사하는 기술업계의 용어에 빠져들지 않았다. 다른 어느 지역보다 일자리가 절실한 미시시피주에 뿌리를 내린 그는 고향 마을 근처에 남아 지역 주민 27명에게 일자리를 제공하는 기업을 운영하면서 자신이 더 큰 무언가의 일부가 된 것 같다고 느꼈다.

그렇기는 해도 이미 수백만 개 미국 기업을 태평양 너머로 끌고 간 힘에 이끌려 워커도 결국 태평양을 넘었다. 21세기 초 컨테이너 선박과 인터넷의 시대에 중국은 거의 모든 것을 만들 수 있는 확실한 곳이었다.

대개는 맞는 말이지만, 중국의 공장이 가장 낮은 가격을 제시해서만은 아니었다. 제조 노하우가 있으면서 모든 부품과 원자재도 풍부했기 때문이다.

수십 년에 걸쳐 생산이 중국으로 넘어가면서 화학물질, 플라스틱, 유리 제조, 고무 가공, 상상할 수 있는 모든 종류의 금속 제련 등 부대 산업에 대한 투자가 촉진되었다. 항구, 물류회사, 해운대리점은 컨테이너선이 접안할 수 있는 곳이면 어디에서든 완제품을 운송할 수 있었다. 거대한 디지털 시장은 전 세계 기업과 중국 현지 공장을 연결했다. 제품의 도면과 사양을 보내면 바로 견본을 받아볼 수 있었다. 이메일이나 문자를 주고받으며 공정을 미세 조정한 뒤 돈을 보내면 곧 완제품으로 가득 찬 컨테이너가 도착했다.

그에 반해 미국은 점점 물리적인 무언가를 만드는 것이 잊힌 기술처럼 느껴지는 나라가 되어갔다.

워커가 중국으로 향한 것은 저항이 가장 적은 길을 따라간 것이었다.

손재주를 타고난 워커는 세 살 때 벌써 전동 드라이버를 다룰 줄 알았다. 워커의 부모도 그가 전동 드라이버로 현관문의 걸쇠를 떼어

내는 것을 보고 이런 사실을 알게 되었다.

그는 고등학교 때 컴퓨터 수리업을 시작해 뮤추얼 펀드에 투자할 만큼 돈을 벌었다. 여기서 나온 수익금은 2016년 그가 대학을 졸업하자마자 창업한 회사 글로의 종잣돈이 되었다.

그의 초기 사업 아이디어는 칵테일에 포인트를 줄 수 있는 참신한 아이템으로, 물에 들어가면 불이 켜지는 아이스 큐브 모양의 플라스틱 덩어리였다. 바텐더는 플라스틱 큐브의 불이 꺼지는 것을 보고 고객에게 칵테일을 리필할 때가 되었다는 것을 알아차릴 수 있었다.

워커와 그의 초기 파트너는 이 플라스틱 큐브 아이디어로 학교의 창업센터에서 지원금 1,000달러를 받아 3D 프린터를 구입했다. 4학년 때는 창업 주간 경진대회에서 우승해 상금을 1만 5,000달러 받았다. 두 사람은 이 돈으로 큐브 제조에 필요한 사출 금형과 공구를 구입했다.

워커는 모두가 탐내는 테슬라의 인턴십 기회를 얻어 2015년 여름을 캘리포니아주에서 보냈다. 거기서 그는 고작 24세에 연봉 13만 달러를 받을 수 있는 정규직 일자리를 제안받았다. 하지만 그는 자기 회사를 운영할 수 있다는 가능성에 매료되었다. 그래서 미시시피주로 돌아가 글로를 창업했다.

워커는 메인 스트리트에서 조금 떨어진 곳에 수십 년째 방치되어 있던 웅장한 옛날 영화관으로 회사를 이전했다. 그는 정문 바로 옆에, 유리병에 든 콜라를 뽑을 수 있는 구형 코카콜라 자판기를 가져다놓았다. 벽돌로 쌓은 버려진 창고가 고급 식당이나 커피숍으로 되살아나고 있는 이 마을의 복고풍 콘셉트를 드러내려는 것이었다. 직원들은 아이들이나 반려견을 데리고 회사에 출근했다.

처음에 워커는 지역의 술집에 제품을 팔았다. 그러다 페이스북에서 예상치 못했던 고객의 소리를 듣게 되었다. 자폐증이 있는 네 살짜리 남자아이의 어머니였다. 이 어머니에게 목욕 시간은 끝없는 악몽이었다. 그녀의 아들은 감각 과부하를 앓고 있어 물 흐르는 소리만 나면 기겁을 했다. 그러다 글로의 큐브를 욕조에 넣었더니 아이가 큐브에 집중하며 안정을 되찾았다는 것이다.

그 무렵 워커는 미시시피주립대학을 갓 졸업한 애나 바커와 회사를 경영하고 있었다. 바커는 이 이야기를 계시로 받아들였다.

바커는 가능성은 적고 사회적 기능 장애는 많은 미시시피주 남부 지역의 작은 마을에서 성장했다. 고등학교 담임은 그녀에게 4년제 대학 진학을 준비하느라 시간을 낭비하지 말고 지역 전문대에서 제공하는 치어리더 장학금을 받으라고 조언했다. 바커는 이 조언을 받아들이지 않았다. 이제 그녀는 기회가 왔다는 사실을 알아차렸다. 글로 큐브는 그저 가지고 놀기 좋은 장난감이 아니었다. 바커가 개발할 캐릭터를 중심으로 한 미디어 사업의 중요한 구성 요소가 될 예정이었다. 그녀는 글로 큐브를 불이 들어오는 피겨라는 새 제품 라인의 핵심 부품으로 쓸 생각이었다.

바커는 콘셉트를 잡은 뒤 캐릭터의 개성과 그에 맞는 스토리 그리고 캐릭터의 애니메이션 버전을 개발했다. 회사는 그녀가 개발한 캐릭터의 인형 버전을 판매할 예정이었고, 인형의 중간 부분에는 불이 들어오는 큐브를 넣기로 했다. 디즈니가 자사 만화에 나오는 캐릭터와 관련된 상품의 구매 욕구를 자극해온 것처럼, 글로는 상상 속의 세계를 보완해주는 물건으로 큐브를 팔 생각이었다.

2019년 10월, 댈러스에서 열린 한 장난감 전시회에서 바커는 이 업계의 거물 세서미 스트리트를 만났다. 어린이 교육 프로그램의 상징이라 할 수 있는 세서미 스트리트는 자폐증이 있는 새로운 캐릭터 줄리아를 선보일 계획이었다. 이듬해 초, 글로는 줄리아 피겨뿐 아니라 엘모 피겨도 만드는 계약을 체결했다.

워커와 바커는 짧은 회사 역사에서 가장 중요한 일감을 확보했다. 이제 두 사람은 새로운 세서미 스트리트 캐릭터 수만 개를 만들어 미시시피주 중심부까지 배송해줄 수 있는 공장을 찾아야 했다. 그런 다음 2021년 크리스마스 시즌에 늦지 않게 새 캐릭터를 창고까지 가져와야 했다.

워커는 이렇게 말했다. "그전에는 이런 규모의 작업을 해본 적이 없었어요. 나는 늘 사람들에게 이렇게 말하죠. '우리 회사가 엄청난 대박을 터트리거나 아니면 내가 당신네 집 소파 위에서 잠을 청하는 처지가 되거나 둘 중 하나겠지요.'"

처음 일을 시작했을 때 워커는 글로 큐브를 미국에서 만들려고 했다. 미국의 한 공장은 큐브 제조에 쓸 판금을 만드는 데 1만 8,000달러를 달라고 했다. 중국에서 만드는 가격의 12배였다. 또 다른 업체는 중국에서 요구하는 가격보다 조금 더 비싼 가격에 큐브를 만들어주겠다고 했다. 그런데 알고 보니 이 업체는 중국 공장에 외주를 주는 것이었다.

2022년 1월 미시시피주에서 만난 워커는 내게 이렇게 말했다. "우리는 일자리를 다시 미국으로 가져오고 싶지요. 하지만 대부분 공장은 '우리는 그런 일 할 수 없어요'라고 말합니다. 우리는 1980년대 이후 그 산업을 모두 잃었어요. 우리가 해야 할 일을 하려는 사람이 아무도 없어요."

워커는 조지아주의 한 공장에 어린이용 팝업북처럼 열리면서 인형을 진열할 수 있는 홍보용 상자를 만들어달라고 주문한 적이 있다.

"공장의 포장 기술자가 이렇게 말하더군요. '이건 너무 복잡해요. 그냥 중국에서 만드는 게 나아요.'"

오늘날 북미와 유럽의 정치 담론은 중국을 풍부하고 복잡한 역사를 지닌 거대한 국가라기보다는 생계 수단과 자원을 집어삼키기로 작정한 만화 속 악당처럼 묘사하는 경향이 있다. 정치인과 언론인은 중국이라는 이름을 러스트 벨트• 공장 지대의 대량 실업에서부터 가난한 나라를 피폐하게 만드는 채무 위기에 이르기까지 떠올릴 수 있는 모든 경제적 고통의 약어처럼 입에 올린다.

이들의 논의에서는 수 세기 동안 서구가 중국을 대해온 방식을 떠올리게 하는 인종차별적 표현이 자주 등장한다. 1870년대에 미국의 노동자 계층에 속하는 백인들은 철도 건설 일자리를 얻으려고 미국에 들어온 중국인 노동자들을 임금, 근로 조건, 기독교적 가치에 대한 치명적 위협이라고 묘사하며 맹렬하게 공격했다. 오늘날 중국 공장의 노동자들을 세계 지배를 노리는 획일화된 사회의 로봇이라고 묘사하는 데서 과거의 황화(黃禍)와 유사한 개념을 엿볼 수 있다.

●   Rust Belt. 미국의 중서부 지역과 북동부 지역의 일부 영역을 일컫는 말.

이런 풍자에는 서구의 기업과 중국의 노동력이 만나면서 실제로 누가 이익을 얻었는지에 대한 냉철한 분석이 빠져 있다.

이 질문에 대한 일관된 답은 국제 투자자 계층에 있다.

19세기에 철로를 건설한 중국 노동자들은 침입자가 아니었다. 이들은 그 시대의 이윤을 독점한 기업가들에게 고용된 사람들이었다. 철도 거물들은 쥐꼬리만 한 돈을 주면서 중국 노동자들을 위험한 작업으로 내몰았다. 그리하여 자신들과 멀리 떨어진 유럽에 있는 투자자들을 위해 더 많은 이윤을 남길 수 있었다.

비슷한 맥락에서, 지난 40년 사이에 중국 전역에서 폭발적으로 늘어난 공장은 다국적 기업의 투자로 설립된 경우가 많았다. 중국의 거대 기업이 일자리를 파괴한다는 신랄한 묘사에서 우리가 흔히 놓치는 것은 이들 다국적 기업과 그 주주들이 이익의 상당 부분을 챙겼다는 사실이다.

2016년 미국 대통령 선거 운동 기간에 도널드 트럼프는 그의 트레이드마크인 선동적 수사로 중국은 미국의 생활 수준을 떨어뜨리는 세력과 같다는 뜻의 주장을 자주 폈다.

그해 봄, 인디애나주에서 열린 한 집회에서 트럼프는 이렇게 말했다. "우리는 중국이 우리나라를 계속 강탈하게 놓아둘 수 없습니다. 중국이 하는 짓은 강탈입니다. 세계 역사상 가장 큰 도둑질입니다."[1]

이런 비난은 미국 기업이 중국 공장에서 열심히 제품을 생산해 자사의 주가도 올리고, 저가 상품에 대한 소비자의 수요(생활비 상승의 해결책이다)도 충족하고 있다는 사실을 무시한 말이었다. 하지만 이런 식의 주장은, 특히 중국산 수입품의 급증으로 일자리를 잃은 백인 노동자 계층에서 큰 반향을 불러일으켰다.

대통령에 취임한 트럼프는 무명의 경제학자 피터 나바로를 수석 무역 고문으로 임명했다. 자격은《중국이 세상을 지배하는 그날Death by China》이라는 과장된 내용의 책을 집필한 것으로 갖춰졌다고 보았다. 두 사람은 중국의 수출을 국가 안보의 위협으로 묘사하며, 중국 제품에 대한 전면적 관세 부과를 특징으로 하는 무역전쟁을 일으켰다.

하지만 내 편과 네 편이라는 편 가르기는 중요한 사실을 무시한 수사였다. 미국의 먹거리를 탈취한 것은 중국이 아니었다. 범죄가 저질러졌다면 그것은 내부 소행이었다. 미국의 기업 경영자들은 자국 근로자에게 중산층의 임금을 지급하지 않는 방법으로 중국 공장을 이용했다. 절감한 돈은 따로 숨겨두었다.

저임금의 중국 노동자가 국제 투자자 계층에게 매력적인 존재라는 사실은 결국 중국을 '세계의 공장'으로 만들어놓은 프로세스를 시작할 때부터 중국 지도자들이 정확하게 간파한 부분이었다.

1980년대부터 중국 지도자들은 중국의 산업 역량을 발전시키게 될 외국인 투자를 유치하기 시작했다. 이렇게 하면 수 세기에 걸친 결핍·취약성과 결별하고 부를 축적해 후진성과 고립이라는 치욕적 상태에서 벗어나는 데 도움이 될 터였다.

중국의 근대사는 재앙의 연속이었다. 종이, 화약, 나침반을 발명한 강대국이 식민지의 수모, 내전, 극단적 사회 실험을 거치면서 빈국으로 전락했다.

19세기에 영국은 포함을 이끌고 와 수익성이 높은 아편 거래를 강요했다. 미국, 프랑스, 독일, 포르투갈은 식민지 무역항을 확보했다. 20세기 초에는 일본이 쳐들어와 많은 땅을 점령하고 공포감을 심어주었다.

1949년, 마오쩌둥이 이끄는 공산당이 정권을 잡았다. 영구혁명에 대한 그의 열정은 많은 재앙을 낳았다. 1950년대 후반의 '대약진 운동(단번에 산업화를 이루겠다는 터무니없는 시도)'은 3,000만 명의 목숨을 앗아간 기근으로 막을 내렸다.[2] 1960년대에 시작된 '문화대혁명' 기간에는 마오쩌둥이 그의 신봉자들에게 반대파를 공격하라고 독려하면서 800만 명 이상이 목숨을 잃었다.[3]

하지만 1970년대 후반, 이념의 순수성을 둘러싼 싸움이 난무하던 정권에서 실용주의자였던 덩샤오핑의 지도 아래 중국은 새로운 길로 접어들었다. 덩샤오핑은 혁신과 성장을 촉진하고자 한때는 이단으로 여겨지던 실험에 착수했다. 더는 공산당이 영도하는 국가가 모든 상품과 원자재의 가격을 정하지 않겠다고 했다. 영리를 목적으로 물건을 만들어 파는 것도 허용했다.

덩은 중국 남부의 도시 네 곳을 이른바 경제특구로 지정했다. 그중 세 곳이 홍콩과 인접한 광둥성에 있었다. 현지 관리들은 다국적 기업과 함께 벤처를 육성하고 인프라를 건설하는 것이 허용되었다. 외국인 투자가 쏟아져 들어와 1980년대 후반 연간 약 50억 달러에서 1990년대 중반에는 300억 달러를 넘어섰다.[4]

혼다는 중국에서 오토바이를 만들기 시작했다.[5] 제너럴모터스와 폭스바겐은 자동차 공장을 설립했다. 광둥성의 수출은 1980년 연간 29억 달러에서 1994년 500억 달러로 급증하며 중국 전체 수출의

40%를 책임졌다.[6] 같은 기간 중국 경제는 해마다 10% 가까운 놀라운 속도로 성장했다.[7]

경제특구 중 한 곳인 선전에서는 비포장도로가 '파라디소', '시티 엘리트 홈스테드', '갤럭시 인터내셔널 파크' 등 거창한 이름이 붙은 고급 호텔과 고층 아파트가 늘어선 웅장한 도로로 바뀌었다.[8] 이주 노동자들은 보잘것없는 소지품이 담긴 통을 대걸레 자루에 걸어 어깨에 멘 채 난초와 자쿠지로 채워진 스파 리조트를 지나 검댕이 잔뜩 낀 공장으로 향했다. 앞으로 이 공장 기숙사에서 여덟 명이 한방을 쓰며 창문 밖으로 빨래를 널어놓을 사람들이었다.

얼마 지나지 않아 선전의 공장에서는 미국에서 팔리는 인조 크리스마스트리 네 개 중 세 개를 만들게 되었다.[9] 광둥성 중심부에 있는 한 단지에서는 전자레인지를 연간 1,500만 대 생산했다.[10] 전 세계 판매량의 약 40%에 해당하는 숫자였다.

중국의 수출 주도 경제 전환은 아마도 인류 역사상 가장 큰 빈곤 퇴치 프로그램이었을 것이다. 덩샤오핑의 경제 개혁이 시작된 1970년대 후반부터 2000년 사이에 공식적으로 빈곤층으로 분류된 중국인의 수는 약 9억 명에서 5억 명 이하로 급감했다.[11]

그리고 이것은 중국이 세계 경제 대국으로 부상하는 것을 가속화하게 될 획기적 사건, 즉 중국을 세계무역기구의 대열에 합류시킨 2001년의 합의가 있기 전에 일어난 일이었다. 무엇보다도 이 합의는 헤이건 워커를 비롯한 미국의 수많은 기업 대표가 지구 반대편에서 벌어지고 있는 사건에 휩쓸려 들어가게 된 이유를 설명하는 데 도움이 된다.

다국적 기업은 중국의 글로벌 무역 시스템 편입이 비용을 획기적으로 절감할 방법이라고 보고 적극 지지했다. 하지만 이들 대기업 경영자와 정치권에 있는 그들의 협력자들은 자신의 목표를 교묘하게 포장해 실현했다. 이들은 중국을 WTO에 가입시키는 것이 민주주의를 증진하는 길이라고 주장했다.

결국 중국을 WTO에 가입시킨 빌 클린턴 대통령보다 이런 메시지를 더 강하게 낸 사람은 없었다. 그리고 태평양 건너편에 있는 신흥 강대국을 다루는 미국의 특징인 뻔뻔한 기회주의와 이상주의적 미사여구가 뒤섞인 태도를 클린턴보다 더 잘 보여준 사람도 없었다.

빌 클린턴은 즉흥적인 쇼맨십을 보여주는 경향이 있는 인물이기는 했지만, 이날 베이징 중심부에 있는 거대한 연회장에서는 그 어느 때보다도 더 뛰어났다.

때는 1998년 6월 훈훈한 어느 날 밤이었고, 클린턴은 중국을 세계무역기구에 가입시키는 안에 대한 미국의 조건을 받아들이라고 중국 정부에 간청과 압박을 번갈아 행사하는 중이었다. 그와 부인 힐러리 로댐 클린턴은 인민대회당에서 열린 국빈 만찬에 참석했다. 열주가 늘어선 인민대회당은 천안문 광장 서쪽 가장자리를 차지하고 있었다.

불과 9년 전, 이 광장은 더 많은 자유와 부정부패의 척결을 요구하는 학생들이 주도한 예사롭지 않은 저항 운동의 중심지였다. 시위대 중 일부가 자유의 여신상 복제품을 세워놓는 장면이 전 세계에 방송되기도 했다. 민주주의에 대한 열망을 보여주는 용기 있는 행동이었다.

결국 인민해방군이 시위대 수백 명을 학살하며 이 시위를 진압했다. 그 뒤 몇 년 동안 중국은 국제 담론에서 이런 잔인한 행위를 하는 나라로 묘사되었고, 북미와 유럽의 많은 기업이 중국을 기피했다. 하지만 서구 경영자들이 착취로 돈을 벌 기회를 보고 침을 흘리기 시작하면서 따돌림을 당하던 중국의 처지는 이미 옛말이 되어가고 있었다. 클린턴 대통령 부부가 베이징에 온 것도 그 이유 때문이었다.

처음에 클린턴은 자신을 중국을 가장 강경하게 비판하는 사람으로 내세웠다. 1992년의 선거 운동 기간에 클린턴은 주중 미국대사를 지낸 현직 대통령 조지 H. W. 부시를 무역 관계를 정상화했다고 공격했다. 그는 "베이징의 도살자들"[12]과 영합했다며 부시를 비난했다. 클린턴이 말한 대로 부시는 "중국과의 우정 때문에 천안문 광장에서 학생들이 한 일을 잊히게 만든"[13] 잘못이 있었다.

클린턴은 자신의 정부에서는 상황이 달라질 것이라고 말했다. 중국 지도자들을 향해서는 이렇게 경고했다. "앞으로는 인권을 보장하라. 사회를 개방하고, 자유의 여신상을 세웠던 학생들의 정당성을 인정하라."[14] 그렇지 않으면 미국 시장과 단절될 각오를 하라고 했다.

중국 지도자들은 도덕적인 체하는 미국 정치인들로부터 인권 강의를 받는 것에 불쾌감을 느꼈다. 미국은 합법적 노예제도로 부를 쌓은 식민지 강대국이 아니었던가? 더 최근에는 신성한 인권을 들먹이면서도 미군이 캄보디아를 융단 폭격하거나 베트남 어린이에게 네이팜탄을 투하하는 것을 막지 못하지 않았는가? 미국의 도덕률은 중국의 뒷마당에서 적나라하게 까발려졌다.

클린턴 자신은 베트남 전쟁에 반대했지만 자국 역사가 불미스럽다고 해서 도덕적 비난을 가하는 자신의 기세를 누그러뜨릴 생각은 없었다. 그는 대통령에 취임한 지 얼마 지나지 않아 중국이 인권 문제에 "전반적으로 상당한 진전"을 보이지 않으면 최고 70%의 관세를 부과하겠다는 행정명령에 서명했다.[15]

그런 일은 여기까지였다.

1998년 6월 이날 밤, 클린턴은 중국 권력자들의 성채 안에서 자신이 이끄는 정부의 대중국 접근법을 인도하는 새로운 가치를 보여주었다.

시위대가 총을 맞고 쓰러진 장소는 연회장에서 불과 몇백 미터 떨어진 곳이었다. 하지만 그 사건은 고대 역사 속으로 사라진 것 같았다. 클린턴 부부는 사진 촬영을 하려고 자세를 취했다. 두 사람은 주최자인 장쩌민 주석과 그의 부인 왕예핑에게 경의를 표했다.

클린턴 대통령은 만찬 건배사에서 이렇게 말했다. "미국 국민은 중국이 이룬 큰 진전에 감탄하고 있습니다. 우리 미국인은 양국 관계의 상호 존중을 높이 평가합니다."[16]

상어 지느러미와 비프스테이크가 메인 요리로 나온 식사[17]를 마친 두 부부는 거대한 연회장 맨 끝으로 향했다. 네 사람은 식사하는 동안 그들을 즐겁게 해준 인민해방군 군악대원들에게 감사를 표했다.

군악대가 존 필립 수자의 행진곡 〈바다 건너 악수를Hands Across the Sea〉을 연주하자 클린턴 대통령은 잠시 지휘봉을 들고 악단을 지휘해 연회장에 모인 인사들을 즐겁게 했다.[18]

클린턴이 평화적인 시위대를 학살한 바로 그 조직 앞에서 지휘자

행세를 한 것은 파격적인 변신의 완성을 의미했다. 이제 그는 통상에 방해가 되는 인권에 대한 고려는 내팽개치고 중국을 이윤 창출의 성배로 이용하고자 미국의 재계가 기획한 전투를 이끌고 있었다. 전투의 목표는 중국을 WTO에 가입시키는 것이었다.

스위스의 제네바 호수 기슭에 본부를 둔 WTO는 국제 무역 분쟁의 심판자이다. 160여 개에 이르는 회원국은 공통의 규칙을 준수하기로 되어 있다. 분쟁이 발생하면 심판 절차에 따라야 한다. 회원국은 장벽 없이 상품 시장을 개방하고, 모든 회원국에 동일한 무역 조건을 적용하는 등 서로를 동등하게 대우하기로 약속했다.

중국은 새로운 수출 기회를 확보하고 더 많은 외국인 투자를 유치할 수 있다는 단순한 이유로 WTO 가입을 원했다. 하지만 가입하려면 기존 회원국 3분의 2의 지지를 확보해야 했다.

그러려면 외국의 경쟁사에 시장을 개방해야 했다. 중국의 대기업 수장들이 두려워하는 시나리오였다. 하지만 당시 경제 정책을 이끌던 주룽지 총리는 WTO 가입을 신청하는 절차만으로도 중국 경제 재건을 촉진할 거라고 생각했다.

1990년대 중반까지만 해도 중국은 국유기업이 도시 근로자의 대략 70%를 고용했다.[19] 은행권 대출 잔고의 80% 이상이 이들 기업으로 흘러갔고,[20] 이들 중 상당수는 채무 이행 능력이 없었다. 이들 좀비 기업은 월마트 같은 거대 소매기업이나 글로 같은 틈새시장을 겨냥한 업체를 끌어들일 공장 같은 더 민첩하고 더욱 혁신적인 사업체를 육성할 수도 있었을 금융을 독점하고 있었다.

변화에 저항하는 가장 큰 세력은 지방의 당 간부들이었다. 이들은 국유기업의 파산이 불러올 대중의 분노를 두려워했다. 이들은 종종 그런 기업을 연명시켜온 은행 대출의 일부를 향유했다. 그것이 돈이 그쪽으로 흘러 들어가게 한 유인이었다.

중국은 WTO 가입 조건에 따라 국유기업에 대한 보조금 지급 중단에 합의했다.[21] 국제적 의무는 소심한 공산당 지도자들의 비타협적 태도보다 우선할 터였다.

주룽지 총리는 중요한 지지자들의 도움을 받았다. 중국이라는 금광을 알아본 미국 재계가 로비를 벌인 것이다. 인구가 12억에 달하고 앞으로도 계속 늘어날 거라서 거의 모든 분야에서 가장 큰 잠재적 시장이 될 나라가 온다고 했다.

통신 회사와 금융 대기업은 중국 벤처 기업의 지분을 더 많이 매입할 수 있는 허가를 받으려고 나설 터였다.[22] 할리우드는 영화 수출을 목표로 할 터였다. 소프트웨어 회사는 중국 시장에서 기회를 잡으려고 할 터였다. 농축산 기업은 엄청난 양의 대두와 밀을 비롯한 농작물을 자유롭게 판매할 수 있게 될 터였다.

다국적 기업은 노동조합과 작업장 안전 규제가 있는 부유한 국가에서 중국 공장으로 생산을 이전하면서 얻을 수 있는 비용 절감 효과에 특히 매료되었다. 중국에서는 당 간부가 법이었고, 그들은 이익의 일부만 투자하면 매수할 수 있었다. 노동조합은 금지되어 있었고, 농촌 사람들 수억 명이 일자리를 찾아 필사적으로 도시로 몰려들고 있었다. 저비용 생산에 이상적인 조건이었다.

아이러니한 이해관계의 일치점이 여기에 있었다. 농민 주도 혁명으로 권력을 잡은 공산당 지배하의 중화인민공화국이 월마트와 애플을 비롯한 미국 자본주의를 상징하는 기업들의 매력적인 합작 파트너로 떠오른 것이었다.

그럼에도 다국적 기업은 중국에 대한 그들의 속셈이 노골적 이윤 추구로 비치는 것을 두려워했다. 중국에 탄압, 인권 침해, 노동 착취 등이 만연한다는 이야기는 평판을 위협하는 요인이었다. 그래서 미국의 재계와 정치권에 있는 그들의 협력자들은 중국과 무역을 확대하면 자유가 증진될 것이라는 이야기로 협상 조건의 프레이밍을 바꿨다.

그렇다, 미국 기업은 중국에서 큰돈을 벌 것이다. 하지만 그것은 중국을 변화시키는 당면 과제에 수반되는 부수적인 일이다. 클린턴 정부 관리들은 이구동성으로 이런 말을 반복했다. 일단 중국이 WTO에 가입하면 그 규범 내에서 행동해야 번영이 보장될 것이라고 말이다. 중국의 개혁은 돌아올 수 없는 지점을 지나 중국을 영원히 변화시킬 것이라고도 했다.

중국 기업이 글로벌 무역 시스템에 합류한 이점을 누리려면 외부 세계에 대한 이해도를 높여야 할 것이다. 중국 소비자들은 최신 기술을 적용한 기기뿐 아니라 국제적인 패션 트렌드, 음악, 엔터테인먼트, 스포츠를 접하게 될 것이다. 이런 모든 것이 중국 사회에 스며들어 결국 서구의 궁극적 수출품인 민주주의에 대한 수요를 창출할 것이다. 먼저 중국인들은 켄터키 프라이드치킨을 맛보게 될 것이다. 그런 다음에는 투표함을 요구할 것이다.

클린턴은 협상 결과를 승인하는 의회의 표결이 있기 전날의 연설에서 이렇게 말했다. "중국이 WTO에 가입하는 것은 우리 제품을 더 많이 수입하겠다는 데에만 동의하는 것이 아닙니다. 민주주의의 소중한 가치 중 하나인 경제적 자유를 수입하는 데 동의하는 것입니다. 자유의 지니는 요술램프 속으로 다시 돌아가지 않을 것입니다."[23]

그런 다음 그는 실리콘밸리 기술기업의 광고 문구 같은 말을 덧붙였다. "새로운 세기에는 핸드폰과 케이블 모뎀을 통해 자유가 확산될 것입니다."[24]

할리우드식 결말을 의심할 만한 충분한 이유가 있었음에도 이런 식의 논리 구성에는 타당성이 있었다. 시장은 정보를 요구하지만, 억압적 통치는 정보의 자유로운 흐름과 상충한다. 무역이 확대되면 중국의 지도자들은 아마도 정치 영역을 계속 옥죄어야 할지 아니면 경제를 발전시켜야 할지 둘 중 하나를 선택해야 할 것이다.

하지만 이런 믿음을 이끈 가장 강력한 원동력은 수익성을 높여야 할 필요성이었다. 중국이 국제 무역 시스템에 편입됨으로써 가장 큰 이익을 볼 수혜자는 중국을 값싼 노동력의 공급처로 활용할 다국적 기업의 주주들이었다.

미국의 대기업이 고용한 워싱턴의 로비스트들은 중국의 글로벌 무역 시스템 진입은 베이징에 있는 개혁주의자들이 의제를 진전할 기회가 될 것이라고 했다. 클린턴 정부의 재무부 장관 로버트 루빈(나중에 그는 거대 금융기업 시티그룹의 수장이 되어 중국 진출을 지휘한다)은 의회에서 중국의 글로벌 무역 시스템 진입은 중국에 "자유의 씨앗을 뿌릴 것"[25]이라고 역설했다.

제2차 세계대전 이후 무역은 미국 외교 정책의 근간이었다. 클린턴 정부는 무역이 중국과 평화적 관계를 유지하는 데 핵심 역할을 할 수 있다고 믿었다. 중국이 영유권을 주장하고 미국이 지켜주는 자치령인 대만을 향해 중국이 적대 행위를 할 리스크를 줄이는 수단이 될 수 있었다.[26] 중국이 나라의 운명을 국제 통상에 의존하면 할수록 대만을 공격함으로써 필연적으로 수반될 경제적 충격으로부터 더 큰 피해를 볼 것이 분명했다.

하지만 막후에서는 미국 기업의 리더들이 이기적인 주장을 펴고 있었다. 전미제조업자협회에서부터 비즈니스라운드테이블에 이르기까지 주요 로비 단체들은 무역 정책을 인권과 연계하면 중국 사업의 불확실성이 높아져 자신들의 투자 욕구가 떨어질 것이라고 주장했다.[27] 그리고 그것은 중국 공장을 공급망의 핵심 구성 요소로 삼는 한편 중국 소비자에게 상품을 판매하겠다는 그들의 원대한 계획에 걸림돌이 된다고 했다.

이에 대해 클린턴 정부의 국무장관 워런 크리스토퍼는 나중에 이렇게 말했다. "재계는 미국의 무역이 더 상위의 가치라고 대통령을 설득했습니다. 좋게 말하면, 무역을 부정하면 인권 분야에서도 아무것도 성취할 수 없을 것이라는 뜻이었죠. 그래서 그것이 기본 정책이 되었어요."[28]

이런 일련의 사건을 보면 어떻게 제조업이 미시간주나 인디애나주의 공장 도시에서 중국 연안의 산업단지로 옮겨갔는지 상당 부분 설명이 된다. 그리고 이것이 20년 뒤 헤이건 워커가 제품 생산 공장을 중국에서 찾게 되는 이유다. 더는 미국이 그의 요구를 충족할 역량이 없었기 때문이다.

워커가 세서미 스트리트 피겨를 주문할 무렵이 되자 중국의 글로벌 무역 시스템 진입이 자유를 증진할 것이라는 생각은 지독한 희극처럼 느껴지게 되었다.

인권에 대한 논란이 수그러들자 외국인 투자의 물꼬가 트이면서 곧 연간 500억 달러가 넘는 돈이 중국으로 쏟아져 들어왔다.[29] 중국 정부는 거대한 수출 강국으로 성장하는 데 필요한 인프라 확보에 전념했다. 1990년에서 2013년 사이에 민간이 운영하는 항구 72곳에 약 140억 달러가 투자되었고,[30] 정부가 운영하는 항구에도 수십억 달러가 투자되었다. 중국 정부는 2010년에서 2018년 사이에 원양 해운사, 조선 회사와 기타 연관 기업에 1,320억 달러에 이르는 국영은행 대출과 직접 보조금을 쏟아부으면서 해양 산업의 확장을 감독했다.[31]

하지만 중국 정부는 중국의 경제력을 이용해 사회에 대한 지배력을 강화하고 이웃 국가와 영토 분쟁을 격화했다. 국가 부의 상당 부분은 군사력 증강에 투입되었다. 중국 지도자들은 클린턴이 자유의 전파자라고 찬양한 기술 발전을 조지 오웰식 감시 장치를 구축하는 데 사용했다. 이렇게 구축된 역량은 신장성의 소수민족인 위구르족을 조직적으로 탄압하는 데 투입되었다. 중국 정부는 이런 통제 방식을 소셜 미디어로 확장했고, 반체제 인사에 대한 가혹한 처벌도 더 강화했다. 홍콩에서는 엄격한 보안법을 시행했다.[32] 과거 영국의 식민지 무역 기지였던 홍콩의 지배권을 돌려받을 때 영국과 맺은 조약에 따라 홍콩의 자유로운 삶의 방식을 존중하기로 한 합의를 무시한 처사였다.

하지만 약속했던 변화의 한 부분은 실현되었다. 중국은 없어서는 안 될 글로벌 공급망의 일부가 되었다. 중국의 수출액은 WTO에 공식적으로 가입한 2001년 2,720억 달러에서 20년 뒤에는 3조 5,000억 달러 이상으로 급증했다.[33]

중국 기업은 대략 전 세계 에어컨의 80%, 전체 핸드폰의 70%, 전체 신발의 절반 이상을 만들고 있었다.[34] 게다가 전 세계 태양광 패널의 80%를 생산할 뿐 아니라[35] 갈수록 항공, 생명공학, 컴퓨터 칩 같은 고급 기술 분야로 범위를 넓히고 있었다.

북미와 유럽의 나라들은 이런 발전의 상당 부분을 다음과 같은 불법적 행위 때문이라고 생각했다. 중국의 산업계는 국제 교역 시스템의 규칙을 교묘히 악용하고 있다. 또 국영은행과 새로 생긴 주식시장을 이용해 정치적으로 연결된 회사에 자본을 몰아주고 있다. 중국 관리들은 독성 화학물질을 강에 내다 버리는 벤처 기업을 못 본 체한다. 엄격한 환경 규정을 준수해야 하는 자기네 나라의 기업보다 또 다른 유리한 점이다. 중국 언론은 심한 검열을 받으므로 잘못된 일이 일어나도 대중이 쉽게 알 수 없다. 중국에 투자한 외국 기업은 지적 재산을 도난당하는 경우가 잦다. 그러다 보니 중국 전역뿐 아니라 전 세계에서 모조품이 유통되고 있다. 제약회사마저 이런 일에서 예외가 아니다.[36] 요컨대, 중국의 산업계는 공정하게 경쟁하지 않고 있다. 그럼으로써 노동조합, 규제, 언론, 사회의 기본적 요구 등에 대응해야 하는 불운한 경쟁자들의 일거리를 빼앗고 있다.

이런 탄식에는 타당성이 있었다. 실제로 중국 기업들은 시장점유율을 높이려고 노동 기준과 환경 기준을 잘 지키지 않았다. 그리고 그 결과는 다른 나라 일자리의 희생으로 돌아왔다. 중국이 WTO

에 가입하고 10년이 지난 뒤 중국 수입품이 직접적 원인이 되어 사라진 미국 제조업 일자리는 거의 100만 개에 달했다.[37] 공장이 사라져 지역사회에 미친 영향까지 감안하면 그 수는 대략 두 배로 늘어났다. 예컨대, 손님을 잃은 식당, 더는 찾는 사람이 없는 화물차 운전사, 사람들이 떠나면서 수입이 뚝 떨어진 배관공과 전기 기술자 같은 일자리였다. 거대 양당 정치인들은 중국을 악의 세력이라고 부르기 시작했다.

중국의 이득을 두고 미국의 러스트 벨트 같은 곳에서 광둥성의 공업 지대로 부를 이전한 것이라고 표현하고 싶은 유혹을 느끼는 사람도 있었다. 하지만 그런 프레이밍은 중국 수출 호황의 주요 수혜자가 미국(쇠락해가는 공장 도시가 아니라 뉴욕과 시애틀의 이사회실)에 있다는 사실을 간과한 것이었다.

전자레인지, 크리스마스 장식품, 텔레비전 등 모든 제품이 대형 유통업체의 진열대에서 판매되었다. 원가는 낮아졌고 매출은 증가했다. 기업의 주가가 상승하면서 경영자들은 막대한 부를 누렸다.

미국 기업들은 소비자에게 값싼 제품을 공급할 수 있다는 점을 내세워 협상을 옹호했다. 미국이 중국과 무역 관계를 정상화해야 할지를 논하는 워싱턴의 청문회(WTO 가입의 길을 열어준 절차 중 하나)에서 의원들은 암울한 어조로 중국에서 일어나는 강제 불임과 노예 노동을 이야기했다. 청문회에서는 양탄자, 가구, 기타 홈데코를 판매하는 기업 피어1임포츠의 최고경영자 클라크 A. 존슨의 증언도 들었다. 그는 140만 개 기업을 회원으로 둔 막강한 사업자 단체인 전미소매업협회의 대표 자격으로 나왔다.

그 자리에서 존슨은 이렇게 말했다. "미국 소매업체의 사명은 세계 어디에서 가져오든 다양한 상품을 공급하는 것입니다. 중국에서는 노동자 계층의 가정이 감당할 수 있는 제품을 만듭니다."[38]

그 말로 청문회 분위기는 기울었다. 그 말에는 산업 역량이 부유한 나라에서 중국으로 끝없이 이전되는 현상의 이면에 있는 핵심 진실이 들어 있었다. 기본적으로 소비자가 원하기 때문이었다.

인권, 공정한 임금, 환경적 의무에 대한 대중의 의견을 조사해볼 수는 있다. 노스캐롤라이나주에 있는 공장을 철거하고 생산을 중국으로 이전하는 것이 도덕적으로나 경제적으로 바람직한지를 토론할 수도 있다. 그런 대화에는 미묘한 의견차이나 타협할 여지가 있다. 하지만 타깃 매장의 통로를 돌아다니거나 아마존의 상품을 훑어보는 소비자는 잠시 멈춰 서서 그런 고민을 하는 경우가 거의 없다. 대개는 값만 싸면 다른 고려 사항은 모두 잊힌다. 그리고 보통은 중국에서 생산하는 것이 상품을 낮은 가격에 제공하는 가장 좋은 방법이었다.

한 연구에 따르면, 중국산 수입품의 증가로 일반적인 미국 가정의 소비력이 2000년에서 2007년 사이에 2% 높아졌다고 한다.[39] 돈으로 환산하면 연간 약 1,500달러다. 같은 기간에 중국과의 무역으로 사라진 공장 일자리 대신 소비자의 지출 능력이 40만 달러 늘었다는 계산이 나온다. 또 다른 연구에 따르면, 중국산 제품 덕분에 다양한 미국 상품의 가격이 2004년에서 2015년 사이에 해마다 0.19%씩 떨어졌다고 한다.[40]

종교에 가까운 열성으로 낮은 가격을 추구하는 월마트는 중국의

WTO 가입을 계기로 선전에 글로벌 조달 센터를 설립했다. 월마트는 이곳에서 전 세계의 제품 구매를 조율했다.

2004년 초, 내가 월마트의 사업 확장에 관한 기사를 취재하려고 이 센터를 방문했을 때 중국 전역의 공장에서 온 대표 수십 명이 커다란 대기실에 모여 있었다.[41] 월마트 제품 생산 계약을 따려고 온 사람들이었다. 그들은 불편한 나무 의자에 앉아 얇은 플라스틱 컵에 담긴 미지근한 차를 홀짝거리며 몇 시간이나 월마트 바이어를 기다렸다. 월마트는 한 공장이 난색을 보이면 즉시 같은 대기실 안에 있는 다른 공장을 부를 수 있다는 암묵적 위협을 바탕으로 원하는 가격을 얼마든지 요구할 수 있는 입지를 구축해놓은 상태였다.

대다수 현지 공장은 제품 생산에 동의했다. 그런 다음 직원을 고용하고 자재를 구매하는 등 납품을 준비하다가 더 낮은 가격을 제시하는 월마트의 새로운 요구에 직면하기 일쑤였다. 대개는 원가 이하 가격이었다. 대부분 경영자는 이 요구를 받아들였다. 그런 다음 노동자를 착취해 손실을 보전했다.

당시 월마트의 공급업체 데이터베이스에는 전 세계 공장 6,000개가 등록되어 있었는데, 그중 80% 이상이 중국 공장이었다.[42] 중국이 WTO에 가입한 지 2년밖에 지나지 않은 2003년 무렵 월마트는 중국산 제품 구입에 150억 달러를 지출했는데, 이는 중국의 전체 대미 수출액의 거의 8분의 1에 해당하는 금액이었다.[43]

미국 소비자들은 월마트에서 최저가로 물건을 구입하고 있었다. 미국 공장의 노동자들은 일자리를 잃고 있었다. 중국 공장의 노동자들은 사장에게 착취당하고 있었고, 사장은 사장대로 월마트에 쥐어

짜이고 있었다. 그런 가운데 월마트 창업자 샘 월튼의 후손들은 총재산이 2,000억 달러 이상으로 불어나 지구상에서 가장 부유한 가문이 되었다.[44]

미국의 여론과 정치권이 결국 중국과의 교류에 급격하게 등을 돌린 이유 중 하나는 무역 확대의 명분으로 내세운 민주화가 거짓 약속이었다는 데 대한 분노에서 비롯했다. 하지만 그 분노에는 중국산 수입품으로 피해를 본 사람들을 나라가 보호해주지 못한 것도 일부분 반영되어 있었다.

무역조정지원제도라는 연방정부 프로그램은 저가 수입품으로 일자리를 잃은 공장 노동자들에게 현금 지원과 재취업 훈련을 제공하려는 것이었다. 하지만 의회는 억만장자와 기업의 이익을 위한 감세 정책은 추진하면서도 이 프로그램에 대한 적절한 예산 편성은 일상적으로 거부했다. 그 결과 2019년에는 지원 대상자 중 실제로 지원받은 사람이 3분의 1도 채 되지 않았다.[45]

하지만 배신에 대한 비난만 많고 실질적인 내용은 별로 없는 정치적 대화에서 이런 종류의 세부적 이야기는 거의 언급되지 않았다. 거친 정치적 메시지가 무역의 득실에 대한 복잡한 계산을 이기면서 일반 대중은 중국의 산업계만 약탈적 세력이라고 믿게 되었다. 코넬대학교의 중국 전문가이자 바이든 정부의 국무부 관리였던 제시카 첸 와이스는 내게 이렇게 말했다. "우리가 이용당하기만 했다는 이야기는 잘못된 거예요. 우리는 혜택을 잘 분배하지 못했죠. 하지만 혜택은 실제로 있었어요."[46]

제조업 내에서는 중국으로 향하는 모멘텀이 스스로 강화되고 있었다. 기업이 생산을 중국으로 이전할수록 그들이 중국에서 확보한 가격이 국제 통상의 작동 방식으로 스며들어 갔다. 그것이 전자 부품, 강철 코일, 노동 시간 등 모든 것의 가치에 대한 대중의 이해를 형성했다.

많은 기업이 중국에서 제품을 생산하는 시장에서 생산을 중국으로 이전하지 못한 기업은 경쟁력이 없는 것으로 낙인찍힐 위험이 있었다.

미국에서 공장이 사라지고 중국에서 산업 생산이 폭발적으로 증가한 것은 이런 이유 때문이었다.

그리고 헤이건 워커가 태평양 건너편에서 통용되는 가격에 가까운 가격으로 큐브를 만들어줄 공장을 미국에서 찾을 수 없었던 것도 이런 이유 때문이었다.

그래서 그는 다른 사람들이 하는 대로 생산을 중국에 맡겼다.

"모두가 한 나라에 있는 공급처를 두고
경쟁을 벌이고 있습니다"
팬데믹이 드러낸 어리석음

글로는 수년 동안 중국 남부의 여러 공장에서 큐브를 만들었지만 결과는 일정하지 않았다. 가격은 계속 낮았지만 품질이 제각각이었다.

한번은 워커가 광둥성의 한 공급업체로부터 큐브 10만 개를 배송받았는데, 3분의 1 가까이에서 결함이 발견되었다. 워커는 며칠 동안 바커와 회의실에 앉아 큐브를 하나씩 물에 빠뜨려 가며 테스트했다. 다른 물량이 들어오기를 기다리는 동안 고객 배송은 지연되었고 어쩔 수 없이 고객을 실망시켜야 했다.

세서미 스트리트 주문품에서 그런 일이 생기면 재앙이 될 터였다. 두 사람에게는 제대로 납품해줄 공장이 필요했다.

2020년 말, 워커는 저장성 닝보시에 있는 한 공장에 연락을 취했다. 플랫폼88이라는 기업이 운영하는 여러 공장 중 하나였다. 이 기업은 성인이 된 이후 대부분 시간을 중국에서 보낸 제이컵 로스먼이라는 미국인이 경영하고 있었다.

남부 캘리포니아에서 자란 로스먼은 랍비로 살아갈 생각으로 메인주 보든칼리지에서 종교학을 공부했다. 하지만 그는 그런 생각을 접고 가족 사업에 합류했다. 샌프란시스코에서 동쪽으로 100킬로미터 떨어진 스톡턴에서 빗자루와 대걸레를 만드는 공장이었다.

처음에 그는 자기 회사 제품을 싸게 만들어줄 공장을 찾으러 중국에 갔다. 그때가 2000년이었다. 그러다 수익성이 더 높은 분야로 사업을 전환하면서 중국에 계속 머물게 되었다. 낚시용품, 바비큐 부대용품, 따뜻한 면도 크림이 나오는 디스펜서 등 남성용 선물 카탈로그에 들어 있는 제품을 공급하는 일이었다.

로스먼은 중국어와 중국 사회의 관습을 익히고 싶어 현지인과 같은 생활을 했다. 주요 도시마다 즐비한 5성급 호텔을 피하고 작은 현지 호텔에 묵었다. 얼마 지나지 않아 그는 중국 파트너와 힘을 합쳐 자기 회사를 세웠다.

여섯 군데에 이르는 그의 공장은 월마트와 야외 바비큐용품 제조업체 웨버를 비롯한 주요 다국적 소매기업에 납품할 제품을 생산했다. 기술자들은 사양을 미세 조정해 최상의 결과를 만들어냈고, 구매 담당자들은 중국 전역을 뒤져 특수 플라스틱에서부터 LED 조명에 이르기까지 필요한 자재를 찾아냈다.

워커는 이런 이야기가 마음에 들었다. 그는 로스먼 측 사람들과 세서미 스트리트 주문품의 납품 절차를 이야기하기 시작했다.

물론 이 무렵 워커와 로스먼을 비롯한 국제 비즈니스 종사자들은 엄청난 새로운 변수와 씨름하고 있었다.

코로나19로 알려진 신종 코로나바이러스가 전 세계를 휩쓸며 죽음과 공포, 기능 장애를 확산시키고 있었다.

이 팬데믹은 중국에서 시작되었다. 첫 확진자는 그 전해인 2019년 12월, 인구 1,100만 명의 산업 도시 우한에서 나왔다. 처음에 지방 당국은 폐렴과 유사한 증세를 보이는 이 정체불명의 질병을 은폐했다.[1]

한 달 뒤 코로나바이러스가 더는 억제할 수 없을 정도로 맹위를 떨치자, 중국 정부는 첫 번째 전면 봉쇄 조치를 시행했다. 우한과 우한을 둘러싼 후베이성에서 출발하는 모든 항공편과 기차의 운행을 막아 해당 지역을 다른 지역과 격리했다.[2]

2020년 2월이 되자 중국 당국은 코로나바이러스 보균자로 의심되는 사람을 강제로 끌어다 임시 격리 시설에 가두었다.[3]

중국 전역에 흩어져 있던 이주 노동자 약 3억 명이 춘절을 쇠러 시골 고향으로 돌아갔지만[4] 그중 상당수는 중간에 발이 묶였다. 어떤 곳에서는 고속도로를 막고, 어떤 곳에서는 기차역을 폐쇄하는 등 지역마다 제각각 제한 조치를 취하다 보니 춘절이 끝나도 많은 사람이 일터로 다시 돌아갈 수 없었다.

코로나바이러스 확산을 막으려고 공장 수천 개에 폐쇄 명령이 내려졌다. 폐쇄를 면한 공장도 심각한 인력과 부품 부족에 시달렸다.[5] 2020년 첫 두 달 사이에 중국의 수출은 17%나 감소했다.[6]

중국 산업의 대혼란은 전 세계에 엄청난 영향을 미쳤다. 중국은 거의 모든 나라의 제품 생산에 필수적인 여러 가지 부품과 자재의 주요 공급원이었다.

현대의 제조업은 여러 나라에서 부품과 원자재를 가져오는 대단히 복잡한 글로벌 공급망에 의존하고 있다.

화물선은 이제 완제품을 운반하는 운송 수단이 아니다. 화물선은 점차 한곳에서 가공된 부품이 다른 곳에서 다른 부품과 결합되어 (여기서는 화학 코팅 처리를 하고, 저기서는 단조 작업을 해서 원하는 모양으로 만드는 등) 완제품으로 조립되는, 부품이 흘러가는 파이프라인이 되고 있다.

보통의 자동차에는 전 세계 여기저기서 만든 개별 부품 약 3만 개가 들어간다.[7] 이 중 많은 부품이 최종 조립 전에 여러 번 바다를 건너 다른 부품과 결합된다. 만약 이 부품 중 하나라도 구하지 못하면 나머지 작업이 사실상 마비되면서 최종 생산이 불가능해진다. 애플은 6개 대륙의 43개국에 있는 공급업체로부터 구매한 부품을 중국과 대만에 있는 공장에서 조립해 완제품을 만든다.[8] 일회용 기저귀같이 단순해 보이는 제품도 50가지 이상의 재료가 필요하다.[9]

팬데믹의 진원지였던 후베이성은 특히 중요한 공급망의 연결 고리였다. 전 세계의 기업 약 5만 1,000개가 후베이성에 직접적인 공급업체를 두고 있었다.[10] 후베이성에서 부품이나 원자재를 조달받는 공급업체에 의존하는 기업도 최소한 500만 개는 되었다.

갑자기 전 세계가 생산 대부분을 한 나라에 맡기면서 생긴 함정에 빠졌다.

2020년 2월, 애플은 중국 공장의 가동 중단으로 최신 아이폰의 출시가 늦어질 것이라고 발표했다.[11] 도요타는 중국 현지 공장의 근로자들이 격리되면서 부품 부족으로 어려움을 겪었다.[12] 또 다른 자동차 회사 피아트 크라이슬러는 중국산 부품을 확보하지 못해 유럽 공장을 폐쇄할 준비를 했다.[13] 프랑스 자동차 회사 르노는 중국산 부품 부족을 이유로 한국에서 생산을 중단했다.[14] 세계 5위의 자동차 회사 현대도 마찬가지였다.[15]

패션업체들은 앞다퉈 중국에서 튀르키예로 공급처를 바꿨다.[16] 전 세계 생산량의 85%를 중국 공장에 의존하던 완구업체들은 생산 지연과 물량 부족 사태에 대비했다.[17]

닌텐도는 자사의 인기 게임 콘솔인 스위치의 배송을 늦췄다.[18] 이 게임기를 만드는 공장은 베트남에 있었지만 부품은 대부분 중국산이었다. 인도에서 일본에 이르기까지 제조업체들은 수입 전자 부품의 거의 3분의 2를 중국에 의존했다.[19]

한 란제리 회사는 트럼프가 중국 수출품에 부과하는 관세를 피해 생산을 중국에서 방글라데시로 옮겼는데도 생산에 타격을 입었다.[20] 중국 공장에서 만드는 어깨끈과 브래지어 컵을 기다려야 했기 때문이다.

나중에 전 세계의 평범한 사람들에게 공급망이 붕괴되었다는 사실을 확실히 느끼게 한 화장지 부족 현상은 대부분 공황 구매와 사재기에 따른 이야기였다. 페이스북에서 텅 빈 진열대 사진을 본 사람들은 화장지 사재기에 나섰다. 이런 문제는 일부분 공급망에서 비롯했다. 욕실용 두루마리 화장지를 만드는 데 사용되는 대형 화장지 롤 가운데 10%는 중국과 인도에서 만들어졌다.[21]

코로나19의 1차 유행과 싸우던 유럽과 북미의 병원은 의사와 간호사를 비롯한 의료 종사자들에게 지급할 보호 장비를 충분히 살 수 없다는 사실을 깨닫게 되었다.[22] 전 세계에 공급되는 물량의 상당수(마스크만 따지면 80%)가 중국, 그중에서도 특히 후베이성에서 만들어졌다.

뉴욕의 병원과 요양원은 급격히 줄어들던 정부 비축 보호 장비를 받아 직원들에게 지급했다.[23] 이탈리아 당국은 중국에서 물량을 더 많이 확보할 수 없는 점을 감안해 마스크를 재사용할 준비를 하라고 병원에 통보했다.[24] 스웨덴의 요양원에서는 노인 수천 명이 사망했다(그중 많은 수가 의사의 진찰도 받지 못하고 모르핀을 혼합한 수액을 투여받았다).[25] 그 이유의 하나는 직원에게 지급할 마스크와 가운이 엄청나게 부족했기 때문이다.

산소 호흡기가 부족해지자 미국 정부는 자동차 공장에 산소 호흡기를 만들 수 있도록 설비를 변경해달라고 요청했다. 이렇게 절박하게 된 이유 중 하나는 산소 호흡기의 17%를 중국에서 수입했기 때문이다.[26]

제약회사들은 자체 비축 물량으로 위기를 견뎌낼 수 있다고 자신할 수 없었다. 미국에서 판매되는 여러 항생제의 90%와 아세트아미노펜 같은 기초 의약품의 70%는 중국에서 만들어졌다.[27] 중국 제조업체는 주요 의약품 생산국인 인도의 제약회사가 사용하는 주된 원료의 공급을 장악했다. 중국의 공장은 코로나19 입원 환자 치료에 쓰이는 수많은 복제약을 만드는 데 사용되는 기초 화학물질의 최대 공급처이기도 했다.[28]

공포는 고조되는 국가 이기주의와 결합해 의약품 제조에 필요한 원료를 확보하려는 광란의 경쟁을 불러일으켰다(이런 경쟁은 나중에 백신 확보에서도 재연되었다). 수십 개국이 수출 금지 조치를 시행했다.[29]

이런 갈등의 중심에 필요한 물품 상당수가 중국산이라는 현실이 있었다.

2020년 4월 초가 되자 미국 병원과 약국의 70%가 코로나바이러스 환자 치료에 사용되는 약품이 한 가지 이상은 부족하다고 보고했다.[30]

뉴욕에 있는 독립 연구기관 헤이스팅스센터의 의료 전문가 로즈메리 깁슨은 이렇게 말했다. "모두가 한 나라에 있는 공급처를 두고 경쟁을 벌이고 있습니다."[31]

헤이건 워커는 첨단 컴퓨터 칩이나 의약품 원료가 필요한 것이 아니었다. 그는 산소 호흡기나 의료용 마스크를 만들지도 않았다. 그가 만드는 것은 그저 기본적인 전자장치의 도움으로 불이 켜지는 플라스틱 피겨였다.

그럼에도 워커는 중국 산업계를 뒤흔든 혼란에 휘말려 들었다.

큐브의 기본 자재 공급은 플라스틱을 만드는 데 쓰이는 화학물질, 전자장치에 쓰이는 기초 금속, 포장에 쓰이는 판지 등 큐브에 들어가는 재료를 생산하는 많은 공장의 운영에 달려 있었다. 그런데 이 모든 것이 부족해졌다. 중국의 공장이 정상 가동을 하지 못하는 한, 부품 공급이 제대로 되지 않아 큐브 생산에 차질을 빚을 수밖에 없었다.

이런 우려는 대량 생산이 시작된 100여 년 전부터 있었다. 공장이 부품과 원자재를 외부 업체에 의존할수록 문제가 발생하면 휘둘릴 위험성이 커졌다.

현대 조립라인의 대부 헨리 포드는 이런 일이 일어날 것을 예상했다. 정교한 공급망이라는 함정을 피하려고 그가 기울인 노력을 보면 최근에 전 세계를 강타한 위기의 근원을 알 수 있다.

자신감이 넘치고 야망이 원대했던 포드는 내면의 의심을 곱씹는 사람이 아니었다. 하지만 1915년 여름, 그가 구축한 상업 제국이 복잡해지자 불안감을 느끼기 시작했다.

그의 회사는 이미 막 시작한 자동차 산업에서 큰 성공을 거둔 선구자로 두각을 드러내고 있었다. 포드의 모델 T(움직이는 조립라인에서 대규모로 생산된 최초의 자동차)는 미국인의 생활 방식을 바꾸고 있었다.

자동차는 지리 개념을 바꿔 도시를 벗어난 공간을 탐험할 길을 열어주었고 주거, 업무, 여가에서 새로운 기회를 창출했다. 자동차 덕분에 수십 년에 걸쳐 교외가 개발될 터였고, 대륙 전역을 잇는 고속도로망이 건설될 터였다.

신비로울 정도의 경외심으로 기동력을 찬양하는 미국에서 포드는 자유의 표상을 대량으로 찍어내는 데 성공했다.

포드는 영국, 이집트, 남아프리카공화국, 일본에 공장을 세우는 등 시야를 세계로 넓히면서 지구상에서 가장 유명한 사람이 되고 있었다. 그의 말은 수십 년 뒤 스티브 잡스나 제프 베이조스의 말처럼 성공의 지혜를 얻으려는 사람들의 금과옥조가 되었다.

하지만 그는 자신이 통제할 수 없는 변수를 걱정하느라 힘들어했다. 그를 끊임없이 괴롭힌 한 가지 걱정은 어떻게 하면 자신이 계획한 모든 자동차를 생산할 물자를 충분히 확보할 수 있을까 하는 것이었다.

포드는 자기 이름을 딴 자동차를 만드는 데 필요한 원자재와 부품을 외부에 의존하고 있었다. 그런데 자동차 생산이 증가해 이런 물자의 수요가 늘면서 공급업체가 조달할 수 있는 한계를 시험하고 있었다.

1908년에 출시된 모델 T는 디트로이트 상업 생태계의 산물이었다. 항상 자본이 부족했던 포드는 처음에 섀시, 바퀴, 타이어, 엔진의 생산을 지역 업체에 의존했다. 용광로에 들어갈 석탄 공급은 강과 운하를 가로질러 건너다니는 철도와 선박에 의존했다. 완성된 자동차를 점점 늘어나는 전국의 딜러망에 그리고 나중에는 전 세계의 딜러망에 운송하는 것도 마찬가지로 선박에 기댔다.

1910년 포드는 하이랜드 파크 공장에 조립라인을 설치했다. 당시로는 최첨단 공장이었다. 5년 뒤 그는 하이랜드 파크 공장이 잠재적 생산성의 정점에 도달했다고 판단했다.

그는 판매 조건을 두고 협상하는 동안 공급업체가 주요 자재를 공급하지 않아 생산이 지연되는 모습을 보고 당황해하기도 했다.

포드는 한 사업 동료에게 말했듯이, "궁지에 몰릴 정도로까지 외부에 의존하는 상황"[32]을 피하려고 노력했다.

그래서 그는 루지강으로 알려진 물길을 따라 형성된 미시간의 습지를 조용히 사들이기 시작했다. 그러는 한편 810헥타르에 이르는 이 땅 위에 세계 최대의 공업단지를 조성할 준비를 했다.[33]

나중에 포드는 회고록에서 이렇게 말했다. "우리는 시장의 비상

사태에 휘말리거나, 공급업체가 주문을 이행하지 못해 생기는 피해를 보지 않도록 모든 부품의 일정량을 자체 생산할 계획이었다."[34]

'루지'로 알려진 이 공장은 수직적 통합이라는 새로운 개념을 보여주는 기념비적 시설이었다. 공사가 끝나면 원자재를 완성차로 바꾸는 모든 공정과 단계가 이 구역 안에서 이루어질 예정이었다.

포드가 이 부지를 택한 이유는 여러 철도회사의 철도망 가까이에 있어 단일 사업자에 대한 의존도를 줄일 수 있었기 때문이다. 한 사업자에게 의존하면 경영상의 문제나 탐욕, 독점적 성향 등의 이유로 자칫 사업에 지장을 받을 수도 있었다. 그는 강을 준설해 대형 선박이 접안할 수 있는 부두도 만들었다. 수로에 의존해 공급업체를 다양화하기 위해서였다.

스티븐 와츠는 《거물 헨리 포드The People's Tycoon》라는 포드의 전기에 이렇게 썼다. "그의 청사진은 완전한 자동차를 만들려고 원자재에서 완제품에 이르기까지 제조 공정을 확장하는 것이었다. 이 단지에는 조립공장뿐 아니라 항구, 조선소, 거대한 여러 저장고, 제철소, 주물 공장, 차체 제작 공장, 제재소, 고무 가공 시설, 시멘트 공장, 발전소 등도 들어설 예정이었다. 따라서 '루지'의 목표는 단순히 규모의 문제가 아니라 땅속에서 철광석이 나올 때부터 모델 T가 조립라인에서 굴러 나올 때까지 생산을 완전히 통제하는 것이었다."[35]

포드의 자급자족 추구는 그를 극단으로 몰고 가 때로는 재앙으로 끝나기도 했다. 그는 아마존 유역의 열대우림에 고무를 채취하는 마을을 건설했지만[36] 이 계획은 완전히 실패해 그를 당혹스럽게 했다.

하지만 공급망의 회복탄력성 보호에 대한 그의 집착은 우리 시대에 그 타당성이 입증된 접근법이자 그의 경영 철학을 보여주는 특징으로 남아 있다.

그는 제조업의 규모가 커지면 제조업자는 공급망을 면밀히 조사해 운송 체계의 붕괴나 자연재해에서 중간상인의 탐욕에 이르기까지 예상치 못한 여러 문제로 피해를 보지 않도록 자신을 보호해야 한다고 정확히 예측했다.

포드는 자신의 사업에 돈을 댄 투자자들이 만일의 사태에 대비하려는 자신과 생각을 공유하지 않는 경우가 많다는 사실도 깨달았다. 그는 공장을 확장하고 업그레이드하는 데 이익금을 투자하고 싶어 했지만 월스트리트의 자금 관리자들은 즉각적인 만족, 즉 배당을 원했다. 투자자들과 주도권 다툼은 그의 재임 기간 내내 이어졌다.

헨리 포드는 당대에는 대중의 찬사를 받았지만, 오늘날에는 칭송받기에 적합한 인물이 아니다. 그는 미시간주의 시골에서 태어나 일요일마다 교회에 다니면서 몸에 밴 전통적 가치를 백인 우월 의식이 녹아 있는 용어로 찬양했다. 그는 한 에세이에서 "오늘날 우리의 문제는 백인의 전통과 특권에 충실하지 못했다는 것이다"[37]라고 말했다. 금융인 혐오는 그의 지독한 반유대주의와 맞물려 있었다. 그는 공장에서 노조를 결성하려는 근로자들을 해고했고, 폭력을 동원해 잔인하게 그들의 시위를 진압했다.[38]

그럼에도 포드가 남긴 비즈니스 유산을 재검토해보면, 상식을 배제하고 주주 이익을 중심으로 사회를 조직화할 때의 위험성에 대한 통찰을 얻을 수 있다. 오늘날에도 여전히 유효한 교훈이다.

포드는 1863년 농부의 아들로 태어났다.[39] 고향 아일랜드에서 감자 기근을 피해 미국으로 온 그의 아버지는 미시간주의 비옥한 토양에 터전을 마련했다. 그는 열세 살 때 마차를 타고 디트로이트에 가던 중 그의 인생을 바꾸게 되는 광경을 목격했다.[40] 소형 증기차가 탈곡기를 끌고 가고 있었다. 깜짝 놀란 그는 마차에서 뛰어내려 운전사에게 그 신기한 기계에 대해 꼬치꼬치 물어보았다.

3년 뒤 포드는 가족 농장을 버리고 미래를 잡으러 15킬로미터를 걸어 디트로이트로 갔다.

천연 운송 경로인 오대호 지역의 중심부에 있는 디트로이트는 이미 미국 제조업의 주요 허브가 되어 있었다. 지역 공장에서는 궤도차, 오븐, 스토브 등 다양한 문명의 이기를 만들고 있었다. 포드는 황동과 철로 부품을 만드는 공장에 견습 노동자로 들어갔다. 20대 후반이 되자 그는 말이 필요 없는 마차 개발에 몰두했다.

1896년 포드는 그의 첫 번째 모델을 타고 도시의 거리를 시험 주행했다. 그해 말 뉴욕의 코니아일랜드에서 열린 한 만찬에서 그는 주빈인 전설적인 발명가 토머스 앨바 에디슨과 같은 테이블에 앉게 되었다.

당시 에디슨은 전구, 축음기, 영화 카메라 등을 발명해 현대 사회의 모습을 바꾸어 놓았다. 포드는 유명인을 만나 흥분했다. 그는 가솔린엔진을 실험한 이야기를 들려주며 에디슨을 즐겁게 했다.

다음 날 에디슨은 포드에게 맨해튼까지 함께 기차를 타고 가자고 제의했다. 두 사람은 브루클린까지 덜커덩거리며 가는 동안 서로에게 자연스러운 친밀감을 느꼈다. 이 친밀감은 평생의 우정으로 이어졌다. 이날 두 사람이 가장 진지하게 나눈 이야기는 자신들의 비전을 현실화하는 데 필요한 부품을 구하는 어려움에 관한 것이었다.

이날의 일을 포드는 이렇게 말했다. "우리는 주로 새로운 발명품을 만드는 데 필요한 적절한 자재와 물품을 구하기 어렵다는 이야기를 나누었다. 나는 그에게 첫 번째 자동차를 만들 때는 알맞은 타이어를 구하지 못해 자전거 타이어를 사용해야 했다고 말했다. 그는 백열등에 적합한 전구를 찾는 과정에서 겪은 어려움과 자신이 직접 입으로 불어서 전구를 만들어야 했던 이야기를 들려주었다."[41]

미국 역사상 가장 이름난 두 혁신가는 피할 수 없는 현실에 대한 인식을 공유하며 유대감을 형성했다. 믿을 만한 공급망이 없으면 자신들의 발명품은 그저 꿈같은 아이디어에 지나지 않는다는 것이었다.

이런 통찰은 포드가 일반 대중을 상대로 한 자동차 생산이라는 궁극적 야망을 추구하는 동안 평생 그를 이끌었다.

그는 모델 T 생산 발표장에서 다음과 같이 말했다. "나는 일반 대중을 위한 자동차를 만들 것입니다. 이 자동차는 가족이 다 탈 수 있을 만큼 크면서도 한 사람이 몰고 관리할 수 있을 만큼 작을 것입니다. 이 자동차는 현대 공학 기술의 범위 내에서 최대한 단순하게 설계할 것이고, 최고 인력이 최고 자재를 사용해 만들 것입니다. 하지만 값이 너무 싸 월급을 많이 받는 사람은 가질 수 없을 것입니다."[42]

이 목표를 달성하는 비결은 가능한 한 많은 자동차를 만들어 생산 원가를 분산하는 것이었다. 그리고 그것을 실현하는 수단은 자재를 대량으로 구매하는 것이었다.

포드는 부품의 재고를 관리하려고 재고관리부를 만들었다.[43]

처음에는 모델 T 한 대를 만드는 데 수십 시간이 걸렸다. 포드는 공정의 속도를 높이려고 자동화에 성공한 다른 산업을 조사해보았다. 도축장에서는 천장에 매달린 이동 레일을 이용해 소를 스테이크용으로 자르고 있었다. 섬유 공장에서는 컨베이어 시스템을 설치해 작업 속도를 높이고 있었다. 포드는 밧줄을 섀시에 걸어 잡아당기는 식으로 작업자가 작업물이 있는 곳으로 가지 않고 작업물을 작업자 앞으로 가져오는 방법을 시험해보았다.

하지만 이것은 그가 향하는 방향을 보여주는 맛보기에 불과했다. 1910년 1월에 문을 연 하이랜드 파크 공장은 최초로 자동차 제작에 조립라인을 사용한 본보기가 되었다.

옛 경마장 부지에 세워진 이 건물은 창문이 크고 지붕은 유리로 덮여 있었다. 조립라인이 가동된 첫해인 1913년, 모델 T의 생산량은 연간 8만 2,000대에서 18만 9,000대로 두 배 이상 늘었다.[44] 미국 전체 자동차 생산량의 절반 이상이 이 공장에서 만들어졌다.[45] 이듬해 여름이 되자 93분 만에 모델 T가 한 대씩 만들어져 나왔다.[46]

계획대로 규모의 경제가 작동해 포드는 1910년에 950달러였던 모델 T의 가격을 1916년에는 360달러까지 낮출 수 있었다.[47] 전 세계의 공장 관리자들이 이 생산성의 기적을 배우러 하이랜드 파크로 몰려왔다.

생산이 틀에 박힌 듯 이루어지면서 포드는 필요한 부품과 자재의 흐름을 정확하게 계획할 수 있었다. 그는 필요할 때 부품을 조립라인에 공급함으로써 '적기공급생산방식Just in Time manufacturing'의 초기 버전을 구현했다.

포드는 그의 회고록에서 이렇게 말했다. "우리는 즉시 필요한 물량 이상으로 자재를 구매하는 것은 쓸데없는 짓이라는 사실을 알게 되었다. 운송이 완벽하고 자재의 균일한 흐름이 보장된다면 무엇이 되었든 재고를 안고 있을 필요가 없을 것이다."[48]

하지만 운송은 절대 완벽하지 않았다. 결국 포드가 철도회사를 사들이게 된 이유다. 그는 이 철도를 이용해 켄터키주와 버지니아주에 있는 자기 소유 광산에서 석탄을 실어 날랐다. 그는 선박도 사 모아 미네소타주와 미시간주의 어퍼반도에서 채굴한 철광석을 운송하는 데 이용했다. 그는 자기 소유 숲에서 목재를 실어왔다. 자기 제강 공장도 세웠다.

포드는 현재 우리가 공급망이라고 부르는 것을 구축하려고 씨름했다. 특히 그는 제1차 세계대전 기간에 유리 가격이 '천정부지로' 치솟는 것을 보고 놀랐다. 그는 이렇게 말했다. "우리는 미국에서 유리를 가장 많이 쓰는 기업에 속한다. 이제 우리는 자체 유리 공장을 세울 것이다."[49]

1916년 9월, 포드는 '루지' 설립 계획을 세우다 초기 투자자인 도지● 형제와 의견 충돌이 벌어졌다. 도지 형제도 신생 자동차 산업을 선도하는 혁신가였다.

도지 형제는 그 전해 포드가 올린 수익이 1,600만 달러에 달한다는 사실을 알게 되었다.[50] 게다가 회사는 은행에 현금 5,000만 달러

● Dodge. 도지 형제는 1913년 '닷지'라는 자동차 회사를 만들어 운영했다. 닷지는 1928년 크라이슬러에 인수되어 크라이슬러의 한 브랜드가 되었다.

2장 "모두가 한 나라에 있는 공급처를 두고 경쟁을 벌이고 있습니다"

를 쌓아두고 있었다.

포드는 이 돈을 사업 확장에 써야 한다고 단호하게 주장했다. 도지 형제도 투자자에게 충분한 돈을 배당금으로 지급해야 한다며 물러서지 않았다.

좀처럼 포드를 만날 수 없었던 도지 형제는 직설적인 의사소통 방식을 택했다. 소송을 제기한 것이다.[51] 두 사람은 포드의 루지 확장 계획을 중단하고 회사가 쌓아둔 현금의 4분의 3을 배당금으로 지급하라는 명령을 내려달라고 법원에 신청했다. 법원은 이 신청을 받아들였다.

포드는 당황했다. 도지 형제가 자신의 루지 설립 계획뿐 아니라 회사의 가장 중요한 경영 원칙까지 위태롭게 하고 있었다.

포드는 그다음 재판의 증인석에서 다음과 같이 말했다. "저는 자동차로 그렇게 엄청난 수익을 내서는 안 된다고 생각합니다. 적당한 수익을 내는 것은 괜찮지만 너무 많으면 안 됩니다. 그래서 제 정책은 생산이 받쳐주는 한 빨리 자동차 가격을 끌어내려 자동차 이용자와 노동자에게 혜택을 주는 것이었습니다."[52]

포드는 사람을 위축시키는 반대 심문을 받는 동안 자신이 사업에서 가장 중요하게 생각하는 것은 일자리를 제공하는 것과 보통 사람이 감당할 수 있는 가격으로 팔 자동차를 만드는 것이라고 했다.

"사업은 서비스를 제공하는 것이지 노다지를 캐는 것이 아닙니다."[53]

그는 패소했고 법원은 그에게 배당금을 지급하라고 명령했다. 하지만 그는 항소를 함으로써 루지 건설을 계속할 수 있게 되었다.

역사적 관점에서 보면 도지 형제의 저항은 앞으로 다가올 일을 예고하는 것으로 보였다.

기업은 다른 이해관계자는 배제한 채 주주의 부 증진을 최우선 순위로 두고 운영될 터였다. 그리하여 결국 공급망을 왜곡할 터였다.

비가 추적추적 내리는 2022년 5월 어느 날 아침, 나는 한 세기가 지난 지금도 여전히 돌아가고 있는 루지 주변을 돌아보았다. 통로에서 내려다보니 작업자 수백 명이 조립라인에서 일하는 모습이 눈에 들어왔다. 이들은 공구를 휘두르며 요즘 포드에서 가장 인기 있는 차종인 F-150 픽업트럭을 조립하고 있었다.

헨리 포드는 이미 오래전에 세상을 떠났다. 그는 뇌졸중으로 쓰러진 지 몇 년 후인 1947년에 사망했다. 디트로이트는 공장의 중산층 일자리가 소매기업이나 물류창고, 패스트푸드 체인점의 빈곤층 일자리로 대체되면 어떤 일이 벌어지는지 보여주는 가슴 아픈 사례로 전락했다. 지금 부서진 벽돌담만 남은 옛 하이랜드 파크 공장 옆에는 '모델 T 플라자'라는 쇼핑센터가 들어서 1달러 숍, 소액 대부업체, 혈액을 돈으로 바꾸려는 사람을 기다리는 혈장 매입 센터 등이 입주해 있었다. 자동차는 백인 탈출[●]의 도구가 되어버렸다.

하지만 루지 공장은 여전히 윙윙거리며 돌아가고 있었다. 규모는 그전보다 커졌지만 작동 방식은 포드가 처음 시작할 때와 다를 바 없

● white flight. 도심지의 범죄나 타 인종과 한마을 거주 등을 피해 백인 중산층이 교외로 이주하는 현상.

2장 "모두가 한 나라에 있는 공급처를 두고 경쟁을 벌이고 있습니다"

었다.

꼼꼼하게 짜인 작업 계획에 따라 조립라인은 자동차 섀시를 싣고 공장을 돌며, 지게차 운전사는 필요한 곳에 필요한 부품을 떨어뜨렸다.

이제 여자도 남자와 함께 조립라인에서 일하고 있었다. 로봇 팔이 앞뒤로 움직이며 선팅한 유리를 트레이에서 꺼내 트럭 운전석 뒤쪽에 부착했다. 조립라인 끝에서는 로봇이 차 문이나 전조등, 후미등 주위의 이음매에 레이저를 쏘아 물이 스며들지 않는지 확인했다.

포드의 회사는 그의 증손자 윌리엄 클레이 포드 2세가 명목상 대표로 회장 직함을 달고 이끌고 있지만 진짜 회장은 월스트리트다. 40억 주에 달하는 포드사의 상장 주식은 310억 달러 이상의 가치가 있다. 그중 절반 이상이 뮤추얼 펀드의 선두 주자인 뱅가드나 10조 달러 이상의 자금을 관리하는 세계 최대 자산운용사인 블랙록 같은 거대 금융기관의 통제하에 있다.

이제 포드는 주주에게 배당금을 지급하고자 운영되고 있고 배당금 수준도 도지 형제는 상상도 할 수 없을 정도다.

포드는 자급자족이라는, 헨리 포드가 집착하던 과거의 또 다른 핵심 신조와 결별한 상태였다. 그가 지향했던 수직적 통합도 경영진의 외면을 받은 지 오래되었다. 포드는 파산한 제강 공장을 러시아 기업에 매각하는 등 회사의 가치 사슬을 이루는 많은 조직을 팔아치웠다.[54]

다른 다국적 기업과 마찬가지로 포드도 원가를 낮추려고 세계화를 활용했다. 포드는 약 1,800가지 부품을 직접 구매했고, 수만 가지에 이르는 다른 부품은 전 세계에 흩어져 있는 공급업체에서 물품을 구매해주는 납품업자에게 조달을 의존했다.[55] 헝가리에서는 스티어링 칼럼을 구매했고, 스웨덴에서는 에어백, 일본에서는 현가장치, 캐나다에서는 도어 힌지, 중국에서는 계기판, 독일에서는 선루프를 들여왔다.[56] 멕시코에서는 인기 있는 신형 픽업트럭 매버릭을 조립했다.[57]

루지의 조립라인에서 굴러 나오는 F-150 픽업트럭은 이런 국제 공급망에 의존하고 있었다. 루지에서 사용되는 부품의 거의 절반이 미국이나 캐나다의 밖에서 만들어졌다.[58]

포드는 세계 각지에 있는 공장의 전문화된 특성을 활용하는 글로벌 공급망의 장점을 잘 보여주는 본보기다. 하지만 포드는 창업자가 알면 놀라 자빠질 만큼 궁지에 몰릴 가능성에 노출되어 있다. 현대 자동차의 두뇌가 된 컴퓨터 칩이라는 중요한 부품의 생산을 태평양 건너편에 있는 한 회사에 기대는 공급업자들에게 지나치게 의존하기 때문이다.[59]

TSMCTaiwan Semiconductor Manufacturing Company라는 이 회사는 전 세계 자동차에 들어가는 컴퓨터 칩의 80~90%를 생산하면서 세계 자동차 산업에 없어서는 안 될 존재가 되었다.

팬데믹 초기인 2020년 초, 전 세계의 자동차 회사들은 당분간 자동차 수요가 급감할 것으로 판단했다. 이들이 칩 주문을 취소하자 TSMC를 비롯한 주요 칩 제조업체들은 칩 생산을 대폭 줄였다.

곧 이들의 예측이 너무 비관적이었다는 사실이 드러났다. 2020년 중반이 되자 미국을 비롯한 부유한 국가의 사람들은 대중교통을 이용하다가 다른 사람과 접촉할 위험을 줄이려고 자동차를 구입하기 시작했다. 가족이 있는 사람들은 갑자기 실내 오락 시설이 사라진 세상에서 가족과 함께 야외로 나가려고 스포츠형 다목적 차량SUV을 구입했다.

자동차 회사들이 자신의 예측이 틀렸다는 사실을 깨달았을 때는 이미 너무 늦었다. 칩 제조업체들은 갑자기 증가한 주문에 신속하게 대응할 수 없었다. 생산 능력을 확충하려면 수십억 달러의 투자와 수개월의 시간이 필요했다. 세계는 심각한 칩 부족 사태에 직면했다.

포드를 비롯한 자동차 회사들은 칩 확보 쟁탈전을 벌이다가 칩 제조업체에 자동차 회사보다 더 중요한 고객이 있다는 사실을 알게 되었다. 이들이 생산한 칩은 대부분 애플, 삼성, 소니 같은 거대 전자 기업에 팔리고 있었다. 집 안에 갇힌 사람들이 고립과 죽음의 공포에서 벗어나려고 주의를 다른 데로 돌리면서 전자제품 판매량이 급증했기 때문이다.

포드는 칩을 충분히 구입할 수 없자 생산량을 줄일 수밖에 없었다. 2021년 중반, 포드는 시카고에서부터 캔자스시티, 멕시코에 이르는 북미 지역 8개 공장의 조립라인을 일시적으로 멈춰 세웠다.[60]

헨리 포드의 유산과 미국 혁신의 역사를 보여주는 헨리 포드 박물관(포드의 고향 마을 미시간주 디어본에 있다)의 교통 큐레이터 매트 앤더슨은 이렇게 말했다. "헨리 포드가 두려워했던 것이 바로 이런 일입니다. 그는 공급망 붕괴, 다시 말해 자재를 공급받지 못하는 사태를 무척 염려했지요."[61]

포드가 멀리 떨어진 한 공급업체에 의존하게 된 데는 적어도 일정 부분 창업자의 숙적인 주주의 이익에 무릎을 꿇은 것에 책임이 있다. 팬데믹 이전 3년 동안 포드는 모두 79억 달러를 주주에게 배당금으로 나눠주었다. 수익의 70%에 해당하는 금액이다.[62]

포드 경영진은 투자자들을 만족시킨 것이 칩 부족을 유발했다는 생각에 반발했다. F-150에만 800종 이상의 반도체가 들어간다는 점을 고려하면 포드가 자급자족을 달성할 수 있었을 것이라는 생각은 말도 안 된다고 했다. 칩은 저장 수명이 있다. 그래서 배당금으로 나눠준 돈으로 칩을 사서 저장할 수도 없었을 것이라고 했다.

포드의 최고산업플랫폼 책임자 하우 타이탕은 포드가 자체적으로 칩을 만드는 것은 공급업체를 북미로 제한하는 것도 마찬가지지만, "자산과 자본을 집중적으로 투입해야 하는, 한마디로 현실적이지 않은 엄청난 일"[63]이라고 내게 말했다.

하지만 타이탕이 인정했듯이 어디까지가 현실적인 일인지는 대부분 투자자가 결정했다. 포드도 다른 제조업체와 마찬가지로 오랫동안 원가를 낮추고자 여분의 부품을 많이 비축하지 않으려고 애썼다. 팬데믹은 이런 생각을 지나치게 받아들인 결과를 여실히 보여주었다.

타이탕은 "우리는 지난 2년을 되돌아보고 있습니다"라고 말했다.

내가 루지를 방문한 날, 조립라인을 빠져나온 많은 픽업트럭이 미국 가정의 차고가 아니라 포드 본사의 그늘에 있는 주차장으로 향했다. 픽업트럭은 그곳에서 자신에게 생명을 불어넣어 줄 칩 배송을 기다렸다.

갈 곳을 잃은 트럭으로 가득 찬 주차장 한곳에서 길 하나를 사이에 둔 맞은편에는 이 지역 아이콘의 이름을 딴 학교가 있었다. 헨리 포드초등학교의 앞창을 통해 길 건너편을 바라보면 공급망 관리의 대실패로 발이 묶인 차량 수백 대가 내다보였다.

포드가 수익성에 방해가 된다고 여겨 여분의 자재 비축을 꺼린 유일한 기업은 아니다. 대부분 글로벌 기업은 만일의 사태에 대비한 여유가 거의 없이 운영되고 있다.

중국의 공장이 가동을 중단하자 바로 전 세계 여기저기에서 부품 부족 현상이 발생한 이유와 워커의 회사가 필요한 자재를 확보하지 못할까 봐 속태운 이유가 바로 여기에 있다.

수십 년 동안 경영자들은 적기 공급이라는 강박관념에 사로잡혀 기업을 운영해왔다. 그들은 만일의 사태에 대비해 여분의 부품과 제품을 창고에 쌓아두는 것은 돈을 낭비하는 일이라고 생각했다.

적기공급생산방식은 포드의 강력한 경쟁자이자 역사상 크게 성공한 기업의 하나인 도요타가 완성한 합리적 개념이었다.

하지만 비즈니스 컨설턴트들은 이 아이디어를 원가를 낮추고 주가를 높이려면 재고를 대폭 줄여야 한다는 단순한 원칙으로 바꿔버렸다. 장기적인 공급망의 회복탄력성과 단기적인 투자자의 만족을 맞바꾼 셈이었다.

이런 현상은 몇십 년에 걸쳐 심화했다. 그러다 팬데믹이 발생하자 세계가 사회적 격변에 얼마나 준비되어 있지 않은지 여실히 드러났다.

3장

"과잉 생산보다 더 심한 낭비는 없다"

적기공급생산방식의 뿌리

워커에게는 세서미 스트리트 주문품의 운명을 걱정할 만한 이유가 충분히 있었다. 중국 공장의 가동 중단이 계속되면서 부품이 부족해졌다. 이런 현상은 현대 제조업의 기본적 특징 때문에 더 심화했다. 세계 경제는 만일의 사태에 대비한 여유가 거의 없는 상태로 팬데믹을 맞이했다.

수십 년 동안 공장은 최소한의 부품과 원자재만 유지해왔다. 적기공급생산방식이라는 비즈니스 세계를 사로잡은 혁명의 결과였다. 적기공급생산방식은 오노 다이이치(大野耐一)라는 일본의 한 공장장이 보여준 창의력의 산물이었다. 그는 제2차 세계대전으로 무너지다시피 한 도요타를 되살린 인물이라는 평가를 받고 있다.

오노는 자원 낭비를 극도로 싫어했다. 가식이 없기로 유명한 그는 현장을 중요시하는 사람으로, 회의와 기술자들이 쓰는 은어를 경멸하고 직설적으로 물어보는 것을 좋아했다.

오노의 유산을 정의하는 거창한 이름의 도요타 생산방식은 어떤 마스터플랜의 산물이 아니다. 그보다는 수십 년에 걸친 실험 과정에서 다듬어진, 반복을 통한(그리고 때로는 일시적인) 개선의 총합이다. 도요타는 1970년대가 되어서야 이 용어를 쓰기 시작했다.

도요타의 끊임없는 변화 과정이 미친 영향은 아무리 강조해도 지나치지 않다. 도요타의 접근법은 전 세계의 제품 생산방식을 바꿔놓았다.

도요타 접근법의 중심은 적기공급생산이었다. 도요타는 대량의 부품과 원자재를 창고에 쌓아두는 대신(이것은 시간과 공간과 돈을 까먹는 일이다) 다음 단계의 자동차 조립 공정에 필요한 부품이 바로 조립라인에 도착할 수 있도록 공장을 구성했다. 게다가 협력업체의 공장까지 이런 방식을 확대 적용했다.

도요타는 글로벌 무대의 작은 기업에서 세계 최대 자동차 회사로 변신함과 동시에 이른바 린 생산lean manufacturing이라는 기치 아래 비즈니스를 바꿔놓은 세계적 흐름의 선두 주자로서도 두각을 나타냈다. 경영 컨설턴트들은 기업 경영자가 도요타의 사고방식과 생산방식을 받아들이면 효율성을 엄청나게 높이고, 원가를 낮추고, 수익을 증대할 수 있다는 보고서를 쏟아냈다.

이런 흐름은 자동차 공장을 넘어 세계 경제의 거의 모든 분야로 퍼져나갔다. 린은 제약회사와 병원, 육류 가공업체와 철도회사, 컴퓨터 칩 회사와 의료 기기 제조업체의 운영을 이끄는 개념이 되었다.

이것이 중국의 공장이 가동을 중단하자 바로 물품 부족 사태가 발생한 이유 중 하나다. 즉, 팬데믹 충격이 발생하기 전에 이미 재고가 '린'했기 때문이다.

도요타를 전 세계 제조업의 본보기로 바꿔놓은 오노의 일대기를 기록한 책《린 생산The Machine That Changed the World》의 저자들은 이렇게 말했다. "우리는 린 생산의 기본 개념이 보편적이라고, 즉 누구나 어디에서나 적용할 수 있다고 믿는다. 린 생산은 필연적으로 자동차 산업을 넘어 확산할 테고, 거의 모든 산업에서 소비자의 선택, 일의 본질, 기업의 부 그리고 궁극적으로는 국가의 운명에 이르기까지 모든 것을 바꿀 것이다."[1]

오노는 도요타의 철학을 제품생산방식 이상의 것으로 묘사했다. 사람이 하는 어떤 일을 분석하는 방법, 즉 낭비적 요소를 찾아내 뿌리 뽑는 외과적 수단이라는 것이다. 그의 경영철학은 기업체 임직원에게 큰 반향을 불러일으켰다. 그는 너무 많이 만드는 것보다 너무 적게 만드는 것이 더 낫다는 진리의 전파자였다.

오노는 이렇게 말했다. "도요타 생산방식은 그저 어떤 생산방식이 아니다. 글로벌 시장과 컴퓨터화된 고도의 정보 시스템을 특징으로 하는, 이 시대에 적합한 경영 시스템이다. 나는 도요타 생산방식이 그런 경영 시스템으로서 강점을 보여줄 것이라고 확신한다."[2]

린 운동은 많은 목표를 달성하며 그 강력함과 지속성을 입증했다. 린 원칙을 받아들인 기업은 생산성과 혁신성이 향상되었고 상품의 품질도 높아졌다. 좋든 싫든 적기공급생산방식의 마음가짐은 운송 방식의 발전, 인터넷의 부상, 국제 무역협정 체결 등과 결합해 세계화를 가속했다. 기업은 새로운 공급업체를 찾으려고 바다 너머로 눈을 돌렸다. 이런 영향 중 많은 부분이 유익한 것으로 판명되었다. 시장이 열리면서 기업은 임금이 더 높은 일자리를 더 많이 창출했고, 적정 가격의 상품을 대량으로 쏟아냈다.

하지만 가치 있는 여러 훌륭한 생각이 그러했듯, 적기공급생산방식도 결국 비열한 목표를 추구하는 데 이용되었다. 1980년대부터 컨설턴트들은 이 개념을 가로채 다른 모든 사람을 희생시키면서 주주의 배만 불리는 근시안적 기업 경영을 정당화하는 기법으로 써먹었다.

오노가 명확하게 갈파했듯이, 뛰어난 개념도 해로운 목적에 악용될 수 있다.

오노는 "다른 모든 일과 마찬가지로 아이디어도 좋은 의도와 상관없이, 항상 처음 내놓은 사람이 원하는 방향으로 발전하는 것은 아니다"[3]라고 했다.

효율성을 추구하는 오노의 마음가짐은 섬나라 일본이 안고 있는 독특한 도전 과제 때문에 형성된 것이었다.

일본은 험준한 산맥이 많은 지형이라 농사를 지을 수 있는 땅이 한정되어 인구 대부분이 좁은 지역에 모여 산다. 이런 지리적 현실 때문에 일본 기업은 오랫동안 자원을 절약해야 했을 뿐 아니라 낭비를 줄이는 방법을 찾는 것을 중요하게 여겼다.

개척자적 정체성이 강했던 미국과 달리 일본은 무분별하게 규모를 확장할 여유가 없었다. 특히 오노가 도요타에 영향력을 행사하던 1940년대 후반에는 더욱 그러했다. 제2차 세계대전의 패배로 황폐해진 일본의 산업 역량은 거의 고갈된 상태였다.

오노는 1912년, 일본군이 점령하고 있던 중국 북동부의 도시 다롄에서 태어났다.[4] 그는 일본의 디트로이트라고 불리는 나고야에서 기술학교를 졸업하고 가족 소유 섬유회사인 도요타방직회사에 관리자로 들어갔다. 10년 뒤 섬유산업이 침체기에 접어들자, 그는 가족 소유의 신생 자동차 회사로 자리를 옮겼다.

그때가 아직 전쟁 중이던 1943년이었다. 오노가 처음 한 일은 전쟁에 필요한 항공기 부품을 만드는 것이었다. 전쟁이 끝나자 그는 나고야 인근에 있던 도요타의 원래 공장으로 돌아가 조립 작업을 감독했는데, 주로 트럭을 만드는 일이었다. 그는 이 공장 일부를 자신의 실험실로 사용했다. 그는 기계 한 대에 배치되는 인력을 네 명에서 세 명으로 줄였다. 그리고 작업자들에게 브레인스토밍을 통해 생산성을 향상할 수 있는 개선 방안을 내놓으라고 독려했다.

1950년이 되자 오노의 공장은 트럭을 한 달에 1,000여 대 만들어 냈다.[5] 그가 처음 일을 시작할 때보다 여섯 배 이상 많은 수였다. 하지만 이 폭발적 공급은 아직 빈혈 상태에서 벗어나지 못한 일본 경제의 자동차 수요를 크게 앞질렀다. 도요타는 재고가 엄청나게 쌓이면서 파산 위기에 몰렸다.[6]

급여를 지급할 수 없었던 도요타는 전체 직원의 4분의 1에 해당하는 2,000명가량의 근로자를 해고했다. 이 일로 극심한 파업이 벌어져 3개월 동안 지속되었다. 도요타는 노사 평화를 얻고자 남은 직원들에게 이익을 공유하고 종신 고용을 보장하기로 합의했다.

도요타가 노동 생산성 극대화를 추구한 것은 지금 와서 보면 아이러니하게 느껴지는 이유 때문이었다. 전후 일본을 점령한 미국은 기업의 노동자 해고 요건을 제한한 미국 노동법을 일본에 도입했다.[7] 도요타 경영진은 매출에 관계없이 근로자를 유지해야 한다는 의무 때문에 효율성 향상에 대한 강박감을 한층 더 많이 느꼈다.

오노는 도요타가 파산 일보 직전까지 몰린 이 경험으로 이후 그의 경영 철학에서 핵심을 이루게 될 깨달음을 얻었다. 대량 생산 뒤에는 수많은 형태의 낭비가 숨겨져 있다는 것이다.

항상 자본이 부족했던 도요타는 모든 부품을 직접 만들 수 있는 상황이 아니었기에 여러 공급업체에 의존했다. 공급업체들은 사전 조율도 거치지 않고 각자 자기네 부품을 한꺼번에 대량으로 만들어 냈다. 도요타 근로자들은 그들대로 필요한 부품을 기다리느라 자동차 조립을 끝내지 못하는 경우가 많았다.

수십 년 뒤 오노는 한 인터뷰에서 이렇게 말했다. "우리는 필요한 부품을 필요한 때에 필요한 양만큼 확보할 방법을 필사적으로 찾아야 했습니다."[8]

오노 혼자서 이런 결론에 도달한 것은 아니다. 그보다는 도요타 가문의 리더들이 여러 세대에 걸쳐 수십 년간 쌓아온 지식을 실행에 옮긴 것으로 보는 것이 맞을 것이다.

1910년 미국을 방문한 도요타 자동차 회사의 창업자 도요타 사키치는 포드의 모델 T가 도심의 도로를 누비는 모습을 보고 넋을 잃었다.[9] 그는 미국 산업을 따라잡겠다는 열망을 품고 일본으로 돌아왔다. 오노가 처음으로 '적기공급생산'[10]이라는 말을 들은 것도 그의 입에서였다.

40년 뒤 도요타 사키치의 조카 도요타 에이지가 미국을 방문했다. 미국이 한창 전후 경제 호황을 누리던 시기였다. 그는 포드의 루지 공장을 돌아보았다.[11] 규모가 거대한 공장은 그의 넋을 빼놓기에 충분했다. 하지만 그는 일본에서는 그런 공장을 만들 수 없다고 생각했다. 포드에서 돌리는 개별 생산 라인은 300개나 되었고, 생산 라인마다 자동차의 한 부분을 만들고 있었다. 도요타는 그런 정도 규모를 감당할 돈이 없었다.

훗날 도요타의 사장이 된 도요타 에이지는 미국의 슈퍼마켓도 돌아보았다. 도요타 생산방식을 탄생시키는 데 중요한 역할을 한 또 다른 영역이다. 슈퍼마켓 진열대는 적기공급 경영을 자연스럽게 보여주는 본보기 같았다. 상품은 고객이 필요한 양을 구매할 수 있을 만큼 충분히 채워져 있어야 했지만, 그렇다고 진열 공간을 초과하거나 판매되기 전에 상할 만큼 많은 양을 진열해서는 안 되었다.

도요타 에이지는 공장의 재고 관리도 이렇게 해야 한다는 사실을 깨달았다.

오노도 1950년대 중반 미국을 방문해 슈퍼마켓을 돌아보고 도요타 생산방식의 중요한 특징이 될 통찰을 얻었다. 회사는 각 공정에서 부품, 부분품, 완성품 등 어떤 특정 물품을 만들 때 생산 라인을 거치며 소진된 물량을 다시 채울 만큼만 만들어야 한다는 것이다.

오노는 슈퍼마켓 진열대에 있는 우유를 생각해보았다. 슈퍼마켓은 팔려나간 물량을 채울 만큼만 우유를 재고로 가지고 있었다. 그보다 적으면 일부 고객이 빈손으로 돌아갈 터였고, 그보다 많으면 상한 우유를 버려야 할 터였다. 고객이 구매하는 우유의 양에 따라 유통업자가 주변의 낙농장에서 구매해 공급해야 할 우유의 양이 결정되었다. 이 물량은 다시 낙농가가 키워야 할 젖소의 수, 지역의 농부가 재배해야 할 사료의 양, 지역의 유통업자가 가지고 있어야 할 비료의 양에 영향을 미쳤다.

오노는 도요타 공장도 이런 식으로 운영되어야 한다고 생각했다.

지금 와서 보면 그의 생각은 자명하다고 할 만큼 상식적으로 보일 수 있다. 하지만 당시 통념은 그렇지 않았다. 오노는 이런 생각을 자기 경영 철학의 요체로 삼음으로써 당시 통념을 뛰어넘었다.

포드의 생산방식을 적용한 많은 자동차 회사가 자동차를 최대한 많이 만들려고 안간힘을 다했다. 공급업체들은 재고가 부족할까 봐 서둘러 재고를 비축했다. 그 결과 팔리지 않은 제품이 넘쳐나는 일이 왕왕 발생했다.

오노는 "비즈니스에서 과잉 생산보다 더 심한 낭비는 없다"[12]라고 말했다.

오노의 분석은 간반(看板)을 중심으로 한 엄격한 재고 관리 시스템 구축의 원동력이 되었다. 간반은 각 작업장에서 부품을 일괄 제조할 때마다 첨부하는 제조 지시 카드를 말한다. 예를 들어, 조립라인에서 자동차 문을 조립하는 작업장은 문을 만드는 작업장으로부터 자동차 문 50개를 받은 다음 간반을 넘겨준다. 이 간반은 문 50개를 더 만들라는 신호가 된다. 이런 식으로 해서 도요타는 항상 더도 덜도 아닌 적정량의 부품과 완성차를 만들 수 있었다.

1960년대가 되자 도요타회사의 공장은 대부분 간반을 사용하게 되었다. 도요타는 곧 이 방식을 외부 공급업체로까지 확산했다. 부품을 실어 올 때 사용한 빈 상자를 되돌려보내 부품을 더 만들라는 표시로 삼은 것이다.

1970년대 초 오일 쇼크가 터져 휘발유 가격이 폭등하면서 도요타의 사업 확장에 탄력이 붙었다. 주요 석유 수입국인 일본에서는 언제나 가벼우면서 연료 효율이 높은 차량이 인기가 있었다. 그런데 이제는 런던이나 로스앤젤레스에서도 이런 차를 찾기 시작했다. 1980년대 초가 되자 그보다 20년 전에는 4%도 채 되지 않던 일본 자동차 회사의 세계 시장 점유율이 거의 30%까지 치솟았다.[13]

이 무렵이 되자 도요타는 미국 자동차 회사에 자사 생산방식의 세세한 부분을 가르치게 되었다. 도요타는 샌프란시스코 베이 에어리어의 폐쇄된 한 공장에 제너럴모터스와 합작회사를 설립했다. 포드는 그 이전에 도요타 가문의 사람들이 미시간을 방문했듯이 일본에 있는 도요타 공장으로 자사 경영진을 파견했다.

1978년에 일본어로 처음 출간된 오노의 책은 10년 뒤 영어 버전으로 배포되면서 비즈니스 컨설턴트들 사이에서 큰 인기를 얻었다. 이 무렵이 되자 미국의 대형 제조업체 5분의 2가 어떤 식으로든 적기공급생산방식을 받아들였다.[14]

1990년 매사추세츠공과대학교의 연구원 세 명이 도요타 생산방식을 그들 나름대로 해석한 《린 생산》이라는 책을 출간했다. 이들은 새롭게 떠오르는 세계적 흐름을 묘사하려고 린 생산이라는 새로운 용어도 만들었다. 이 책은 놀랍게도 60만 부나 팔리면서 비용 절감이라는 신성한 사명을 추구하는 컨설턴트들의 바이블이 되었다.

오노는 세밀한 분석을 기반으로 포괄적으로 제조에 접근했다. 여기에는 철저한 품질 추구, 직원들 간 목표 공유의 가치에 대한 이해 등이 포함되어 있었다. 그가 구축한 생산방식은 끊임없는 투자와 확장 과정을 이끌어 도요타를 북미, 유럽, 동남아, 중국에 공장을 두고 직원을 37만 명 고용하는 기업으로 바꿔놓았다.

그러나 다국적 기업을 운영하는 사람들을 대상으로 한 프레젠테이션에서 오노의 철학은 자본을 낭비함으로써 수익에 위협이 되는 재고를 피해야 한다는 원칙으로 간단하게 요약되었다. 적기공급생산방식의 수익 증대 효과에 초점을 맞추는 통에 그의 나머지 메시지는 사라져버렸다.

오노는 이렇게 말했다. "우리 조상은 생존을 위해 벼를 재배했고, 자연재해에 대비해 쌀을 비축했다. 비즈니스에 종사하는 사람이라면 오늘날과 같은 경쟁 사회에서 원자재나 재공품, 부품 등의 재고를 어느 정도 보유하지 않으면 생존에 불안감을 느낄 수도 있다. 하지만 이런 식의 재고 비축은 이제 더는 실용적이지 않다. 산업 사회는 필요한 것을 필요한 때에 필요한 양만 확보하는 용기, 아니 상식을 개발해야 한다. 그러려면 의식 혁명, 즉 기업인들의 태도와 관점의 변화가 필요하다."[15]

비록 오노가 의도한 대로는 아니었지만 그 변화는 시작되고 있었다.

4장

"린 탈레반"

컨설턴트들은 어떻게 적기공급생산방식을 가로챘나

비즈니스 컨설턴트들은 적기공급생산방식을 비용 절감의 지혜를 숭배하는 새로운 신앙의 중심 교리로 삼고 거기에 매달렸다. 이들은 공장 운영에 대한 도요타의 상식적 접근법을 가져다 재고를 없애라는 종교적 명령으로 바꾸었다. 이들에게 적기공급생산방식은 폭압적인 전통의 제약으로부터 기업을 해방하게 해주는 신성한 사명을 수행하는 데 가장 중요한 계명이었다.

극단적으로 이 운동에 참여한 사람들은 당장 보이는 대차대조표는 번지르르하지만 앞으로 다가올 만일의 사태에는 취약한 다국적 기업이 판치는 오늘날과 같은 세상을 만드는 데 기여했다.

이런 식의 세상은 장기적으로 보았을 때 지속 가능하지 않다. 세서미 스트리트 주문품을 만드는 데 필요한 자재를 확보하지 못해 위커를 쩔쩔매게 만든 것과 같은 종류의 사회적 격변에 공급망을 그대로 노출했기 때문이다. 하지만 혜택을 볼 것 같은 일부 집단, 즉 상장기업의 주주들에게는 이 논리가 대단히 매력적이었다.

크누트 알리케도 이 교파의 신도 중 한 사람으로, 적기공급생산방식의 전도사였다.

알리케는 힘과 영향력의 대명사인 비즈니스 컨설팅 회사 맥킨지앤컴퍼니에서 일하고 있다. 맥킨지는 거의 한 세기 동안 금융 대기업에서 거대 기술기업에 이르기까지 세계의 유명한 회사들에 자문을 제공해왔다. 개중에는 사우디 왕실도 있었고,[1] 블라디미르 푸틴과 연결된 러시아 재벌도 있었으며,[2] 공산당의 정책을 집행하는 중국 국유기업도 있었다.[3] 또 미 중앙정보국을 비롯한 미국 국가 안보 기관의 요청에도 응했다.[4]

한 작가는 이렇게 말했다. "만약 신이 세상을 다시 만든다면 맥킨지에 도움을 요청할 것이다."[5]

수십 년 동안 맥킨지는 데이터를 기반으로 한 엄격한 조사 과정을 거쳐 인사이트를 끌어내고, 복잡한 사실을 냉철하게 예측하는 회사로 명성을 쌓아왔다. 맥킨지는 세계 유명 대학의 졸업생을 채용해 맥킨지 방식으로 세뇌한 뒤 기업의 권력 중심부로 침투시켰다.

맥킨지는 기업을 경영하는 사람들의 가장 본능적 충동을 만족시킴으로써 번영을 누려왔다. 경영자들은 특히 주가를 끌어올릴 새로운 방법을 끊임없이 요구했다.

알리케는 독일에 있는 칼스루에공과대학교에서 기계공학 박사학위를 취득한 뒤 2004년 맥킨지에 입사했다. 말투가 부드럽고 친화력이 있는 알리케는 엔지니어링 분야에서는 괴짜라고 할 만큼 권위 의식이 있었지만, 일반인에게는 그런 권위를 깨부수는 인내심을 보였다.

그는 맥킨지에서 근무하는 내내 생존의 핵심은 린 생산의 개념을 수용하는 것이라는 말을 주문처럼 반복했다. 그가 처음 이 학설을 받아들인 것은 도요타 생산방식의 힘을 찬양한 《린 생산》이라는 책을 읽고 나서였다.

맥킨지에서 알리케가 수행한 첫 프로젝트는 독일의 한 비누·크림 제조업체의 창고 운영 능률을 향상하는 것이었다. 이후에는 자동차 회사를 상대로 재고를 줄이는 방법에 대해 자문을 제공했다. 하지만 그는 확실한 표적이라고 볼 수 없는 산업에도 린을 전도했다.

2010년 그는 제약회사에 창고 비용을 획기적으로 절감할 것을 촉구하는 보고서를 공동으로 작성했다. 그 방안의 하나는 직원들의 고용 안정성을 훼손하는 것이었다. 그는 정규직 일자리를 '유연한' 일자리로 전환하라고 요구했다. 직원들이 그때그때 상사의 결정에 따라 일하는 파트타임 잡으로 바꾸라는 것이었다.

그는 보고서에서 이렇게 말했다. "근무 스케줄 통지 기간을 하루나 이틀로 줄이면, 현장 수요에 더 가깝게 인력을 배치할 수 있어 효율성을 15%까지 높일 수 있다."[6]

문자 메시지로 '몇 시간 전에만 통보해' 창고에 배치할 수 있는 '초유연 임시 인력'을 이용하면 훨씬 더 큰 이익을 얻을 수도 있다고 했다. 이렇게 하면 '예상치 못한 수요 폭증에 당일 대응이 가능하다'는 것이었다.[7]

이런 상황이 되면 린 경영은 일반 근로자의 자기 통제권과 경제적 안정의 보장을 경영진에게 넘겨주는 것을 완곡하게 표현한 말에 지나지 않는다. 기업은 직원들을 언제든 필요하면 부를 수 있는 상태에 둠으로써 인건비를 절감할 수 있다. 그 대신 근로자들은 가계 예산의 확실성이 사라져 가족에게 필요한 것을 채워줄 능력을 잃게 된다.

비즈니스 용어에서 린과 유연성은 동일한 기본 아이디어를 표현하는 구성 요소가 되어버렸다. 즉, 정규직으로 채워진 대기업은 혁신 능력을 크게 제약받는다는 것이다. 이런 기업은 민첩하고 기민한 것과는 반대로 느리고 우왕좌왕하며, 관료적이고 답답하다고 받아들여진다.

유연한 인력은 언제든 수익성이 가장 좋아 보이는 사업으로 신속하게 재배치할 수 있다. 또한 퇴직금이나 노조의 불만, 기타 수익에 영향을 미칠 번거로운 일을 걱정하지 않고 필요하면 바로 관계를 끊을 수도 있다.

맥킨지는 자사가 주도하는 대부분의 다른 의제와 마찬가지로, 객관적 과학이라는 외피를 씌워 유연한 인력의 장점을 홍보했다.

1980년대 초, 맥킨지에 근무하던 이사 두 사람이 따라 할 만한 가치가 있는 모범 사례를 찾으려고 크게 성공한 고객사들을 대상으로 조사를 벌였다.[8] 이 프로젝트의 결과로 탄생한 베스트셀러 《초우량 기업의 조건In Search of Excellence》은 세계화와 디지털화로 어려움을 겪는 기업을 위해 입증된 행동 방침을 제시했다. 인력을 많이 해고하고 언제든 내보낼 수 있는 임시직으로 대체하라는 것이었다. 이 방침은 그 시대의 모범이 되었다.

도요타의 성공으로 적기공급생산방식 혁명은 가속화했다. 맥킨지는 이 아이디어를 부품과 창고 관리를 넘어 사람 관리로까지 확장했다. 사람 역시 재고였다. 기업이 보유하는 인력이 많을수록 비용이 증가할 뿐 아니라 새로운 기회를 활용하려는 사업 재편을 가로막는 장벽도 높아진다고 했다.

최근 수십 년 사이에 미국에서부터 프랑스, 한국에 이르기까지 전 세계 주요 국가에서 보이는, 정규직 근로자를 대체한 비정규직 근로자 군단의 모습은 이런 사고방식의 승리를 보여준다. 경영자 계층은 컨설턴트들의 부추김에 따라 근로자는 재화와 용역의 원천이라기보다는 대차대조표의 장애물이라는 관점 그리고 끝없는 헌신으로만 채워져 있으면 가장 좋은 존재라는 관점을 받아들였다.

그래도 알리케와 그의 동료들은 고객사에 '지속적인 개선의 마음가짐을 기르라'고 조언했고, 이달의 직원 선정 같은 일반적인 사기 진작책으로 '직원 만족도'를 유지하라고 했다.[9] 아이를 병원에 데려갈 수 없을지도 모른다는 근로자들의 끊임없는 걱정은 자기 이름이 금색 별과 함께 게시판에 붙는 것으로 보상받을 것이라고 했다.

알리케는 특별히 소비재 판매 기업에 예기치 못한 사고에 대비해 여분의 재고를 쌓아둘 걱정은 하지 말라고 조언했다. 웹과 국제 운송망이 발달했으니 부족한 물건은 무엇이든 신속하게 주문하고 배송받을 수 있다고 했다. 정교한 컴퓨터 프로그램이 방대한 데이터를 샅샅이 뒤져 놀라울 정도로 정확하게 수요의 변화를 예측할 수 있으므로 대형 창고는 값비싼 시대착오적 설비가 되었다고 했다.

알리케는 동료들과 함께 쓴 보고서에서 이렇게 말했다. "새로운 계획 알고리즘은 불확실성을 크게 줄여 안전 재고를 불필요하게 만들 것이다."[10] 소비재 판매 기업은 린 경영을 도입하면 '전반적으로 50~80%까지 재고를 줄일 수 있을 것'이라고도 했다.

무엇보다도 알리케는 공급망이 제품을 공장에서 고객으로 이동시키는 방법일 뿐 아니라 수익을 증대하는 수단이 되었다는 점을 설명했다.

2018년 알리케는 "지금은 공급망 조직이 실행 중심의 기능 부서에서 성장 중심의 부서로 부상할 기회다"[11]라고 했다.

큰 성공을 거둔 세계적 기업들이 린 경영을 받아들였다는 사실에서 이 제안의 가치는 확인된 것처럼 보였다. 애플은 오랫동안 적기공급생산방식에 전념해왔다. 애플 최고경영자 팀 쿡은 재고를 "근본적인 악"[12]이라고 말한 적도 있다.

"유제품 사업을 하는 것처럼 회사를 경영하고 싶어요. 유제품이 유통 기한을 넘기면 문제가 발생할 것입니다."[13] 쿡은 이렇게 말하며 자신의 내면에 있는 도요타의 모습을 드러내 보였다.

하지만 코로나19로 아이폰을 조립하던 중국의 공장이 문을 닫자 쿡은 다른 문제에 직면했다. 수많은 다른 회사와 마찬가지로 애플도 갑자기 제품을 만드는 데 필요한 부품을 구입할 수 없었던 것이다. 애플이 필요한 부품을 구할 수 없을 정도라면, 미시시피주에 갇혀 있는 작은 스타트업이 무슨 희망이 있었겠는가?

팬데믹이 발생하기 전에는 팀 쿡의 생각이 틀리지 않았다. 재고를 줄이면 실제로 기업의 수익이 늘었다. 이런 사실은 홍콩, 런던, 뉴욕의 주식시장에서 여러 해에 걸쳐 증명되었다.

1970년대 이후 상장 기업의 경영자들은 주가 부양에 몰두해왔다. 아니면 해고 위험을 감수해야 했다. 그렇게 해서 높아진 주가로 생긴 이득 일부를 개인적으로 챙겼다. 보수 일부를 주식으로 주는 기업이 점점 늘었기 때문이다.

경영 전략서에는 직원 해고(월스트리트가 가장 선호하는 방법이다)에서 제품 가격을 올리거나 매출을 늘리는 것까지 기업이 주가를 높일 수많은 방법이 들어 있었다.

그런데 핵심 지표 하나가 금융 자산 관리자들 사이에서 매우 중요한 지표로 부상했다. 바로 자산 수익률이었다. 자산 수익률은 기업이 창출한 수익을 기업이 소유한 모든 자산의 가치로 나누어 얻은 수치를 말한다. 자산 수익률을 높이는 데 성공한 기업의 주식은 더 매력적인 투자 대상이 되었다.

순수하게 회계적 관점에서 보면, 재고를 줄이면 바로 이 중요한 지표의 값이 올라간다. 기업이 보유한 총자산의 가치가 낮아지기 때문이다. 아주 간단한 수학이다. 재고가 줄어들면 분모의 숫자가 작아지므로 자산 수익률은 높아질 수밖에 없다.

여기에 대해 런던대학교 경영대학원 교수이자 런던 금융가의 공급망 전문가인 만모한 S. 소디는 이렇게 말했다. "재고를 줄이면 줄일수록 회계 장부는 좋아 보이지요."[14]

이 기본적인 산수 문제는 상장 기업들에 거부할 수 없는 유혹이었다. 1981년에서 2000년 사이에 미국 기업들은 매년 약 2%씩 재고를 줄였다.[15] 2014년이 되자 미국 기업은 1980년대에 비해 약 1조 2,000억 달러 적은 금액의 재고를 보유하게 되었다.[16]

이런 성공은 맥킨지의 수익으로 이어졌다. 월트 보그대니치와 마이클 포사이스가 베스트셀러 《맥킨지가 나타나면When McKinsey Comes to Town》에서 밝힌 바와 같이, 맥킨지의 보수는 때로 맥킨지 덕분에 고객이 절감한 비용과 직접적으로 연계되기도 했다.[17] 그것이 컨설턴트들에게 인건비, 재고 비용, 장비 구매 비용 등 모든 비용을 줄이게 만드는 직접적 동기로 작용했다.

헨리 포드가 경고했듯이, 투자자 계층이 최고 자리를 차지하면서 기업은 상품 생산자나 서비스 제공자에서 주주를 만족시키는 조직으로 바뀌고 있었고, 주식은 제품 그 자체가 되어버렸다.

알리케는 컨설팅하러 나가면 주로 현장에서 일상적인 현실과 마주하는 운영 담당자들을 만났다. 그들은 복잡한 생산 과정을 잘 알고 있었고, 재고를 감축하는 것뿐 아니라 병목 현상을 없애고 결함을 줄이는 것과 같은 린 생산의 장점에도 개방적이었다.

하지만 운영 담당자들의 보고를 받는 사람은 재무적 생각에만 집착하는 경영자들이었다. 공장의 현장과 최고 경영진 사이의 어딘가에서 폭넓은 의미의 린 생산은 창고를 비우라는 간단한 명령으로 압축되었다.

알리케는 나에게 이렇게 말했다. "재무 쪽 상층부에 있는 사람들은 '린'을 재고를 줄인다는 의미로만 이해하고, '그래, 린을 밀어붙입시다'라고 하죠."

맥킨지 내부에서는 재고를 줄이는 데 가장 열성적이었던 컨설턴트들을 '린 탈레반'으로 부르기도 했다. 린의 대의에 광신적으로 몰두하지 않고 저버리는 사람들을 뿌리 뽑으려는 그들의 열의 때문이었다.

제롬 보드머는 미네소타주에 있는 한 공장의 자기 자리에서 반란군이 정문으로 쳐들어오는 모습을 지켜보고 있었다. 그는 미니애폴리스에서 미시시피강을 조금만 거슬러 올라가면 있는, 오난Onan이라는 산업용 발전기 제조 회사의 구매 부서에서 일하고 있었다. 이 회사의 고객은 대형 병원과 부동산 개발업자들이었다. 이들에게는 정전이 되면 백업 전력 공급 장치가 작동할 것이라는 절대적 확신이 필요했다.

오난의 대형 발전기는 너무 무거워서 크레인을 동원해 설치해야 했다. 일정에 딱 맞춰 발전기를 납품해야 한다는 뜻이다. 이렇게 주문받은 발전기를 항상 제때 납품하려면 부품이나 부분품의 재고를 충분히 유지해야 했다. 하지만 1980년대 중반 어느 날, 공장을 방문한 일단의 컨설턴트는 정반대 접근법을 제시해 보드머를 깜짝 놀라게 했다.

시카고의 맥킨지 사무소에서 온 컨설턴트들은 회의실에 자리 잡았다. 약간 나이 든 컨설턴트 한 사람과 부하 직원 대여섯 명 모두 깔끔한 정장 차림이었다. 젊은 직원들은 대부분 아이비리그 대학을 갓 졸업한 사람들이었다. 이들은 오난이 린 경영을 도입해야 한다고 했다.

보드머는 당시 상황을 이렇게 회상했다. "그들이 우리를 모아놓고 이렇게 말하더군요. '재고를 감축하면 자산을 줄일 수 있습니다. 우리가 그 방법을 알려드리겠습니다.'"

당시 보드머는 40대 초반이었다. 그는 미네소타대학교에서 경영학 학위를 받았으며, 지역에 있는 다른 제조업체에서 20년간 일한 경력도 있었다. 맥킨지의 조언은 그의 상식에 반하는 소리로 들렸다. 어떤 공급업체가 불가피한 문제로 부품을 제때 납품하지 못하면 어떻게 될까? 여분의 부품을 보유하고 있는 것이 더 합리적이지 않을까?

맥킨지 사람들은 보드머가 현대 사회가 어떻게 돌아가는지 모르는 사람이라고 생각했다.

"그들은 나한테 '당신은 우리보다 못한 사람이고 우리는 뭔가를 아는 사람이다. 당신은 그저 맡은 자리에서 주어진 일이나 하면 된다'라는 느낌이 들게 만들더군요. 여기는 미네소타주입니다. 우리는 미네소타주의 착한 사람들이죠. 하지만 마음 한구석에 '지금까지 아무것도 해보지 않은 사람들이 이런 것을 어떻게 다 알아?'라는 생각이 들더군요." 보드머가 말했다.

보드머의 일부 동료가 과도한 재고 감축에 우려를 토로하며 반발하자 맥킨지 사람들은 오난의 고위 경영진에게 이런 사실을 알렸다.

"컨설턴트들은 수시로 경영진을 찾아가 '직원들이 협조하지 않습니다'라고 말하곤 했어요." 보드머가 말했다.

처음에 맥킨지는 일본에서 수입하는 산업용 엔진 같은 고가의 품목을 줄이는 데 집중했다. 그러다 이런 목표물이 모두 소진되자 금속제 브래킷이나 쥠쇠 같은 조금 더 값싼 품목으로 넘어갔다. 그 후 몇 년 동안 오난은 기본 부품이 떨어져 납품이 몇 주씩 지연되는 일이 종종 벌어졌다.

"5달러짜리 판금 브래킷이 없어 25만 달러나 하는 발전기를 마무리 짓지 못해 기다리기도 했어요. 자산 수익률에 엄청나게 집중했지요. 그러다 보니 정말 어리석은 결정을 내리기도 했어요." 보드머가 말했다.

1990년 초에 오난은 커민스에 인수되었다. 커민스는 전기 생산 관련 기계를 제조하는 상장 회사였다. 이 거래로 자산 수익률 향상에 대한 월스트리트의 갈망을 충족해야 한다는 압박이 가중되었다.

언제나 월말이 가까워지면 엔진 같은 고가 품목이 도착해 장부상 재고를 증가시켜 자산 수익률을 위태롭게 만들곤 했다. 관리자들은 입고를 거부하고 새로 들어온 구매 물품을 트레일러에 실은 뒤 창고 밖 주차장에 보관했다. 그러다 월초가 되면 물품 입고를 승인하고 다시 새로운 사이클을 시작했다.

부품 입고 지연은 공장의 생산 지연으로 이어지는 경우가 많았다. 이 때문에 회사는 고객 불만을 잠재우려고 완성품을 화물차 대신 항공편으로 보내느라 추가 비용을 지출해야 했다.

한마디로 말해 이 회사는 스스로 야기한 지연을 바로잡으려고 배송 시간을 단축하느라 실제 돈을 기꺼이 낭비한 것이다. 이 돈은 최근 분기의 회사 장부를 번드르르해 보이게 만드는 데 들어가는 비용이었던 셈이다.

보드머는 이렇게 말했다. "거의 매달 일어나는 일이었어요. 항상 단기 성과에 초점을 맞췄죠."

맥킨지가 고객사에 처방한 전략은 겉보기에도 말이 안 되는 전략처럼 보였다. 재고를 최대한 줄이면 주주는 즉각적으로 만족시킬 수 있겠지만, 고객에게 서비스를 제공하는 능력은 희생될 수밖에 없었다. 커민스의 매출은 떨어졌고, 평판이 하락했으며, 직원들의 사기도 저하되었다.

하지만 실제로 맥킨지를 고용한 고객(회사나 회사의 직원들이 아니라 투자자에게 책임져야 하는 경영진)의 관점에서 보면 이 계산법은 전적으로 이치에 맞았다.

기업 경영자에게 재고 감축은 다른 목적으로 쓸 수 있는 현금을 확보하는 것이었다. 이들은 이 돈을 린 경영을 도입한 탁월한 전략에 대한 보상으로 자신에게 후한 보수를 지급하는 데 사용할 수 있었다. 이 돈을 주주들에게 배당금 형태로 나눠줄 수도 있었고, 자사주를 취득하는 데 사용할 수도 있었다(자사주 매입은 주가를 끌어올리는 경향이 있다).

예전에는 기업의 자사주 취득을 불법적인 주가 조작으로 보고 원칙적으로 금지했다. 그러다 레이건 정부가 들어서며 대규제 완화의 시대가 열렸다. 금융서비스 기업들은 곧 로비로 월스트리트를 해방시켰다. 수십 년이 지나는 동안 자사주 매입은 상장 기업의 일반적 관행으로 자리 잡으며 투자자를 만족시키는 통상적 수단이 되었다.

팬데믹이 시작되기 전 10년 동안 미국 기업들은 자사주 매입에 일본의 연간 총생산액을 넘는 6조 달러 이상을 쏟아부었다.[18] 그 이전 10년 동안 자사주 매입 금액의 대략 세 배에 달하는 액수였다.

전 세계 주요국에서도 비슷한 상황이 벌어졌다. 이 기간에 일본, 영국, 프랑스, 캐나다, 중국의 기업들은 자사주 매입을 네 배나 늘렸다.[19] 그래도 전체 매입 규모는 미국의 극히 일부에 지나지 않았다.

자사주 매입과 배당금 지급은 대체로 의도한 대로 작동했다. 주가를 끌어올려 투자자들의 부를 증대시켰다. 하지만 이런 이득은 그 돈으로 할 수 있었을 다른 일을 희생한 대가로 얻은 것이었다. 예컨대 새로운 장비를 구입하거나, 직원을 더 채용하거나, 신제품을 내놓거나, 만일의 사태에 대비해 여분의 부품을 비축하는 일 같은 것이다.

코로나19가 닥치기 몇 년 전부터 신중함보다 재무적 고려를 우선시함으로써 생기는 위험성은 눈에 띄게 분명해 보였다. 하지만 기업 경영자들은 아무렇지도 않은 듯이 이 위험성을 무시했다. 경영자들은 스톡옵션을 현금화하느라 바빠 금방 일어나지도 않을 가상의 자연재해에 대비하는 것과 같은, 흥을 깨는 다른 일에 신경 쓸 겨를이 없었다.

팬데믹이 발생하기 20여 년 전인 1999년, 리히터 규모 7.3의 지진이 대만을 뒤흔들었다.[20] 그 무렵 대만은 이미 컴퓨터 칩 제조의 중심지였다. 이 지진으로 컴퓨터 칩 핵심 부품을 생산하던 주요 산업단지가 폐쇄되면서 세계적인 칩 부족 현상이 발생했다. 3개월 뒤 크리스마스 시즌이 되자 아이를 둔 부모들은 닌텐도의 최신 게임 콘솔 같은 인기 제품을 구하느라 혈안이 되었다.[21] 컴퓨터 제조업체들은 칩 부족으로 생산을 제대로 하지 못해 매출에 타격을 받았다.

2005년, 도쿄에 있는 맥킨지 사무소의 일부 직원들은 적기공급 생산방식이 위험하리만치 극단적으로 추구되고 있다는 우려의 목소리를 냈다. 컨설턴트들은 〈다이어트를 멈춰야 할 때〉라는 제목의 내부 프레젠테이션 자료에서 일부 공장은 재고를 너무 줄여 제품 생산이 중단될 위험에 처했다고 밝혔다.

일본의 일부 자동차 공장의 작업장에서는 8시간 작업 분량의 부품을 담을 수 있을 만한 크기의 상자에 2시간 작업 분량의 부품만 담았다. 순전히 보고서에 공개되는 수치에 집착해 내린 결정이었다. 상자의 내부 구조를 바꾸지 않았다면 같은 상자에 네 배의 부품을 담을 수 있었을 테고, 그러면 부품을 다시 채우는 빈도가 줄었을 것이다. 그로써 가끔 다음 부품이 공급되기를 기다리는 동안 근로자들이 작업을 중단해야 하는 일도 발생했다.

같은 해 저널리스트 배리 C. 린은 적기공급생산방식에 지나치게 의존해 위험성이 높아지고 있다는 글을 써서 예지력을 뽐냈다.

린은 이렇게 말했다. "우리 기업들은 매우 복잡하고 서로 긴밀하게 맞물려 돌아가기 때문에 한 군데서 문제가 발생하면 모든 곳으로 확산하는 글로벌 생산 시스템을 구축해왔다. 우리 기업들은 역사상 가장 효율적인 생산 시스템을 구축해왔다. 이 시스템은 나쁜 일이 절대 일어나지 않는 세상에 완벽하게 맞춰져 있다. 하지만 우리가 사는 세상은 그런 세상이 아니다. 인류 문명은 때때로 지진이나 허리케인으로 무너질 뿐 아니라, 전쟁이나 테러 행위 또는 인간의 단순한 실수로 산산이 부서지기도 한다. 이 말은 우리가 다음번 산업 붕괴를 경험하는 것은 시간문제일 뿐이라는 뜻이다. 앞으로 맞이할 산업 붕괴는 지금까지 우리가 경험한 어떤 산업 붕괴보다도 심각할 것이다."[22]

린의 말은 현명했지만 무시당했다. 기업을 경영하는 경영자는 회복탄력성 같은 모호한 개념을 추구하느라 돈을 쓸 아무런 유인이 없었다. 이들은 비용을 절감하면 보상을 받았다. 이들은 가격을 낮춰 소비자를 만족시킨다는 명분으로 비용 절감을 정당화했다. 하지만 비용 절감의 과실은 대부분 주주에게 돌아갔다.

마이크 울먼은 린 경영을 하라는 투자자의 요구를 충족하지 못하면 어떤 리스크가 따르는지 직접 몸으로 경험한 사람이다. 2000년대 초, 한때는 미국을 상징하는 소매업체였던 J.C.페니의 최고경영자 울먼은 팔리지 않는 의류가 쌓이는 것을 막으려고 재고를 줄였다. J.C.페니는 너무 자주 산더미 같은 이월상품 의류를 대폭 할인된 가격에 처분해야 했고, 이것은 수익에 악영향을 끼쳤다. 재고를 줄이면 제값을 받고 파는 상품이 늘어날 터였다.

하지만 울먼은 헤지펀드 매니저이자 이른바 행동주의 투자자인 빌 애크먼을 만족시킬 만큼 공격적으로는 움직이지 않았다. 애크먼은 상장 기업의 지분을 확보한 뒤 변화를 강요하는 사람이었다. 2009년 10월, 애크먼은 금융계의 또 다른 해적 스티븐 로스와 손잡고 J.C.페니의 지분 26%를 확보했다.[23] 이듬해 그들은 울먼을 내쫓고 론 존슨이라는 애플 출신 인사를 그 자리에 앉혔다. 그들은 새 경영자에게 엄격한 재고 관리를 포함해 애플의 경영 방식을 J.C.페니에 도입하라고 요구했다.

애크먼은 "말하자면 론 존슨은 소매업계의 스티브 잡스인 셈이죠"[24]라고 말했다.

이 일은 엄청난 실패로 끝났다. 존슨은 재고를 대폭 줄여 여유 자금 5억 달러를 확보했다.[25] 회사의 대차대조표는 번드르르해졌고 배당금을 지급할 돈도 늘었다. 하지만 존슨은 이런 일을 지나치게 해서 잘 알려진 세일 때문에 J.C.페니에 몰려들었던 전통적인 고객층의 등을 돌리게 만들었다. 회사의 주가가 곤두박질치자 애크먼은 존슨을 비판했다. 새 사장은 1년 반도 되지 않아 쫓겨났고, 전임 사장이 다시

그 자리를 차지했다.[26]

그럼에도 존슨의 추방은 재무적 고려가 지배하는 세상의 궁극적 명령이 무엇인지를 보여줬을 뿐이다. 주가를 절대 떨어뜨리지 말라는 것이었다. 울먼이 사장실로 복귀했음에도 처음에 쫓겨난 이유가 되었던 린 경영에 대한 투자자의 바람은 조금도 줄어들지 않았다. 린은 외워야 하는 주문으로 남아 있었다.

2011년 3월, 일본은 리히터 규모 9.0의 무시무시한 지진으로 큰 피해를 보았다. 뒤이어 닥친 태풍은 가장 큰 섬인 혼슈의 북동쪽 해안을 초토화했다. 쓰나미가 후쿠시마 지방의 원자력 발전소를 덮쳤다. 2만 명에 가까운 사람이 목숨을 잃었다.[27] 수백만 가구와 사업체에 몇 달 동안 전력 공급이 끊기면서 일본의 주요 산업이 문을 닫았다. 산기슭에 자리 잡은 한 공장도 이 재해 지역에 포함되었다. 컴퓨터 칩을 만드는 데 사용되는 핵심 소재인 첨단 실리콘 웨이퍼의 전 세계 소요량 5분의 1을 생산하는 공장이었다.[28]

생산 중단의 여파는 전 세계로 빠르게 퍼져나갔다. 독일, 스페인, 북미의 자동차 공장들은 전자 센서 부족으로 자동차 생산 속도를 늦추거나 생산을 중단해야 했다.[29] 프랑스 자동차 회사 푸조-시트로엥은 언제나 열흘 치만 재고로 보유하고 있던 공기 흐름 감지 센서가 갑자기 심각한 공급 부족에 처했다고 밝혔다.[30]

다시 한번 전문가들은 이 사태를 두고 글로벌 경제가 적기공급 생산방식에 지나치게 의존하고 있다는 사실을 보여주는 것이라고 말했다.

와세다대학교 경영학 교수 케네스 그로스버그는 "안전장치가 마런되어 있어야 했어요. 어떻게 이렇게 스스로를 위태롭게 만들 수 있었을까요?"[31]라고 말했다.

주요 기업의 리더들은 이 비극을 교훈 삼아 개선책을 마련하겠다고 했다.

휴렛팩커드의 한 고위 임원은 내 동료 스티브 로에게 이렇게 말했다. "무엇이 가장 효과적이었고 무엇이 그렇지 않았는지 되돌아보고, 공급망의 회복탄력성을 높이려면 어떻게 바꿔야 할지 고민해보겠습니다."[32]

하지만 후쿠시마 사고 이후 몇 년이 지나자 또다시 경제계는 이전의 운영 방식으로 돌아가 여분의 재고를 수익의 위협으로 보기 시작했다. 일본은 흔들렸을지 모르지만, 다국적 기업을 이끌었던 유인은 그대로 남아 있었다.

일부 전문가는 후쿠시마 사태를 계기로 점점 커지는 글로벌 통합의 위험성을 살펴보았다. 이언 골딘과 마이크 마리아타산은 2014년에 출간된 저서 《위험한 나비효과The Butterfly Defect》에서 사람, 상품, 자본의 세계적 이동(사람들이 발전이라고 칭송하는 움직임)이 체계적 위험을 확산하는 매개체가 되고 있다고 경고했다. 세계 금융 시스템, 인터넷, 보안망, 공급망 모두가 상호 연결성으로 더 쉽게 확산되는 위협에 취약하다는 것이었다.

저자들은 팬데믹이 초래할 특별한 위험에 관한 내용도 한 장을 할애했다. "팬데믹이 뉴욕이나 런던 같은 금융 중심지를 강타할 가능성이 크다. 이렇게 되면 질병, 격리, 공황, 2차 서비스(운송, 에너지, 정보기술 등) 붕괴 등으로 글로벌 시스템의 주요 플레이어들이 최소한 일시적으로라도 고립될 것이다. 많은 전문가가 이런 일이 일어날지 말지가 아니라 언제 일어날지가 문제라고 본다."[33]

저자들은 공급망이 팬데믹에 유독 취약하다고 했다. 그러면서 적기공급생산방식에 지나치게 의존한 일이 초래한 결과를 길게 설명했다. 이렇게 된 것은 회복탄력성보다 투자자 이익이 우선시되었기 때문이라고 했다. 기업 경영자들은 혹시 있을지도 모를 재난에 따른 피해보다는 월스트리트를 더 무서워한다고도 했다.

여기에 근본적 문제가 있었다. 이 역학은 오늘날에도 여전히 작동한다. 재고를 대폭 줄여 주주들에게 현금을 나눠준 기업 경영자는 개인 요트에서 아침을 맞이할 만큼 돈으로 보상받았다. 혹시 있을지도 모를 재앙에 대비해 부품을 창고에 보관하는 데 돈을 쓴 경영자는 자리를 내놓으라는 압박을 받았다.

2009년에서 2018년 사이에 주식시장의 대표적 지표인 S&P500 지수를 산정하는 데 포함되는 기업들은 자사주 매입에 총수익의 절반이 넘는 4조 3,000억 달러를 썼고, 배당금 지급에 3조 3,000억 달러를 지출했다.[34] 즉, 이들 대기업은 자사주 매입과 배당금 지급으로 주주에게 수익의 90% 이상을 분배한 것이다.

같은 기간에 미국의 제조업체들은 재고를 줄여 어떤 폭풍이 닥쳐도 뚫고 나갈 능력을 더 떨어뜨렸다.[35]

이 두 가지 추세, 즉 자사주 매입 증가와 재고 감축은 서로 맞물려 돌아갔다.

경영자들은 대만 지진과 후쿠시마 사태를 겪으며 그런 불쾌한 경험은 가능한 한 빨리 잊는 것이 좋다는 교훈을 얻었다. 이들은 린 경영을 지속해 팬데믹 충격을 견디지 못할 수준으로까지 위험성을 높였다. 그사이 린 탈레반들은 주가를 높였다. 그 결과 맥킨지를 고용한 사람들의 순자산은 자릿수가 달라졌다.

알리케는 나에게 이렇게 말했다. "후쿠시마 사태 이후 6개월 동안 사람들의 생각에 변화가 일어났어요." 이전에 적기공급생산방식의 복음을 설교하던 경영자들이 그들의 사전에 '만일의 사태에 대비하기'라는 용어를 추가했다. 이에 따라 일부 경영자는 부품의 재고를 늘리는 방안을 고려하기도 했다.

"그러다 진정되었죠. 사람들은 다시 이전으로 돌아가 '재고를 최소한도로 줄이면 왜 안 되지?'라고 생각하기 시작했어요."

2021년 봄이 되자 알리케와 같은 사람들은 해명할 것이 많았다. 전 세계에서 코로나19에 걸린 환자들이 산소 호흡기 부족으로 죽어가고 있었다. 병원은 항생제를 확보할 수 없었다.

아이들은 학용품이 부족한 상태로 수업을 다시 받기 시작했다. 자동차 산업은 칩 부족으로 생산에 차질을 빚었다.

나는 적기공급생산방식의 문제점을 따지려고 알리케에게 전화를 걸었다.

알리케는 이렇게 말했다. "우리가 너무 멀리 나갔어요. 설계상 시스템에 유연성이 많지 않았어요."

그 결과 대만에서부터 일본, 미국에 이르기까지 전 세계 공장의 생산 능력이 감소해 혼란에 쉽게 적응할 수 없었다. 심지어 도요타도 일부 공장의 생산을 중단해야 했다.

칩 제조업체들은 수십 년 전에 칩 생산을 미국에서 태평양 건너 일본, 한국, 대만으로 이전했다. 주로 애플 같은 주요 칩 사용업체가 재고를 줄임과 동시에 저비용 공급업체를 활용하기 위해서였다. 이제 칩 부족으로 대차대조표가 엉망이 되고, 대만을 짓누르는 지정학적 위험에 대한 우려가 커지면서 미국의 컴퓨터 칩 제조업체 인텔은 200억 달러를 투자해 애리조나주에 새 공장을 건설하겠다는 계획을 발표했다.

그렇다면 인텔은 왜 그렇게 오래 기다렸을까?

적어도 그 답의 일부는 팬데믹이 발생하기 전 2년 동안 인텔이 자사주 매입에 쓴 260억 달러에서 찾을 수 있다. 그 돈은 생산 능력을 확장하는 데 쓸 수도 있었다.

칩 부족은 자동차나 전자기기와 거리가 먼 산업에도 큰 피해를 주어 생명을 위협하는 질환을 앓는 사람들의 구호에 지장을 초래하기도 했다.

샌디에이고에서는 조지프 노우드라는 마흔네 살의 식당 종업원이 수면 무호흡으로 인한 돌연사 위험을 막으려고 처방받은 호흡 장치를 받고자 6개월 이상 기다려야 했다.

이 장치를 만드는 레스메드라는 회사는 미숙아용 산소 호흡기를 포함해 주문받은 장치의 4분의 1도 생산하지 못하고 있었다. 필요한 칩을 구할 수 없었기 때문이다. 이 회사의 최고경영자 마이클 패럴은 거대 칩 제조업체에 대형 고객사보다 상대적으로 규모가 작은 자기네 의료 기기 산업에 칩을 먼저 보내달라고 부탁하는 데 많은 시간을 할애했다. 그래도 별 소용은 없었다.

패럴은 나에게 이렇게 말했다. "의료 기기가 고갈되고 있습니다. 핸드폰 한 대나 전기 자동차 한 대, 클라우드에 연결된 냉장고 한 대가 더 필요할까요? 아니면 누군가에게 호흡을 선물할 수 있는 산소 호흡기 한 대가 더 필요할까요?"[36]

패럴은 칩을 구하려고 노력하면서 컴퓨터 칩 공급망이 얼마나 복잡하고 우리가 얼마나 칩을 대만에 의존하는지 절감했다고 했다.

패럴에게 직접 칩을 공급하는 업체가 그의 요구를 들어줄 수 없었던 이유는 공급망의 다섯 단계 앞에 있는 대만의 실리콘 웨이퍼 제조업체가 재고를 소진했기 때문이었다. 그 업체가 제품을 추가로 공급할 수 없어서 공급망의 다음 연결 고리인 웨이퍼 위에 회로를 새기는 회사도 생산량을 늘릴 수 없었다. 이 말은 또 다른 공급업체(이 부품을 구매해 클러스터로 패키징하는 회사)도 제품을 더 만들 수 없었다는 뜻이다.

이런 이유로 레스메드에 회로 기판을 공급하는 회사는 싱가포르, 시드니, 애틀랜타에 있는 자사 공장에 필요한 클러스터를 충분히 구입할 수 없었다.

그래서 노우드는 호흡 장치를 구하지 못했다. 그는 일을 할 수 없어 장애 수당에 의존한 채 의식을 잃고 죽을지도 모른다는 두려움에 떨면서 샌디에이고의 집에 들어앉아 있었다.

이것이 칩 업계에 불어닥친 극단적인 린 경영의 결과였다.

노우드는 이렇게 말했다. "돈이 모든 것을 지배하는 현실이 참으로 안타깝습니다. 우선순위가 완전히 뒤바뀌어 버렸어요."[37]

런던경영대학원 교수 소디는 그것을 이런 식으로 표현했다. "산소 호흡기가 필요할 때는 산소 호흡기가 필요한 겁니다. 거기다 대고 '내가 가진 주식의 주가가 올랐어'라고 말하면 안 되죠."

알리케는 린 경영의 폐해를 보고 회복탄력성이 공급망의 새 등대, 즉 맥킨지의 끝없는 사명을 인도하는 다음 화두가 되어야 한다는 쪽으로 생각이 바뀌었다. 기업인들이 컨설턴트의 말을 듣고 경영한 것이 잘못되었다는 뜻은 아니었다. 컨설턴트들이 컨설팅 논지를 바꿔야 한다는 것이었다.

수십 년 동안 경영자들은 글로벌 공급망이 대혼란에 빠질 리스크를 대수롭지 않게 여겼다. 그들은 어떤 일이 벌어질지도 모른다는 위험성을 일부러 무시하고 재고 통제권의 알고리즘을 해운업계에 넘겼다. 그들은 기후변화는 말할 것도 없고 자연재해, 팬데믹, 국지적 분쟁에 대한 대비책을 거의 세워두지 않았다.

알리케는 그런 시대는 끝났다고 했다.

"이 위기가 끝나면 재고에 대한 가치 평가가 바뀔 겁니다."

이 말은 잘해야 논쟁거리 정도로밖에 보이지 않았다. 세계 경제를 작동하는 유인은 여전히 그대로였다. 미래의 위험에 대비해 공급망을 강화하는 데 돈을 쓰는 경영자에게는 여전히 아무런 보상이 없었다. 자산 수익률을 높이지 못하는 경영자에게는 여전히 해고의 위협이 기다리고 있었다.

알리케는 그것이 사실이라고 인정했다. 그는 자신의 낙관적인 생각이 사실이라기보다는 희망 사항에 가까운 것이라고 했다.

"기업은 금방 잊어버리는 경향이 있는 것 같아요."

5장

"모두가 모든 것을 원해요"
세계 경제계의 큰 오판

헤이건 워커는 상장 기업을 경영하는 것이 아니었으므로 주가를 걱정할 필요가 없었다. 분식 회계로 자산 수익률을 높일 유인도 없었고, 린 경영에 집착할 이유도 없었다. 그에게는 경영해야 할 진짜 사업체가 있었다. 그는 실제 제품을 만들어 크리스마스 시즌에 맞춰 고객에게 전달해야 했다.

그럼에도 그의 사고방식도 적기공급생산방식 시대의 가정에 은근히 물들어 있었다.

글로는 자본이 부족한 스타트업이었기에 자금을 신중하게 집행해야 했다. 워커는 선천적으로 회사의 재무를 보수적으로 관리했다. 생산 공장에 제품을 주문할 때는 고객 수요를 충족하는 데 필요한 최소한의 수량만 주문했다.

그에게는 재고가 떨어지면 언제든 자신에게 필요한 수량만큼 금방 만들어줄 중국 공장을 찾아 더 주문할 수 있다는 믿음이 있었다. 컨테이너선의 선복을 부담 없는 가격에 쉽게 예약하는 것은 당연한 일이라고 생각했다. 그렇지 않을 경우를 상상하는 것은 맥도날드에 감자튀김이 다 떨어질까 봐 걱정하는 것과 다를 바 없었다.

하지만 2020년 말 워커가 회사 역사상 가장 중요한 주문을 준비하던 순간 공급망의 신뢰성에 대한 그의 믿음은 시험대에 오르고 있었다.

다행히 그는 캘빈 정이라는 사람의 도움을 받을 수 있었다. 정은 그의 세서미 스트리트 피겨를 제조할 중국 회사 플랫폼88에서 운영을 총괄하는 사람이었다.

정이 암울한 소식을 전했다. 중국 경제가 언제 끝날지 알 수 없는 기능 마비 상태에 빠져 있다는 것이었다. 거의 모든 공장이 코로나19로 인한 격리와 감염 공포 때문에 충분한 인력을 구하지 못해 애를 먹고 있다고 했다. 많은 공업단지의 폐쇄로 재고가 고갈되어 부품과 원자재를 확보하기가 너무 어렵다고도 했다.

워커는 특히 플랫폼88이 핵심 재료인 특수 플라스틱을 충분히 구할 수 없을지도 모른다는 말을 듣고 걱정되었다.

그의 큐브는 가단성●과 강도가 적절한 균형을 이루어야 했다. 다시 말해 어린이가 큐브 모서리를 깨물어도 다치지 않을 만큼 부드러워야 했고, 동시에 손가락으로 큐브를 찔러도 견뎌낼 만큼 강해야 했

● 고체가 외부의 충격을 받아도 깨지지 않고 늘어나는 성질.

다. 또 빛이 통과할 수 있게 반투명해야 했다.

열가소성 플라스틱이 해법이었다. 하지만 이 재료는 스마트폰 케이스에서부터 보온병에 이르기까지 다른 많은 제품에 쓰이므로 구하기가 어려웠다. 중국 정부는 열가소성 플라스틱을 의료 기기 같은 필수적 상품에 우선적으로 쓰게 하고, 엘모 인형같이 비교적 중요도가 떨어지는 제품에는 사용을 제한하는 신중한 조치를 취했다. 모든 종류의 플라스틱 가격이 치솟았으므로 공중 보건을 위해서는 논쟁할 여지 없이 현명한 정책이었다. 하지만 워커에게는 문제였다.

해안 도시 닝보에 있는 정의 공장은 일손이 턱없이 부족했다. 팬데믹 이전에는 약 300명이 이곳에서 일했다. 하지만 2020년 초 춘절을 맞아 고향으로 돌아간 직원 중 다시 돌아온 사람은 절반밖에 되지 않았다. 고향 마을에 남아 소규모 장사를 시작한 사람도 있었고, 고향과 가까운 공장에 일자리를 잡은 사람도 있었다.

정은 전력 사정도 걱정해야 했다. 저장성 전력 당국은 전력 수요가 급격하게 요동쳐 전력망이 붕괴될까 봐 전기 공급 제한 조치에 들어갔다. 생산을 가로막는 또 다른 장애물이었다.

이런 모든 상황이 글로가 한 해 동안 필요할 것으로 예상되는 전체 수량을 한꺼번에 구매해야 한다고 말하고 있었다. 정도 자재 가격이 오를 것이 거의 확실시되므로 다음 주문품은 훨씬 비싸질 것이라며 충분하지 않은 것보다 너무 많은 것이 낫다고 입이 닳도록 이야기했다.

정의 말은 중국 공장이 감당할 수 없을 정도로 주문이 밀려들어와 글로벌 공급망의 속도가 떨어질 것이라는 합리적 가정에 기반한 것이었다.

그의 생각은 전 세계 주요 기업들이 팬데믹의 영향을 크게 잘못 예측하는 바람에 안 그래도 과도한 적기공급생산방식에 대한 의존을 가중했다는 사실에 근거한 것이었다. 이들은 치명적인 코로나바이러스가 전 세계로 퍼지면 공장에서 생산되는 상품에 대한 수요가 줄어들 것이라고 잘못 예측했다. 그러다 자신들의 예측이 틀렸다는 사실을 알게 되자 중국 공장에 대량 주문을 해서 실수를 바로잡으려고 했다.

글로벌 공급망의 운영 주체들이 오판한 이유 가운데 일부는 기본적으로 팬데믹이 어떻게 진행될지 예측하지 못했기 때문이다. 우한에서 코로나19가 발생하자 중국을 글로벌 제조업의 중심으로 만든 바로 그 속성이 코로나바이러스 확산의 매개체가 되었다.

시골에서 공장 도시로 올라온 이주 노동자들은 환기가 잘되지 않는 기숙사의 좁은 방에 여럿이 거주하면서 식사도 함께하고 악취가 진동하는 화장실도 함께 썼다. 전염병 확산에 최적의 조건이었다. 중국의 주요 도시와 도쿄, 두바이, 프랑크푸르트 등 허브 도시를 연결하는 국제 항공 노선은 코로나19의 전파 경로가 되었다. 엔지니어, 마케팅 직원, 구매 대리인 등은 시애틀이나 상파울루의 본사에서 닝보나 선전의 공장으로 출장 왔다가 보균자가 되어 돌아갔다.

2020년 2월 말이 되자 이탈리아 제조업의 중심지인 북부 이탈리아 전역에 코로나19가 확산해 사망자가 속출했다. 그 뒤 코로나바이러스는 유럽 전역으로 확산했고, 뒤이어 대서양 건너 북미와 라틴아메리카까지 뻗어나갔다. 3월 말이 되자 인도는 21일간 봉쇄령을 내렸다. 그 무렵 미국에서는 확진자가 8만 명 이상 나오면서 세계에서 제일 많은 확진자 수를 기록했다.[1]

공중 보건의 재앙은 곧바로 경제적 재앙으로 이어졌다. 각국 정부가 바이러스 확산을 막으려고 봉쇄 조치를 취하면서 여행업, 소매업, 숙박업, 제조업, 건설업 등 모든 산업이 멈춰 섰다. 식당, 쇼핑몰, 체육관, 미용실, 스파, 유흥업소 등은 즐거움을 주는 장소에서 치명적인 전염병 배양장으로 전락했다.

다른 사람과 접촉할 수 있는 곳은 피해야 할 장소가 되었다. 이 말은 그런 곳에서 일하는 사람들은 더 필요하지 않게 되었다는 뜻이다.

2020년 4월 한 달 동안에만 미국인 2,050만 명 이상이 일자리를 잃으면서 실업률이 14.7%로 치솟았다. 이로써 미국인은 대공황 이후 가장 심각한 경제적 트라우마를 겪었다.[2]

유럽에서는 정부가 개입해 고용 유지에 동의한 기업에 임금을 보조해주면서 미국보다 실업률 증가 폭을 크게 줄일 수 있었다.[3] 그럼에도 경제에 대한 불안감은 확산했고 기업들은 어려움을 겪었다.

런던에서부터 로스앤젤레스에 이르기까지 학교가 문을 닫자 운 좋게 화상회의로 업무를 볼 수 있는 일을 하는 부모들은 앞다퉈 재택근무를 신청했다. 그보다 운이 나쁜 부모들은 육류 가공공장이나 물류창고 같은 위험한 곳으로 출근을 감행하면서 집에 갇혀 있는 아이들을 돌볼 사람을 구하느라 애를 먹었다.

경제계는 수 세기에 걸친 경험을 바탕으로, 앞으로 이 이야기가 대략 어떻게 전개될지 판단하느라 바빴다. 세계적 경기 침체, 세계적 불황이 시작되었다. 기업이 근로자 수억 명을 해고했으므로 그들이 받던 급여도 사라졌다. 사람들이 소비할 돈이 줄어들 것이기에 거의 모든 것에 대한 수요도 감소할 것이다. 이런 예측은 크게 잘못된 것으로 드러났지만, 한동안 세계 경제는 그 길을 따라갔다.

2020년 4월에서 6월 사이에 미국의 경제 성장률은 32.9%나 떨어지며 사상 최대 하락률을 기록했다.[4]

국제통화기금IMF은 '지금은 전례 없는 위기'라고 밝혔다.[5] IMF는 2020년 한 해 동안 전 세계 경제 성장률이 3% 떨어져 세계의 부가 9조 달러 줄어들 테고, 그다음 해까지 약세를 이어갈 것이라고 전망했다.

기업 경영자들은 이런 암울한 전망을 제품 생산에 필요한 부품과 원자재 주문을 줄이라는 신호로 받아들였다. 이탈리아 북부 지방에서부터 미국 중서부와 중국 남부 지방에 이르기까지 공장의 주문량이 급격히 감소했다.

자동차 회사만 주요 부품의 주문을 줄인 것이 아니었다. 갑자기 사람들이 쇼핑몰을 찾지 않게 되다 보니 갭에서부터 월마트, J.C.페니에 이르기까지 주요 의류 브랜드들도 아시아 공장에서의 제품 구매를 줄였다.[6]

기업들은 대체로 새 기계, 금속, 전자 부품 등의 주문을 줄였다.[7] 애플이 부품 주문을 줄이면서 아시아 전역의 공급업체들은 최신 아이폰의 수요 감소라는, 이전에는 상상도 할 수 없었던 사태에 대비해야 했다.[8]

해운업계도 일을 줄였다. 해운회사들은 상품 수요가 줄어 바다를 건너 컨테이너를 운송할 필요성도 줄어들 것이라는 논리적 가정하에 수백 편의 운항을 취소했다.

컨테이너 선사들은 2020년 4월에만 아시아에서 미국과 캐나다 서부 해안으로 향하는 정기선 운항 70편을 취소했고, 동부 해안으로 가는 40편의 운항도 취소했다.[9] 6월까지 대형 선사들은 아시아와 북미 사이의 정기선 운항 126편을 추가로 취소했고, 아시아와 유럽을 잇는 운항도 100편 가까이 줄였다.[10]

그들은 유휴 선박을 동남아의 따뜻한 바다로 옮겨 보관했고, 일부 임차한 선박은 그리스의 선주에게 돌려주었다.[11] 화물선이나 유람선 운영업체들은 노후한 선박을 재활용 업체에 매각했고, 인도나 파키스탄의 선박 폐기장으로 보내진 배는 해체되어 강철로 바뀌었다.[12]

원양 해운사들은 2020년 중반까지 물동량이 가장 많은 노선에서 정기선 운항의 15~30%를 취소했다.[13] 그들이 너무 많은 배를 빼는 바람에 전 세계의 화물 운송 능력이 10% 이상 줄어들었다.[14]

아시아 상품이 미국으로 들어오는 주요 관문인 남부 캘리포니아의 컨테이너 항구는 일이 급격히 줄어 한산했다.

부두가 내려다보이는 사무실에 앉아 있던 로스앤젤레스 항만 책임자 진 서로카는 "너무 조용합니다"[15]라고 말했다. 평소에는 배 10여 척이 컨테이너를 싣거나 내렸는데 그 수가 4척으로 줄었기 때문이다.

그러다 깜짝 놀랄 일이 일어났다. 공산품 수요가 다시 급격히 늘기 시작한 것이다.

집 안에 갇힌 미국인은 스테이크 하우스, 디즈니월드 여행, 스파 등에 돈을 쓸 수 없었다. 더는 백화점에 가서 여기저기 기웃거리거나, 사람들로 붐비는 공연장에 가거나, 옆 사람과 어깨를 부딪치는 경기장을 찾아 홈팀을 응원할 수 없었다. 그들은 그런 데 쓰던 돈을 이런저런 물건을 사서 집 안을 채우는 데 쓰기 시작했다.

안방과 주방이 갑자기 사무실과 교실 역할까지 하게 되면서 미국인은 사무용 의자, 컴퓨터, 프린터 등을 대량으로 주문했다. 학부모들은 아이들이 원격 수업에 몰입할 수 있도록 애쓰며 아이패드, 게임콘솔, 에어 하키 게임 테이블을 덥석 사들였다. 미술용품, 보드게임, 화산 폭발 시뮬레이터도 구입했다.

사람들은 체육관에 갈 수 없었다. 그래서 지하실에 실내 자전거를 사들였다. 영화관 출입이 막히자 평면 TV와 스트리밍 비디오 플레이어를 구입해 거실을 홈 시어터로 바꿨다. 레스토랑에 갈 수 없어 가정용 훈연기, 바비큐용 그릴, 페이스트리용 블렌더를 구입했다. 원예용품, 트램펄린, 농구 링도 사들였다.

전반적으로 2020년 한 해 동안 미국인이 호텔과 레스토랑에 쓴 돈은 5분의 1 이상 줄었다.[16] 비행기표, 기차표, 배표를 사느라 지출한 돈은 더 많이 감소했다. 컨트리클럽, 골프장, 놀이공원, 기타 이른바 레크리에이션 시설이라 불리는 곳에 대한 지출도 3분의 1 가까이 줄었다. 하지만 자동차, 가정용 오락 기구, 스포츠용품 등 이른바 레저용품과 차량에 대한 지출은 5분의 1 가까이 늘었다.[17] 소파, 주방용품, 전지가위 등 가구와 가정용품에 쓴 돈도 5% 이상 증가했다.

이 정도 숫자면 얼마 되지 않는다고 생각할 수도 있다. 하지만 미국은 연간 생산량이 23조 달러를 넘는 경제 대국이므로 수요에 약간의 변화만 있어도 제품을 생산하는 공장과 생산된 제품을 운반하는 선박에는 엄청난 영향을 미친다.

평상시 같으면 실물 상품의 수요가 갑자기 증가하더라도 중국 공장에 추가 주문을 내는 것으로 끝났을 것이다. 하지만 이때는 평상시가 아니었다. 전 세계의 많은 산업이 격리 조치로 여전히 발목이 묶여 있었다. 중국이 그 어느 때보다 더 제조업의 중심이 되었다는 뜻이다. 중국의 공장은 노동력 부족과 원자재 확보의 어려움을 겪었지만 생산을 재개했다. 전 세계에서 전례 없이 많은 주문이 중국 공장으로 쏟아져 들어왔다.

이런 주문 급증의 결과는 혼돈이었다.

중국 공장의 관리자들은 미국인이 원하는 모든 제품을 생산할 인력을 구하느라 동분서주했다. 중국의 공장이 가용한 생산 라인을 모두 가동하면서 간헐적으로 정전이 발생해 제품 생산에 지장을 초래했다. 해운사들은 서둘러 놀리고 있던 컨테이너선을 재배치했다. 중국의 항구들은 엄청난 교통 체증으로 몸살을 앓았다.

"모두가 모든 것을 원해요. 인프라가 따라가지 못합니다."[18] 해운사와 거래를 총괄하던 홍콩의 세코로지스틱스 이사 아킬 나이르는 이렇게 말했다.

이것이 워커가 닝보에 있는 플랫폼88의 공장에 어느 정도 물량을 발주해야 할지 고민할 무렵에 중국 공장이 직면한 상황이었다.

닝보는 인구 900만 명이 넘는 동중국해에 면한 대도시다. 역사적으로 닝보는 아시아의 상인과 유럽·아프리카의 소비자를 연결하는 실크로드의 주요 거점이었던 시절부터 거의 2,000년 동안 무역의 중심지 역할을 해왔다. 1980년대에 덩샤오핑이 개혁을 추진하자 이런 위상이 되살아났다. 닝보는 새로운 사업을 시작하기 위한 인허가 절차를 간소화하면 어떤 일이 일어날지 알아보고자 베이징이 실험을 실행한 장소가 되었다.[19]

그 결과 닝보에 외국인 투자가 쏟아져 들어왔다. 2003년에 외국인이 투자한 금액은 20억 달러가 넘었고, 2015년에는 그 금액이 두 배로 늘었다.[20] 그 돈으로 의류 공장, 자동차 부품 공장, 가전제품 공장이 세워졌다. 워커가 플랫폼88과 접촉하던 무렵 닝보는 상하이와 싱가포르에 이어 세계에서 세 번째로 큰 컨테이너 항구였다.[21]

닝보에 있는 플랫폼88의 공장은 온도계를 만드는 국영 공장으로 시작했다. 이제 이 공장은 세서미 스트리트 캐릭터 피겨 제조에 집중할 터였다.

워커는 정의 조언에 따라 자신이 감당할 수 있는 최대 규모의 물량을 발주했다. 2020년 12월 하순, 워커는 엘모 피겨 2만 1,196개와 같은 수의 줄리아 피겨를 주문했다. 총비용은 25만 1,000달러로, 회사 역사상 규모가 가장 큰 구매였다. 플랫폼88은 한번에 글로의 한 해 판매 목표의 40%를 생산할 예정이었다.

워커는 피겨를 일찌감치 발주했으므로 공급망을 뒤흔드는 대혼란에 충분히 대처할 수 있을 것으로 생각했다. 다음 크리스마스 시즌은 아직 1년이나 남았다. 틀림없이 그 안에 엘모와 줄리아를 미시시피로 데려올 수 있을 것이다.

그는 한때는 상상하기조차 힘들었던 일이 일어날 가능성은 생각지도 않았다. 전 세계의 해상 운송용 컨테이너● 공급이 거의 고갈되어 가고 있었다.

● 우리가 흔히 컨테이너라고 말하는 것이 해상 운송용 컨테이너(shipping container)다. 그밖에 항공기용 컨테이너도 있고 일반적인 컨테이너(용기 또는 그릇)도 있다. 이 책에서는 해상 운송용 컨테이너를 '컨테이너' 또는 '선적 컨테이너'로 표기한다.

6장

"완전히 새로운 화물 처리 방식"
지구의 크기를 줄인 철제 상자

캘빈 정의 말이 맞았다. 플라스틱 구하기는 문자 그대로 하늘의 별 따기였다. 이주 노동자들이 고향 마을에 갇혀 돌아오지 못하며 중국 산업의 발목을 잡았다.

간헐적 정전은 계속되었다. 중국이 경제활동을 재개하면서 노동 자와 원자재 확보 경쟁이 치열해졌다. 다른 나라의 공장이 아직 문을 열지 않아 그에 대한 대안을 모색하던 아시아를 비롯한 전 세계의 고 객들로부터 신규 주문이 쏟아져 들어왔다.

그럼에도 플랫폼88의 닝보 공장은 글로의 주문을 그럭저럭 처리 하고 있었다. 정은 열가소성 플라스틱 공급업체를 찾아냈다. 그는 또 다른 공장에서 발광 다이오드LED 조명을 구입했고, 기본적인 컴퓨 터 칩까지 가까스로 확보했다.

2021년 5월이 되자 엘모와 줄리아 피겨 생산이 거의 마무리되었다. 크리스마스 시즌에 맞춰 태평양 건너편으로 가져가기까지는 아직 반년의 여유가 있었다.

하지만 이 무렵 워커는 더 심각한 새로운 문제에 직면했다. 운임이 천정부지로 치솟고 있었다. 1년 전만 해도 중국에서 미국 서부 해안까지 컨테이너 하나를 운송하는 데 드는 비용은 2,000달러가 채 되지 않았지만 이제는 가장 저렴한 옵션도 열 배 가까이 올랐다.

게다가 그 가격으로도 중국의 주요 항구에서 빈 선적 컨테이너 찾기는 하늘의 별 따기였다. 운송 예약도 유니콘 사냥하는 것만큼 힘들어졌다.

선적 컨테이너는 글로벌 공급망의 중추였다. 컨테이너는 화물을 채울 수 있는 철제 상자에 불과하다. 하지만 20세기 중반에 이루어진 컨테이너 개발은 엄청난 기술적 개가였다.

선적 컨테이너는 거대한 선박에 겹겹이 쌓아 올릴 수 있다. 그런 다음 크레인을 이용해 쉽게 갑판에서 들어 올려 부두에 내려놓을 수 있다. 이런 기본적 특성 덕분에 화물의 이동 속도가 획기적으로 빨라졌다. 선적 컨테이너는 사실상 바다의 크기를 줄여 해안과 해안 사이의 거리를 단축했다.

선적 컨테이너가 없으면 글로벌 공급망이 존재할 수 없다. 적기 공급생산방식도 마찬가지다. 전 세계의 상품 이동 시스템은 모두 컨테이너를 중심으로 돌아간다.

이 모든 것이 맬컴 매클레인이라는 한 사람의 혁신적 생각 덕분에 가능해진 일이었다.

매클레인은 세상을 바꾸려던 것이 아니었다. 그저 물류 이동의 체증을 피할 방법을 찾고 있었다.

때는 미국이 한창 전후 경제 호황을 누리던 1953년이었다. 1가구 1자동차라는 헨리 포드의 비전이 실현된 결과 차량이 도로를 꽉 메웠다. 급성장하는 화물차 운송 사업을 하던 매클레인에게는 짜증스러운 일이었다. 동시에 발생 비용도 늘었다.

그는 대공황이 한창이던 시절에 고등학교를 졸업하고 바로 일을 시작했다. 처음에는 중고 트럭으로 고향인 노스캐롤라이나 습지대의 농부들이 생산한 농산물이나 흙더미를 운반하는 일을 했다. 그러다 20년에 걸쳐 1,700대 이상의 트럭을 사 모으며 그의 회사를 남부에서 가장 큰 화물차 운송업체로 성장시켰다.[1]

그의 회사는 노스캐롤라이나주와 사우스캐롤라이나주의 가난한 농촌 지역에서 생산된 농산물을 부유한 소비자들이 사는 뉴욕이나 필라델피아 시장으로 운반하는 일을 했다. 그는 이 사업으로 30대 중반에 부자가 되었다.

하지만 그의 트럭은 교통 체증이나 화물의 무게 측정 또는 출발지와 최종 목적지 사이에 있는 주에서 요구하는 여러 가지 관료주의적 지시를 따르느라 중간에 갇히는 일이 너무 자주 발생했다.

바다가 그에게 유혹의 손짓을 보냈다.

미국 정부는 제2차 세계대전에서 쓰던 화물선 수백 척을 보유하고 있었다.[2] 정부는 이 선박을 아주 싼값에 팔았고 여기에서 지구의 지리적 한계를 뛰어넘을 아이디어가 탄생했다.

처음에 매클레인은 이 잉여 수송선을 구입해 뉴욕 해안까지 화물 트레일러를 운반하는 데 이용했다. 그렇게 해서 교통 체증을 깨끗이 피할 수 있었다. 그러다 그는 생각을 바꿔 쉽게 쌓아 올릴 수 없는 화물 트레일러 대신 표준화된 크기의 강철 용기를 운반하기로 했다. 이 상자는 곧 엄청난 양의 화물을 실어 나르게 된다.

매클레인이 일으킨 혁신의 핵심은 사람들이 붐비는 배 옆의 부두가 아니라 상품을 만든 공장이나 창고 안 또는 농촌의 대형 곡물 저장고 옆 등 어디에서든 컨테이너에 화물을 실을 수 있다는 것이었다. 그런 다음 화물차나 기차로 항구까지 운반한 뒤 특수 제작된 크레인으로 들어 올려 배 위에 여러 겹으로 깔끔하게 쌓아 올릴 수 있었다.

컨테이너 운송은 매클레인이 처음 생각해낸 것이 아니다. 수십 년 동안 여러 사람이 생각해오던 개념이었다. 하지만 이 방식을 맨 처음 대규모로 이용한 사람은 매클레인이다.

컨테이너 운송 방식이 도입되기 전 바다는 거칠었고, 신비로웠으며, 끝이 없어 보였다. 화물은 이른바 브레이크 벌크● 화물선에 실려 바다를 건넜다. 이 방식은 3차원 직소 퍼즐처럼 자루 하나하나 상자 하나하나를 꼼꼼하게 싣고 내려야 했다. 이 방식은 시간이 오래 걸릴 뿐 아니라 비용이 많이 들고 위험했지만 몇 세기 동안 거의 변하지 않은 방식이었다.[3]

부두는 나무 상자, 액체가 담긴 통, 과일이나 육류 제품이 담긴

● break-bulk. 컨테이너에 넣지 않고 운송하는 화물. 컨테이너가 발명된 지금도 산업 설비, 자동차, 철강 제품 등 크기나 부피 때문에 컨테이너에 넣을 수 없는 화물은 브레이크 벌크로 운송한다.

바구니, 화학 물질이 담긴 철제 드럼통, 목재 더미, 공업용 케이블, 철판 등 모양과 크기가 제각각인 다양한 화물로 넘쳐났다.[4] 부두 노동자들은 매연을 내뿜는 트럭 사이에서 이 아수라장을 누비며, 화물이나 기계가 흔들릴 때마다 팔다리를 잃을지도 모른다는 불안감 속에서 노동을 이어갔다. 화물을 다음 목적지까지 운반하려면 필요에 따라 화물 트레일러나 기차에 실을 때마다 거기에 맞게 다시 포장해야 했다. 이런 작업은 때로는 며칠씩 걸리기도 했다.

배에서 부두로, 부두에서 기차로, 기차에서 트럭으로, 트럭에서 창고로 화물을 옮길 때마다 무엇이 되었든 가용한 용기에 화물을 넣을 수 있는 결단력과 힘을 발휘할 새로운 작업팀이 필요했다. 화물은 옮겨 실릴 때마다 도난이나 파손, 운송 지연의 위험에 노출되었다.

컨테이너는 이런 모든 문제의 발생 위험을 줄여주었다. 화물을 한 장소에서 다른 장소로 옮기는 데 드는 시간도 단축시켰다. 그 덕분에 기업들은 어디든 생산 조건이 가장 유리해 보이는 곳에서 제품을 만들 수 있게 되었다.

컨테이너 덕분에 운송 비용과 바다의 위험 요소가 크게 줄어 다국적 기업은 상하이의 공장과 휴스턴의 쇼핑몰이 마치 길 하나를 사이에 두고 서로 마주 보고 있다는 듯이 행동하게 되었다.

대형 할인 매장과 거대 전자상거래 업체는 전 세계의 공장에서 만든 전례 없이 다양한 상품으로 진열대를 채우려고 컨테이너 운송에 의존하게 되었다.

대부분 소비자가 짐작할 수 있겠지만 컨테이너는 의류, 신발, 자동차, 전자제품 등의 가격을 떨어뜨리고 종류를 다양화하는 등 큰 성공을 거두었다. 컨테이너는 칠레의 농장과 시카고의 슈퍼마켓 진열대를 이어줘 시카고 주민들은 한겨울에도 블루베리를 살 수 있게 되었다. 컨테이너는 일본이나 독일의 맥주 양조장을 영국이나 아르헨티나의 맥주 애호가 가까이 옮겨놓았다. 로스앤젤레스 청소년들은 프리미어 리그 축구 선수의 운동복을 입었고, 맨체스터의 젊은이들은 NBA 농구 선수의 운동복을 구입했다.

그뿐 아니라 컨테이너는 경영자 계층에게 자본주의의 성과를 노동자로부터 자신에게 이전하려고 휘두를 수 있는 강력한 새 도구를 선사했다. 컨테이너는 부두 노동자의 중요성을 떨어뜨려 화물을 싣고 내리는 데 필요한 사람 수를 줄였다. 이 때문에 항만노조의 힘이 약해져 임금 인상과 일자리 보호에 필요한 교섭력이 떨어졌다.

부두뿐이 아니었다. 다국적 기업은 컨테이너 덕분에 현지 노동자들이 자신의 요구에 응하지 않으면 멀리 떨어진 다른 곳으로 생산 공장을 바꾸겠다고 실질적으로 위협할 수 있는 능력을 갖추게 되었다.

적기공급생산방식의 당위성이 지배하는 세상에서 컨테이너는 버튼만 클릭하면 배송을 기대할 수 있게 만든 중요한 요소였다.

컨테이너가 등장하기 전에도 세계화는 단속적으로 진행되어왔다. 19세기 중반부터 20세기 초반 사이에는 기선이 화물 운송에 혁명을 일으키면서 국제 무역이 급격히 팽창했다. 인류는 범선에 의존하는 대신 바람이 불지 않을 때도 배를 움직일 힘을 갖게 되었다.

1870년부터 1910년 사이에 미국 수출 항로의 해상 운임은 절반 가까이 떨어졌고, 동남아시아와 유럽 사이의 운임은 그보다 더 큰 폭으로 하락했다.[5]

한 세기 후에 있을 인터넷의 영향을 미리 보여주기라도 하듯이, 대서양을 가로지르는 전신선이 부설되어 면화와 같은 상품 시장에 대해 영국 리버풀항의 상인이나 미국 남부의 상인이나 똑같은 정보를 갖게 되면서 상품의 가격 차이가 줄어들었고 무역이 활성화되었다.[6] 하지만 선적 컨테이너가 진척시킨 유형의 세계화는 그 규모가 달랐다.

20세기 말이 되자 수입품을 싣고 남부 캘리포니아의 항구에 도착하는 컨테이너 가운데 소매점이나 가정, 기업체로 갈 완제품이 담긴 컨테이너는 3분의 1이 채 되지 않았다.[7] 물동량은 대부분 바다 저편 어느 공장에서 생산되어 어떤 다른 제품으로 만들어지려고 어느 다른 공장으로 향하는 이른바 중간재였다.

한마디로 말하면 컨테이너가 배를 공장의 일부로 바꿔놓은 것이었다.

부두에는 기계장치가 들어섰고, 뱃사람들은 육지에서 즐기던 모험을 포기하고 끝없는 효율성 추구에 나서야 했다. 그러자 부두 노동자와 선원들은 컨테이너의 부상을 바다에 대한 모독이라며 비난했다. 이전에는 배에 싣고 온 짐을 내리고 다시 새 짐을 싣는 데 며칠씩 걸렸으므로 그동안 뉴욕이나 싱가포르 여기저기를 돌아다니며 모험을 즐길 수 있었던 선원들이 이제는 부두 근처에 붙어 있어야 했다. 컨테이너 선박은 단 몇 시간이면 짐을 부리고 실은 후 다시 바다로 나갈 수 있었다.

부두 노동자들의 작업은 크레인과 지게차의 움직임에 맞춰 획일화되고 기계화되었다. 이들은 동료애와 자발성이 사라졌다며 한탄했다. 임금에도 심각한 타격을 받았다.

뉴욕의 어떤 부두 노동자는 "그들은 이 일을 공장 일로 만들고 있어요"[8]라고 불평했다.

매클레인은 요지부동이었다. 언젠가 그는 이런 말을 한 적이 있다. "나는 돈을 낭비하게 만드는 일에는 그다지 향수를 느끼지 않아요."[9]

매클레인의 혁신은 미국 경제 규제의 본질에 대한 명확한 인식을 바탕으로 한 것이었다.

미국은 20세기 중반에도 여전히 연방정부가 여러 운송 수단의 요금을 책정하고 있었다. 트럭 운송과 해상 운송은 별개 세계였다. 이용자로서는 지불 가능 가격의 폭이 굉장히 넓었다.

철도 사업자들은 화물차 회사에 화물 운송 사업을 빼앗길 것을 우려해 트럭 운임을 계속 높게 유지하라고 의회에 압력을 가했다. 이런 움직임은 1930년, 시장에 진입하는 화물차 운송회사의 수를 제한하는 자동차운송사업자법의 통과로 절정에 달했다.[10]

반면에 해운업은 수십 년 동안 화물 운송을 빼앗기고 있는 위기에 처한 산업으로 취급받았다.[11] 정부는 해운회사들이 낮은 운임을 받을 수 있도록 허용했다. 트레일러를 배에 싣겠다는 매클레인의 아이디어는 경쟁 화물차 회사보다 우위를 확보하겠다는 영리한 전략이었다. 그는 선박을 이용해 해운회사만큼 낮은 요금을 받을 수 있는 권리를 얻는 방법으로 운임을 낮춰 경쟁 회사를 공략할 생각이었다.[12]

배 한 척에 싣는 컨테이너의 수가 늘어날수록 톤당 화물 운송 비용은 낮아졌다.

매클레인의 고객사 중 유명 맥주 회사인 밸런타인맥주가 있었다.[13] 당시 뉴욕에서 마이애미까지 화물선으로 맥주를 운송하는 데 드는 비용은 톤당 약 4달러였다. 그런데 양조장에서 트레일러에 맥주를 실은 뒤 이 맥주를 다시 매클레인의 배에 싣고 가면 톤당 25센트만 내고도 같은 양의 맥주를 마이애미까지 운송할 수 있었다. 비용을 90% 이상 절감하는 방법이었다.

그런데 매클레인은 어디서 컨테이너를 구했을까?

매클레인의 직원들은 워싱턴주 스포캔에서 한 제조업체를 발견했다.[14] 시애틀과 알래스카 사이를 운항하는 바지선에 30피트 알루미늄 컨테이너를 납품하던 회사였다. 매클레인은 이 컨테이너 두 개를 주문해 자기가 구매한 유조선을 개조하던 볼티모어 조선소로 가지고 오게 했다. 그는 몇몇 임원과 함께 이 상자를 가지고 엄격하고 과학적인 실험을 했다. 그들은 컨테이너 위에 올라가 쿵쿵 뛰어보기도 했다. 지붕이 튼튼하다는 사실에 만족한 매클레인은 곧 컨테이너 200개를 주문했다.

매클레인이 설립한 신생 회사는 뉴어크에 본사가 있었다. 뉴어크는 붐비는 맨해튼 부두에서 만 하나를 사이에 두고 뉴저지의 후미진 곳에 있는 항구였다. 그곳에서 매클레인은 뉴욕·뉴저지 항만청이라는 우호적인 정부 기관을 발견했다. 뉴욕·뉴저지 항만청은 두 주에서 지역의 상업을 활성화하려고 설립한 기관이었다. 항만청은 뉴어크를 발전시키고 싶어 했다. 매클레인은 뉴어크가 뉴욕의 대안으로 가치가 있다는 사실을 재빨리 알아차렸다.

뉴욕의 부두는 낡은 데다 교통 체증이 심하고 혼잡하기로 악명 높았다.[15] 뉴욕의 부두는 오랫동안 유럽으로 향하는 현지 공장의 관문 역할을 해왔다. 그러다 보니 여러 공장이 전략적으로 부두 인근에 밀집해 있었다. 하지만 중서부의 제조업체들이 눈을 세계로 돌리기 시작하면서 뉴욕의 부두는 대서양을 건너는 출발지로서 매력을 빠르게 잃고 있었다. 다른 지역에서 물건을 실어 오는 철도 노선은 뉴저지에서 끝났다. 그래서 인디애나주의 공장에서 만들어져 유럽으로 향하는 기계류는 철도 야적장에 하역했다가 다시 바지선에 실어 맨해튼의 부두까지 운반해야 했다. 트럭으로 들어온 화물은 터널을 거쳐 맨해튼에 진입한 뒤 좁고 혼잡한 도로를 뚫고 부두까지 가야 했다.

이에 반해 뉴어크는 확장할 수 있는 여유 공간이 충분했고, 철도 야적장 가까이에 있었을 뿐 아니라, 뉴저지 턴파이크라 불리는 멋진 새 고속도로에 바로 진입할 수 있었다.[16] 게다가 항만청에서는 채권을 발행해 매클레인에게 필요한 선적 터미널을 구축할 힘이 있었다. 매클레인은 이 시설을 임차해 쓰면서 여유 자금으로 선박과 컨테이너를 더 확보할 수 있었다.

1956년 4월 26일, 뉴어크항에 모여든 지역의 관리들은 크레인을 이용해 유조선을 개조한 160미터 길이의 화물선 아이디얼-X호에 7분에 한 개씩 컨테이너를 싣는 장관을 넋을 잃고 바라보았다.[17] 이 배는 8시간도 채 지나지 않아 컨테이너 58개를 싣고 휴스턴을 향해 첫 항해를 떠났다.

그 자리에는 항만청장도 참석했다. 뉴어크시장도 참석해 경제 발전의 비약적인 도약을 축하해주었다.

하지만 주요 참석자 중 한 사람은 아이디얼-X호를 경멸의 눈으로 바라보았다.

동부 해안의 부두 노동자들을 대변하는 노조인 국제부두노동자협회의 위원장 프레디 필즈는 "저 빌어먹을 놈의 것을 가라앉혔으면 좋겠군"[18]이라고 말했다.

컨테이너가 동료 조합원들에게 위협이 될 것이라는 필즈의 판단은 옳았다. 컨테이너가 등장하기 전에는 해상으로 화물을 운송하는 비용의 대략 절반이 임금 형태로 부두 노동자에게 돌아갔다.[19] 매클레인이 개발한 새 시스템은 이 공식을 직접 공격한 것이었다. 아이디얼-X호가 휴스턴을 향해 첫 항해를 떠나던 시절에, 인력으로 화물을 선적하는 데 드는 비용은 톤당 6달러에 육박했다.[20] 컨테이너 운송 방식이 도입되자 이 비용은 곧 톤당 16센트로 떨어졌다.

1960년대가 되자 매클레인은 성능이 더 뛰어난 새 크레인을 터미널에 추가하는 한편 배 갑판에 컨테이너를 더 많이 적재할 새로운 방법을 생각해냈다. 매클레인은 헨리 포드나 오노 다이이치처럼 작업 과정의 시간 낭비 요소를 줄여 배에 컨테이너를 적재하거나 트럭이나 기차로 컨테이너를 환적하는 속도를 높이려고 애썼다.

경제사학자 마크 레빈슨은 선적 컨테이너에 관한 그의 저서 《더 박스The Box》에서 이렇게 말했다. "매클레인의 기본적 통찰은 해운업이란 배를 운항하는 것이 아니라 화물을 옮기는 것이라는 생각이었다. 오늘날에는 당연한 말로 받아들여지지만 1950년대에는 상당히 과격한 생각이었다. 매클레인은 화물 운송 비용을 줄이려면 철제 상자뿐 아니라 완전히 새로운 화물 처리 방식이 필요하다고 생각했다. 항구, 선박, 크레인, 보관 시설, 화물차, 기차, 운송업자의 업무 처리 방식 등 화물 운송 시스템의 모든 부분이 바뀌어야 했다."

1961년, 시랜드 서비스로 이름을 바꾼 매클레인의 회사는 제2차 세계대전에서 쓰던 잉여 유조선 네 척을 소유하고 있었다. 이 유조선들은 아이디얼-X호보다 여덟 배나 더 많은 컨테이너 476개를 실을 수 있는 화물선으로 개조되었다.[21]

이듬해 시랜드는 뉴어크 바로 남쪽 습지대에 터미널을 개장했다 (이 터미널은 곧 거대한 포트 엘리자베스 컨테이너 터미널이 된다).[22] 뒤이어 매클레인은 뉴어크에서 파나마운하를 거쳐 캘리포니아까지 컨테이너를 운송할 수 있는 허가를 받아냈다.

1960년대 말이 되자 브레이크 벌크 운송이 사라지기 시작하고 국제 무역이 증가하면서 경쟁업체들이 등장해 유럽, 아시아, 라틴아메리카로 향하는 컨테이너 서비스를 시작했다.

하지만 컨테이너화를 이끈 주요 동인은 상업이 아니었다. 미국은 베트남전쟁 참전으로 바다를 가로질러 화물을 운송할 기존보다 효율적인 방법이 필요해졌다.

1965년 6월까지 미국은 6만 명 가까운 병력을 베트남에 파병했다. 미 국방부는 대대적인 병력 증강 계획을 세우고 그해 말까지 40만 명 이상의 병력을 추가로 파병할 것을 요청했다.[23] 이들에게 무기, 탄약, 식량 등 보급품을 공급하는 것은 엄청난 과제였다.

사이공강에 인접한 베트남 유일의 심해 항구에서는 캘리포니아에서 유입되는 엄청난 양의 화물을 다 처리할 수 없었다.[24] 선석 10개가 꽉 들어차 배를 댈 자리가 없었고, 부두에는 크레인도 없었다.

베트남의 다른 항구들은 수심이 워낙 얕아서 대형 선박이 접안해 화물을 하역할 수 없었다.[25] 베트남에 들어온 배는 때로는 육지에서 몇 킬로미터나 떨어진 바다에 닻을 내렸다. 선원들은 화물을 하나씩 바지선에 옮겨 실어야 했고, 이 바지선이 화물을 육지로 실어 날랐다. 그러다 보니 모든 화물을 육지로 옮기는 데 몇 주가 걸리는 선박도 있었다.

미국 대표단이 전투 승리를 축하할 수 있기를 바라며 베트남을 방문했지만, 파견된 장교들에게 들은 소리라고는 병참의 대혼란으로 전쟁에 차질을 빚고 있다는 불길한 경고뿐이었다. 매클레인은 자신이 나서서 문제를 해결하겠다며 그들을 설득했다.[26]

매클레인은 1965년 크리스마스 직전에 사이공으로 날아가 베트남의 큰 항구들을 둘러보았다. 예상대로 그는 컨테이너 운송을 해결책으로 제시했다.

그는 조언의 대가로 7,000만 달러에 이르는 알짜 화물 운송 계약을 따낼 수 있었다.[27] 그는 배 여섯 척을 동원해 오클랜드와 시애틀에서 베트남으로 화물을 운송했다.

매클레인의 참여로 공급망 장애는 곧 해소되었다. 그렇다고 해서 미군이 베트남의 비극적 실패에서 벗어날 수는 없었다. 하지만 그 덕분에 태평양을 가로지르는 컨테이너 운송의 확산이 앞당겨졌다. 특히 시랜드는 베트남 운항 도중에 수익을 늘릴 수 있는 방법을 찾아냈다. 미국으로 돌아가는 길에 일본에 들르는 것이었다.

일본에서 미국으로 향하는 산업 장비나 전자제품, 자동차의 물량이 계속 증가했기 때문에 일본은 컨테이너 운송의 매력적인 시장이 되었다. 일본 정부는 이미 요코하마와 고베에 컨테이너 터미널을 구축하고자 보조금을 지급하고 있었다.[28]

1968년이 되자 시랜드는 일본과 미국 서부 해안 사이에 매월 화물선 여섯 척을 운항하게 되었다.[29] 이 사업은 미국 정부가 공짜로 돈을 주는 것이나 다름없었다. 군이 이미 베트남으로 향하는 구간에서 왕복 여정에 해당하는 운임을 지불했기 때문이다.

태평양은 곧 여러 해운사가 운영하는 컨테이너선 수십 척으로 붐비게 되었다.

1966년부터 1983년 사이에 적어도 122개국이 새로 생긴 국제 컨테이너 운송망에 가입해 항구나 철도 야적장에서 첫 번째 컨테이너를 하역했다.[30] 부유한 산업 국가들 사이에서는 컨테이너 운송 덕분에 20년 사이에 무역이 거의 아홉 배나 늘었다.[31]

이런 재편의 중심에 있는 항구는 갈수록 승자독식의 성격을 띠게 되었다. 컨테이너 선박이 점점 대형화되고 건조 비용이 올라가면서 (결국 척당 1억 달러를 넘게 된다[32]) 해운사들은 컨테이너 선박의 활용을 극대화하려고 기항지를 제한하게 되었다. 대형 컨테이너선은 최첨단 하역 시스템을 갖추고 고속도로나 철도에 쉽게 접근할 수 있는 대규모 항구에만 정박했다. 그 밖의 다른 항구들은 역사 속으로 사라졌다.

뉴어크는 미국 동부 해안에서 가장 중요한 해상 운송의 중심지로 부상했고, 맨해튼의 부두는 쇠락의 길을 걷게 되었다. 서부 해안에서는 오클랜드항이 컨테이너를 수용하면서 샌프란시스코의 부두를 유물로 만들어 버렸다.

영국에서는 평범한 도시였던 펠릭스토우가 영국에서 가장 큰 컨테이너 항구로 변신하면서 런던의 부두를 초토화했다. 이것은 영국의 컨테이너 운송 대부분을 대형 항구 한곳에 집중하라고 영국 정부에 조언한 맥킨지 컨설턴트들이 거둔 승리였다.[33] 린 경영 원칙을 해상에 적용한 것이다.

영국 해협 건너편에서는 로테르담이 제2차 세계대전의 참화를 딛고 일어서 유럽에서 가장 큰 항구를 건설했다.[34] 물론 그 중심은 컨테이너 운송이었다.

대만과 홍콩은 컨테이너 항구를 개발하려고 공격적인 투자를 감행했다. 싱가포르는 컨테이너화를 수용해 동남아시아 지역으로 화물을 운송하는 주요 환적지가 되었다. 전 세계에서 싱가포르에 도착한 화물은 크기가 좀 더 작은 선박으로 환적된 뒤 태국, 인도네시아 등지를 향해 떠났다.

1980년대 중반이 되자 가장 큰 컨테이너 선박은 20피트 컨테이너 4,000개를 실을 수 있게 되었다.[35] 아이디얼-X호보다 70배 가까이 많은 적재량이다. 15년 뒤에는 컨테이너 8,000개를 실을 수 있는 배가 등장했다. 그로부터 20년이 지나자 2만 3,000개 이상의 컨테이너를 실은 배가 바다를 누볐다.[36]

당시, 기록에 열광하던 세계는 마치 포르노를 보듯 거대한 컨테이너선의 장관에 마음을 빼앗겼다. 이 배는 풋볼 경기장 4개를 합한 것보다 컸고, 크라이슬러 빌딩을 짓는 데 들어간 것보다 더 많은 강철을 사용했다.

중국만큼 컨테이너 운송에 공격적으로 투자한 나라는 없었다. WTO에 가입하고 20년이 지나자 코스코로 더 잘 알려진 국영 중국 원양운수회사는 세계에서 네 번째로 큰 컨테이너 선사가 되었다.[37] 중국 기업은 전 세계에서 컨테이너 하역 작업에 쓰는 크레인의 80%를 제작했다.[38] 세계에서 물동량이 가장 많은 상하이항을 포함해 세계 10대 컨테이너 항구 중 7개가 중국에 있었다.[39]

이것이 미시시피주의 작은 마을에 있는 한 회사가 자사의 상품 생산을 태평양 건너편에 있는 공장에 의존하게 된 배경이었다.

지금까지 헤이건 워커는 컨테이너 일부만 채울 수 있는 물량을 주문했다. 이제 그는 처음으로 40피트 컨테이너를 꽉 채울 수 있을 만큼 상품을 구매하게 되었다.

세계에서 쓰이는 선적 컨테이너는 5,000만 개 정도 되었다.[40] 워커에게 필요한 것은 그중 단 한 개였다. 하지만 갑자기 그마저도 불가능한 요구가 되어버렸다.

7장

"해운회사가 송하인을 등쳐먹고 있어요"
바다의 카르텔

헤이건 워커가 세서미 스트리트 주문품을 태평양 건너편으로 실어 올 컨테이너를 예약하려던 2021년 5월 무렵에는 운송료가 이미 급등한 상태였다. 플랫폼88의 고객 중에는 완제품을 중국의 창고에 넣어둔 채 운송료가 떨어지기를 기다리는 사람도 있었다.

워커에게는 기다리는 것이 선택지가 될 수 없었다. 그는 당장 컨테이너선의 선복을 확보해야 했다. 그렇지 않으면 크리스마스 시즌을 놓칠 위험이 있었다.

그는 이전에 거래했던 해운대리점에 이메일을 보냈다. 중국에 본사를 둔 ECU월드와이드라는 회사였다. 이 업체는 40피트 컨테이너의 3분의 1에 해당하는 물량만 분할 선적해 닝보에서 스타크빌까지 5,485달러에 운송해주겠다고 제안했다. 이 말은 물량 대부분을 남겨

놓겠다는 의미로 결코 바람직한 것이 아니었다. 하지만 하나도 운송하지 못하는 것보다는 나았다. 그는 바로 그 제안을 받아들였다.

나흘 후 같은 사람이 워커에게 예약을 확정할 수 없다는 내용의 이메일을 보내왔다. 닝보 근처에서는 어디에서도 빈 컨테이너를 찾을 수 없다는 것이었다.

워커는 이곳저곳으로 이메일을 보내기 시작했다.

그는 인디애나폴리스에 있는 카고서비스라는 해운대리점의 제퍼슨 클레이로부터 닝보에서 화물을 운송할 생각은 접으라는 회신을 받았다. 그 대신 닝보에서 150킬로미터 떨어진 상하이까지 트럭으로 물건을 옮기면 거기서는 컨테이너 구하기가 더 쉬울 것이라고 했다.

클레이가 7월에 보낸 이메일에는 이렇게 적혀 있었다. "요즘 닝보에는 빈 컨테이너가 없습니다. 솔직히 모든 것이 엉망이고, 가격도 천정부지로 올랐습니다."

이틀 후 클레이가 다시 이메일을 보내왔다. 미시시피주로 가는 거의 모든 경로가 막혔다고 했다. 운송업체들이 컨테이너를 항구에서 수백 킬로미터 떨어진 내륙으로 보내기를 꺼린다고 했다. 화물 운송료가 계속 치솟고 있기 때문에 빈 컨테이너를 최대한 빨리 중국으로 돌려보내 다음 물량을 실어 오려고 안간힘을 쓴다는 것이었다.

클레이는 멕시코만에 있는 휴스턴이나 앨라배마주의 모빌로 가는 배를 예약한 뒤 거기서 트럭으로 스타크빌까지 물건을 옮기는 방법을 고려해보라고 했다. 하지만 배를 구할 수 있다는 보장은 없다고 했다.

운송하고자 하는 물량을 넷으로 나눠 분할 선적하는 방법도 고려해보라고 했다. 이렇게 하면 문제가 더 복잡해질 수 있다는 말도 덧붙였다.

그는 "넷으로 분할 선적한 화물의 운송이 지연되거나 정체되면 재앙이 될 수도 있습니다"라고 했다.

이런 내용의 이메일을 받은 워커는 뉴욕에 있는 또 다른 해운대리점 베이링크해운의 해리 왕에게 연락을 취해보았다. 왕은 선전항을 이용해보는 것이 어떻겠느냐는 제안을 했다. 그러려면 닝보의 공장에서 선전까지 1,400킬로미터 가까운 거리를 트럭을 이용해 물건을 운반해야 했다.

워커는 빨리 움직여야만 했다. 운임이 계속 오르고 있었기 때문이다.

왕은 이메일에서 이렇게 말했다. "중국은 지금 정상이 아닙니다. 해운회사가 송하인과 수입업자를 등쳐먹고 있어요."

해운업계가 혼란에 빠진 가장 직접적 이유는 선적 컨테이너의 극심한 부족 때문이었다.

미국인이 팬데믹을 견디려고 집에 물건을 채우기 시작하자 중국의 공장에서는 엄청난 물량을 쏟아냈고, 이 때문에 거의 모든 항구에서 컨테이너 부족 현상이 일어났다.

아마존이나 월마트 같은 대형 소매기업은 기본적으로 자신들의 컨테이너 선적을 보장하는 원양 해운사와 계약을 맺고 있었다. 이런 거대 기업조차 화물 선적에 어려움을 겪을 만큼 상황이 긴박해지자 이들은 컨테이너선을 용선하여 필요한 제품을 계속 실어 날랐다.

하지만 소규모 업체에 컨테이너 부족은 수익에 막대한 위협을 초래하는 일이었다.

일반 소비자에게는 잘 알려지지 않은 바움-에섹스는 우리에게 친숙한 제품을 납품하는 중견기업이다. 뉴욕의 엠파이어 스테이트 빌딩에 본사를 둔 이 가족 경영 기업은 중국과 동남아시아의 여러 공장에서 제품을 만들어 코스트코에는 우산을, 월마트에는 면 가방을, 베드배스앤드비욘드에는 세라믹 욕실용품을 납품했다. 2020년 여름까지만 해도 이 회사는 아시아에서 미국 서부 해안까지 40피트 컨테이너 하나를 보내는 데 2,500달러를 지불했다. 그런데 6개월 뒤에는 이 가격이 두 배 이상 올랐을 뿐 아니라 상승세가 멈출 기미를 보이지 않았다.

2021년 초에 이 회사의 최고운영책임자 피터 바움은 내 동료 알렉산드라 스티븐슨에게 이렇게 말했다. "방금 캘리포니아로 오는 컨테이너 운송 계약을 체결했는데, 하나당 6,700달러를 지불했어요. 내가 이 업계에 45년간 있으면서 본 것 중 가장 높은 운임입니다."[1]

바움-에섹스가 중국에 의뢰한 제품은 이미 다 만들어져 운송 준비가 끝난 상태였지만, 원양 해운사들은 선복이 없다는 말만 되풀이했다. 바움-에섹스의 제품은 운송되기를 기다리며 공장 바닥에 놓여 있었다. 고리버들 의자와 탁자를 실은 컨테이너 하나는 한 항구의 부두에 90일 동안 묶여 있다가 마침내 배에 실릴 수 있었다.

아일랜드에서 컴퓨터 부품이나 의약품, 의료 기기 등을 수출하는 기업들은 40피트 컨테이너 하나를 중국으로 보내는 데 9,000달러를 지불했다. 3개월 전에 비해 네 배 이상 오른 가격이었다.

더블린에 근무하는 국제 무역 컨설턴트 존 웰런은 나에게 이렇게 말했다. "컨테이너가 메말라버린 이런 심각한 상황은 수십 년 동안 한 번도 본 적이 없어요."[2]

그러나 내가 여러 운송업자와 접촉하다 보니 사실은 컨테이너가 부족한 것이 아니라 컨테이너가 엉뚱한 곳에 흩어져 있다는 사실을 알게 되었다. 호주와 뉴질랜드에서는 컨테이너 터미널 인근에 빈 컨테이너가 산더미처럼 쌓여 있다고 했다. 하지만 인도에서는 콜카타 항에 컨테이너가 부족해 현지 공장들이 전자 부품을 서쪽으로 1,600킬로미터 이상 떨어진 뭄바이항까지 트럭에 실어 보낸다고 했다. 뭄바이항에는 컨테이너가 많다는 것이었다.

태국, 베트남, 캄보디아에서는 컨테이너 구하기가 너무 어려워 쌀 수출업자들이 미국 수출을 포기했다. 하지만 로스앤젤레스와 뉴어크에서는 컨테이너가 너무 많은 데다 계속 쌓여서 항만 운영자들이 비상 야적장을 구하느라 동분서주했다.

컨테이너 부족 문제는 중국이 마스크나 의료 가운 같은 의료 보호 장비 생산을 독차지하다시피 한 데서 비롯한 측면이 있다. 팬데믹 발생 초기 몇 달 동안 컨테이너선은 엄청난 양의 보호 장비를 세계 각지로 실어 날랐다. 서아프리카나 남미처럼 선박의 기항 빈도가 낮은 지역에서는 컨테이너가 하역된 후 회수되지 않고 방치되는 경우가 많았다. 팬데믹 1차 유행 기간에 해운사들이 기항지와 운송 용량을 줄이면서 이렇게 갈 곳이 없어진 컨테이너는 계속 방치된 상태로 남게 되었다. 2020년 1월에서 2월 사이에 주요 해운사들은 사하라 이남 아프리카 기항지의 대략 5분의 1을 줄였고, 라틴아메리카에

서는 그보다 약간 더 적은 수의 기항지를 줄였다.[3]

그해 말 해운사들이 유휴 선박을 다시 복귀시켰을 때도 그들은 이들 선박을 아시아와 유럽 및 북미를 잇는, 수익성이 가장 높은 항로에 집중적으로 투입했다. 다른 곳에서는 빈 컨테이너가 무더기로 쌓인 채 필요한 곳으로 자신을 실어 갈 배를 기다렸다.

그 결과 중국의 여러 항구는 컨테이너 공급 부족에 시달리게 되었다. 남미나 서아프리카의 부두에 빈 컨테이너가 쌓여 있다 보니 상하이나 닝보, 선전에서 컨테이너를 구할 수 없었던 것이다.

컨테이너 수를 늘리려는 노력은 나머지 글로벌 공급망이 직면한 것과 똑같은 문제에 부딪혔다. 전 세계 컨테이너 생산은 중국 기업 세 곳이 장악하고 있었다. 이들은 일반 컨테이너의 96%와 냉장 컨테이너 전량을 만들고 있었다.[4]

규모가 가장 큰 중국국제해운컨테이너사는 국유기업이었다. 이는 중국 공산당의 전략적 필요성에 바로 부응해야 한다는 뜻이었다. 이 회사는 나머지 두 컨테이너 회사의 운영에 영향을 미치는 중국컨테이너산업협회를 사실상 지배하고 있었다.[5] 두 번째로 큰 동방국제컨테이너사는 국유 해운회사인 코스코의 지배를 받는 기업이었다.[6]

선적 컨테이너를 만드는 이들 기업은 컨테이너 생산을 늘렸다. 하지만 이들도 인력 부족, 전력 부족, 원자재 비용 상승 등 중국의 다른 기업을 괴롭히던 동일한 문제로 생산에 제약을 받을 수밖에 없었다.

게다가 수익 극대화라는 새로운 가이드라인도 따라야 했다.

여러 해 동안 이들 세 제조업체는 국가 경제 정책이 지향하는 큰 목표를 위해 가격을 거의 무시한 채 최대한 많은 컨테이너를 만들어 냈다. 더 많은 컨테이너를 생산한다는 것은 중국 수출품을 세계 시장으로 실어 보낼 용량이 더 커진다는 의미였다.

하지만 최근 들어 컨테이너 제조업체들은 대차대조표 개선에 주력했다. 그래서 그들은 생산 속도를 떨어뜨렸다. 컨테이너를 적게 만들면 희소성이 높아져 구매 경쟁이 일어날 테고, 그러면 컨테이너 가격은 오를 터였다.

운송업체를 대상으로 선적 컨테이너 임대 사업을 하는 팀 페이지는 이렇게 말했다. "컨테이너 제조업체들이 과거와는 다르게 움직이고 있어요. 가격을 희생하면서 생산량을 늘리는 데는 전혀 관심이 없어요."[7]

데이터 회사 드루리의 컨테이너 운송 분석가 존 포시는 조직적 담합이 있다고 했다.

"세 컨테이너 회사가 드라이 컨테이너● 가격을 일정 수준에서 떠받치기로 했어요. 세 회사가 한데 모여 '손해 보면서 컨테이너를 만들지는 말자'라고 결의한 것이죠."[8]

여기에서 공급망 속박의 순환고리를 볼 수 있다. 선적 컨테이너의 등장과 기업의 원가 절감 노력이 합쳐지면서 세계 경제는 거의 모든 제품의 생산을 중국 공장에 의존하게 되었다. 이 시스템이 무너지자, 즉각적으로 바로잡을 수 있는 유일한 해결책은 중국에 대한 의존

● 선적 컨테이너의 종류 중 하나로 우리가 흔히 보는 일반 컨테이너를 말한다. 그밖에 냉장 컨테이너, 오픈 탑 컨테이너 등이 있다.

도가 높아진 것이었다.

전 세계 주요 항구는 컨테이너 부족에만 시달리는 것이 아니라 팬데믹으로 생긴 피해와도 싸우고 있었다. 선전과 시애틀에서는 부두 노동자들이 코로나19에 감염되어 격리되는 바람에 일손이 달렸다. 뉴어크와 닝보에서는 화물차 운전사들이 감염되어 짐을 실어 나를 수 없었다. 전 세계 모든 항구 근처의 창고는 일손이 부족해 실어 내지 못한 화물로 가득 찼다.

덴마크의 해운 대기업 A.P.묄러-머스크의 글로벌 해양 네트워크 책임자 라르스 미카엘 옌센은 이렇게 말했다. "이런 일은 처음 봅니다. 공급망의 연결 고리 중에 성한 게 하나도 없어요."[9]

미국인이 자기 집을 팬데믹 피난처로 바꾸며 그 어느 때보다 공격적으로 공급망에 의존하기 시작했을 때 공급망은 이미 이 정도로 심각한 상태에 놓여 있었다.

2020년 9월에서 11월 사이에 컨테이너에 실려 아시아에서 북미로 향한 운동기구는 전년 대비 두 배 이상 늘었다. 같은 기간 조리 기구의 이동량도 두 배 가까이 늘었고, 살균제는 6,800% 증가했다.[10]

2021년 6월, 코로나19의 재확산으로 중국에서 큰 컨테이너항 중 하나인 선전 인근 옌톈항이 부분 폐쇄되었다.[11] 이 때문에 더 많은 컨테이너가 발이 묶이며 세계적 물류 혼란이 가중되었다.

컨테이너 수요는 늘었지만 컨테이너 수는 사실상 줄어버렸다. 기본적인 경제 법칙에 따라 화물 운송료는 오를 수밖에 없었다.

중국 공장에서 신발을 수입해 아이작 미즈라히 같은 회사에 공급하는 매사추세츠주 기반의 하이라인유나이티드의 킴 브래들리는 "전형적인 수요와 공급의 문제죠"라고 말했다.

하지만 더 큰 맥락에서 보면 해상 운임이 무한정 상승하는 데는 또 다른 이유가 있었다.

해운업은 불투명하고 규제가 약했으며, 시장을 독점적으로 장악한 소수 국제 기업이 지배했다. 이들은 해상에서 조그만 혼란이라도 발생하면 그것을 이용할 수 있는 완벽한 위치에 있었다.

세계인이 대부분의 상품 구입을 컨테이너 선박에 의존하는 시대에 컨테이너 선박을 지배하는 산업은 카르텔을 형성한 것과 같은 효과를 누렸다.

원양 해운사들이 세계적 재앙을 이용해 폭리를 취할 수 있었던 것은 정부 감독에서 벗어나는 데 성공했기 때문이다.

미국에서는 수십 년 동안 해상 화물 운송업이 공익 기업처럼 규제를 받아왔다. 그래서 누구나 법에 따라 투명하게 공개된 요금으로 화물을 보낼 수 있었다. 이런 상황은 1916년 해운법이 제정되면서 시작된 것이었다.[12] 해당 법에 따라 공정 경쟁을 보장하려고 연방 기관인 미국 해운위원회도 설립되었다.

이 법에 따라 원양 해운사들은 독점금지법 적용을 면제받았다.[13] 그 결과 이들은 노선과 운임을 공유하는 동맹이라 할 수 있는 이른바 협의회를 결성할 수 있었다. 신뢰할 수 있는 서비스를 보장하는 최선의 방안이라는 생각 때문이었다. 해운사들은 운임을 조율할 권리를 얻는 대신 가격에 대해 엄격한 감시를 받아야 했다.

법에 따라 해운사들은 해운위원회에 계약 내용을 밝혀야 했다.

해운위원회는 공정 경쟁에 위반된다고 판단되는 계약을 막을 권한이 있었다. 해운법은 위원회에 '해운사, 화주, 수출업자, 항만을 부당하게 차별하거나 불공정하게 대한다고' 판단되는 '계약을 승인하지 않거나 취소하거나 변경할 수 있는' 권한을 부여했다.[14] 이 법은 특히 선박에 여유 선복이 있으면 해운사들이 선적을 거부할 수 없도록 규정했다.

실질적 의미에서 해운법은 해운사에 모든 화주를 동등하게 대우하라는 의무를 부여했다. 해운사는 다른 화주에게는 같은 조건을 제시하지 않으면서 대형 고객에게만 우대 조건(리베이트 제공이나 컨테이너 선적 보장 등)을 제공하는 행위를 할 수 없었다. 바다를 건너 물건을 옮겨야 할 필요가 있는 모든 사업자는 같은 조건으로 계약할 권리가 있었다. 한 도시의 모든 가구가 전기나 수도를 사용하고 정부가 규제하는 표준 요금을 납부하는 것과 같은 논리였다.

하지만 관료의 폭넓은 개입에 의존하는 이런 운영 방식은 워싱턴을 장악하게 되는 규제 완화 혁명을 견뎌낼 수 없었다.

1980년대 초 로널드 레이건이 백악관의 주인이 되자 기업 이익을 대변하는 단체들은 광범위한 연방 규제를 철폐하는 데 성공했다. 로비스트들은 냉전과 소련식 공산주의라는 유령을 이용해 규제 완화야말로 미국식 자유를 명백히 보여주는 것이라며 의원들을 설득했다. 그들은 가격 통제, 독점금지법 집행, 담합 금지 등을 국가가 주도하는 권위주의의 덫으로 묘사했다.

이것이 의회가 미국 운송업의 많은 규제를 완화한 정신이었다. 1984년의 해운법은 오랫동안 해운사들이 누려온 독점금지법 적용의 면제(이에 따라 가격과 노선을 자율적으로 결정할 수 있었다)를 철도회사나 화물차 운송업체 등 선적 컨테이너를 운송하는 다른 사업자들에게까지 확대했다.

이 무렵에는 새로운 규제 기관인 연방해사위원회가 해운업을 감독했지만, 1984년의 법에 따라 그 권한이 크게 줄었다.[15] 해운사들이 합의한 노선과 운임은 더는 연방정부의 승인을 받을 필요가 없었다. 위원회가 거래를 막는 유일한 방법은 소송을 제기해 공정 경쟁이 저해되고 있다고 법원을 설득하는 것이었다.

그래도 이전 시스템의 주요 흔적은 하나 남아 있었다. 협의회가 여전히 운임과 노선을 공개해야 한다는 것이었다.[16] 이로써 외관상의 투명성은 어느 정도 유지할 수 있었다. 하지만 1998년 원양해운개혁법이 통과되면서 그마저도 사라졌다. 원양 해운사들은 독점금지법 적용 면제를 유지하면서 노선을 조율할 권리를 더 확대할 수 있었다. 게다가 계약 내용을 비공개할 수 있는 권리까지 확보해 대형 고객에게는 더 나은 가격과 우대 서비스를 제공할 수 있게 되었다.

일각에서는 이런 변화로 공정 경쟁이 사라지고 대기업이 공급망을 지배하게 될 것이라고 우려의 목소리를 냈다.

1997년 의회 청문회에서 당시 연방해사위원회 위원장이던 해럴드 J. 크릴 2세는 이렇게 말했다. "완전한 비밀 계약을 허용하는 이 법안의 조항은 도를 넘은 것으로, 미국의 무역 이익에 반하는 방향으로 차별되고 악용될 소지가 있습니다."[17]

하지만 차별이야말로 법 개정의 핵심이었다. 평평한 운동장 때문에 대기업의 본질인 규모의 이점을 활용할 수 없다는 사실을 아는 미국의 대형 수입업체들은 법을 개정하려고 로비를 벌였다.

이전 시스템하에서는 아시아에서 한 달에 컨테이너를 수천 개 들여오는 월마트나 홈디포 같은 기업도 1년에 겨우 컨테이너 몇 개만 가져오는 소규모 회사와 동일한 운임을 지불했다. 규제가 완화되자 거대 기업은 규모를 이용해 운임 할인뿐 아니라 컨테이너의 확실한 선적도 보장받을 수 있었다.

원양 해운사들은 새로 얻은 자유를 활용해 인수합병에 열을 올렸다. 덩치 큰 해운사들은 몸집을 더 불리려고 끊임없이 규모가 작은 경쟁사를 먹어 치웠다. 매클레인이 설립한 시랜드는 1999년에 덴마크의 거대 해운기업 머스크에 인수되었다. 많은 해운사가 치열한 가격 경쟁을 벌이다 파산했다. 살아남은 해운사들은 항공사들이 그러했듯이, 세 그룹으로 나뉘어 동맹을 맺고 동맹 내에서 화물의 예약과 운송을 공유했다.

2018년이 되자 이 세 해운동맹은 세계 컨테이너 운송 시장의 80%를 장악했다.[18] 10년 전만 해도 이 비율은 약 30%였다. 가장 수익성이 좋은 태평양 횡단 항로에서 이들의 점유율이 95%에 이르렀다.

1998년의 규제 완화 이후 20년 동안은 일부 국가가 자국 해운사에 보조금을 지급하면서 대형 해운사들의 시장 지배력 확대는 그 효과가 그다지 크지 않았다. 중국, 한국, 대만 등의 정부는 해운사에 풍부한 신용을 공여해 선박을 늘릴 수 있게 지원했다. 그러자 조선업은 물론 제강 같은 연관 산업도 활성화되었다.[19] 이들 국가는 수출을 촉진하고자 해상 운임을 낮게 유지하려고 했다. 해운사의 수익성은 지엽적 문제로 간주되어 국가 발전이라는 더 큰 이익에 밀려났다.

이런 상황은 다국적 소매기업에 야망을 키우는 비료 같은 역할을 했다. 이들은 컨테이너선을 손쉽게 이용할 수 있다는 점에 기대 대양을 가로지르는 적기 공급망을 구축했다. 이 과정에서 운송비는 사소한 비용에 지나지 않았다. 유럽과 미국의 소비자들은 값싼 수입품으로 이득을 챙겼다. 자라, H&M, 유니클로는 엄청난 규모와 값싼 운임의 혜택을 누렸다.

하지만 맬컴 매클레인의 아이디얼-X호와 이제는 유명해진 또 다른 선박 에버기븐호 사이의 어느 시점에서부터 규모의 이점이 역으로 작용하기 시작했다.

2021년 3월 에버기븐호는 컨테이너 1만 8,000개를 싣고 수에즈 운하를 통과하다 운하 측면을 들이받고 6일 동안 좌초되었다.

이 사건은 세계 경제가 얼마나 정도에서 벗어났는지를 거의 코믹할 정도로 압축해 보여주며 세계의 이목을 집중시켰다. 사람들은 거대한 선박이 콘크리트 제방 옆에 꼼짝하지 못하고 멈춰 서 있는 모습을 찍은 텔레비전 화면을 멍하니 바라보았다. 소셜 미디어에는 에버기븐호를 소재로 한 수천 개 밈과 짧은 동영상이 떠돌았다. 운하 가장자리에서 흙을 파내는 거대한 굴삭기가 옆에 있는 배의 크기 때문에 장난감처럼 보이는 모습이 담긴 영상이 있는가 하면, 열기구를 이용해 배를 들어 올리는 풍자만화도 있었다. 이 사건은 의료 장비에서부터 각종 전자기기에 이르기까지 모든 것이 사라지면서 혼란스러워진 세상에 지금까지 어떤 일이 일어났는지를 보여주는 창이었다. 그리고 글로벌 공급망의 취약성을 여실히 보여주는 사례였다. 이 선박 한 척이 좌초되면서 하루에 100억 달러 규모의 해상 무

역이 멈춰 섰다.[20]

전 세계 컨테이너 화물의 거의 3분의 1(연간 1조 달러 이상)이 수에 즈운하를 통과하기에 운하 차단 여파는 로테르담, 뉴어크, 상하이 등 여러 항구로 빠르게 퍼져나갔다. 수에즈운하 차단으로 어떤 항구에 배가 늦게 도착하면, 그 항구에 대기하던 다른 화물의 선적이 늦어질 수밖에 없었다. 지연은 더 많은 지연을 유발했다. 화학물질이 든 컨테이너가 이집트에 발이 묶이자 펜실베이니아주에 있는 공장은 페인트를 생산할 수 없었다. 자동차 부품이 제때 운송되지 못하면서 독일에서는 차를 만들 수 없었다.

하지만 주의를 기울여 온 사람들에게는 이 사건이 충격이라기보다는 전문가들이 오래전부터 경고해온 내용을 확인한 것이었다.

2015년, 54개국이 참여하는 정부간기구인 국제교통포럼은 이른바 메가십megaship의 이점이 점점 사라지고 있다고 우려하는 목소리를 냈다.[21] 그 이전 10년 동안 컨테이너 선박의 크기가 커지면서 컨테이너 하나를 운송하는 데 드는 비용은 3분의 1 가까이 줄었다. 하지만 배가 커지면서 항구를 추가로 준설하고, 부두와 크레인을 더 크게 만들고, 브리지●를 더 높이는 데 들어가는 막대한 돈 때문에 이런 절감 효과는 사라지고 있었다.

메가십은 화주의 선택권도 제한했다. 화주들은 해운동맹을 결성해 막강한 시장 지배력을 갖게 된 해운사에 의존할 수밖에 없었다.

● 긴 수평보 양 끝에 다리가 달린 형태의 브리지 크레인(교량형 크레인)의 경우 배가 커지면 화물을 하역하려고 브리지의 높이도 높여야 한다.

배가 커지면서 화물은 거대 선박을 처리할 수 있는 소수 항구에 집중되었다.[22]

컨테이너화는 공장이 필요에 따라 부품을 공급받을 수 있게 해줌으로써 적기공급생산방식을 견인한 주요 동인이었다. 하지만 무분별한 규모 확대가 효율성을 떨어뜨리고 있었다. 배가 점점 대형화되면서 항구는 이제 더는 하역할 화물의 정기적 흐름을 기대할 수 없게 되었다.[23] 이제 거대한 선박이 입항하는 날에는 컨테이너 수천 개가 한꺼번에 부두를 가득 메워 이전보다 더 많은 부두 노동자와 화물차 운전사, 철도 차량이 필요해졌다. 그렇지 않은 날에는 항구가 한산했다.

이러한 이유로 세계 경제는 예기치 못한 충격이 닥칠 때마다 쉽게 혼란에 빠졌다. 대형 항구에만 들어갈 수 있는 메가십을 보유한 소수 해운사가 컨테이너 선단을 지배했으므로 이들은 혼란이 발생하면 언제든 가격을 대폭 올릴 수 있었다. 화주들은 달라는 대로 돈을 내는 것 외에 대안이 없었다.

팬데믹은 이런 경고의 진실을 뼈저리게 깨닫게 해주는 계기가 되었다.

아웃도어 의류 대기업 컬럼비아 스포츠웨어는 세계화의 전형이었다. 오리건주 포틀랜드 바로 외곽에 본사가 있는 이 기업은 세계적 브랜드로 성장했음에도 실용적인 태도를 견지했다. 컬럼비아의 디자이너들은 태평양 연안의 북서부에 모여 일했다. 공장은 아시아에 있었다. 둘 사이를 이어준 것은 컨테이너선이었다. 컬럼비아의 경영진은 오랫동안 값싸고 신뢰할 수 있는 해상 운송이 세계 경제의 불변 요소인 것처럼 생각하고 회사를 운영했다.

컬럼비아 스포츠웨어의 최고경영자 티머시 보일은 나에게 이렇게 말했다. "해상 운송은 그동안 우리 회사가 전혀 걱정하지 않았던 부분이에요. 아침에 일어나 불을 켜면 항상 불이 들어오듯이 일상과 같은 것이었죠. 물류 인프라는 언제든 마음만 먹으면 이용할 수 있는, 항상 저렴한 그런 것이었어요."[24]

하지만 우리가 대화를 나누던 2021년 8월, 컬럼비아는 태평양 건너편에서 컨테이너 하나를 실어 오는 데 2만 5,000달러를 지불해야 했다. 1년 전에 비해 열 배나 오른 가격이었다. 게다가 배에 화물을 실을 선복이 없다는 말도 자주 듣게 되었다.

보일은 크리스마스 시즌을 내다보면서 운송 지연과 제품 부족은 불가피하다고 생각했다. 그는 멀리 떨어진 공장에 의존하는 것을 재고하는 중이라고 했다.

"이 현상이 얼마나 오래 지속되느냐에 달린 문제입니다."

이듬해에도 미국의 수입업자들은 해운사와 계약을 체결해 화물을 선적할 권리를 확보한 것 같은데도 화물을 배에 실을 수 없다는 불만을 토로했다.

의류에서 가구, 식료품에 이르기까지 다양한 상품의 소비자 가격이 치솟았다.

컨테이너를 운송하는 대형 해운사들은 직전 연도의 2,000억 달러가 넘는 수익에 이어 그해에도 3,000억 달러의 수익을 올릴 것으로 예상했다.[25]

이 모든 일이 우연으로 보이지 않았다.

테네시주에서 바닥재, 캐비닛류, 옥외 가구 등을 수입하는 회사를 운영하는 제이슨 델브스는 이렇게 말했다. "해운사들이 어떻게 하면 가격을 올릴 수 있을지 보려고 시장을 조작하는 겁니다. 요즘 계약은 계약서의 종이 쪼가리만큼의 가치도 없어요."[26]

델브스의 회사 F9브랜드는 보통 일주일에 컨테이너 50개 분량의 화물을 실어 왔다. 캐비닛과 바닥재는 중국, 말레이시아, 베트남, 인도네시아, 태국에서 수입했고, 카펫은 두바이에서 수입했다. 그는 서부 해안에 있는 항구의 악명 높은 교통 체증을 피하려고 조지아주 서배너의 컨테이너항을 통해 화물을 들여왔다.

그의 컨테이너 중 일부는 수에즈운하를 통과해 서쪽으로 이동했다. 대부분 컨테이너는 동쪽으로 이동했는데, 중국에서 태평양을 건너 파나마운하를 통과한 뒤 대서양 연안으로 올라왔다.

하지만 2021년 가을 워커의 화물이 롱비치항 앞바다에 떠 있던 바로 그 무렵, 델브스의 컨테이너는 전혀 움직이지 못했다. 해운사들이 선적을 거부했기 때문이다.

그가 운영하는 두 개의 가구 브랜드(캐비닛투고와 그레이셔스홈즈)는 이미 해운사들과 만일의 사태로부터 보호받을 수 있는 계약을 체결해놓은 상태였다. 계약 내용에 따르면 해운사들은 2021년 5월부터 2022년 4월 사이에 컨테이너 1,040개를 중국과 동남아시아에서 서배너항으로 합의된 가격(개당 평균 6,970달러)에 운송해주기로 되어 있었다.[27]

하지만 그해 두 브랜드는 당초 합의한 물량의 약 15%인 166개 컨테이너만 계약된 요금으로 선적할 수 있었다.

나머지 물량에 대해 해운사들은 배에 여유 선복이 없다거나 컨테이너를 찾을 수 없다거나 그 밖의 다른 명분을 내세워 가구로 가득 찬 채 미국에 있어야 할 델브스의 컨테이너가 아시아의 어느 부두나 창고에 처박혀 있게 만들었다.

이 때문에 델브스는 컨테이너를 선적하려고 얼마가 되었든 거래가 되는 시점의 시세대로 요금을 지불하는 이른바 현물 시장에 뛰어들어야 했다. 그의 회사는 이런 방식으로 계약 요금의 두 배가 넘는, 개당 평균 1만 5,350달러를 지불하고 컨테이너 355개를 실어 올 수 있었다.

때로는 델브스가 '프리미엄 서비스' 요금이나 '슈퍼 프리미엄' 요금 또는 추가 요금을 내야 한다는 것을 뜻하는 새로 만들어낸 다른 용어의 요금을 지불하겠다고 하면, 선복이 없다고 했던 해운사가 갑자기 선복을 마련해주는 경우도 있었다(심지어 같은 선박일 때도 있었다). 그는 이런 방식으로 계약 요금의 세 배가 넘는 개당 평균 2만 2,500달러를 내고 컨테이너 163개를 실어 왔다.

"프리미엄이나 슈퍼 프리미엄이 보장해주는 것은 더 많은 컨테이너 운송 비용을 내는 것뿐이죠. 우리가 그런 식으로 장사를 한다면 바로 구속될 것입니다." 델브스는 나에게 이렇게 말했다.

거의 없는 일이기는 하지만 만약에 고객이 그런 식으로 항의할 정도까지 가면, 해운사는 계약서에 계약 내용을 강제할 수 없다는 단서 조항이 있다고 말했을 것이다(물론 이 말을 절대 기록에는 남기지 않을 것이다). 한때는 이 조항이 지금 불만을 제기하는 사람들에게 유리하게 작용한 적도 있었다.

선복이 남아돌던 시절에는 화주들이 계약의 유연성을 악용했다. 계약서에는 해운사가 정해진 가격에 최소 수량의 컨테이너를 운송해주게 되어 있었다. 하지만 고객이 그보다 더 적은 수의 컨테이너를 실어 보내도 위약금을 지급할 필요가 없었다.

그런데 이제 역학관계가 바뀌어버렸다. 선복은 부족했고, 가격은 천문학적으로 올랐으며, 해운사들은 노다지를 만난 광부들처럼 행동했다. 해운사들의 광적인 수익 추구 속에 이전에 맺었던 계약서는 휴지 조각이 되어버렸다.

델브스는 이렇게 말했다. "틀림없이 이것이 우리나라에서 소비재 가격이 상승하는 가장 큰 요인이에요. 어떤 관세보다도 더 큰 영향을 끼치고 있어요."

물가 급등에는 분명히 다른 요인도 있었다. 주요국 정부는 팬데믹으로 인한 경제적 부담을 덜어주려고 국민에게 현금을 살포해 소비력을 높였다. 수십 년에 걸쳐 육류 가공에서부터 통신에 이르기까지 여러 산업에서 합병이 이루어지면서 기업들은 사회 혼란을 가격 인상 기회로 활용할 지위를 차지하게 되었다.

그래도 해운업계의 횡재 수익이 물가 상승의 주요 원인이라는 사실은 분명했다. IMF는 2021년의 해상 운임 상승이 이듬해 전 세계의 물가를 약 1.5% 높였다고 추정했다.[28]

시카고의 데이비드 라이히는 자신이 수입하는 물량이 너무 적어서 아시아에서 오는 항로를 독점한 원양 해운사들에 아무런 영향도 줄 수 없다는 점을 인정해야 했다.

그의 회사 MSRF는 중국에서 볼bowl과 머그잔 같은 소품을 수입해 커피나 코코아 등과 함께 선물 바구니에 담아 월마트나 월그린 같은 소매기업에 납품했다. 하지만 그는 2021년 크리스마스 시즌을 앞두고 프리미엄 요금을 지불하기로 한 뒤에도 컨테이너를 배에 실을 수 없었다.

한국 해운사 HMM(구 현대상선)은 계약 물량인 25개 컨테이너 중 9개만 운송했다. 대만 회사 양밍해운은 그가 계약을 체결해 확보한 컨테이너 100개 중 4개만 운송했다.

"우리는 컨테이너를 가져올 수 없다는 사실을 알게 되었어요. 말도 안 되는 일이었죠."[29] 라이히는 나에게 이렇게 말했다.

당시 그는 계약 갱신을 앞두고 있었다. 그는 해운사들이 새로운 계약 조건을 논의하는 일마저도 관심이 없다는 사실을 알고 격분했다. 그들은 아마존이나 월마트 등 혼란에서 벗어나 훨씬 더 강력한 입지를 구축할 것으로 보이는 거대 소매기업의 요구를 충족하는 데 집중했다.

"나한테 '죄송합니다. 너무 바빠서요.'라고 말하더군요. 대형 고객을 상대하느라 우리한테 신경 쓸 시간이 없었던 것이지요." 라이히가 말했다.

당시 해운업계에서 거대 소매기업이 바다를 뒤흔든 혼란의 수혜자 중 하나였다는 사실은 공공연한 비밀이었다. 그들만이 추가 비용을 감수하고 전세 화물선을 띄울 수 있었다. 그들은 그렇게 함으로써 컨테이너를 실어 보내지 못하는 경쟁사로부터 매출을 빼앗아 올 수 있었다.

이런 사실은 업계지 〈아메리칸시퍼American Shipper〉에 실린 인터뷰에서도 드러난다. 저널리스트 그레그 밀러는 머스크의 전 임원이자 베스푸치매리타임이라는 컨설팅 회사 대표 라르스 옌센(앞에서 인용한 머스크 임원 라르스 옌센과는 다른 인물이다)을 인터뷰했다.

옌센은 이렇게 말했다. "이들은 자신보다 규모가 작은 경쟁사에 비해 엄청난 경쟁 우위를 가지게 되었어요. 내가 대형 수입업자라면 이런 상황을 불평하지 않을 거예요. 물론 작년보다 서너 배 더 많은 돈을 내야 한다는 사실에 어느 정도 불만은 있겠지만, 경쟁사는 열 배나 더 많이 지불하거든요."[30]

"나라면 이것을 전략적 기회로 볼 겁니다. 추가 비용은 내가 흡수하고, 판매 가격을 올리지는 않을 거예요. 나는 이 정도를 감당할 여유가 있지만 경쟁사는 그렇지 않거든요. 그래서 이런 기회를 이용해 경쟁사를 퇴출하려고 할 겁니다."

해운업체들이 엄청나게 높은 운송료를 받을 수 있었다는 것 자체가 앞을 내다보는 접근법의 중요성을 보여주는 증거였다. 그들은 여러 해에 걸쳐 시장점유율을 높이는 동안 손해를 감수해왔다. 그들은 합병으로 경쟁업체를 제거했다. 그 결과 시장 경색을 초래하는 어떤 상황이 발생하면 운임을 인상할 수 있는 이상적 위치에 오를 수 있었다.

"우리는 시장 통합의 결과를 확실하게 목격하고 있습니다. 사실상 과점 체제가 된 것이지요"라고 옌센은 말했다.

옌센의 말은 천기누설이었다. 컨테이너 업계의 독점적 약탈은 거대 소매기업에 매력적인 기회를 제공했다. 세계적 규모의 거대 소매

기업은 경쟁사가 물에 빠져 허우적거리는 모습을 보면서 폭풍우를 헤쳐나갈 수 있었다. 그들은 살아남아 시장을 더 크게 장악할 새로운 시대로 진입하게 된다.

글로벌 공급망에서는 모든 것이 서로 얽혀 있었다. 한 분야에서 독점이 이루어지면 다른 분야에서도 독점이 발생할 조건이 만들어졌다. 이 말은 소규모 업체는 갈수록 큰 문제를 안게 된다는 뜻이었다.

이것이 지금부터 헤이건 워커가 본격적 위기를 맞이하게 되는 이유였다.

2021년 6월, 뉴욕의 해운대리점 베이링크는 2만 1,500달러에 워커의 컨테이너를 선전에서 휴스턴까지 가져다줄 수 있을 것 같다고 말했다. 하지만 이 운송 계약이 확정될 수 있을지는 보장할 수 없다고 했다.

해리 왕은 이메일에서 "솔직히 중국의 항구 대부분이 극심한 정체 상태라 선전에 있는 우리 대리인이 선복 예약을 거의 하지 못하고 있습니다"라고 했다.

이것과 별개로 마지막 여정인 휴스턴에서 스타크빌까지 915킬로미터를 이동해야 하는 문제도 있다고 했다.

"현재 휴스턴의 화물차 회사는 예약이 꽉 찼습니다. 이런 장거리 운송을 하려고 할지 모르겠군요."

인디애나폴리스에 있는 해운대리점 카고서비스는 40피트 컨테이너 하나를 옌텐에서 앨라배마주 모빌까지 2만 2,532달러에 실어 올 수 있도록 예약해주겠다고 했다. 그러려면 워커는 닝보에서 옌텐까지 트럭으로 화물을 운반한 다음 여유 선복이 있는 배를 무한정 기다려야 할 터였다.

카고서비스의 담당 직원은 이메일에서 이렇게 말했다. "솔직히 빨라도 9월 중순은 되어야 중국에서 선복을 확보할 수 있을 것 같습니다."

워커는 중국 소셜 미디어 플랫폼 위챗을 이용해 중국의 화물 운송업체 시베이와 접촉했다.

서니 류라는 시베이의 담당 직원은 워커에게 시장이 계속 더 경색되어 가고 있다고 했다. 류는 어떤 항로를 거쳐 미국의 어떤 항구에 도착하는지 따지지 말고 예약할 수 있는 배가 있으면 무조건 예약하라고 했다. 그러면서 미시시피주까지 가는 마지막 여정 문제는 나중에 생각하라고 했다.

워커가 검색을 시작한 지 3개월이 넘은 8월 30일, 시베이에서 예약이 확정되었다는 연락이 왔다. 항로는 선전항에서 롱비치항까지였고, 운임은 2만 8,296달러였으며, 예상 도착일은 10월 30일이었다.

일반적으로 이런 견적서의 가격은 30일 동안 유효했다. 하지만 이번의 경우 유효 기간은 24시간이었다. 운송료가 계속 빠르게 오르고 있다는 증거였다.

워커는 즉시 대금을 지급했다. 시베이는 닝보 공장으로 컨테이너를 보냈다.

이 무렵 워커에게는 새로운 걱정거리가 생겼다. 바다 건너 남부 캘리포니아 항구의 혼란이 심각한 수준에 이르고 있었다. 이 때문에 워커의 화물이 가까스로 태평양을 건너온다고 해도 다시 운송이 지연될 우려가 있었다.

코로나19에 감염되는 부두 노동자의 수는 계속 늘어났다. 화물차 운전사는 공급이 달렸다. 미국의 철도 시스템은 무너지고 있었다. 컨테이너는 부두에 쌓여갔다. 해안에서 수 킬로미터 떨어진 바다에는 화물선 수십 척이 빈 선석이 나기를 기다리며 대기하고 있었다.

워커는 그의 컨테이너가 롱비치항에 발이 묶일 수도 있다고 생각했다. 그는 걸림돌을 제거할 수 있는 방법을 찾아보았다.

워커는 컨테이너를 확보하기 어려운 상황을 고려해 제품을 화물용 파렛트pallet 위에 올리지 않고 컨테이너 바닥부터 천장까지 화물로만 가득 채우는 바닥 적재floor loading라 불리는 방식을 이용하기로 했었다.

파렛트는 편리했다. 파렛트 측면 구멍으로 지게차의 포크를 끼워넣으면 파렛트 위에 올려놓은 제품을 덩어리째 창고 곳곳으로 쉽게 옮길 수 있었다. 하지만 파렛트는 값비싼 컨테이너 내부의 공간을 차지하기도 했다. 지금은 공간을 최대한 활용하는 것이 다른 무엇보다도 중요했다. 그래서 워커는 파렛트를 쓰지 않고 세서미 스트리트 피겨로 컨테이너 구석구석을 채웠다.

하지만 남부 캘리포니아에서 자신을 기다리는 광기에 가까운 혼란 이야기를 들을수록 그는 자신의 그런 결정을 후회했다. 파렛트가 없으면 항구 근처의 창고에서 인력으로 화물을 끄집어내야 할 터였다. 일꾼 여러 명과 며칠이 필요한 과정이었다.

그는 시베이의 서니 류에게 연락했다. 파렛트를 추가해 다시 작업해줄 수 있습니까?

"너무 늦었습니다"라는 회신이 왔다.

류는 문자 메시지로 또 다른 나쁜 소식도 보내왔다. 닝보항의 부두 노동자 한 사람이 코로나19 양성 판정을 받았다고 당국이 닝보항을 부분 폐쇄했다는 것이었다. 그래서 닝보항으로 갈 화물이 대량으로 선전항으로 몰려 배를 기다리는 동안 컨테이너를 보관할 장소를 찾기가 훨씬 더 어려워졌다고 했다.

류는 워커에게 3일 안에 컨테이너를 선전으로 보내야 한다고 했다. 그러지 않으면 그가 확보한 선복이 다른 사람에게 넘어갈 것이라고 했다.

워커는 이 소식을 플랫폼88에 전달했다. 정은 시간이 너무 촉박하다면서 컨테이너를 선전항까지 운송할 화물차 기사를 찾기가 매우 어려울 것이라고 했다. 닝보항이 폐쇄되면서 많은 트럭 운전사가 컨테이너를 부리지 못하고 계속 트럭에 매달고 있다고 했다. 그래서 새로운 컨테이너를 픽업하지 못한다는 것이었다.

하지만 정은 여기저기 수소문해서 운전사를 찾아냈다. 마침내 글로의 컨테이너는 고속도로를 타고 17시간 거리에 있는 선전항으로 이동하기 시작했다.

이 컨테이너는 덴마크의 해운 대기업 A.P.묄러-머스크가 소유한 선박 300여 척 중 하나인 머스크 엠덴호에 실렸다.

규모로 정의되는 이 산업에서 머스크는 거물급이었다.

머스크는 전 세계 선적 컨테이너 운송의 약 17%를 담당했다.[31] 게다가 700척이 넘는 선박을 운용하는 세계 최대 해운사인 지중해해운사MSC[32]와 해운동맹을 맺고 있었다.

엠덴호는 9월 12일 선전항에서 출항했다.

이 배는 광저우 인근에 있는 난사항에 들렀다가 선전 동쪽에 있는 옌텐항에도 잠시 들렀다. 그런 다음 이때쯤 다시 문을 연 닝보항에 정박했다.

마침내 9월 27일, 엠덴호는 드넓은 태평양을 가로지르는 항해를 시작했다.

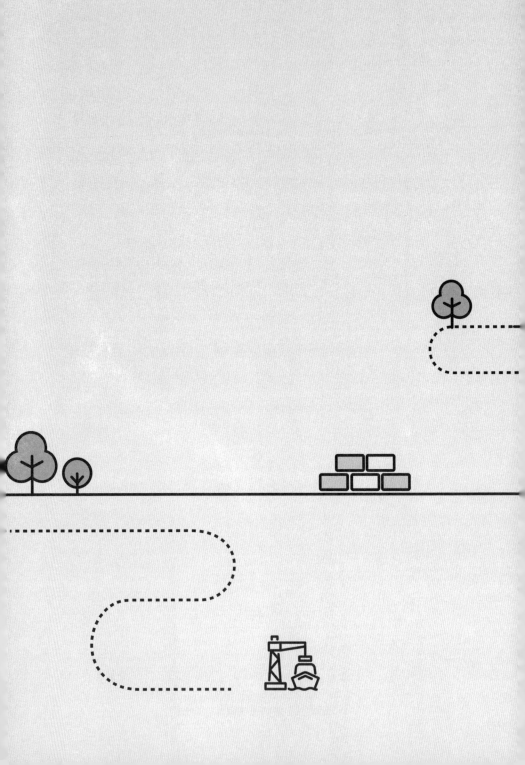

2부

대양을 가로질러

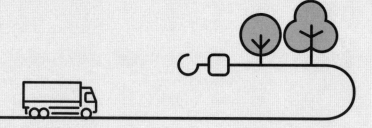

8장

"잊힌 사람들의 땅"
농부들은 어쩌다 내륙에 갇혀버렸나

헤이건 워커는 그나마 운이 좋지 않은 다른 화주들보다는 사정이 나은 편이었다. 비록 컨테이너를 구하려고 악전고투했을 뿐 아니라 천문학적 운송료까지 내기는 했지만, 그래도 최소한 원양 해운사들이 가장 중요시하는 시장에서 활동하고 있었기 때문이다. 중국에서 미국 서부 해안으로 가는 항로는 교통량이 가장 많고 수익성이 가장 좋은 항로였다. 해운사들은 이 항로에 동원할 수 있는 최대한의 컨테이너선을 배치했다.

그사이 다른 대부분 지역의 화주들은 무시당하기 일쑤였다. 이들의 화물은 발이 묶였고, 매출은 급감했다.

태평양 건너편 미국의 농업 중심지 중 하나인 캘리포니아주의 센트럴 밸리에 있는 스콧 피펜의 과수원에는 아몬드꽃이 활짝 피어 있었다. 평소 같으면 기분 좋은 광경이었을 것이다. 나무에서 돈이 자라고 있었기 때문이다.

하지만 2022년 봄, 피펜은 언제나처럼 가지마다 활짝 핀 아몬드 꽃의 장관을 보고도 마냥 즐거워할 수만은 없었다.

피펜은 전 세계에 공급되는 아몬드의 80%를 생산하는 캘리포니아주에서도 규모가 가장 큰 아몬드 재배 농가 한 곳의 대표였다. 그는 불과 몇 달 앞으로 다가온 수확 철을 생각하면 걱정이 앞섰다. 아몬드를 보관할 장소가 없을지도 모른다는 불안감 때문이었다.

그해 봄 내가 피펜의 농장을 찾았을 때 그의 창고는 아직도 전년도에 처리하지 못한 아몬드로 가득 차 있었다. 아몬드 1만 4,000톤이 나무통과 플라스틱통에 담겨 창고 천장까지 쌓여 있었고, 그것도 모자라 외부에 만든 임시 저장고까지 아몬드로 채워져 있었다.

나무 파렛트 위에는 중동과 일본의 고객이 주문한 아몬드가 흰 플라스틱 포대에 담긴 채 판지 상자에 올려져 있었다. 판지 상자에는 세계 최고급 브랜드로 알려진 트라밸리&피펜이라는 원산지 증명 라벨이 찍혀 있었다. 한 가지 중요한 사항만 빼고 발송 준비는 모두 끝난 상태였다.

바다를 건너 아몬드를 운반해주려는 배가 없었다.

피펜은 매주 그 주의 일정표를 뚫어지게 들여다보았다. 약 100킬로미터 떨어진 샌프란시스코만 동쪽 끝에 있는 오클랜드항에서 세계 각지로 향하는 컨테이너선 예약의 확정 여부를 알아보기 위해서였다.

그는 매주 선적 컨테이너가 없다든가, 배가 도착하지 않았다든가, 선복을 확보하지 못했다든가 하는 온갖 종류의 실망스러운 소식을 접해야 했다.

그의 아몬드는 이쪽 편, 즉 캘리포니아주의 평야 지대에 있었다. 그의 고객은 바다 건너 저쪽 편에 있었다. 국제 해운업계는 그 둘 사이를 이어주지 못했다.

피펜은 믿기지 않는다는 듯 씁쓸한 표정을 지으며 어두컴컴한 창고를 한 바퀴 둘러보았다.

"창고가 가득 차서 터질 지경이에요. 다섯 달 후면 햇아몬드가 들어올 텐데 걱정이 태산입니다. 농사에는 타임아웃이 없어요." 피펜은 나에게 이렇게 말했다.

피펜의 시름은 전 세계가 안고 있는 바로 그 운송 문제에서 비롯한 것이었다. 공산품 수요는 엄청났다. 원양 해운사들은 가장 수익성이 높은, 아시아의 공업 도시들과 로스앤젤레스항, 롱비치항을 연결하는 항로에 선박을 집중적으로 투입하고 있었다.

피펜과 같은 미국의 농산물 수출업자들에게 오클랜드항은 가장 중요한 출발점, 즉 센트럴 밸리에서 수확한 농산물을 세계 각지로 보내는 관문이었다. 하지만 원양 해운업자들에게 오클랜드항은 기항할 가치가 없는 장소가 되어버렸다. 기록적인 수익을 향해 가는 길에 설치된 과속방지턱인 셈이었다.

그래서 과수원의 아몬드 나무가 금년도 열매를 맺을 준비를 마쳤는데도 아직 전년도에 수확한 아몬드가 1,900만 달러어치나 창고에 쌓여 있는 것이었다. 며칠이 몇 주가 되고, 몇 주가 몇 달이 되어도 끝이 보이지 않았다.

창고에 있는 아몬드의 3분의 2는 이미 멀리 떨어져 있는 구매자에게 팔린 것이었다. 하지만 아몬드를 배에 선적할 때까지는 돈을 받을 수 없었다.

피펜은 "이 아몬드가 두바이에 있다면 엄청난 가치가 있겠지만 창고에서는 아무런 가치도 없어요"라고 말했다.

그는 무엇보다 자신이 어떤 알 수 없는 세력에게 농락당하고 있다는 미칠 것 같은 느낌을 떨쳐버릴 수 없다고 했다.

"누군가 우리를 엿 먹이고 있어요. 우리는 여기 앉아서 당하고 있는 겁니다."

공급망의 대붕괴 기간에 미국의 수입업자들은 큰 고통을 겪었다. 하지만 수출업자들의 고통은 그보다 훨씬 더 컸다. 그중에서도 특히 농업에 종사하는 사람들의 고통이 심했다.

노스다코타주의 밀 재배 농가에서부터 네브래스카주의 콩 생산 농가에 이르기까지 농산물 생산자들이 북미를 벗어난 지역으로 농산물을 운송하는 것은 모험에 가까운 일이었을 뿐 아니라 때로는 불가능한 일이 되어버렸다.

일반적으로 농산물 생산자들은 다국적 소매기업과 공생 관계를 유지했다. 다국적 소매기업이 높은 운송료를 내고 막대한 양의 상품을 수입하므로 선적 컨테이너가 꾸준히 미국 항구로 들어올 수 있었다.

아시아에서 출항한 거대한 배는 가구나 의류 또는 그 밖의 수입품을 채운 컨테이너를 싣고 로스앤젤레스항으로 들어왔다. 부두 노동자들이 크레인으로 컨테이너를 들어 올려 트레일러에 옮겨 실으면 트럭이 컨테이너를 주변에 있는 창고로 운반했다. 거기서 화주가 컨테이너에 싣고 온 화물을 끄집어내면 해운사는 빈 컨테이너를 농부들에게 넘겨주었다.

이 중 일부 컨테이너는 트럭이나 오클랜드항으로 향하는 배에 실려 센트럴 밸리로 보내진 다음 아몬드나 포도, 유제품, 감귤류 등으로 채워졌다.

일부 컨테이너는 기차에 실려 동쪽에 있는 대평원과 중서부로 향했다. 거기서 옥수수나 밀 또는 그 밖의 다른 곡물로 채워진 컨테이너는 다시 서부 해안으로 옮겨졌다. 서부 해안에 도착한 컨테이너는 크레인에 들려 배로 옮겨진 후 태평양을 건넜다. 이렇게 해서 빠르게 성장하는 아시아 시장에 도착한 곡물들은 빵이나 시리얼 또는 가축 사료로 바뀌었다.

하지만 공산품을 아시아에서 북미로 운송하는 데 따르는 보상이 너무 커지는 바람에 전통적 방식의 경제성이 사라져버렸다.

미국의 최대 농산물 수출 기업 중 하나인 스쿨라는 시카고와 캔자스시티의 터미널에서 컨테이너에 곡물을 실은 다음 기차로 서부 해안의 항구까지 운반한 뒤 아시아로 향하는 배에 선적했다. 하지만 컨테이너가 부족해지자 해운사들은 빈 컨테이너를 해안 밖으로 나가지 못하게 했다. 게다가 배마저 예약이 불가능한 경우가 많았다.

캔자스시티로 향하는 기차에 컨테이너를 실으면 그만큼 닝보에서 공산품을 실어 올 컨테이너가 부족해질 터였다. 배가 수출용 농산물을 실을 빈 컨테이너를 내려놓으려고 오클랜드항에 기항하면, 천문학적 운송료를 내고라도 북미로 화물을 보내려는 소매기업들이 대기하고 있는 상하이 도착이 그만큼 늦어질 터였다.

그래서 남부 캘리포니아에 컨테이너를 하역한 다음 농산물을 실고자 기다리지 않고 바로 빈 컨테이너를 다시 싣고 그대로 아시아로 돌아가는 배가 점점 늘어났다.

팬데믹 이전에는 로스앤젤레스항과 롱비치항을 떠나는 컨테이너의 약 40%에 수출품이 실려 있었다.[1] 2021년 말이 되자 롱비치항을 떠나는 컨테이너의 30%에만 화물이 실려 있었고 나머지는 텅 비어 있었다. 바로 옆 로스앤젤레스항에서는 출항하는 배에 실린 컨테이너의 21%에만 화물이 실려 있었다. 아시아로 되돌아가는 컨테이너 선박은 대부분 공기를 운송하고 있었던 셈이다.

이와 동시에 갈수록 오클랜드항을 건너뛰는 배도 늘었다.[2] 2년 전만 해도 오클랜드항에 기항하기로 하고 취소하는 비율은 1%밖에 되지 않았다. 그런데 지금은 선박의 4분의 1이 오클랜드 기항을 포기했다.

이것이 캘리포니아 아몬드 재배 농가를 둘러싼 위기의 원인이었다. 아몬드 재배 농가가 전년도에 수확해 팔고 남은 재고는 모두 50만 톤에 이르렀다.[3] 그들이 아몬드 운송을 의지하던 해운업계가 그들을 버린 것이었다.

동업자 조합인 캘리포니아아몬드협회의 오브리 베텐코트 회장은 나에게 이렇게 말했다. "외국 해운회사들이 우리를 무시하지만 우리가 할 수 있는 게 아무것도 없습니다. 어떻게 할 방법이 없어요."

농업 관련 단체의 이익을 대변하는 워싱턴의 로비스트들은 그 점을 효과적으로 물고 늘어졌다. 해운사는 모두 외국 기업이다, 미국 농부들의 운명이 그들 손에 달려 있다는 식이었다.

이들은 연방해사위원회의 권한을 강화해 그런 문제를 바로잡을 수 있는 법안이 의회에서 통과되도록 힘을 모았다.

뉴욕주 중부 출신의 전 하원의원이자 연방해사위원회 신임 위원장인 댄 마페이도 법안 통과를 위해 의회의 전 동료들을 설득했다. 마페이는 나에게 위원회는 "수출업자들이 해운사에 휘둘리거나 아니면 한 발 더 나가 무시당하는 사례가 없는지 조사할 예정"[4]이라고 말했다.

미국 대통령까지 이 문제에 뛰어들었다. 2022년 3월, 조 바이든 대통령은 의회에서 발표한 연두교서에서 자신의 가장 큰 정치적 약점인 소비자 물가 상승의 책임을 해운업계에 돌렸다.

"기업이 경쟁할 필요가 없어지면 기업의 이익은 늘어나고, 물가는 올라가고, 중소기업이나 가족농이나 목장주들은 파산합니다. 미국 안팎으로 상품을 실어 나르는 원양 해운사에서 이런 일이 일어나고 있습니다. 이들 외국계 기업은 팬데믹 기간에 운임을 1,000%나 인상해 기록적인 수익을 올렸습니다. 오늘 나는 이들을 엄중하게 단속할 것임을 선언합니다."[5]

해운사들은 이런 유의 비난을 처음 받아보았다. 그들은 워싱턴에서는 거의 보이지 않는 존재였다. 베이징, 서울, 코펜하겐 같은 고향에서는 자신들에게 보조금을 계속 지급하는 관리들과 우호적 관계를 유지했다. 미국 시골 출신 의원들의 성향을 걱정하는 것은 새로운 경험이었다.

해운사의 홍보 담당자들은 보통 어디 있는지 찾기도 어려웠을 뿐 아니라 이런 논란에 끼지도 않으려고 했다. 이들은 언론의 논평 요청을 무시했다.

해운사들은 대외 이미지 훼손에 대한 걱정이 커지자 업계 이익을 대변하려고 만든 세계해운협의회라는 고압적 이름의 로비 단체에 업무를 맡겼다. 이 단체의 수장은 소리 없이 워싱턴을 지배하는 변호사 중 한 사람인 존 버틀러였다. 버틀러는 해상법을 전문적으로 다루는 부티크 로펌●의 파트너 출신이었다.

버틀러는 고객 이익을 보호하는 워싱턴의 기술에 익숙한 노련한 변호사였다. 그는 새 법안이 미국의 자유 기업 체제를 쓰레기통에 처넣는 것과 같다는 논리를 폈다. 그는 원양 해운사들을 포퓰리스트들의 오해를 받는 피해자로 묘사하며 해운사들의 사회 기여가 제대로 평가받지 못하고 있다고 주장했다.

버틀러는 항구의 교통 체증, 화물차 기사 부족 등 많은 문제에도 불구하고 해운사들은 그 어느 때보다 많은 화물을 운송하고 있다고 했다. 백악관과 의원들이 해운업계를 대기업이 소규모 기업을 착취한다는 진부한 이야기의 소재로 다루고 있다고도 했다.

버틀러는 나에게 "정말로 복잡한 문제를 짧은 몇 마디 말로 압축해 툭 던져놓고는 구조적 문제는 다루지 않는 정치인들의 행태에 좌절감을 느낍니다"라고 말했다.

그는 워싱턴에서 거론되는 해결책은 문제를 악화할 뿐 아니라 막강한 권한을 쥔 관료라는 무시무시한 유령을 불러낼 것이라고 했다.

● 특정 법률 분야만 전문적으로 취급하는 작은 규모의 로펌.

"사람들이 정말로 연방 공무원이 클립보드를 들고 부두에 나와 '저 컨테이너는 배에 싣고 저 컨테이너는 아직 싣지 마세요'라고 하는 것이 시장 자율에 맡기는 것보다 더 효율적이고 공정하다고 믿을까요?" 버틀러가 말했다.

워싱턴에서 미대륙 반대편에 있는 캘리포니아주 프레즈노의 제임스 블로커는 보통 자유 시장의 신성함을 들먹이는 사람들 편에 서던 사람이었다. 그는 자유주의자로서 미국의 개척 정신을 신봉했으며, 레이건 대통령의 유명한 말처럼 정부는 해결책이 아니라 문제라고 생각하는 사람이었다.

하지만 당시 블로커는 아몬드 1,800톤을 배로 실어 보내야 하는 현실적 문제에 직면해 있었다.

그의 회사 밸리프라이드는 캘리포니아에서 규모가 큰 아몬드 수출업체의 하나였다. 밸리프라이드는 보통 일주일에 아몬드로 가득 찬 컨테이너 50개를 실어 냈다. 하지만 최근에는 일주일에 간신히 컨테이너 다섯 개 정도밖에 예약을 확정받지 못했다. 해운사들 말로는 컨테이너가 부족하다는 것이었다.

밸리프라이드를 비롯한 아몬드 수출업체들은 컨테이너의 반출 지연이나 반환 지연에 해운사가 부과하는 이른바 '체화료와 지체료'●도 부담했다. 몇 주만 늦어지면 컨테이너 하나당 이들 비용이 수천 달러에 이를 수도 있었다. 게다가 해운사가 예약을 취소하거나, 컨테이너

● 체화료(demurrage)는 컨테이너가 반출 허용 기한을 넘겨 야적장에 남아 있을 때 내는 비용이고, 지체료(detention)는 빈 컨테이너를 반환 기한 내에 반환하지 않을 때 내는 비용을 말한다.

반납 장소를 마련하지 못하거나, 충분한 예고 없이 갑자기 반납 장소를 변경해도 비용이 청구되었다.

이런 경험은 블로커에게 그의 성향과 맞지 않는 감정을 불러일으켰다. 그는 적극적으로 규제를 요구했다.

"나는 자유 기업 체제를 좋아합니다. 정부 관료가 개입하는 것을 싫어하죠. 하지만 지금은 상황이 너무 절박해 선택할 여지가 없어요."

캘리포니아 아몬드 산업의 고통은 글로벌 공급망을 괴롭히는 기능 장애의 상징이자 캘리포니아에 아몬드 산업을 구축한 것이 얼마나 미친 짓인지를 보여주는 증거였다. 즉, 다른 것은 아무것도 고려하지 않고 오로지 이익 극대화만 추구한 결과였다.

환경운동가들이 오랫동안 지적해온 것처럼 아몬드 하나를 생산하려면 3리터가 넘는 물이 필요하다.[6] 캘리포니아주는 연간 90만 톤 이상의 아몬드를 수출했다. 아몬드는 인구 400만 명의 도시인 로스앤젤레스의 모든 가정과 사업체를 유지하는 데 필요한 물의 세 배를 소비했다.[7]

로스앤젤레스 대도시권은 현대 문명의 대담한 실험을 상징하는 곳이다. 이 지역은 드넓은 사막 위에 물이 필요한 잔디밭과 수영장이 군데군데 흩어져 있는 거대한 제국이다. 로스앤젤레스에 물을 공급하려고 목장 지대의 강물을 북쪽으로 돌리기 시작한 20세기 초부터 캘리포니아주에서는 수시로 물 쟁탈전(때로는 격렬한)이 벌어져 왔다. 최근에는 가뭄과 재앙적 수준의 산불이 여러 해에 걸쳐 캘리포니아주를 엄습하면서 주민들은 물 사용량을 크게 줄여야 했다.

세계인을 위한 아몬드 재배는 본질적으로 캘리포니아 주민이 쓸, 고갈되다시피 한 수자원을 빼앗아 배에 실어 수천 킬로미터 떨어진 곳으로 보내는 것이었다. 결국 기후변화나 환경 정의, 상식 등에 대한 고려보다는 돈이 공급망의 작동을 좌우하는 상황이었다.

하지만 관련된 돈의 규모는 어마어마했다. 캘리포니아주는 할리우드나 실리콘 밸리로 잘 알려져 있지만, 사실 가장 큰 산업은 농업이다.[8] 캘리포니아주의 농산물 수출액은 연간 200억 달러가 넘었다. 그중 거의 5분의 1이 가장 가치 있는 작물인 아몬드의 몫이었다.[9]

블로커는 그런 산업의 중심에 있는 인물이었다. 블로커는 그의 증조부가 거의 한 세기 전에 오클라호마주의 사막화●를 피해 이주한 센트럴 밸리의 작은 마을 클로비스에서 성장했다. 그는 프레즈노의 변두리를 뛰어다니며 유년 시절을 보냈다. 프레즈노는 비옥한 토양 덕분에 미국에서 가장 빠르게 성장하는 도시 중 하나였다.

블로커는 캘리포니아 프레즈노주립대학교에서 농업경제학을 공부한 뒤 농업 대기업 카길에 입사했다. 그는 북미 전역을 담당하는 상품 트레이더로 일하며 농산물이 예기치 못한 여러 가지 이유(센트럴 밸리의 강수량 부족, 캐나다의 극심한 한파, 다른 곳의 오일 쇼크 등)로 피해를 볼 수 있다는 사실을 알게 되었다.

그는 2013년에 밸리프라이드를 설립했다. 밸리프라이드는 작은 과수원과 포장 공장도 가지고 있었지만 핵심 사업은 판매와 유통업

● Dust Bowl(황진). 토양이 과도한 경작이나 가뭄으로 황폐화되어, 강한 바람에 의해 흙먼지가 공중으로 날려지는 현상이다.

이었다. 이 회사는 센트럴 밸리 전역의 농부들로부터 아몬드를 사들여 전 세계로 수출했다. 그 전해에 밸리프라이드는 아몬드 6만 3,000톤을 판매해 3억 5,000만 달러의 매출을 올렸다.

블로커는 아몬드가 선적을 위해 항구에 도착하면 바로 농부들에게 대금을 지급해야 했다. 하지만 자신은 아몬드가 최종 목적지에 도착해야 돈을 받을 수 있었다. 대금 지급과 수취 사이에 걸리는 기간이 길어지면서 회사는 현금흐름에 타격을 받았다. 2022년 3월 내가 프레즈노를 방문했을 때 블로커는 800만 달러의 한도를 설정한 대출을 이용해 버텨나가고 있었다.

큰 키에 건장한 체격의 블로커는 시카고의 상품 거래소에서부터 캘리포니아주의 먼지투성이 농장과 중동의 시장으로 이어지는 현대 기업식 농업의 명암을 보여주는 완벽한 본보기였다.

그는 픽업트럭을 몰았고 수염을 덥수룩하게 길렀다. 체크무늬 셔츠와 색 바랜 청바지를 입었고, 카우보이 부츠를 신었으며, 허리에는 로데오 스타일의 큼지막한 은색 버클을 차고 있었다. 그는 과수원 흙바닥에 편안하게 쭈그리고 앉아 용수로의 물이 새는 곳을 수리하기도 했다. 하지만 대부분의 업무 시간은 주 정부 청사 맞은편에 있는 비즈니스 단지의 유리로 덮인 사무실에서 보냈다. 책상 뒤편 벽에는 그의 수렵 기념물인 뿔이 달린 사슴 대가리 박제가 그의 아내와 세 자녀의 사진과 함께 걸려 있었다.

"나는 촌놈입니다. 대도시의 현란함과 화려함은 나하고 잘 맞지 않아요"라고 그는 나에게 말했다.

그의 동업자 서니 투르는 인도 펀자브주 출신이었다. 투르는 전 세계를 돌아다니며 캘리포니아 아몬드 시장을 개척하는 데 많은 시간을 보냈다. 영업 담당 수석 부사장 소르본 샤리포프는 타지키스탄 출신으로 페르시아어, 러시아어, 아랍어, 타지키스탄어, 영어에 능통해 중앙아시아 시장 진출에 큰 도움을 주었다. 사무실에는 그 밖에도 우르두어나 힌디어, 스페인어, 세르비아어를 하는 직원들도 있었다.

지난 7월 밸리프라이드는 두바이의 한 바이어와 40피트 컨테이너 두 개 분량의 아몬드 매매 계약을 체결했다. 밸리프라이드는 지중해해운사가 운항하는 배에 컨테이너 운송을 예약했다. 오클랜드에서 파나마운하를 거쳐 몰타까지 가는 항로였다. 컨테이너는 그곳에서 다른 배로 환적되어 수에즈운하를 거쳐 두바이로 운송될 예정이었다.

배는 10월에 오클랜드항에서 출항하기로 되어 있었다. 하지만 이듬해 2월 중순이 되어서야 컨테이너가 배에 실릴 수 있었다. 아몬드가 두바이에 도착할 무렵 아몬드값은 5만 달러나 떨어져 있었다. 바이어는 처음 맺은 계약의 기한이 만료되었다며 값을 깎아달라고 요구했다.

투르와 샤리포프는 고객의 화를 누그러뜨리고 가격 인하 요구를 막으려고 고급 레스토랑에서 고객을 접대하며 2월 한 달을 두바이에서 보냈다. 그런 와중에도 아몬드 운송 문제는 계속되어 매출이 그 전년도의 절반 수준으로 떨어졌다.

"지금 우리는 공황 상태입니다." 블로커가 말했다.

화요일 아침 8시가 조금 지난 시간이었다. 블로커와 투르는 지금까지 도움을 받을 필요성이 있으리라고는 상상도 해보지 못했던 전문가와 전화 회의를 할 준비를 했다. 바로 워싱턴의 로비스트였다.

같은 일에 종사하는 대부분 사람과 마찬가지로 피터 프리드먼도 이전에 의회 직원으로 일한 적이 있었다. 프리드먼은 그 이후 30년 이상 농산물 수출과 관련한 농민 단체의 이익을 대변하는 로비회사 농업운송연합을 운영해왔다.

프리드먼은 몸에 익은 전문가로서 인내심을 가지고 짜증스러운 화물 운송 실태를 하소연하는 블로커와 투르의 이야기에 귀를 기울였다. 그런 다음 그들의 문제는 대부분 사람이 겪고 있는 보편적 문제라고 말했다.

건초를 아시아로 수출하는 태평양 연안 북서부의 농부들은 건초를 벨 생각조차 하지 않는다고 했다. 선복을 확보할 수 없는 데다 그로 인한 건초 공급 과잉으로 국내 건초값이 폭락하고 있어 비싼 돈을 주고 건초 자를 농기계에 쓸 기름을 구입할 필요가 없다는 것이었다. 체리 농부들도 수출 길이 막히면서 체리값이 떨어져 죽을 지경이 되었다고 했다.

프리드먼은 해운사들이 하는 짓이 끔찍하기는 하지만 한편으로는 합리적이라고 했다. 아시아에서 화물을 실어 오는 것이 아몬드를 해외로 운송하는 것보다 열 배나 이익이 많기 때문이라고 했다.

밸리프라이드 아몬드의 90%는 오클랜드항을 통해 수출되었다. 블로커는 다른 경로를 모색해보기로 했다. 그는 화물 이동이 더 원활하다는 조지아주 서배너항에서 아몬드를 선적할 생각도 해보았다. 하지만 철로로 대륙을 횡단해 서배너까지 아몬드를 운송하려면 2주는 걸릴 것 같았다.

블로커는 답사차 휴스턴에 갔다가 막 돌아온 참이었다. 휴스턴에는 컨테이너가 많았다. 그는 휴스턴항에서 아몬드를 선적해 멕시코만을 거쳐 수출하기로 하고 휴스턴에 창고 공간까지 마련했다.

휴스턴까지 아몬드를 트럭으로 운송하려면 컨테이너 하나당 약 2,800달러의 운송비가 더 들 터였다. 상황을 고려하면 그 정도는 감수할 만했다. 그러다 블로커는 3개월 안에 휴스턴항을 출항하는 배가 없다는 사실을 알게 되었다. 게다가 컨테이너 하나당 5,200달러에 이르는 프리미엄 요금을 지불해야 하는데, 이것은 두바이까지 보낼 때 통상적으로 내던 운송료의 두 배나 되는 금액이었다.

프리드먼은 오클랜드항에서 더 많은 화물을 실을 수 있도록 해운사들을 설득하는 데 주력하고 있다고 했다. 그는 해운사에 압력을 가하려고 바이든 정부의 관리들과 자주 접촉하고 있다고 했다. 하지만 기대치를 낮췄다고 했다. 농업 종사자들은 바이든 대통령의 핵심 지지층이 아니었기 때문이다. 연방해사위원회는 얼마 안 되는 권한이라도 사용해보겠다는 최소한의 의지도 보이지 않았다.

프리드먼은 이상적인 세상이라면 바이든 대통령이 원양 해운사 대표들을 백악관으로 불러 이런 문제를 해결하라고 요구하면서 그러지 않으면 돈이 많이 들어가는 불편한 일이 생길 것이라는 협박이라도 해야 할 것이라고 했다. 하지만 그런 일은 일어날 것 같지 않다고 했다. 농업과 소매업은 평소 운송 문제에서 공생 관계였지만, 이번에는 선복 확보를 둘러싸고 제로섬 경쟁을 벌이고 있었다. 해운사에 농산물을 실은 컨테이너를 선적하라는 명령을 내린다면 사실상 아마존이나 월마트로 가는 컨테이너의 선적을 지연시키라는 명령을 내리는 것이었다.

프리드먼은 "그렇게 되면 수입품 공급망의 작동 속도가 떨어질 것입니다"라고 했다.

블로커는 이 말을 듣고 물에 빠진 사람이 제프 베이조스가 구명 조끼를 다 사버렸다는 말을 들은 것과 같은 느낌을 받았다.

"무력감이 드네요. 우리가 이런 문제에 관해 이야기할 수는 있지만, 그래봤자 지적 자위행위에 불과한 것 같군요. 이건 위에서, 이 나라의 최고 권력자가 해결해야 할 문제예요." 블로커가 말했다.

이때 물류 담당 직원 하나가 오래간만의 희소식을 들고 블로커의 사무실로 들어왔다. 오클랜드에서 두바이로 가는 컨테이너 다섯 개를 예약했다는 것이었다. 2주 안에 출항할 예정이라고 했다.

블로커는 기뻐했다. 하지만 그다지 크게 기뻐하지는 않았다.

"그래봤자 언 발에 오줌 누기죠. 여기는 잊힌 사람들의 땅이에요."

이튿날 블로커는 픽업트럭을 몰고 북쪽으로 180킬로미터 떨어진 곳에 있는 평범한 마을 맨티카로 향했다. 그의 가장 중요한 고객 스콧 피펜을 만나러 가는 길이었다.

블로커는 피펜을 제2의 아버지처럼 존경했다. 밸리프라이드 전년도 매출의 5분의 1은 피펜의 농장에서 나온 것이었다. 블로커는 피펜이 중동으로 수출하는 물량의 90%와 유럽으로 수출하는 물량의 절반을 맡아서 처리하고 있었다.

블로커는 "지금 내가 할 일은 스콧의 아몬드를 처리하는 거예요. 우리 회사 실적이 스콧의 아몬드에 달려 있어요"라고 말했다.

센트럴 밸리 계곡 위로 회색 구름이 낮게 깔려 있었다. 그의 트럭이 지나가는 길 좌우로 넓은 과수원이 차례로 펼쳐졌다. 새로 심은 아몬드 나무가 보이는가 싶더니 곧 초록색 플라스틱 망에 싸인 잎이 무성한 오렌지 나무가 모습을 드러냈다. 뒤이어 가지가 하늘로 삐죽삐죽 뻗은, 흉가의 정원에나 어울릴 것 같은 모습의 피스타치오 나무가 격자 모양으로 심어진 과수원이 나타났다.

피펜의 농장으로 가는 길에 있는 여러 마을을 지나다 보면 센트럴 밸리의 농업과 관련된 모든 것을 볼 수 있었다. 블로커는 지하수 관정과 펌프 회사, 트랙터용 로터리 날 만드는 공장, 종자 판매상, 농업 보험을 취급하는 보험 대리점을 지나쳤다. 관개용 장비나 비료, 견과류 껍질 까는 기계 등을 실은 트럭도 여러 대 지나쳤다.

피펜은 도로에서 조금 떨어진 다용도 건물 안에 있는 회의실로 블로커를 안내했다.

피펜은 3대째 센트럴 밸리에서 농장을 운영하는 농부였다. 그의 할아버지는 한 세기 전에 네덜란드에서 미국으로 건너와 아이오와주에 잠시 머물다 이곳에 정착했다. 피펜은 추수철이 되면 트랙터를 몰며 어린 시절을 보냈다. 이제 67세가 된 피펜의 햇볕에 그을린 뺨과 굳은살이 박인 손은 1,000헥타르에 이르는 과수원을 돌보느라 야외에서 보낸 그의 삶을 증명하는 것이었다. 그는 아몬드 껍질 까는 공장과 아몬드를 빻아 가루로 만드는 가공 시설도 운영했다. 깐 아몬드 껍질이 마당 뒤편에 산더미처럼 쌓여 있었다. 피펜은 이것을 주변 낙농장에 사료로 팔았다.

"이 과수원은 나한테 커다란 장난감 상자와 같아요. 과수원을 운영하면서 내가 직접 해보지 않은 일이 없어요." 피펜이 말했다.

블로커가 피펜을 안 지는 10년이 되었다. 10년 전 그는 무턱대고 피펜에게 전화해 피펜이 재배한 잘 알려지지 않은 품종의 아몬드를 팔아주겠다고 제안했다. 피펜은 평소 영업 사원에게 퉁명스럽게 대했지만, 그의 제안 내용을 듣고는 마음이 움직였다. 피펜의 프리미엄 상품을 판매하는 데는 대리인이 필요 없었다. 하지만 올드리치라든가 윈터스 같은 이름이 특이한 품종의 아몬드는 달랐다. 피펜은 이런 아몬드를 '캘리포니아 아몬드'라는 일반적 이름으로 판매했고, 가격도 일반 아몬드에 맞춰 받았다. 그런데 블로커가 와인 상인들이 잘 알려지지 않은 포도를 고급화해 판매하듯이 해당 품종의 아몬드를 팔아주겠다고 제안한 것이다. 와이너리들은 잘 알려지지 않은 포도 품종을 값싼 테이블 와인으로 만들어 팔지 않고 독특한 정체성을 지닌 매력적인 새로운 품종의 와인으로 브랜딩해 고급화하고 있었다.

피펜은 시도해보기로 했다. 블로커가 성공하자 둘 사이에 수익성 좋은 협력 관계가 형성되었다.

피펜은 지나칠 정도로 꼼꼼했다. 한번은 창고를 돌아보는데 커다란 아몬드 자루가 왼쪽으로 살짝 처져 있는 모습이 눈에 띄었다. 그는 그 자리에 멈춰 서서 얼굴을 찡그리며 직원에게 말했다.

"저거 똑바로 세우세요."

하지만 디테일에 대한 그의 집착은 그의 사업에 매우 중요했다. 아몬드 수확은 나무를 털고, 무거운 장비를 동원해 떨어진 열매를 퍼 올리고, 퍼 올린 아몬드를 커다란 기계에 투입해 나무껍질, 자갈, 유리 조각, 흙 등 이물질을 제거하는 작업으로 이루어졌다. 이 과정이 엄격할수록 아몬드의 가치는 올라갔다.

"나는 잔소리꾼이에요. 다른 사람에게 일을 맡기면 제대로 되리라고 믿지 못하죠." 이렇게 말하는 피펜의 어조는 변명보다는 자랑스러움에 가까웠다.

블로커는 피펜의 신임을 얻었다. 두 사람은 매일 통화했다. 때로는 두 번 이상 통화할 때도 있었다.

최근의 대화 내용은 대부분 어떻게 하면 아몬드를 선적할 것인가에 대한 것이었다.

피펜은 보통 한 달에 컨테이너 100개 분량의 아몬드를 수출했다. 그런데 2022년 1월에는 간신히 컨테이너 66개를 선적할 수 있었다. 2월에는 그보다 적은 55개밖에 선적하지 못했다. 그러다 최근 들어서는 그 수가 0으로 줄었다.

당시 그는 컨테이너 678개를 채울 수 있을 만큼 아몬드를 깔고 앉아 있었다.

"이 아몬드를 보고 있으면 일을 시작하기도 전에 패배감이 몰려와요. 가슴이 쓰립니다."

상품을 출하할 수 없게 되자 기뻐해야 할 일조차 골칫거리가 되어버렸다. 그 전년도에는 날씨가 좋아 아몬드가 풍작이었다. 그런데 그 때문에 저장 걱정이 더 커졌다. 일부 아몬드는 비바람을 막아주는 방수포에만 덮인 채 밖에 쌓여 있었다.

피펜은 이런 사태의 재발을 막으려고 150만 달러를 들여 새 창고를 지었다. 82만 달러를 투자해 통도 3,000개 더 사들였다. 거기다 70만 달러를 추가로 투자해 창고를 하나 더 지을 준비까지 하고 있었다.

여기에 돈을 대려고 현금흐름을 창출할 유일한 방법은 원양 해운사가 요구하는 대로 운송료를 지불하는 것이었다.

"도대체 얼마를 원하는 거야? 돈을 낼 준비는 되었네만 도무지 예약할 수 없군."

피펜의 이런 말을 듣고 블로커가 어깨를 으쓱하며 이렇게 말했다. "몸값을 지불하는 데 동의할 생각이 있으셔도 아몬드 선적은 불가능합니다."

9장

"들어본 적 있는 이름이군"
부두의 새 보안관

댄 마페이는 언젠가 연방해사위원회 위원장이 되겠다는 꿈을 꾸며 성장한 것은 아니었다.

뉴욕주 시러큐스의 단풍나무 숲에 둘러싸여 자란 마페이는 열한 살이 될 때까지 바다를 본 적도 없다. 어린 시절에는 공상과학소설에 매료되어 천문학자가 될 꿈을 꾸었다. 그는 대학 졸업 후 지역 텔레비전 방송국에서 기자로 일하다가 정치에 뛰어들었다. 처음에는 워싱턴에서 유력 민주당 의원들의 의사 전달을 돕는 일을 하다가 마침내 하원의 한 자리를 차지하게 되었다.

2014년, 당시 40대 중반이던 마페이는 재선에 도전했다가 실패한 후 다음에 할 일을 찾으려고 애썼다. 그는 낙선한 의원들의 일반적 경로인, 전 동료 의원들을 상대로 로비하는 일에는 관심이 없었다.

그는 오바마 정부에 있는 친구들에게 조언을 구하던 중 연방위원회에 자리가 하나 날 것 같다는 이야기를 듣게 되었다.

그 말에 마페이의 귀가 솔깃해졌다. 소비자제품안전위원회인가? 재밌겠군.

그러자 "아니야. 연방해사위원회야"라는 답이 돌아왔다.

"그래서 내가 이렇게 말했지요. '그래? 들어본 적 있는 이름이군. 다른 사람들보다는 내가 벌써 한 발 앞섰네.'" 마페이는 당시 상황을 이렇게 회상했다.

2016년 여름, 그는 다섯 명으로 구성된 위원회의 한 자리를 차지하게 되었다. 트럼프 대통령은 그를 재임명했다. 바이든 대통령은 취임 후 마페이를 위원장으로 선임했다.

누구나 마페이가 무슨 이슈가 되었든 국가 자본을 소모하는 엄청난 일과는 거리가 먼 해운업의 자질구레한 문제나 파헤치다 끝날 것이라고 예상했을 것이다. 연방해사위원회는 1961년 설립된 이래 평온함과 모호함을 특징으로 하는 조직이었다.

하지만 팬데믹과 공급망 대붕괴가 닥치면서 상황이 극적으로 바뀌었다. 갑자기 연방해사위원회가 엄청난 경제적 영향을 미칠 중대한 정치적 이슈의 중심으로 밀려들어 간 것이다.

의회는 피펜 같은 농산물 수출업자나 워커 같은 수입업자의 괴로움에 찬 하소연에 반응해 연방해사위원회의 권한을 강화한 원양해운 개혁법이라는 법안을 중심으로 힘을 합쳤다. 상하 양원 의원들은 보기 드물게 당파를 초월해 원양해운사들의 악습을 바로잡는 방법으로 이 법안을 지지했다.

2022년 6월 바이든 대통령은 이 법안에 서명하면서 이 법의 공포는 원양해운사들을 통제하겠다는 자기 약속을 지키려는 후속 조치라고 설명했다. 바이든 대통령은 해당 법이 "미국의 가정, 농부, 목장주, 기업을 이용해 먹는 해운사들의 횡포를 끝낼 것"[1]이라고 했다. "이 법은 인플레이션을 낮추는 데 도움이 될 것입니다"라고도 했다.

하지만 법안에 서명하는 대통령조차 해당 법을 집행하려고 자신이 의지할 기관에 대한 자세한 내용을 잘 알지 못했다.

"이 법은 연방정부가…." 바이든 대통령은 이름이 생각나지 않는 듯 잠시 말을 멈추었다. "…연방해사위원회라고 부르는 조직의 권한을 확대하려는 것입니다. 이런 기관이 있다는 사실을 모르는 사람이 많겠지만, 이 위원회는 중요한 기관입니다."

연방해사위원회는 원양해운사들이 수출 농산물을 선적하도록 강제할 것이라고 했다. 수입업자들의 터무니없는 운송료 부담을 덜어줄 것이라고 했다. 해운사들이 계약상 의무를 준수하게 만들 것이라고도 했다.

이런 내용을 강조하려고 바이든은 마페이를 연단으로 불러 자신이 법안에 서명하는 동안 자기 뒤에 서 있게 했다.

마페이는 몸을 앞으로 숙여 대통령의 귀에 대고, 바다에 나가본 적도 없는 사람을 주저 없이 해사위원장으로 임명해주어 고맙다고 했다. 바이든은 싱긋이 웃었다.

그런 다음 대통령은 펜을 휘둘러 자신의 임기 중 가장 심각한 위기인 치솟는 소비자 물가를 진정시키는 임무를 위원회에 맡겼다.

마페이는 워싱턴 정가 밖에서는 거의 알려지지 않은 무명의 인물이 갑자기 국제적 영향력을 행사하는 중요한 역할을 맡게 된다는 전형적인 워싱턴 이야기의 주인공이 되었다. 독점적 지위를 차지한 해운사들의 도를 넘는 행위를 바로잡을 임무를 띤 사람이 나타난 것이었다.

처음에는 일방적인 싸움처럼 보였다.

원양해운사들은 배가 수만 척 있었고, 자국 정부와 연결되어 있었을 뿐 아니라 세계 각지에 사무소가 있었으며, 수천억 달러의 수익을 올렸다. 이들은 해마다 14조 달러 이상의 제품을 운송했다.[2]

연방해사위원회의 직원은 고작 120명이었다. 연간 예산도 3,200만 달러에 불과했는데, 이 금액은 해운사들이 한 시간에 벌어들이는 수익과 대략 비슷했다.

열주로 둘러싸인 요새 같은 곳에 자리 잡은 재무부나 국무부 같은 워싱턴을 장악하고 있는 기관과 달리 연방해사위원회는 인적이 드문 구역에 위치한 별다른 특징 없는 사무실 건물 두 개 층을 쓰고 있었고, 그 옆으로는 어느 사립고등학교 풋볼 경기장이 있었다. 내가 처음 위원회를 찾아갔을 때 경비원들도 위원회를 잘 몰라 어떻게 가야 하는지 알려주지 못했다. 그래서 위원회 직원 한 사람이 나를 데리러 로비로 내려와야 했다. 우리는 벽에 패드를 붙인 업무용 엘리베이터를 타고 올라갔다.

이론적으로 위원회는 화주가 원양해운사로부터 부당한 대우를 받으면 찾아가 구제받을 수 있는 곳이었다. 하지만 그런 일은 거의 일어나지 않았다. 위원회의 권한이 제한적이었을 뿐 아니라 위원들도 전통적으로 해운사를 존중해왔기 때문이다.

농산물 수출업자들을 대변하는 로비스트 피터 프리드먼은 "농산물 수출업자들은 해운업계의 인질이 되었습니다"[3]라고 말했다.

일반적으로 화주는 부당한 대우를 받아도 정당한 이유 없이 보복당할까 봐 그런 사실을 밖으로 드러내지 않았다.

드문 일이지만 기업이 정식으로 고소하면 해당 사건은 행정법원 판사가 판결했고, 위원회는 항소심에만 관여했다. 위원회는 벌금을 부과하거나 강제 조치를 할 권한이 거의 없었다. 적어도 그것이 변호사들이 법을 해석하는 방향이었다.

해운업계와 관련이 있는 사람이 위원장을 맡는 일이 잦았던 것도 우연이 아닌 듯했다. 예컨대 남편이 공화당 상원 원내대표인 미치 매코널이고, 가족이 중국에서 규모가 상당한 해운사의 지분을 소유하고 있는 일레인 차오 같은 사람이 그러했다.[4]

마페이는 이런 유형에서 벗어난 사람이었다. 그는 업계 경력이 전혀 없는 외부인이었다. 그는 진지한 호기심에 차서 이 일을 맡은 뒤 해양사를 읽었고 항구를 방문했으며 항해용 시계, 옛날 지도, 거대한 컨테이너선 모형 등 바다와 관련된 오래된 물건으로 넓은 자기 사무실을 채웠다.

하지만 마페이가 원양해운사들의 지배력에 맞서 싸우리라는 생각에는 한 가지 복잡한 요소가 있었다. 그는 독점력이 특별히 문제가 있다고 생각하지 않았다.

백악관에서 쏟아내는 격렬한 말과 달리 마페이는 조금 더 신중하고 공격적이지 않은 표현을 좋아했다. 바이든은 원양해운사를 인플레이션의 원흉으로 만들어 공격해왔다. 마페이는 신뢰를 깨는 표현을 피하는 데 길들여진 사람이었다. 그는 분쟁의 언어를 균형과 상호 이해, 기교가 필요한 이해관계의 대립이라는 표현으로 순화했다.

양당 지지 세력의 대립이 첨예한 지역구에서 민주당 의원을 지낸 마페이는 자신을 중도파나 실용주의자 또는 현실적인 보통 사람이라고 소개했다. 그는 〈스타트렉〉을 좋아했다. 그는 한 텔레비전 프로그램에 출연해 코미디언 스티븐 콜버트가 진행하는 커뮤니티 소개 코너에서 맥주 샷건●을 시도했다가 실패한 적도 있었다. 그는 어울려 지내기 쉬운 사람이었고, 남의 말을 잘 들어주었으며, 자신감이 넘치지만 거만하지는 않았다.

마페이는 지역 신문사와 인터뷰에서 자신을 이렇게 소개한 적이 있다. "나는 어떤 면에서는 지극히 평범한 사람입니다. 중산층 부모님 밑에서 자랐는데 두 분은 이혼하셨죠. 학교는 공립학교를 다녔어요. 라크로스●● 팀의 스타도 아니었어요."⁵

하지만 그는 브라운대학교, 컬럼비아대학교 신문방송대학원, 하버드대학교 케네디스쿨을 졸업하며 아이비리그 학위를 자그마치 세 개나 취득했다. 그는 상원 역사상 머리가 좋기로 유명한 뉴욕주 상원의원 대니얼 패트릭 모이니한과 뉴저지주 상원의원 빌 브래들리 밑

● shotgunning. 맥주 캔 옆쪽 가장 아랫부분에 송곳 등을 이용해 구멍을 낸 뒤 입을 대고 단번에 마시는 방법. 주로 빨리 마시는 게임으로 즐긴다. 맥주 외에 다른 음료를 이용할 수도 있다.
●● lacrosse. 끝에 그물이 달린 크로스라는 스틱을 이용하여 상대의 골에 공을 쳐 넣어 승부를 겨루는 구기 경기.

에서 일하기도 했다. 그는 화려한 언변의 정치적 비난을 삼가면서 회색 지대를 선호하는 성향의 인물로, 분석가적 기질이 있었다.

마페이는 자신을 위원장으로 만들어준 대통령과 달리, 원양해운사가 운송료를 급격하게 인상할 수 있었던 것이 그들의 시장 지배력 때문이라고 생각하지 않았다. 그는 해운업은 기업의 이익보다는 국가의 이익이 더 큰 영향을 미치는 독특한 산업이므로 반독점이라는 전통적인 시각으로 바라봐서는 안 된다고 했다. 이런 사정이 오랫동안 미국의 수입업자들과 수출업자들에게 유리하게 작용해왔다고 했다. 그들이 지금까지 저렴한 운송료의 혜택을 누려왔다는 것이었다.

마페이는 나에게 "현재와 같은 상황은 20년 동안 아무런 문제가 되지 않았습니다"라고 말했다. 그는 워싱턴이 지나치게 강경 노선을 취하면 해운사들이 미국의 기항지를 줄여 운송료가 오르고 그에 따라 소비자 물가가 오를 수도 있다고 했다. 캐나다나 멕시코에서 화물을 받아 트럭으로 미국까지 싣고 와야 할 수도 있다고 했다.

"기를 쓰고 미국까지 화물을 운송할 필요는 없겠지요." 마페이의 말은 워싱턴 관리들이 전통적으로 미국 경제력의 연장선상에서 자신의 영향력을 설명하던 방식에서 완전히 벗어난 것이었다. 미국은 지구상에서 가장 큰 시장을 가지고 있었다. 그렇기에 어떤 다국적 기업도 무시할 수 없었다. 이런 사실 때문에 미국은 마치 거래 조건을 마음대로 결정할 권한(도덕적 권리까지는 아니라 해도)이라도 부여받은 것처럼 행동했다.

대결을 피하려는 마페이의 심리는 미국 기업과 소비자가 외국 원양 해운사가 지배하는 공급망에 의존하게 된 현실을 반영한 것이었다. 미국은 중국의 국유기업과 그 밖에 다른 나라의 국영 기업이 통제하는 상품에 중독되어 있었다. 마페이는 그들을 너무 강하게 몰아붙이지 않으려고 했다.

새 법에는 위원회의 법 집행 역량을 강화하고 불만이 있는 화주가 쉽게 정식으로 고소할 수 있는 시스템을 갖추라는 내용이 들어 있었다. 위원회 예산을 증액하라는 내용도 있었다. 향후 3년에 걸쳐 50% 더 늘리라고 했다.

마페이는 개혁의 세부 내용보다는 법이 있다는 사실 자체가 더 중요하다고 생각했다. 법안이 통과되기 전 의회에서 법안을 심의하고 있다는 사실만으로도 해운사들은 오클랜드항에서 컨테이너 선적 물량을 늘리기 시작했다. 농산물 수출업자들에게는 이것이 큰 도움이 되었다.

"법안이 통과될 것이라는 사실을 알자 이들이 움직이기 시작했습니다."[6] 마페이는 한 농업 관련 단체 모임에서 이렇게 말했다.

해운사들은 법안 심의 과정을 보고 중요한 메시지를 눈치챘다. 스스로 알아서 문제를 해결해 불만을 잠재우지 않으면 위에서 개입할 위험을 감수해야 한다는 것이었다.

"억지력이 중요하죠. 매일매일 일어나는 일을 기준으로 볼 때 우리 기관은 너무 작습니다. 절대 모든 문제를 다 잡아낼 수는 없어요." 마페이는 나에게 이렇게 말했다.

2022년 여름 우리는 그의 사무실에서 몇 블록 떨어진 아일랜드 풍 펍에서 아침 식사를 같이했다. 마페이는 뉴욕 양키스 야구 모자를 쓰고 연방해사위원회 로고가 새겨진 갈색 폴로 셔츠를 입고 있었다.

그는 커피 한 잔을 들고 있었다. 그의 하루를 채울, 셀 수 없이 많은 카페인 음료 중 첫 번째였다. 웨이터가 다가오자 그는 바로 블러드 소시지를 뺀 '풀 컨트리 조식'과 함께 커피 한 잔을 더 주문했다. 그러고는 "그 대신 일반 소시지로 바꿔주세요"라고 말했다.

그는 아직도 의사당 밖의 생활에 적응하는 중이었다. "의회에 대한 악몽을 많이 꿉니다. 아직도 과거가 나를 괴롭혀요." 그는 최근에 공화당 전략 문건을 들여다본 꿈을 꾸었다고 했다. 그는 낸시 펠로시 하원 의장에게 공화당이 무슨 일을 하려고 하는지 이야기했다. 그런데 공화당은 다른 일을 했다. "펠로시가 나한테 화를 내더군요."

하지만 의회에서 보낸 시간은 그가 위원회를 이끌어가는 데 큰 도움이 되었다. 그는 자신이 업무 목표로 삼았던 원양해운개혁법안을 만들 양당 연합체를 구성하는 데 일조했다. 그는 현직 의원처럼 의사당 곳곳을 누비며 의회 직원들과 의원들을 주기적으로 만났다.

하지만 그는 인플레이션에 대한 정치적 부담이 커짐에 따라 백악관의 기대에 부응하고자 많은 노력을 기울여야 했다. 대통령은 공개적으로 '단속'을 요구했다. 마페이는 공급망을 교란하지 않으면서 그런 요구를 충족할 방법을 모색했다.

공화당이 추천한 연방해사위원회 위원 레베카 다이는 최근 팬데믹이 원양 해운업계에 미친 영향을 자세히 밝힌 방대한 보고서를 발표했다. 다이는 제도적 기억●의 보고로 알려진 사람이었다. 그녀의 보고서는 여러 데이터로 가득해 제대로 읽으려면 꽤 시간이 걸릴 내

● institutional memory. 한 조직이 집단으로 가지고 있는 지식, 경험 등을 말한다.

용이었다. 하지만 정치권에서 필요한 내용만 보면, 65쪽에 달하는 이 보고서를 앞부분에 있는 문장 하나로 요약할 수 있었다. 운송료는 '역사적 기준에서 봤을 때 충격적일 정도로 높은 수준'이지만 '수요와 공급이라는 시장 원리의 산물'이기도 하다는 것이었다.[7] 한마디로 반칙은 없었다는 뜻이었다.

백악관이 질색했겠군요.

그러자 마페이가 "'질색'은 좀 센 표현이네요"라고 응수했다.

마페이는 아침 식사를 하면서 여러 해에 걸쳐 이루어진 해운업계의 합병으로 미국 소비자들이 신발, 가구, 의류 등에 더 많은 돈을 지불하고 있다는 정부 주장을 하나하나 반박했다. 해운사들은 선박 공급 과잉으로 오랫동안 손해를 봐왔다고 했다. 이제 선복량이 빠듯해지면서 그동안의 손해를 만회하는 중이라고 했다.

"하지만 이런 혼란의 와중에 발생하는 불평등은 문제가 아닐까요? 아마존과 월마트는 배를 용선할 여유가 있으니 엄청난 이점이 되겠죠. 공급망 붕괴와 높은 운임 때문에 경쟁이 약화돼 대기업은 더 유리한 위치에 서게 될 것으로 보입니다. 이렇게 되면 이미 경쟁에서 앞서고 있는 기업들이 더 앞서게 되는 것 아닙니까? 헤이건 워커 같은 틈새 기업을 운영하는 사람들은 어떻게 되죠? 센트럴 밸리의 아몬드 농부들은 어떻게 될까요?"

마페이는 8월에 덥다고 불평하는 사람을 쳐다보듯 나를 바라보았다. 규모에 따른 보상은 어쩔 수 없는 현실이라고 했다.

"중소기업은 대기업에 밀릴 수밖에 없어요. 그게 자본주의죠."

마페이는 이것을 미국에서 맥도날드 레스토랑과 버거킹 매장이 확산하면서 가족이 운영하는 버거 가게가 사라진 것에 비유했다. "이것이 경쟁이 사라졌다는 뜻일까요? 아니죠, 그들은 치열하게 경쟁하고 있어요. 결국 기업이 덩치를 키우려고 하는 데는 다 이유가 있습니다."

마페이는 해운업뿐 아니라 철도, 화물 운송업, 소매업, 육류 가공업, 통신업 등 미국 경제의 모든 분야에서 수십 년에 걸친 합병을 가능하게 한 중심 사상을 옹호했다. 그는 주주에 대한 의무, 규모의 추구, 효율성을 높이려는 적기공급생산방식 등과 같은 공급망을 형성하는 힘이 미국 현실의 불가피한 요소라는 점을 받아들이고 있었다. 그의 임무는 기계를 개조하는 것이 아니라 기계가 계속 돌아가게 하는 것이었다.

하지만 그는 자신의 이런 생각과 백악관에서 쏟아져나오는 말을 어떻게 조화시켰을까? 대통령과 그의 참모들은 미국 소비자가 조직적으로 바가지를 쓰고 있다는 말을 뱉어내고 있었다. 마페이는 사실상 형사 기소를 민사 소송으로 누그러뜨리고 있는 셈이었다.

"바가지가 있긴 있지요. 하지만 어디에서 바가지요금이 발생하는지 짧게 설명하기가 쉽지 않아요. 운임은 바가지가 아닙니다. 추가 비용이 바가지지요."

그의 말은 해운사들이 부과하는 체화료와 지체료●에 관한 것이었다. 할증료와 혼잡 통행료에 관한 이야기였다. 항구의 혼란은 시장

● demurrage and detention charge. 컨테이너가 항만 터미널 내에서 체류하는 비용과 항구 외부에서 컨테이너 반환이 지체될 때 발생하는 비용.

지배력 때문에 생긴 것이 아니라 순찰 도는 경찰이 없다는 사실에 익숙해진 해운사들의 기회주의적 속임수 때문이라는 것이 그의 설명이었다.

그가 생각하는 원양해운사의 잘못은 바이든이 압박한 것보다 훨씬 범위가 좁았다. 얼마나 많은 변화가 일어날지는 알 수 없었다. 마페이는 해운업계와 일전을 벌일 터였다. 하지만 재치와 외교적 수완을 동원한 자기만의 방식이 될 터였다.

오전 9시가 조금 지난 시각, 마페이는 위원회의 자기 사무실로 들어갔다. 그는 감색 양복으로 갈아입은 뒤 닻 무늬가 새겨진 넥타이를 맸다. 그런 다음 책상 앞에 앉아 잠시 후에 개최될 위원회 월례 회의에서 발표할 성명서를 검토했다.

위원회는 이 회의에서 원양해운개혁법 시행 계획을 발표할 예정이었다. 마페이는 특히 법 집행을 강화할 것이라는 메시지 전달에 주력할 생각이었다.

10시를 조금 앞두고 마페이는 위원회 회의실의 나무로 만든 단상에 올라 좌중을 둘러보았다. 30여 개 의자가 놓인 실내에는 원양해운사와 그들의 고객을 대표하는 변호사와 로비스트들이 듬성듬성 앉아 있었다. 피펜이나 워커같이 곤경에 처한 화주들이 어떤 식으로라도 구제받게 된다면 이곳이 바로 그런 일이 일어날 장소였다.

회의는 낭패가 되었다. 마페이는 의사봉을 두드려 회의 시작을 알렸다. 하지만 온라인으로 회의를 지켜보던 사람들로부터 소리가 들리지 않는다는 항의를 받았다. 기술자들이 문제 해결에 나섰지만 시간이 얼마나 걸릴지 아무도 알 수 없었다.

두 시간 가까이 지났는데도 시스템은 복구되지 않았다.

"시스템을 고치려고 해도 안 되는 모양이군요. 시스템이 좀 낡은 것 같죠? 임시변통으로 회의를 진행해야 할 것 같습니다" 마페이가 말했다.

그는 대면 회의를 포기하고 동료 위원들과 화상회의를 하기로 했다. 사무실로 돌아온 마페이는 두꺼운 해사법규집으로 노트북 뒤를 받쳤다. 보좌관 한 사람이 창문 옆에 있던 성조기를 그의 책상 뒤편으로 옮겨 화면에 들어오게 했다. 마페이는 커피잔을 의사봉처럼 휘둘렀다.

"회의를 개회하겠습니다." 굳은 표정으로 앉아 있는 위원들 가운데 소리가 잘 들리지 않는다는 몸짓을 하는 위원도 눈에 띄었다.

"재미있는 하루가 되겠군." 마페이가 중얼거렸다.

위원회 직원들이 단속 요원을 더 채용하겠다는 계획을 발표했다. 위원회는 해운사들이 의무적으로 제공하는 항구 간 수출입 물동량에 대한 자세한 정보를 일반에 공개하기로 했다. 또 계약 불이행에 대한 신고를 받을 뿐 아니라 처리 과정을 계속 추적하겠다고 했다.

직원들의 발표가 끝나자 마페이는 노트북 가까이 몸을 기울여 앞으로 위원회의 법 집행이 강화될 것이라는 사실을 강조했다.

"이것이 이 나라의 법입니다. 불만이 있으면 의회나 백악관으로 안내해드리겠습니다."

그는 직원들과 함께 회의실에서 근처 페루 식당에서 배달한 치킨으로 점심을 해결한 뒤 코카콜라 제로로 입가심했다.

그런 다음 유럽의 주요 해운사에서 파견한 대표단과 비공개 면담을 했다.

오후 늦게 사무실로 돌아온 마페이는 막강한 힘을 가진 뉴욕·뉴저지 항만청장 베샌 루니에게 전화를 걸었다. 루니는 그에게 뉴욕과 뉴저지에 있는 항구를 둘러싼 대혼란을 보고했다. 이들 항구에는 20만 개가 넘는 빈 컨테이너가 쌓여 있어 더는 컨테이너를 야적할 공간이 없다고 했다. 해운사들이 컨테이너를 회수할 배를 충분히 보내지 않고 있다고 했다. 대부분 선박을 노다지판이 된 태평양 횡단 항로로 돌리고 있기 때문이었다.

마페이는 안락의자에 몸을 파묻은 채 루니의 이야기를 들었다. 그의 눈앞에는 무시무시한 암초 근처에서 범선 두 척이 포말이 이는 파도에 갇혀 있는 모습을 그린 17세기 네덜란드 화가의 유화가 걸려 있었다.

루니의 말에 따르면 모든 것이 밀려 있었다. 항구에 공간이 부족해 화물차 기사들은 빈 컨테이너를 싣고 와도 반납할 수 없었다. 그런데도 해운사들은 컨테이너 반환 지연에 따른 지체료를 물리고 있었다. 화물차 운송업자들은 화가 나서 졸도할 지경이라고 했다.

마페이의 분노를 불러일으키는 것은 바로 이런 유의 바가지였다.

그는 자신이 항구를 방문하는 것이 도움이 되겠느냐고 물었다. 화물차 운송업자들을 만나보기도 하고, 우려의 목소리가 담긴 성명서도 발표하고, 해운사에 새로 바뀐 기류를 전달할 수도 있다고 했다.

"짧게 상징적인 의미의 방문을 하겠소"라고 마페이가 말했다.

그러시지요. 나쁠 건 없겠죠. 루니가 대답했다.

그다음 주 마페이는 뉴어크항을 찾았다.

맬컴 매클레인이 바로 이 해안에서 컨테이너선을 처음 띄운 지 거의 70년이 지난 시점이었다. 그사이 뉴어크항에 밀집한 터미널은 글로벌 공급망의 핵심이 되었다.

컨테이너를 실은 육중한 트레일러트럭이 1분에 한 대꼴로 항구 출입문을 드나들었다. 하늘 높이 뻗은 크레인은 입항한 배에서 컨테이너를 들어 올려 야적장에 쌓았다.

마페이는 항만청 회의실의 길쭉한 테이블 주위를 천천히 돌며 화물차 운송회사 대표 10여 명과 인사를 나누었다. 이들은 자리에 앉자 각자 마페이에게 고충을 토로했다. 모두 비슷한 내용이었다.

이들은 빈 컨테이너를 반납하려고 해운사에 전화를 걸어도 반납 약속을 잡을 수 없다거나 반납받을 야적장이 꽉 찼다는 소리만 듣는다고 했다. 그러면서도 컨테이너를 반환하지 않았다고 컨테이너 하나당 매일 150달러에 이르는 지체료를 부과한다고 했다. 게다가 지체료를 납부하지 않으면 싣고 온 화물을 받아주지 않는다고 했다.

"우리는 그것을 몸값이라고 부릅니다." 한 참석자가 말했다.

이 지역 화물차 운송회사들의 모임인 자동차운송협회 회장 톰 하임가트너는 마페이에게 그의 권한을 이용해 적체된 빈 컨테이너를 정리하도록 해운사에 압력을 가해달라고 했다.

"우리 항구는 꽉 막혀 있습니다. 비상 상황이에요. 뭔가 조치가 필요합니다." 하임가트너가 말했다.

마페이는 주의 깊게 이야기를 들으며 포켓형 수첩에 뭔가를 끄적거렸다.

화물차 운송회사 대표들은 마페이에게 해운사가 빈 컨테이너를 회수해 부두의 적체가 해소될 때까지 체화료 및 지체료 부과 일시 중지를 선언해달라고 요청했다.

마페이는 위원회에 그럴 권한은 없다고 대답했다. 위원회가 압력은 넣을 수 있겠지만 해운사들이 자발적으로 그런 정책에 동의해야 한다고 했다.

하지만 시도해볼 만한 한 가지 유용한 방법은 있다고 했다. 해운사가 화물차 운송업자들에게 아무런 대가도 주지 않고 컨테이너를 보관하도록 사실상 강요를 하므로 원양해운개혁법을 위반하는 것으로 보인다고 했다. 화물차 운송회사는 빈 컨테이너를 반납할 수 없어 계속 보관해야 했다. 그들은 빈 컨테이너를 자기네 야적장에 쌓아두었다. 따라서 위원회는 해운업자들에게 화물차 운송회사에 컨테이너 보관 비용을 지급하라는 명령을 내릴 수도 있을 것이라고 했다. 그러면 쌓여 있는 컨테이너를 수거할 유인이 생길 것이라고 했다.

화물차 운송업자들은 이 말을 듣고 흥분했다. 하지만 그러려면 매우 이례적인 절차를 밟아야 했다. 위원회에 정식으로 해운사를 상대로 한 소송을 제기해야 했다. 이 말은 그들의 밥줄을 쥐고 있는 원양해운사와 싸움을 벌여야 한다는 뜻이었다.

"해운사가 여러분을 쓰레기 취급하고 있는 것 같군요. 여러분이 잃을 게 있는지 모르겠습니다." 마페이가 말했다.

제이컵 와이스는 무모하게 해운사에 대들면 어떤 일이 일어날 수 있는지 직접 경험한 사람이었다. 그것은 마치 피라미가 고래를 상대로 싸우는 것 같았다.

와이스의 회사 OJ커머스는 아시아의 공장에서 미국으로 가구를 운송하던 중에 다른 화주 수천 명이 겪고 있던 바로 그 문제에 봉착했다. 그가 계약한 해운사 함부르크쉬드(머스크의 계열사)가 계약 운임으로 컨테이너 운송을 거부하는 바람에 그는 현물 시장을 통해 훨씬 비싼 운임을 지불해야 했다.

와이스는 다른 화주들과 달리 싸움을 택했다.

2021년 4월, 그는 변호사를 통해 해운사에 만약 계약을 '즉시 이행하지' 않으면 연방해사위원회에 정식으로 제소하겠다는 내용의 협박 편지를 보냈다.

편지 발송에 따른 결과는 신속하고 단호했다. 물론 와이스가 기대했던 결과는 아니었다. 함부르크쉬드는 바로 OJ커머스와 다음 해계약 갱신에 대한 논의를 중단했다. OJ커머스가 연방해사위원회에 증거로 제출한 함부르크쉬드의 내부 이메일에서 함부르크쉬드 북미지사 수석부사장 유어건 펌프는 이렇게 말했다. "소송이 벌어질 가능성을 고려해 우리는 해당 고객과 어떤 재계약 논의도 하지 말아야 합니다. 나는 해당 고객에게 기존 계약에 따른 선복도 제공하지 않을 것입니다."[8]

이것은 원양해운개혁법에 따라 명백히 금지된 노골적인 보복 행위로 보였다.

마페이는 이 사건의 구체적 내용은 언급하지 않으려고 했다. 하지만 보복은 정의라는 관념에 대한 근본적 공격이라는 일반적인 말로 보복 행위를 비난했다.

"의회의 분명한 의도는 내 의도도 마찬가지지만, 어떤 보복이든 최대한 엄하게 처벌하는 것입니다. 보복은 전체 법 집행 시스템을 약화하죠."[9] 마페이는 나에게 이렇게 말했다.

하지만 이렇게 말한다고 법 집행 시스템이 수많은 형태의 농단에 취약한 현실을 바꿀 수는 없었다. 이 사건에서 함부르크쉬드는 보상을 피하려고 시간을 끄는 전략을 택했다.

OJ커머스는 소송을 제기한 후 거의 1년 동안 연방해사위원회의 소송 절차 중 공판준비절차를 이용해 함부르크쉬드의 운송료 데이터를 입수하려고 했다. 함부르크쉬드가 송하인에게 선복을 판매해 얼마를 버는지 확증하려는 것이었다.

이 사건을 할당받은 행정법 판사 에린 M. 위스는 공판준비절차 기한을 정한 뒤 함부르크쉬드와 OJ커머스에 서로 필요한 자료를 요청하고 증인을 불러 선서 진술서를 받을 수 있게 했다. 판사는 두 번이나 기한을 연장하면서 함부르크쉬드에 자료를 넘겨주고 임원들을 출석시키라고 명령했다. 하지만 함부르크쉬드는 판사가 처벌하겠다고 위협해도 계속 판사의 명령을 듣지 않았다.[10]

한 번은 함부르크쉬드가 증인을 출석시켰지만, 이 증인은 즉시 이 사건에 대해 아무것도 모른다고 증언했다. 또 한 번은 함부르크쉬드가 핵심 임원을 출석시키겠다고 했지만, 이 임원은 딱 하루만 출석할 수 있다고 했다. 그날은 바로 유대교 명절인 욤 키푸르(Yom Kippur, 속죄일)였다. 정통파 유대교도인 와이스는 일을 할 수 없는 날이었다.

2022년 10월, 공판준비절차 기한이 종료되었다. 판사는 OJ커머스에 원고의 주장을 입증하고자 구하려던 자료가 없더라도 판결을 내리기 전에 최선을 다해 쟁점을 설명하라고 지시했다.

6개월이 지난 후에도 함부르크쉬드는 어떤 자료를 비밀로 봐야 하는지에 대한 논쟁으로 소송을 지연시키고 있었다. 판사는 판결을 보류하고 소송을 다시 연장했다.

와이스의 경험은 대개의 화주가 원양 해운사와 말도 안 되는 거래를 하고 있었음에도 불만을 속으로 삭이는 이유를 잘 보여주었다. 이들은 연방해사위원회에 소송을 제기하는 것은 고사하고 언론에 불만을 표출하는 경우도 거의 없었다. 그래봤자 거의 도움이 되지 않는다는 사실을 알고 있었기 때문이다. 적법 절차나 항변할 기회 같은 개념은 거대 해운업체들의 엄청난 힘 앞에서 공허한 관념에 불과했다.

이것이 바이든 정부가 해운업계 개혁을 목표로 삼고, 마페이가 이끄는 위원회가 해운업계를 규제할 새로운 규칙을 만들어도, 회의론을 잠재울 수 없는 주요 원인이었다. 새로운 규칙이 어떤 모습을 띠든 해운사들은 여전히 고객보다 압도적 우위를 유지할 수 있을 터였다. 그들에게는 로비스트, 변호사 그리고 선단이 있었다. 그들에게는 소송을 질질 끌 시간이 있었다. 반면에 피펜과 같은 농부나 와이스 같은 소매업자는 당장 상품을 운송해야 했다. 따라서 이들은 배를 지배하는 거대 기업의 처분에 자신을 맡길 수밖에 없었다.

이런 기본적 현실이 어떻게 바뀔지는 상상하기 쉽지 않았다.

10장

"모든 것이 엉망입니다"

물 위에 뜬 감옥

헤이건 워커는 운송 계약 내용을 꼼꼼하게 따져볼 시간이 없었다. 중요한 것은 상품을 빨리 육상으로 옮기는 것이었다.

머스크 엠덴호는 크리스마스 시즌이 석 달도 채 남지 않은 2021년 10월 9일 저녁 6시가 조금 지난 시간에 롱비치항 앞바다에 도착했다. 세서미 스트리트 피겨를 제때 납품해야 한다는 압박이 가중되고 있었다. 하지만 그의 컨테이너는 빈 선석이 나기를 기다리며 태평양 바다 위에 하염없이 떠 있는 배 위에 실려 있었다.

틀림없이 며칠은 기다려야 할 것으로 보였다. 어쩌면 몇 주가 될지도 몰랐다. 해운대리점에 도착 예정 시간을 문의하는 것은 삶의 의미를 묻는 것과 같았다. 남부 캘리포니아의 항구를 둘러싼 혼란은 점점 심해지고 있었다.

이것은 글로의 세서미 스트리트 피겨의 운명을 훨씬 뛰어넘는 문제였다. 로스앤젤레스항과 롱비치항은 컨테이너 선박으로 들어오는 전체 미국 수입품의 5분의 2가 도착하는 곳이었다. 더구나 이때는 전례 없이 많은 상품이 쏟아져 들어오고 있었다.

공장에서부터 식당, 소매업체에 이르기까지 사업체들은 운송 지연을 기정사실로 생각하고 상품이나 재료를 추가로 넉넉히 주문했다. 오랫동안 대차대조표를 개선하는 적기공급생산방식의 힘에 지배당해왔던 기업들도 갑자기 필요 이상의 부품을 주문하기 시작했다.

여기에서 수요 증가의 순환고리를 볼 수 있다. 사업체들이 창고를 채우려고 경쟁할수록 공급망에 가해지는 압박은 강해지고, 이에 따라 운송이 지연될 확률이 높아진다. 그렇게 되면 물건을 더 많이 주문해야 한다는 압박감이 커질 수밖에 없다.

그해에 남부 캘리포니아의 항구로 들어온 수입 물동량은 16% 증가했다.[1]

부두에 배를 댈 자리가 나지 않자 도착한 배들은 하역할 차례를 기다리며 바다에 뜬 채 시간을 보내야 했다. 머스크 엠덴호가 도착한 날은 50척이 넘는 배가 대기 중이었다.[2] 팬데믹이 발생하기 전에는 빈 선석이 나기를 기다리는 배가 한 척도 없던 항구였다.

엠덴호는 처음 엿새 간은 정박해 있을 장소조차 배정받지 못해 항구 앞바다를 천천히 선회했다.[3] 그러다 해안에서 약 5킬로미터 떨어진 곳에 다른 선박 아홉 척과 함께 대형을 이루어 정박할 수 있었다. 엠덴호는 거기서 열흘을 더 보내며 바다에 떠 있는 창고 노릇을 했다.

엠덴호 바로 앞에는 중국 남부의 샤먼항에서 온 머스크 에식스호가 정박해 있었다.[4] 뒤편에는 캐나다 밴쿠버에서 막 도착한 라이베리아 선적의 유조선 카소스호가 있었다. 평소처럼 중동과 북미를 오가던 중에 기항한 배였다. 엠덴호의 오른편에는 닝보에서 출항한 파나마 선적의 컨테이너선 코스코 나고야호가 정박해 있었다.

머스크 엠덴호에 갇힌 선원(주로 필리핀인과 인도인) 20여 명은 농구나 탁구를 하거나 영화를 보거나 노래방에서 노래를 부르거나 속도가 느린 와이파이를 이용해 지구 반대편에 있는 가족과 문자를 주고받으며 선석이 나기를 기다렸다.

아시아와 미국 서부 해안 사이를 운항하는 엠덴호의 자매선 머스크 에센호의 필리핀 선원 알레호 쿠요 2세는 이렇게 말했다. "집을 떠나 멀리 있으면 무척 슬프고 외롭죠."

수도와 전기가 들어오지 않는 마을에서 자란 쿠요는 양동이로 물을 길어 날랐고, 2킬로미터를 넘게 걸어 학교에 갔으며, 석유램프 불빛에 의지해 숙제를 했다고 했다. 그는 마닐라에서 북쪽으로 270킬로미터 떨어진 마을의 현대식 편의시설을 갖춘 튼튼한 집에서 가정을 꾸릴 수 있을 만큼 넉넉한 돈(한 달에 약 2,000달러)을 번다는 사실에 자부심을 느낀다고 했다.

쿠요는 길게는 6개월 동안 집에 가지 못할 때도 있었다. 그는 배가 요동치거나 냉동식품으로 끼니를 때우거나 아내와 세 자녀가 몹시 그리울 때면 한 번씩 실의에 빠진다고 했다.

"바다 생활은 정말 힘들어요"라고 쿠요는 말했다.

워커가 피겨의 운명을 걱정할 이유는 충분했다. 로스앤젤레스항과 롱비치항 앞바다에 도착한 배가 부두에 접안하려면 평균 2주 가까이 기다려야 했다.[5] 11월 말에는 대기 시간이 거의 3주로 늘었다.

배가 어렵게 부두에 접안해도 부두 노동자들과 화물차 기사들이 번갈아 가며 격리되는 바람에 하역 작업은 계속 지연되었다. 항구는 화물 처리 능력의 3분의 2 정도만 가동되고 있었다.[6]

머스크 엠덴호가 롱비치항 앞바다에 정박해 있을 때 백악관은 남부 캘리포니아 항구의 적체를 해소할 방안을 발표했다. 하루도 쉬지 않고 24시간 내내 항구를 가동하게 하겠다는 것이었다.

바이든 대통령은 "오늘 발표는 게임 체인저가 될 것입니다"[7]라고 말했다. 그런 다음 미국인은 "토스터에서부터 운동화, 자전거, 침실 가구에 이르기까지" 상품 부족 걱정에서 벗어나게 될 것이라고 했다.

그의 말은 억지에 가까웠다. 아무리 미국 대통령이라도 세계 각지로 제품을 실어 나르는 서로 긴밀히 연결된 운송 산업의 질서를 회복시킬 힘은 없었다.

바이든은 로스앤젤레스항과 롱비치항의 책임자로부터 부두 노동자를 더 많이 투입하겠다는 약속을 받아냈다. 부두 노동자들은 일할 시간이 늘었다며 기뻐했다. 대통령은 화물을 더 많이 실어 나르겠다는 주요 해운사의 공개적 약속도 확보했다. 하지만 화물차 기사 부족으로 힘들어하는 화물차 운송회사에 운전사를 더 많이 고용하라고 할 권한은 없었다.

또 그의 목표에 가장 큰 장애물로 드러난 창고에 대한 영향력도 없었다. 미국에서 가장 큰 항구가 있는 남부 캘리포니아와 뉴욕 인근 지역의 창고 공실률은 1% 이하였다.[8] 들어오는 화물을 쌓아둘 장소가 없을 때가 많다는 뜻이었다. 그러다 보니 소매기업들이 컨테이너를 부두에 방치할 수밖에 없었고, 이 때문에 정체는 가중되었다. 일반적으로 창고업자들은 24시간 내내 창고를 운영할 유인이 없었다. 그러려면 경비원과 화물을 옮길 직원을 더 고용해야 했는데, 어느 쪽도 경제적 타산이 맞지 않는 일이었다. 소매기업들도 하루도 쉬지 않고 24시간 일한다는 계획을 받아들이지 않았다. 그러다 보니 화물 처리량이 크게 늘지 않았다.

대통령령을 발한다고 해서 컨테이너 운송에 쓰이는 트럭이 견인하는, 바퀴 달린 운반 도구인 트레일러를 항구에 더 많이 끌어올 수는 없었다(트레일러 생산은 중국 기업이 장악하고 있었다). 게다가 바이든의 말만으로는 주요 항구를 막고 있는 빈 컨테이너 더미를 제거할 수도 없었다. 이 두 가지 문제는 서로를 강화했다.

컨테이너는 이미 화물로 가득 찬 창고 밖에 방치되어 있었다. 대개는 실어 온 트레일러 위에 놓인 채로였다. 대부분 창고에는 트레일러에서 컨테이너를 들어 내리는 데 필요한 장비가 없었다. 그래서 창고 마당에 있는 거의 모든 컨테이너는 트레일러 위에 얹힌 상태였다. 항구에서 빈 컨테이너를 싣고 나가기로 되어 있는 트럭은 컨테이너를 실을 트레일러를 구하지 못해 약속 시간에 나타나지 못하는 경우가 많았다. 그러다 보니 수거되지 못한 빈 컨테이너가 부두에 방치되어 작업을 방해했고, 자연히 공급망의 앞뒤로 지체되는 시간이 길어질 수밖에 없었다.

하지만 바이든의 대담한 선언을 의심하는 가장 큰 이유는 항구에 실질적 지배력이 있는 사람들이 지속적인 항구의 혼란으로 이익을 얻고 있다는 단순한 사실 때문이었다. 이들에게는 혼잡을 완화할 유인이 없었다. 로스앤젤레스시 정부와 롱비치시 정부는 항구를 빌려준 임대인에 불과했다. 시 정부는 크레인과 지게차를 운용하고 선박의 화물 하역을 감독하는 13개 컨테이너 터미널로부터 임대료를 받았다. 터미널은 원양해운사들이 거의 독점적으로 통제했다.

이에 따라 엄청난 이해 충돌이 발생했다.

해운업자들에게 배 수십 척이 항구 앞바다에 정박해 있는 광경은 그 기회를 이용해 돈을 벌 수 있는 시장 불안의 원천이었다. 이런 광경은 헤이건 워커나 제임스 블로커 같은 사람들에게 컨테이너를 배에 실을 수만 있다면 부르는 대로 돈을 내야겠다는 마음을 먹게 했다. 이런 광경은 독점력 때문이라는 불편한 소리가 나오지 못하게 하면서도 엄청난 운송료 인상을 그럴듯하게 정당화해주었다. 이런 광경은 해운업자들에게 그렇지 않다면 말도 안 되는 운임을 수요와 공급의 산물이라는 단순한 논리로 정당화할 수 있게 해주었다.

해운사들은 항구의 혼란으로 이익을 얻고 있다는 이야기를 완강하게 부인했다. 그들은 교통 체증으로 오히려 손해를 보고 있다고 주장했다.

머스크사의 대변인 톰 보이드는 이메일 성명에서 이렇게 말했다. "화물 운임이 오른 것은 세계적인 코로나19 회복세와 공급을 앞지르는 수요 때문이지 항구의 혼잡 때문이 아닙니다. 닻을 내리고 있는 배는 생산성이 없을 뿐 아니라 막대한 고정 비용 때문에 수익을 창출하지 못합니다."[9]

하지만 로스앤젤레스항에서 가장 큰 터미널인 APM을 운영하는 머스크 한 회사만 해도 2021년에 620억 달러에 이르는 수익을 올렸는데, 이 금액은 전년 대비 50% 이상 증가한 수치였다.[10] 이에 따라 머스크는 주주들에게 배당금을 65억 달러 지급할 수 있었다.

"3분기는 우리 회사 역사상 가장 실적이 좋은 분기였습니다."[11] 머스크 엠덴호가 롱비치에 도착한 지 몇 주가 지난 뒤 머스크의 CEO 쇠렌 스코우는 투자자들에게 이렇게 말했다.

물론 해운사들이 항구의 혼잡을 초래한 것은 아니었다. 수요와 공급이 큰 작용을 한 것도 분명했다. 하지만 그들에게 최대한 빨리 교통 체증을 완화하려는 동기가 없었다는 점을 의심할 만한 충분한 이유가 있었다.

남부 캘리포니아의 항구에 있는 터미널을 운영하는 스코우를 비롯한 여러 CEO는 부두 노동자를 더 많이 투입해 교대 근무조를 늘리는 방법으로 화물 처리 능력을 높일 수도 있었다. 하지만 논리적으로 타당해 보이는 이런 조치는 공급망을 지배하던 적기공급생산방식 정신과 맞지 않았다. 그래서 그들은 임시직 노동자를 더 많이 고용했다. 이들은 정규직 노동자와 같은 보호를 받지 못하고, 임금 체계도 다른 파트타임 근로자들이었다. 경영자들은 더 많은 로봇 투입도 밀어붙였다.

롱비치항과 로스앤젤레스항의 노동자들을 대표하는 국제항만창고노동조합 13지부의 지부장 겸 회계 책임자 제시 로페즈는 이렇게 말했다. "모든 터미널은 3교대 근무를 해야 합니다. 우리는 일할 의사도 있고 일할 준비도 되어 있습니다."[12]

부두 노동자들은 낡고 조잡한 장비의 고장으로 하역 작업이 계속 지연되고 있다는 불만을 주기적으로 제기했다. 머스크는 "회사 역사상 가장 실적이 좋은 분기"였음에도 끊임없이 고장 나는 트럭과 기타 장비를 업그레이드하는 데 소극적이었다.

로스앤젤레스항에 있는 머스크의 터미널 APM에서 중장비를 운전하는 부두 노동자 하이메 힙셔는 "화물을 더 빨리 옮길 유인이 많지 않은 것 같아요"[13]라고 말했다.

힙셔는 얼마 전 자신의 교대 근무 시간에 부두와 철도 야적장 사이를 오가며 컨테이너 옮기는 작업을 했다. 작업을 시작한 지 5분 만에 트럭이 고장 났다. 힙셔는 예비 트럭으로 갈아탔다. 그런데 한 시간 뒤 그 트럭마저 고장 났다.

머스크를 비롯한 컨테이너 터미널 운영 사업자들에게 혼잡을 완화하려고 빨리 움직이는 것은 기록적인 수익을 올릴 수 있는 조건을 없애는 것과 마찬가지였다.

2022년 중반 머스크는 또 한 번 기록적인 분기 실적을 거두었다고 발표했다. 4월에서 6월 사이에 전 분기 대비 52% 증가한 217억 달러의 수익을 올린 것이었다.[14] 머스크의 최고경영자 스코우는 운임을 높게 유지하고자 계속 상황을 빡빡하게 관리하겠다고 투자자들에게 말했다.

"우리는 고객이 필요로 하는 선복량을 제공하겠지만, 실제 수요가 없는 한 모든 선복을 판매하지는 않을 것입니다."[15]

2022년 3월 화창한 어느 날 오후, 나는 부두의 혼잡 상황을 확인하려고 로스앤젤레스항 책임자 진 서로카와 배를 타고 항구를 돌아보았다. 다른 곳에 있어야 할 화물을 실은 컨테이너가 산더미처럼 쌓여 있는 가운데 크레인이 풀가동되고 있었다.

"공급망 전체가 2년 넘게 왜곡되어 있어요. 공급망이 망가졌죠. 상태가 안 좋아요. 공급망의 비효율로 이득을 보는 사람이 있을까요? 물론, 있습니다."[16] 서로카가 말했다.

서로카도 마페이와 마찬가지로 무명의 관리였다가 갑자기 모든 뉴스 채널에 등장한 인물이었다. 그는 정치인처럼 짙은 색 정장에 화려한 넥타이를 매고 미국 대통령과 대화를 나누는가 하면, 공급망을 다시 정상 상태로 되돌리겠다고 엄숙하게 다짐하기도 했다.

거대한 배들이 움직이지 않고 바다 위에 도열한 모습에서 평소에는 잘 보이지 않는 현대 사회의 어두운 면을 엿볼 수 있었다. 텔레비전에서는 연일 이 광경을 보도했다. 그러다 보니 멀리 떨어진 디모인의 보통 사람들까지도 어느 날 배가 몇 척이나 로스앤젤레스항 앞바다에 줄지어 정박해 있는지 알 수 있게 되었다. 이들은 기록적인 폭염이 기승을 부린 날의 기온이나 엄청난 피해를 준 허리케인의 풍속을 이야기하듯이, 발이 묶인 배의 숫자를 이야기했다. 왜 아이들이 변변한 공책도 없이 학교에 가야 하는지, 왜 새로 고친 부엌에 마음에 들지도 않는 찬장을 들여야 하는지, 왜 차 수리를 맡기면 몇 달이 걸리는지를 설명할 이유가 여기에 있었다.

수십 곳의 다른 항구에서도 비슷한 광경이 수평선 위에 펼쳐지고 있었다. 중국의 선전항과 옌텐항 부두 근처에는 50척 이상의 배가 발이 묶인 채 차례를 기다리고 있었다.[17] 닝보항 앞바다에는 배가 적어도 40척이나 떠 있었다.[18] 미 대륙 반대편의 조지아주 서배너항 근처에는 20척이 넘는 컨테이너 선박이 연안에서 27킬로미터나 떨어진 대서양에 닻을 내린 채 대기하고 있었다.

서배너는 나른한 분위기, 현대적인 남부식 비스트로, 매력적인 건축물(이끼 긴 거대한 떡갈나무 그늘이 드리운 19세기 벽돌집) 등으로 잘 알려진 도시다. 세월이 흐르며 진흙투성이였던 서배너 강둑에 크레인, 트럭, 톱 로더(컨테이너를 들어 올리는 장비), 거대한 철도 야적장 등 해상 화물 산업의 모든 요소가 들어섰다. 서배너는 로스앤젤레스항과 롱비치항을 합한 터미널과 뉴어크항 터미널의 뒤를 이어 미국에서 세 번째로 물동량이 많은 컨테이너 항구로 도약했다.

남부 캘리포니아와 뉴욕 일대는 항구를 확장할 공간이 부족하기로 유명했다. 반면 서배너는 개활지로 둘러싸여 있어 필요하면 얼마든지 부두와 창고를 늘릴 수 있었다. 이것이 원양해운사에 내세울 수 있는 서배너항의 장점이었다.

서배너항은 이미 컨테이너선이 접안할 수 있는 선석이 아홉 개 있었는데, 6억 달러를 들여 가장 규모가 큰 컨테이너선을 수용할 수 있는 선석 하나를 더 만드는 중이었다. 이 공사에는 컨테이너 6,000개를 보관할 수 있는 새 야적장 건설과 한번에 더 많은 열차가 들어올 수 있도록 선로를 5개에서 18개로 늘리는 철도 야적장 확장 공사가 포함되어 있었다.

하지만 서배너항조차 밀려드는 컨테이너를 감당하지 못해 야적할 공간이 부족할 정도였다.

2021년 9월 말 내가 서배너항을 방문했을 때는 8만 개 가까운 컨테이너가 마치 하늘에서 거대한 레고 블록을 뿌려 놓은 듯 해안을 따라 다양한 형태로 쌓여 있었다. 평소보다 50%나 많은 양으로, 항구의 한계에 근접해 위험한 상태였다.

많은 컨테이너가 다섯 층으로 쌓여 있어 컨테이너 옮기기가 더 복잡했다. 부두가 컨테이너로 가득 찬 데다 컨테이너도 높게 쌓여 있어 컨테이너를 운송하려고 기다리는 트럭에 해당 컨테이너를 찾아 실으려면 대개는 주위에 있는 다른 컨테이너부터 먼저 옮겨야 했다.

조지아주 항만청장 그리프 린치는 항만 문제가 항만 내에서만 끝나지 않는 상황 앞에서 자신의 무력함에 좌절감을 느꼈다. 주변 창고에는 여유 공간이 없었고 화물차 기사마저 부족해 많은 수입업자가 컨테이너를 부두에 방치할 수밖에 없었다.

린치는 평소에는 비어 있는 한쪽 구석의 야적장으로 나를 데려갔다. 이날 이 야적장에는 한 달 넘게 가져가지 않고 방치된 컨테이너 700개가 쌓여 있었다.

"화주가 컨테이너를 찾으러 오지 않아요. 야적장이 이렇게 꽉 차 본 적이 없어요."[19] 린치가 투덜대듯 말했다.

그가 이렇게 말하는 중에 또 대형 선박 한 척이 빈 선석을 향해 조용히 미끄러져 들어왔다. 만 개가 넘는 컨테이너를 실은 길이 368미터의 양밍 위트니스호였다. 린치는 지하실을 비우려고 청소하다가 보관할 상자가 자꾸 늘어나는 모습을 본 사람처럼 지친 표정으로 배를 바라보았다.

"지금보다 더 큰 스트레스를 받아본 적이 없어요."

린치는 뉴욕 퀸스에서 태어나고 자란 사람답게 똑 부러진 태도를 보였다. 그는 육지와 바다 사이에서 화물을 이동시키는 복잡한 물류 업무를 다루며 평생을 보냈다.

"사실 나는 예인선 선장이 되고 싶었어요. 그런데 한 가지 문제가 있었죠. 내가 뱃멀미가 심한 편입니다."

린치는 50대 중반에 갑자기 그의 직장 생활 중 가장 복잡한 문제와 씨름하게 되었다. 비할 데 없는 강도와 규모의 엄청난 폭풍이었다.

지난달에는 적어도 3주 이상 야적장에 방치된 컨테이너가 4,500개가 넘었다.

"말도 안 되는 일이죠. 공급망은 이미 감당할 수준을 넘었습니다. 이 상태로는 견딜 수 없어요. 모든 것이 엉망입니다." 린치가 말했다.

린치는 나에게 새 선석 건설 현장을 보여주었다. 굴삭기 여러 대가 거대한 모래 구덩이를 파고 있었다. 그는 자랑이라도 하듯 철도 야적장을 건설하는 현장에서 잠시 발걸음을 멈췄다. 그는 훨씬 더 큰 배가 드나들 수 있도록 항구로 이어지는 수로를 준설하고자 연방 자금을 요청하는 중이라고 했다. 그의 말에서 해결의 실마리가 보이는 듯했다.

그러다 그는 바다 쪽으로 눈길을 돌렸다. 예인선이 또 다른 배 한 척을 부두로 예인하고 있었다. 파나마운하를 통과한 지 얼마 되지 않은 MSC 아가디르호였다. 배 위에는 어딘가에 쌓아야 할 컨테이너가 잔뜩 실려 있었다.

린치는 컨테이너가 쌓여 있는 야적장을 가리키며 말했다. "여기에 공간이 없으면 선석이 50개가 있다 해도 아무 소용이 없어요."

공급망 동향을 분석하는 사람들 가운데는 압박이 곧 완화될 것으로 예측하는 사람도 있었다. 닝보항이 폐쇄되어 아시아에서 북미로 향하는 선박 수가 줄었기 때문이다. 코로나19의 영향으로 미국 시장에 의류와 신발을 공급하는 베트남의 공장이 폐쇄된 것도 항구 혼란이 줄어들 것을 예측하는 또 다른 이유였다.

린치는 콧방귀를 뀌었다.

"그래봤자 6~7주만 지나면 밀렸던 배가 한꺼번에 올 겁니다. 그런 건 전혀 도움이 안 돼요."

당시 대부분 사람은 몇 달 또는 1년만 지나면 모든 것이 정상으로 돌아갈 것으로 생각했다. 중국의 공장이 다시 정상 가동될 테고, 그렇게 되면 세계 각지의 공장과 소매기업이 제품과 부품을 입고할 수 있게 되어 사재기 충동이 사라질 것으로 보였다. 미국인들도 다시 사무실과 학교로 돌아가 프린터나 의자, 게임 콘솔 등의 수요가 줄어들 것으로 보였다. 그러면 서배너를 비롯한 여러 항구로 향하는 컨테이너 흐름이 감소할 터였다. 팬데믹은 결국 종식되었다. 따라서 공급망 혼란도 종식될 터였고, 그렇게 되면 화물차 운전사와 부두 노동자도 자기 일터로 돌아갈 터였다.

하지만 공급망 내부에서 일하는 사람들은 정상 상태Normalcy라는 단어가 더는 적용될 수 없을지도 모른다는 의구심을 품기 시작했다. 사람들이 집 안에 갇히게 되면서 어쩔 수 없이 전자상거래의 부상이 가속화되었다. 아마존에서 한 번도 물건을 구매해본 적 없는 사람이 구매를 시도해보고는 편리함을 깨닫게 되었다. 이전에는 앱을 이용해 처방약 주문하기를 꺼리던 노인들도 코로나19를 계기로 앱으로 약을 주문했다. 팬데믹이 사라진 후에도 이런 습관 중 일부는 계속 남아 있을 터였다.

전자상거래가 증가하면 정교함이 더 요구되므로 공급망 부담이 늘게 되어 있다. 예전처럼 수백 개 컨테이너를 배에서 내려 트럭을 이용해 창고 하나에 운반했다가 소수의 소매 점포에 배송하던 방식은 이제 적용하기 어려워졌다. 컨테이너를 물류센터로 운반한 뒤 수백만 가구에 각각 주문한 대로 물품을 배송해야 했다. 이전보다 작업이 훨씬 복잡해진 것이다.

린치는 부두 한가운데 있는 전망대로 올라가 죽 늘어선 선적 컨테이너를 둘러보았다. 햇살이 여러 가지 색깔의 컨테이너에 반사되어 반짝거렸다.

이제 겨우 9월이었고, 조지아주 날씨는 아직도 후텁지근해서 숨이 막힐 지경이었다. 하지만 크리스마스 시즌이 코앞으로 다가온 느낌이었다. 많은 컨테이너가 크리스마스 화환, 크리스마스 조명, 포장지, 수많은 선물로 가득 차 있었다.

이 모든 것이 제때 매장이나 가정에 도착할 수 있을까요?

"모두가 그걸 궁금해하죠. 매우 어려운 질문입니다." 린치가 대답했다.

헤이건 워커가 궁금해하는 것도 바로 그것이었다.

열흘 동안 물 위에 뜬 감옥 노릇을 하던 머스크 엠덴호는 마침내 롱비치항 입항 허가를 받았다.

머스크 엠덴호는 10월 25일 오후 1시 조금 넘어 부두 노동자들

사이에서는 TTI로 더 잘 알려진 토털 터미널 인터내셔널의 134번 선석에 접안했다. 이 시설은 머스크와 같은 해운동맹 소속인 MSC가 관리했다.

글로의 주문품은 총 여정 중 5,700해리에 이르는 닝보와 롱비치 사이의 바다 여정을 마무리 지었다.

하지만 아직 수많은 함정이 도사리고 있는 대륙 횡단 여정이 남아 있었다.

미시시피주로 가는 다음 단계는 공급망을 운영하는 사람들이 오랫동안 1차 공략 목표로 삼았던 사람들의 협업에 달려 있었다. 바로 부두 노동자들이었다.

11장

"말도 안 되게 위험해요"
부두의 삶

컨테이너가 등장해 화물의 흐름에 질서가 생기기 전의 부두 노동은 풍요 아니면 궁핍이라는 양극단의 직업이었다. 배가 입항하는 날에는 노동 수요가 폭증했다. 그 밖의 시간에는 일손이 필요 없었다. 일거리가 생길 때마다 최대한 벌어놓아야 한다는 절박함 때문에 부두는 문자 그대로 간절하게 일자리를 구걸하는 부두 노동자로 넘쳐났다.

마크 레빈슨은 그의 책에서 이렇게 말했다. "미국에서는 이것을 셰이프업shape-up●이라고 했다. 호주에서는 픽업pick-up이라고 했다.

● 셰이프업, 픽업, 스크램블 모두 그날그날 부두 노동자들을 모아놓고 그중에서 필요한 인력을 뽑아 쓰는 방식을 말한다. 우리나라의 새벽 인력시장에서 일용직을 뽑아 쓰는 방식과 유사하다.

영국 사람들은 여기에 스크램블scramble이라는 조금 더 묘사적인 이름을 붙였다. 대부분 지역에서 하루 일거리를 얻는 이 과정에 애원, 아첨, 사례금 등이 수반되었다."[1]

영국 리버풀항에서는 일자리를 얻는 대가가 고리대금업을 부업으로 하는 악덕 감독으로부터 고이율로 돈을 빌리는 것인 경우가 많았다.[2] 감독은 돈을 빌린 사람이 정규직 일자리를 얻을 수 있도록 최대한 신경 썼다. 그런 다음 그들의 보수에서 차감하는 방식으로 빌려준 돈을 회수했다.

많은 나라에서 수십 년에 걸쳐 노동조합이 결성되고 정부가 개입하면서 아침부터 일거리 쟁탈전을 벌이는 볼썽사나운 모습은 점차 사라져갔다. 노동조합은 작업 배정 기능을 넘겨받아 조합원의 고용 안정을 확보하는 데 주력했다. 이들은 일용직 노동자(그때그때 필요에 따라 쓰는 저임금 근로자)를 더 투입하라는 항만 관리자들의 요구를 막아내는 한편 정규직 일자리를 늘리려고 투쟁했다.

영국과 호주에서는 제2차 세계대전 이후 한동안 부두 노동자들에게 일거리를 배정하는 기능을 정부 위원회가 맡아서 처리했다.[3] 네덜란드에서는 여러 차례에 걸친 심각한 파업을 겪은 뒤, 항만 운영자들이 일용직 노동자에 대한 의존을 크게 줄이고 주로 정규직 노동자만 쓰게 되었다. 미국에서는 강력한 노동 운동에 힘입어 부두 노동이 안정적인 생계 수단으로 자리 잡았다.

2022년 3월 어느 월요일 아침, 나는 6시가 되기 전에 롱비치항 근처에 있는 노조 회관을 찾았다. 널찍한 회관 안에 펼쳐진 광경은 그동안 노력한 결과를 여실히 보여주었다. 해가 아직 수평선을 벗어나지 못한 그 시간에 부두 노동자 수백 명이 질서정연하게 줄을 서서 그날의 일거리를 배정받고자 기다리고 있었다.

부두 노동자들은 목을 길게 빼고 벽에 높이 걸린 스크린을 들여다보았다. 스크린에는 그날 필요한 일거리가 표시되어 있었다. 지게차 운전사가 필요하다는 표시가 있는가 하면, 컨테이너를 배 위에 고박(고정)하는 사람이 필요하다는 표시, 여기저기 돌아다니며 무슨 일이든 닥치는 대로 처리하는 일꾼인 이른바 잡역부가 필요하다는 표시 등이 눈에 띄었다.

부두 노동자들에게 자기한테 맞는 일거리를 찾아 회관 끝 편에 은행 창구처럼 배치된 카운터로 오라고 외치는 소리가 정신을 못 차릴 정도로 울려 퍼졌다. 126번 선석에 6시 30분부터 '잡역부' 한 사람이 필요하다고 외치는 소리가 들리는가 하면, 닝보에서 막 도착한 136번 선석의 배에서 컨테이너를 하역할 사람이 한 명 필요하다는 소리도 들렸다. 멕시코와 중앙아메리카에서 화물을 싣고 와 92번 선석에 접안한 버뮤다 선적의 컨테이너선 뒤셀도르프 익스프레스호에도 부두 노동자 한 명이 필요하다고 했다.

이곳에 모인 사람들은 자기 일정에 맞춰 일할 권리가 있는 이른바 A급 부두 노동자들이었다. 이들에게는 30일에 한 번 이상 그리고 1년에 800시간 이상만 일하면 연금 지급과 건강 보험 혜택 그리고 후한 보수를 주는 부두의 일자리가 보장되었다. 이들은 그달에 가장 적게 일한 사람에게 우선권을 주는 방식에 따라 일거리를 선택했다. 대부분 부두 노동자는 연간 10만 달러 이상을 벌었고, 그보다 훨씬 많은 돈을 버는 사람도 꽤 있었다.

"이곳에 들어오면 다른 데는 가고 싶어 하지 않을 거예요. 매주 금요일이면 급여를 받죠. 일이 있어서 가능한 일입니다." 노동조합 지부장 겸 회계 책임자 제시 로페즈가 말했다.

로페즈의 아버지는 로스앤젤레스항과 롱비치항에서 부두 노동자로 일했다. 로페즈에 앞서 그의 아버지도 같은 일을 한 것이었다. 조합원 중에는 이처럼 세대를 이어가며 부두 노동자로 일하는 사람이 많았다.

윌밍턴 인근의 야자수가 늘어선 거리를 따라 소박한 스페인식 주택이 모여 있는 동네에서 자란 로페즈는 마을 사람 대부분이 부두 노동이나 부두 노동을 지원하는 직업으로 벌어들인 수입으로 주택담보대출금이나 월세를 낸다는 사실을 알고 있었다. 마을 사람들은 기계를 수리하기도 하고, 트럭을 운전하기도 하고, 배에 화물을 싣고 내리는 일에 종사하는 사람들을 위해 음식을 준비하기도 했다.

부두 노동자들(당시에는 모두 남자였다)은 지친 몸을 이끌고, 때로는 다친 몸으로 집으로 돌아왔다. 무릎이 아픈 사람도 있었고, 허리를 삐끗한 사람도 있었고, 손가락을 다쳐 붕대를 감은 사람도 있었다. 그들은 끊임없이 위험에 시달렸고, 언제든지 치명적 사고가 발생할 수 있다는 사실을 잘 알았다. 하지만 운전대를 잡고 집으로 돌아오는 그들의 지갑에는 식료품과 장난감을 사고 주말 나들이를 할 수 있는 돈이 들어 있었다.

로페즈의 부모님은 집이 있었다. 그를 포함한 여섯 남매는 크게 부족한 것 없이 자랐다.

"식탁에는 먹을 것이 있었고, 등에 걸칠 옷도 있었고, 학용품도 부족한 게 없었어요."

항구는 단순히 생계 수단 역할만 한 것이 아니었다. 항구는 지역 사회의 중심이었다. 부두 노동자들은 교대 근무가 끝나면 바로 집으로 돌아가지 않고 함께 부두에서 낚시를 하거나 주변의 술집에서 맥주를 마셨다. 그들은 서로를 챙겼고, 자녀나 몸이 아픈 친척의 안부를 물었다. 그들은 서로 결혼식이나 세례식, 은퇴식, 장례식에 참석했다.

로페즈가 열세 살이 되자 그의 아버지는 그에게 크레인 조종법을 가르쳐주었다. 하지만 그는 부두에 가기만 하면 일을 할 수 있는 것이 아니라는 사실을 알게 되었다. 부두에서 일하려면 노동조합에 가입해야 했다.

1990년대 초 어느 날 그의 아버지는 부두 위에 떠 있는 크레인으로 기어 올라가다가 심장마비가 와서 15미터 아래로 떨어졌다. 그의 아버지는 일터로 돌아가려고 했지만 몸이 더는 말을 듣지 않았다. 2년 뒤 그는 사망했다. 당시 20대 초반이었던 로페즈는 사망한 노동자의 자녀는 부모의 일자리를 물려받을 수 있다는 규약에 따라 아버지의 노조원 지위를 승계했다.

그는 노조원 중 지위가 가장 높은 크레인 기사 자리까지 올라갔다. 그는 아내와 두 딸을 데리고 항구에서 가까운 조용한 마을의 수영장 딸린 방 세 개짜리 주택으로 이사할 수 있을 만큼 급여를 받았다. 그는 가족과 함께 뉴욕이나 카보산루카스로 휴가를 떠나기도 했다.

"나는 가족은 건사할 수 있어요." 로페즈가 말했다.

로페즈는 안락한 생활을 할 수 있는 자기 처지를 고맙게 여겼다.

또한 안락한 생활의 근간이 되는 엄정하게 조직화된 노동조합에 대해서도 분명한 태도를 견지했다.

노동조합은 부두 노동자가 글로의 컨테이너를 중국에서 미시시피주까지 운송하는 데 관여하는 다른 모든 노동자와 구별되는 핵심 요소였다. 부두 노동자는 전체 운송비 중 합리적인 몫을 확보할 수 있는 위치를 차지한 독특한 집단이었다. 컨테이너는 부두에서 고되고 위험한 노동에 종사하는 사람들에게 들어가는 돈을 줄이면서도 더 많은 화물을 운송하려는 경영자 계층을 위한 도구로 발전해왔다. 그 와중에 노동자들이 자기 몫을 확실히 챙길 수 있게 한 것이 노동조합이었다.

로페즈가 조합 회관에 모습을 드러내자 사람들이 다가와 주먹 부딪치기, 등 두드리기, 하이 파이브, 악수, 포옹 등 상상할 수 있는 온갖 형태의 인사를 건넸다. 로페즈는 노동조합 지부장 겸 회계 책임자로 작업자 배정을 총괄 지휘했다. 그는 모든 사람을 알고 있는 것 같았다.

로페즈는 일용직 노동자로 15년을 보낸 뒤 이제 막 정규직이 된 사람의 어깨를 쓰다듬어 주었다.

또 최근 암 수술을 받고 아직 그 후유증이 얼굴에 있는 나이 든 남자와 포옹했다.

"나 아직 살아 있어요. 신의 축복이죠." 남자가 말했다.

"그러게요. 정말 다행입니다." 로페즈가 대답했다.

그들 옆에는 1937년에 국제항만창고노동조합ILWU을 설립한 호주 태생의 노동운동가 해리 브리지스의 동상이 있었다. 부두 노동자를 대변하는 그의 노동 운동이 지나치게 전투적이어서 연방정부는 그를 공산주의자로 여기고 추방하려 하기도 했다.

브리지스는 ILWU가 공식적으로 인정받기 전에 몇 년 동안 여러 번 파업을 주도했다. 대개는 폭력적 파업이었다. 그가 가장 선호한 전술은 작업 중단이었다.[4] 부두 노동자들은 하역 작업을 중단해 해운 회사의 영업에 타격을 입히곤 했다. 그 과정에서 그들은 자신들이 없어서는 안 되는 존재라는 사실을 드러내 보였다.

브리지스는 노동 운동으로 인력 운용의 유연성을 배제하고 어떤 부두 노동자가 어떤 일을 할 수 있는지를 정한 방대한 양의 규칙과 협약을 얻어냈다. 항만 운영업체와 해운사들은 노동자의 조직화, 명백히 불필요한 작업을 규정한 조항, 좀 더 효율적인 운영을 가로막는 내용 등을 못마땅하게 여겼다. 하지만 동의할 수밖에 없었다. 대안이라고는 끊임없는 부두 운영 중단의 위협밖에 없었기 때문이다. 그들은 평화의 대가로 부두 노동자 통제권을 조합에 양도했다.

롱비치항 노조 회관의 광경은 거의 90년 전에 서부 해안의 부두 노동자들이 벌인 격렬한 파업의 직접적 결과물이었다.[5] 그 이후 수십 년 동안 부두 노동자의 작업 배정은 노동조합의 통제하에 연공서열과 무작위 추첨이 결합된 방식으로 이루어져 왔다.

로페즈를 비롯한 조합원들은 자신들이 산업 경제가 발달한 미국에서는 보기 힘든 혜택을 누리고 있다는 사실을 알고 있었다. 그들에게는 중산층의 삶을 영위할 수 있는 안정된 일자리가 있었다. 교대 근무가 보장되지 않는 임시직 노동자조차 가장 적게 받는 시급이 32달러가 넘었다.

부두 노동자들은 항구의 다른 노동자들 사이에서 적대감을 불러일으키는 존재였다. 그들은 부두의 귀족으로 불릴 때가 많았다. 많은 보수를 받고 큰 권리를 누리면서 다른 사람을 깔보는 족속이라는 것이었다.

남부 캘리포니아의 항구에서 동부에 있는 창고로 컨테이너를 운송하는 화물차 기사 앤서니 칠턴은 이렇게 말했다. "그들은 우리를 사람으로 취급하지 않아요."[6]

또 다른 화물차 기사 마숀 잭슨은 부두 노동자들은 항구가 마치 자신들의 전유물인 것처럼 행동한다고 말했다.

잭슨은 "그들은 세상에서 가장 무례한 사람들이에요"[7]라고 말했다. 예컨대 "나한테 말 시키지 마세요"라든가, "여긴 우리 거요. 당신은 여기 잠시 와 있는 사람일 뿐이요"라는 식이라고 했다.

이런 원성이 울려 퍼지던 2022년 초, ILWU의 협약 갱신 시점이 다가오면서 노사 간 타협이 교착 상태에 빠져 공급망에 또 다른 타격을 가할지도 모른다는 공포가 확산하고 있었다.

ILWU는 서부 해안의 부두 노동자 2만 2,000명을 대표하는 노동조합이었다. 조합원의 거의 4분의 3은 로스앤젤레스항과 롱비치항에서 일했다. 이들은 세계에서 경제 규모가 가장 큰 나라를 드나드는 화물을 싣고 내리는 데 중요한 역할을 하는 만큼 평상시에도 영향력이 막강했다. 유례없는 공급망 붕괴가 한창이던 이 당시에는 그 어느 때보다 큰 권력을 휘둘렀다. 하지만 이들의 협상력은 항구에 의존해 살아가는 다른 사람들의 생계를 위협할 수 있는 이들의 지위에서 나왔다. 이들의 힘과 다른 노동자들의 취약함은 동전의 양면이었다.

이것이 화물차 기사들이 화를 내는 이유였다. 컨테이너 운송으로 생계를 유지하는 그들의 능력 여부는 컨테이너를 하역하려는 부두 노동자들의 의지에 달려 있었다.

"협약을 갱신할 때만 되면 일이 잘 안 돌아가요. 전부 부두 노동자들 탓이죠. 게으름 부리는 사람이 있는가 하면, 쉬는 사람도 있고, 몸이 아프다고 안 나오는 사람도 있어요." 칠턴이 불만을 터트렸다.

관례적으로 해운업체와 물류업체의 경영자들은 노동조합을 자극하지 않으려고 노동 문제를 논의하고도 기록에 남기지 않았다. 이들은 사적으로는 부두 노동자들을 다리를 지키는 트롤과 같다고 표현했다.

그런 표현은 로페즈를 비롯한 부두 노동자들에게 심한 분노를 불러일으켰다. 이런 비난은 본질적으로 대단히 힘든 일을 할 뿐 아니라 언제든 재앙으로 끝날 수 있는 위험을 안고 살아가는 자신들의 처지를 무시한 것이라고 했다.

"여기서는 다치지 않아요. 바로 죽죠." 로페즈가 말했다.

그는 부두 노동자가 컨테이너에 깔려 죽는 모습을 두 번이나 목격했다. 조합원 동료의 집 문을 두드리고 배우자와 아이들에게 "아빠(혹은 엄마)가 오늘 밤 집에 돌아올 수 없게 되었단다"라는 소식을 전한 적도 한두 번이 아니었다.

이런 이야기는 부두 노동자들이 돈을 많이 번다는 희화적 묘사에서 빠진 부분이다. 상업 활동이 계속되게 하는 연약한 인간은 고려할 필요 없이 주문한 상품이 도착하기만 기다리면 되는 소비자에게는 알려지지 않은 중요한 내용이기도 하다.

"이 작업은 말도 안 되게 위험해요. 무슨 일이든 일어날 수 있어요. 크레인 조명등이 사람들 바로 옆으로 떨어지는 것을 본 적도 있어요. 그럴 때는 안전모를 써도 도움이 안 됩니다. 육체적으로만 힘든 것이 아니라 정신적으로도 힘든 일이에요. 여기서 일하려면 정신을 바짝 차려야 해요." 로페즈가 말했다.

팬데믹은 여기에 새로운 불안감을 더했다. 부두에서 일하는 사람들은 필수 노동자로 간주되었다. 국가 경제를 돌아가게 하려면 그들의 노동력이 필요하다는 뜻이었다. 2022년 초까지 코로나19로 사망한 ILWU 조합원은 스무 명이 넘었다.[8] 그런 상황에서도 부두 노동자들은 화물 하역 작업을 계속했다.

"다른 곳이 모두 문 닫아도 우리는 작업을 멈추지 않았어요." 로페즈가 말했다.

눈에 띄게 성공한 노동조합이 미국인이 절망에 빠진 와중에도 자신들의 중산층 임금을 지켜야 한다는 사실에서 뭔가가 잘못된 것 같은 느낌이 들었다.

지난 70년 동안 미국의 사용자들은 로비 공세, 법원 판결, 규칙 제정, 강압적 대처 등으로 노동조합을 약화해왔다. 이들은 정규직보다는 파트타임 근로자나 임시직 근로자를 강조하는 채용 제도를 도입해 노동조합을 무력화했다(맥킨지가 적기공급생산방식의 복음을 전할 때 강조하는 고용의 유연성을 확보하는 방법이기도 했다). 그리고 노동조합 스스로 기술산업 같은 신흥 산업에서 노동자를 조직화하는 데 실패했다.

그 결과 미국은 근로자의 10%만 노동조합에 가입한 나라가 되었다.[9] 1983년에는 노조 가입 비율이 20%에 이르렀었다.[10] 그리고 그

것도 최고치인 1954년의 28%에서 하락한 수치였다.[11]

이런 추세는 노동조합의 힘을 약화하려는 기업 경영자들의 노력이 성공했다는 사실을 보여주는 것이었다. 그들이 이런 전쟁을 벌인 것은 막연한 이데올로기적 이유 때문이 아니라 근로자에게 지급하는 임금을 절감함으로써 얻을 수 있는 실제적 이익 때문이었다. 경제 관련 자료에 따르면 노동조합이 있는 조직의 근로자는 그렇지 않은 근로자보다 10~30% 더 많은 임금을 받는다고 한다.[12] 이런 격차는 특히 교육 수준과 기술 수준이 낮은 근로자들 사이에서 더 크다고 한다.

또한 수십 년에 걸친 데이터를 보면, 직원들의 급여를 낮추는 것이 경영자의 보수를 높이는 데 얼마나 뛰어난 방법인지도 확실히 드러난다. 노동조합이 있는 기업은 단체 협상을 앞두고 직원들의 분노를 유발하지 않으려고 최고경영자의 보수를 제한할 가능성이 훨씬 높았다.[13] 반면, 노동조합이 없는 기업은 경영자가 회사의 실적을 높이지 못했음에도 경영자의 보수를 터무니없이 올려주고 보너스까지 챙겨주는 경우가 많았다.[14]

그 결과 상장 기업 최고경영자들의 보수가 하늘 높이 치솟는 동안 노동조합의 힘은 약화 일로를 걸어왔다. 노조 가입 비율이 최고치에 근접했던 1960년대 중반만 해도 최고경영자의 평균 보수는 일반 근로자의 약 20배였다. 그런 CEO의 보수가 2021년에는 일반 근로자 연봉의 거의 400배에 이르게 되었다.[15]

노동자들은 오랫동안 자본주의의 이익에서 자신들의 몫을 차지하려는 수단으로 단체 행동이라는 무기를 휘둘러 왔다. 그러다 노동조합의 힘이 약해지자 사용자들은 더 많은 이익을 자신들의 몫으로 돌릴 수 있었다.

1948년에서 1979년 사이에 미국 노동자들의 노동 생산성(한 시간의 노동으로 얼마나 많은 경제적 가치를 창출했는가를 측정하는 지표)은 대략 두 배로 증가했다. 같은 기간에 그들의 임금도 두 배로 늘었다. 회사가 잘되면 종업원도 잘된다는 사실을 보여주는 현상이었다.

하지만 그 후 20년간은 그 관계가 깨졌다. 생산성은 계속 증가해 1979년에서 2020년 사이에 62%나 늘었다. 하지만 근로자가 받는 보상은 18% 늘어나는 데 그쳤다.

노동조합이라는 골칫거리에서 벗어난 경영자 계층은 종업원의 임금을 억누르면서 이전에는 그들에게 돌아간 돈을 자신들이 챙겼다.

이런 불평등의 심화는 공동체를 괴롭히는 결핍이나 민주주의 제도에 대한 믿음의 붕괴 등과 같은 사회적 영향을 미치는 것은 물론, 노동자들의 힘이 사라짐으로써 발생하는 비용을 납세자에게 전가했다. 이런 사실은 가족을 먹여 살리기 위해 푸드 스탬프*에 의존하는 사람들의 대열을 보면 알 수 있다. 2018년에 이 프로그램에 한 번이라도 의존한 미국의 가구는 900만이 넘었다. 그중 4분의 3 이상이 가족 중 적어도 한 명은 직업이 있는 가구였다.[16]

직업은 믿을 만한 빈곤 방지 수단이 아니었다.

이런 상황에 처한 사람들을 묘사하는 용어가 '근로 빈곤층working poor'이었다. 아마존 같은 기업이 운영하는 창고에서 일하는 사람들

● 미국에서 시행되는 저소득층 식비 지원 프로그램.

이 이런 계층에 속한다. 2021년 조사 자료에 따르면, 아마존에서 일하는 사람 중 푸드 스탬프에서부터 메디케이드에 이르기까지 어떤 형태로든 정부 지원에 의존하는 근로자는 대략 3만 8,000명에 이른다고 한다.[17] 직전 해인 2020년 아마존은 210억 달러의 수익을 내 주가가 급등했고, 창업자 제프 베이조스는 지구상에서 가장 부유한 사람이 되었다.

한마디로 말해, 경영자와 주주가 노동조합의 해체로 벌어들이는 돈 일부를 납세자가 보조하는 셈이었다. 또 소비자들은 배송하는 사람들의 절망에 의존해 싼값의 상품을 이용하는 것이었다.

워커가 중국의 공장에 의존하게 된 배경에는 남부 캘리포니아에서 미시시피주까지의 운송비가 거의 무시할 만한 수준이라는 암묵적 계산도 깔려 있었다. 이런 현실은 운송 과정에 관여하는 대부분 노동자가 노동조합의 보호를 받지 못하기 때문에 가능한 것이었다. 그들은 더 많은 보상을 요구할 영향력이 거의 없었다.

부두 노동자들은 하강 이동이 주를 이루는 사회적 추세에서 예외적 존재였다. 그들은 어느 누구로부터도 지원받을 필요가 없었다. 하지만 미국 경제에서 벌어지는 제로섬 게임에서(그리고 적기공급생산방식의 숭배로 약화되었을 뿐 아니라 주주들의 이익 추구에 최적화된 공급망 내에서) 그들의 이익은 다른 모든 사람의 이익에 대한 위협으로 여겨질 때가 많았다.

2022년 여름으로 다가온 단체 협상을 앞두고 벌어진 논의에서, 부두 노동자들은 대개 정상으로 돌아가고자 몸부림치고 있는 공급망을 억누르는 예측 불가능한 요인으로 묘사되었다.

대기업 로비 단체인 미국 상공회의소의 이사 존 드레이크는 이렇게 말했다. "합의가 늦어지거나 협상이 완전히 교착 상태에 빠지면 인플레이션이 더 심해질 것이고, 코로나19 초기에 있었던 재고 부족 사태가 재현될 뿐 아니라 세계 경제가 멈출 수도 있습니다."[18]

하지만 정상 상태라는 개념은 화물 이동에 필수적 역할을 하는 수백만 노동자의 임금과 근로 조건과 함께 수준이 낮아졌다. 정상 상태는 노동자들이 병원에 가거나 식료품을 살 수 있을 만큼 충분한 돈을 벌지 못하는 것이었다. 정상 상태는 수백만 노동자가 돈이 너무 절실해 위험, 모멸감, 결핍, 가족 스트레스 등을 자기 일의 일부로 받아들이는 것이었다.

부두 노동자들은 엄정하게 조직된 노조로 이런 운명을 피할 수 있었다. 그들은 정상을 넘어서는 보상을 확보했다. 가정이 압박받을지도 모른다는 공포를 떨쳐버리기에 충분한 금액이었다. 하지만 기업 측 인사들은 노동조합 때문에 부두 노동자들이 돈을 너무 많이 받는다는 말을 공공연히 하고 다녔다. 기록적인 수익을 올리던 원양해운사가 아니라 그들이 상품 부족과 인플레이션의 원인이라고 했다.

주요 수입업체들을 대변하는 49개 동업자 조합은 백악관에 정부 개입을 촉구하는 서한을 보냈다. "과거에 항구에서 노동쟁의가 발생하면 미국 경제는 하루에 10억~20억 달러의 손해를 보았습니다. 지금은 손해가 그때보다 훨씬 더 클 것입니다. 하지만 그것조차 극히 절제된 표현입니다. 지금은 짧은 기간의 태업이나 항만 폐쇄만으로도 이미 취약해진 공급망을 붕괴시켜 인플레이션 압력을 높일 것이기 때문입니다."[19]

공급망은 정말로 취약했다. 그리고 부두 노동자들은 공급망을 마비시킬 수 있는 위치에 있었다. 언제나 그러했듯이 이것이 그들의 가장 강력한 무기였다. 그 결과가 경제 전반에 미칠 영향은 대단히 심각했다.

하지만 부두 노동자들이 공급망 장애를 일으킨 악당은 아니었다. 그들은 살아남은 생존자였다. 로페즈를 비롯한 조합원들은 부두 노동자를 하찮은 존재로 전락시키려는 해운업계의 조직적 노력을 수십 년 동안 견뎌 온 사람들의 후예였다.

컨테이너는 이 전투에서 사용자 측이 거둔 큰 승리였다. 컨테이너의 도입으로 효율성이 획기적으로 향상되었고 부두 노동자의 필요성은 크게 줄었다. 하지만 이것으로 이야기가 끝난 것이 아니었다.

로봇이 이 전투를 끝낼 준비를 하고 있었다.

맬컴 매클레인이 뉴어크항에서 배를 처음 출항시킨 지 3년이 지난 후에도 상품 운송에 드는 비용은 상품 생산 비용의 4분의 1에 이를 정도로 높았다. 화물을 해상으로 운송하는 데 드는 비용의 4분의 3은 배가 부두에 정박해 있는 동안 이루어지는 활동에 들어가는 돈이었다.[20]

컨테이너는 배가 항구에 머무는 시간을 단축함으로써 그런 비용을 줄여주었다. 컨테이너의 도입으로 하역 작업이 표준화되고 기계 사용이 대폭 늘어 사람 손의 필요성이 줄었기 때문이다.

ILWU 설립자 해리 브리지스는 이런 압박을 재빨리 알아차렸다. 컨테이너가 막을 수 없는 대세라는 사실도 깨달았다. 그는 기술 발전을 막으려는 헛된 노력을 하기보다는 조합원을 위해 무엇을 얻어낼 수 있는지를 찾는 데 집중했다.

1960년대 초 브리지스는 컨테이너 하역에 필요한 크레인과 그 밖의 장비 설치를 허용하는 논란이 많던 협약을 밀어붙였다.[21] 그 대가로 그는 고용 관계를 계속 유지할 수 있었던 운 좋은 조합원들의 임금을 보장한다는 확실한 약속을 얻어냈다.

그로부터 반세기가 넘게 지난 지금, 전 세계 부두 노동자들은 항만 운영에서 자신들의 중요성을 떨어뜨리고자 고안된 새로운 기술 혁신을 마주하고 있었다. 로봇과 그 밖의 다른 형태의 자동화였다.

2016년 나는 유럽에서 가장 큰 항구인 로테르담항에 있는 머스크사의 컨테이너 터미널을 방문한 적이 있다. 덴마크 선적의 거대한 컨테이너선 메트 머스크호가 부두에 정박해 있었다. 나는 로봇 팔이 배 갑판에서 컨테이너를 잡아 들어 올려 쿵 소리를 내며 야적장에 쌓아 올리는 모습을 지켜보았다. 야적장에는 자율주행 트럭 여러 대가 조용히 미끄러지듯 돌아다니고 있었다.

존 아켄바우트는 전환기를 몸으로 겪으며 살아온 사람이었다. 25년 전 처음 부두 노동자로 일하던 시절, 그는 북해의 거센 바람과 비를 견디며 야외에서 작업했다. 그가 커다란 벽돌을 마대에 담으면 크레인 기사가 그의 머리 위로 마대를 들어 올렸다.

이제 그런 광경은 추억이 되었다. 50대 초반의 아켄바우트와 그의 동료들은 대부분 안락하고 냉난방 시설을 갖춘 근처 사무실에 앉아 스크린을 들여다보며 조이스틱을 이용해 크레인이나 기타 기계를 조작했다. 이런 두 가지 작업 환경을 비교해보면 과거를 그리워할 수만은 없을 것이다.

아켄바우트는 나에게 이렇게 말했다. "예전에는 육체적으로 힘들었지만, 이제는 정신적으로 힘들어요."[22]

하지만 직업의 안정성도 크게 줄었다.

아켄바우트가 소속된 노동조합 FNV헤이븐스의 조합원은 1980년대에는 2만 5,000여 명이었지만 지금은 7,000여 명으로 줄었다. 조합 간부들은 더 많은 로봇이 도입됨에 따라 앞으로 몇 년 안에 일자리 800개가 더 줄어들 것으로 예상했다.

나는 중국과 같은 저임금 국가로 생산을 이전하는 것이 노동자 계층의 걱정과 분노를 얼마나 야기했는지를 취재하려고 로테르담을 방문한 길이었다. 처음에는 로봇이 완전히 다른 주제라고 생각했다. 하지만 로테르담항에서 부두 노동자들과 시간을 보낼수록, 점점 자동화야말로 몸으로 생계를 유지하는 사람들 사이에 들끓는 분노와 소외감을 이해하는 데 핵심 요소라는 사실을 깨닫게 되었다.

지난 수년 동안 아켄바우트와 그의 동료들은 로테르담항이 동유럽에서 온 트럭 운전사들로 채워지는 모습을 지켜보았다. 이들은 네덜란드 기사들보다 훨씬 적은 임금을 받고 일했다. 최근에는 이런 추세의 논리적 확장판도 볼 수 있었다. 운전사 없는 트럭이 등장한 것이다. 항구에서 컨테이너 청소하는 일은 북아프리카 이민자들 손으로 넘어간 지 오래였다.

그들은 이런 변화의 궁극적 승자는 그런 일을 맡게 된 저임금 노동자가 아니라 해운업을 지배하는 대기업이라는 사실을 알고 있었다.

무역 자유화, 이주민 유입, 컨테이너화, 자동화 등은 모두 일관된

한 가지 목표를 위해 사용되는 도구였다. 그 목표는 노동자에게 돌아갈 돈을 공급망을 장악한 다국적 기업에 이전하는 것이었다.

배와 부두 사이에서 컨테이너를 옮기는 작업은 그 어느 때보다 중요해졌다. 부두 노동자들의 노동조합은 적어도 당분간은 일하지 않겠다는 위협으로 화물 도착이 지연될까 봐 걱정하는 워커 같은 화주들의 속을 태우면서 영향력을 행사할 수 있을 터였다.

하지만 오랫동안 이 일을 해온 인간은 항구를 운영하는 회사의 계획에서 갈수록 지엽적인 존재로 밀려나고 있었다. 로봇은 해리 브리지스의 오래된 전략인 작업 중단에 대비한 최고의 보험이었다. 로봇은 코로나19 확진으로 격리될 일이 없었다. 로봇은 임금 인상을 요구하지도 않았다.

아켄바우트는 나에게 이렇게 말했다. "나는 피고용인입니다. 결국 아무것도 아닌 셈이죠. 회사가 나를 쓰지 않겠다고 하면 그걸로 끝이에요."

미국 서부 해안의 단체 협약 교섭은 자동화 속도를 둘러싼 협상으로 귀결될 것이 확실해 보였다.

로페즈와 그의 동료들은 이 문제와 관련해서는 할 말이 없다고 했다. 노동조합은 협상을 앞두고 속내를 들키지 않으려고 입을 굳게 다물었다. 하지만 조합은 브리지스가 컨테이너에 적용했던 것과 같은 방식의 전략을 쓸 것이 확실해 보였다. 조합은 부두에 더 많은 로봇을 투입하겠다는 불가피한 요구에 동의하는 대가로 조합원을 위해 최대한 많은 보상을 얻는 데 초점을 맞출 터였다.

노조는 자동화를 영원히 막을 수 없다는 사실을 잘 알고 있었다.

항상 그래왔듯이 기술이 이기는 것은 자명했다. 기술은 화물 처리의 효율성을 높였다. 그 덕분에 적기공급생산방식이 발전할 수 있었고, 그 과실은 주주들 몫으로 돌아갔다.

부두 노동자들의 목표는 고작 미래를 가능한 한 늦추는 것뿐이었다.

12장

"아침에 일어날 가치나 있는 걸까요?"
화물차 기사들의 끝없는 고통

남부 캘리포니아의 항구에서는 부두 노동조합이 작업자 배정 시스템을 통제했기 때문에 일단 헤이건 워커의 컨테이너가 육지에 도착하기만 하면 누군가가 배에서 컨테이너를 내리는 것은 당연한 일이었다.

머스크 엠덴호가 TTI 터미널에 접안하자 크레인 기사가 조종간을 조작해 워커의 컨테이너를 갑판에서 들어 올려 야적장에 내려놓았다. 컨테이너는 세관 통관을 기다리며 거기에 4일을 머물렀다.

여정의 다음 단계는 트럭을 이용해 컨테이너를 인근의 창고로 옮기는 것이었다. 거기서 헤이건 워커의 컨테이너는 대륙을 횡단하는 다음 여정을 위해 트레일러에 실릴 예정이었다. 워커가 컨테이너 운송을 예약할 때 사용한 플랫폼 프레이토스Freightos에서는 다음 여정의 이 이동 과정이 하나의 항목으로 표시할 가치도 없을 만큼 사소한 것이었다. 하지만 실제로는 공급망에서 가장 불안정한 영역의 노동력이 필요한 여정이었다.

화물차 기사가 출입문을 통과해 들어온 뒤 컨테이너를 끌고 가야 했다.

트럭 운송은 부두 노동과 달리 수요와 공급을 맞춰주는 중앙 관리 조직이 없는 무한경쟁 산업이었다. 워커의 컨테이너가 부두에 도착한 다음에도 화물을 꺼내 쌓아둘 창고까지 컨테이너를 끌고 갈 화물차 기사를 쉽게 찾을 수 있을지, 아니면 며칠이나 몇 주가 걸릴지는 아무도 알 수 없었다.

때로는 일하려는 기사가 지나치게 많았다. 때로는 운송할 컨테이너는 많은데 운전사가 부족했다.

마숀 잭슨 같은 기사들은 이런 불안정한 상황을 헤쳐나가야 했다. 잭슨은 뒷배를 봐줄 노동조합이 없었다. 경기가 좋을 때 그가 가진 것은 자유였다. 그는 자기 소유 트럭이 있었고, 자신에게 맞는 일거리를 선택했으며, 누구의 지시도 받지 않았다. 그는 드레이 기사로 일했다. 드레이 기사dray operator는 트레일러트럭을 몰고 비교적 짧은 구간을 오가며 컨테이너를 운반하는 운전사를 지칭하는 물류 업계의 은어다. 그는 스스로 일정을 잡고 스스로 경로를 결정해 롱비치항과 로스앤젤레스항에서 인랜드엠파이어Inland Empire라 불리는 동쪽 평야 지대의 나지막한 창고를 연결하는 복잡한 고속도로망을 누비고 다녔다.

하지만 경기가 나쁠 때(이런 날이 많았다) 그가 가진 것이라고는 독립 자영업자라는 신분뿐이었다. 말하자면 아무것도 없는 셈이었다.

그에게는 보장된 일거리가 없었다. 그래도 트레일러트럭 보험료, 주차비, 주택담보대출금, 전화 요금, 가족이 먹고사는 데 드는 비용 등 돈 들어갈 곳은 끝이 없었다.

일거리가 넘쳐나고 운임이 급등할 때도 스트레스받는 일은 끝없이 발생했다. 팬데믹 기간에는 항구의 교통 체증이 너무 심해 드레이 기사들은 항구 곳곳에서 몇 시간씩 대기해야 했다.

그들은 출입문 앞에서 한참을 기다린 뒤에야 항구에 들어갈 수 있었다.

그들은 운전석에 갇혀 몇 시간을 기다린 뒤에야 운반할 컨테이너를 실을 수 있었다. 부두 노동자들이 눈을 부릅뜨고 지켜서 화장실도 이용할 수 없었다.

그들은 컨테이너 반출 허가가 날 때까지 기다렸고, 창고에 도착해서도 기다렸다가 들어가 야적장에 컨테이너를 내려놓을 수 있었다.

어떤 날은 트럭에 연결해 컨테이너를 실어 나르는 무동력 차량인 트레일러를 픽업하는 데도 몇 시간을 기다려야 했다.

또 어떤 날은 차량 검사를 받거나, 의무적으로 수리해야 하는 부분을 수리하거나, 고장 난 부품을 교체할 차례를 기다리느라 발이 묶이기도 했다.

그들은 정보의 공백 속에서 기다렸다. 그들은 왜 배가 발이 묶였는지, 왜 컨테이너를 싣는 데 시간이 그렇게 오래 걸리는지, 왜 어떤 트럭은 쉽게 가는데 어떤 트럭은 하루 종일 기다려야 하는지 알 수 없었다.

"무엇 때문에 지체되는지 말해주는 사람이 없어요. 기복이 너무 심해요. 혼란스럽죠. 명확한 게 아무것도 없으니까요. 내가 아는 것이라고는 'A 지점에서 컨테이너를 픽업해 B 지점에 내려놓으라'는 것뿐입니다." 잭슨이 말했다.

항구의 기본 인프라로는 급증하는 아시아발 컨테이너를 감당할 수 없었다. 이 때문에 가장 큰 피해를 보는 사람들이 드레이 기사들이었다.

잭슨은 트럭을 길가에 세워둔 채 목 베개를 꺼내 운전대 뒤에 앉아 잠을 청하는 데 익숙해 있었다. 그는 자신이 처한 불합리한 상황을 곱씹으며 잠깐씩 눈을 붙였다. 그를 비롯한 대부분 드레이 기사들은 시간당 보수를 받는 것이 아니라 건당 운송료를 받았다. 따라서 기다리는 시간이 길어질수록 시간당 수입은 줄어들 수밖에 없었다.

적기공급생산방식의 무자비한 효율성이 오랫동안 지배해온 공급망의 더러운 비밀이 여기에 있었다. 공급망은 대부분 일을 수행하는 사람들을 그들의 시간은 무한할 뿐 아니라 가치가 없다는 듯이 대했다.

드레이 기사들은 자기 앞에 줄지어 서 있는 차량을 바라보며 하염없이 기다렸다. 그런 시간은 돈으로 보상받지 못하는 헛된 시간이었다. 그들의 머릿속은 언제쯤 기다림의 고통이 끝날까 하는 생각뿐이었다.

이런 이유로 워커의 컨테이너가 롱비치항에 도착해 운반해줄 트럭을 기다릴 즈음인 2021년 가을, 드레이 기사 수천 명이 일을 그만두었다.

남부 캘리포니아에서는 하루에 컨테이너 세 개를 운반하는 데 익숙해 있던 기사들이 하나만 운반해도 운 좋다는 소리를 듣게 되었다. 교통 체증 때문에 항구에서 시간을 다 잡아먹기 때문이었다.

'벌이가 보장되지 않는 데다 손해까지 볼 정도인데 트럭 운전사한테 일하라고 할 수 있을까? 공급망의 어느 누구도 이 문제를 해결하고자 돈을 지불할 용의가 없는 것 같다.'[1] 라이언 존슨이라는 베테랑 운전사가 소셜 미디어에 올린 이 글은 입소문을 탔다.

미국의 중부 지방에서는 철도 물류기지에 과부하가 걸려 작업이 지연되면서 드레이 기사들이 몇 시간씩 발이 묶였다. 화물 운송료가 치솟는 데도 이들이 집에 가져가는 돈은 20%나 줄었다. 이 때문에 시카고에서 댈러스에 이르는 지역의 드레이 기사 4분의 1이 일을 그만두었다.[2]

동부 해안에 있는 사우스캐롤라이나주의 찰스턴항에서는 유입되는 컨테이너는 5분의 1이 늘었지만 혼잡으로 작업 속도가 느려지면서 드레이 기사들이 싣고 나가는 컨테이너는 거의 10분의 1이 줄었다.[3]

서배너항에서는 항만청장 그리프 린치가 부두에 쌓여 있는 컨테이너 더미를 바라보며 운전사 부족을 주원인으로 지목했다.

린치는 나에게 "오랫동안 쌓여온 문제입니다. 어떤 부모가 자기 자식에게 화물차 기사가 되라고 하겠어요?"라고 말했다.

잭슨에게 트럭 운전은 삶을 구속해온 어려운 환경에서 벗어나는 길이었다.

그는 사우스센트럴 로스앤젤레스에서 자란 아프리카계 미국인이다. 사우스센트럴 로스앤젤레스는 수십 년에 걸친 인종차별적 주택 계약 조항과 주택담보대출 정책 때문에 로스앤젤레스의 다른 지역에서 쫓겨난 흑인 가정과 라틴계 가정의 마지막 안식처로 발전한 곳이었다.

이 지역에서 자기 집이 있는 가구는 4분의 1에 지나지 않았다. 5분의 2 이상의 가구는 공식적 빈곤층이었다.[4] 공원과 상점은 드물었다. 조직 폭력은 피할 수 없었다.

"여기 살다 보면 좋지 않은 일을 많이 보지요. 살아남을 수 있게 해달라고 기도하는 것 말고는 할 수 있는 게 없어요." 잭슨은 나에게 이렇게 말했다.

그의 어머니는 우체국에서 일했다. 괜찮은 일자리가 만성적으로 부족한 이 지역에서 안정적인 월급을 받을 수 있는 직업이었다.

그는 할머니가 하는 모발 관리 제품 사업을 도왔다. 그는 겨우 열 살밖에 되지 않았을 때 창고에서 상자를 포장했다. 고등학교를 졸업한 후에는 할머니 회사에 정규직으로 입사해 주문을 관리했다. 그는 신제품을 찾으러 삼촌을 따라 전시회에 다니는 등 비즈니스 경험을 쌓았다. 한번은 시장 조사를 하느라 상하이까지 간 적도 있었다.

잭슨은 숫자를 다루는 데 소질이 있었다. 그대로만 나간다면 할머니 회사에서 오래 일할 수 있었을 것이다. 그런데 2008년 금융 위기가 닥치면서 회사가 끔찍한 내리막길을 걷게 되었다. 매출이 급감했고, 결국 회사는 문을 닫았다. 잭슨은 갑자기 아내와 당시 갓난아이였던 딸을 부양할 안정적인 방도를 마련해야 했다. 친구 하나가 장거리 트럭 운전이 돈벌이가 괜찮다고 했다.

어린 시절 잭슨은 트럭에 매료되었었다. 그는 로스앤젤레스 밖의 사람들은 어떻게 사는지 볼 수 있다는 생각에 마음이 끌렸다. 특히 스위프트가 약속하는 상당한 금액의 보수가 마음에 들었다. 전국적 규모의 화물차 운송회사 스위프트는 상시 신규 운전사를 모집하고 있었다. 스위프트는 돈 걱정으로부터의 자유, 매일 같은 장소에서 눈을 뜨는 단조로운 삶으로부터의 자유, 사우스센트럴 로스앤젤레스 같은 지역사회의 제한된 기회로부터 자유를 약속한다는 광고 문구로 사람들을 유혹했다.

스위프트는 번드르르한 광고로 트럭 운전을 미국 경제에서 중요한 역할을 하는 고귀한 직업으로 묘사했다.

2010년에 방영된 광고에서는 스위프트 소속 기사 한 사람이 나와 이렇게 말한다. "트럭이 없으면 이 나라는 멈출 것입니다."[5]

뒤이어 트럭 여러 대가 험준한 산속에서 커브 길을 돌며 주행하는 모습이 담긴 영상이 나오면서 다른 기사가 이렇게 말한다. "이 일은 재미있고 신나며 돈도 많이 벌 수 있습니다. 예전에는 나도 공과금 납부를 걱정하며 힘들게 살았지요. 하지만 지금은 아무 걱정도 없어요. 아이들도 행복하고, 아내도 행복하고, 나도 행복합니다."

잭슨은 화물차 기사 일을 하기로 했다.

스위프트는 대형 견인차 운전면허 취득에 필요한 3주간의 교육 프로그램 이수 비용 6,500달러를 가불 형식으로 지원해주었다. 그 대신 잭슨은 급여 공제로 교육비를 다 갚을 때까지 회사 소속 기사로 일하기로 약속했다.

교육 장소는 피닉스였다. 그는 그레이하운드 고속버스를 타고 사막을 가로질러 8시간을 달려 피닉스에 도착했다. 그는 전갈이 출몰하는 지저분한 호텔 방을 다른 교육생 두 사람과 함께 썼다. 그들은 46도가 넘는 더위 속에서 에어컨도 나오지 않는 찌그러진 트럭을 타고 운전 연수를 받았다.

얼마 후 잭슨은 화물을 실은 트레일러를 끌고 피닉스에 있는 창고와 캘리포니아주 샌버나디노의 1달러 숍 물류센터를 오가며 1주일에 1,000달러를 벌었다. 하지만 교육비를 갚느라 급여의 거의 3분의 1이 날아갔다. 나중에 그는 2,000달러만 내면 운전 교육을 받을 수 있는 학원이 있다는 사실을 알게 되었다. 그 무렵에는 이미 스위프트의 덫에 걸려 돌이킬 수 없을 때였다.

"이곳은 일단 들어오면 꽉 묶인 것 같은 느낌이 들어요." 잭슨이 말했다.

이런 느낌은 퇴사하는 운전사를 대체하려고 끊임없이 신규 운전사를 모집하는 이 업계에서는 일반적 현상이었다. 미국 트럭 운송업계의 평균 이직률은 거의 100%에 이르렀다. 웬만한 회사는 1년 안에 전체 인력이 다 바뀐다는 뜻이었다.

이런 수치가 나오는 데는 여러 가지 이유가 있었다. 예컨대 일이 고되다는 점, 가족 구성원으로서 여러 가지 책임 사이에서 균형을 맞추기 힘들다는 점, 탁 트인 도로에서 모험한다는 환상이 창고, 화물차 휴게소, 휴대용 변기라는 암울한 현실로 바뀌면서 생기는 환멸 같은 것이었다.

높은 이직률은 잭슨이 겪은 교육 프로그램 바가지에서부터 운송 회사가 운전사에게 트레일러트럭을 임대하거나 판매하면서 고리 대금업자도 얼굴을 붉힐 이자율을 적용해 돈을 빌려주는 관행에 이르기까지 운송 산업의 중요한 일부가 된 약탈적 융자를 증명하는 것이기도 했다.

한때 화물차 기사로 일하기도 했던 펜실베이니아대학교의 노동 전문가 스티브 비셀리는 그의 책에서 이렇게 말했다. "매년 트럭 운전에 도전하는 많은 노동자가 현대적 형태의 부채 노예 제도하에서 일하고 있다."[6]

잭슨은 곧, 자유에 대한 자신의 갈망은 사라지고 자신을 거대한 배달 기계의 톱니처럼 대하는 배차 담당자의 부름에 응하는 현실이 그 자리를 차지했다는 사실을 깨닫게 되었다.

그는 캘리포니아 중부 지방에서 갓 수확한 양상추를 실은 냉장 트레일러를 끌고 대륙을 횡단해 노스캐롤라이나주에 있는 돌Dole 물류센터로 운반했다. 그런 다음 거기서 다른 화물을 싣고 동부 해안을 따라 뉴잉글랜드주까지 갔다가 다시 대륙을 가로질러 태평양 연안 북서부의 창고로 돌아오는 일이 잦았다. 이렇게 한 바퀴 돌면 2~3주가 지나갔다.

그는 패스트푸드만 먹고 운동을 거의 하지 않아 몸무게가 130킬로그램 이상으로 불었다. 차를 멈춰 세우고 경치를 감상할 시간은 없었다. 계속 이동해야 한다는 강박관념이 지배하는 삶에서 그가 얻은 것은 단편적 경험뿐이었다.

"졸리면 자고 잠이 깨면 운전했죠. 그게 다였어요."

한번은 아이오와주의 한 화물차 휴게소에서 30분 정도 쉬는데 백인 여자가 소리를 지르며 자기네 주차장에 주차하지 말고 당장 떠나라고 한 적도 있었다고 했다. "그 여자는 나에게 온갖 종류의 인종차별적인 말을 했어요."

한번은 눈보라가 몰아치는 날씨에 화이트아웃● 상태에서 노스다코타주를 지나다 백발의 친절한 운전사를 만나 도움을 받은 적도 있다. 그는 영하의 기온에 연료가 얼지 않도록 절대 차를 멈추지 말고 천천히 자기 뒤를 따라오라고 했다.

당시 잭슨은 일주일에 1,600달러를 벌었다. 하지만 그는 자기 차가 될 수 있다는 꾐에 넘어가 회사에서 리스한 트럭의 리스료를 내느라 그 돈의 절반을 회사에 돌려주었다. 나중에 그는 리스료에 29% 이자율이 적용되었다는 사실을 알게 되었다. 트럭 수리가 필요할 때면 스위프트는 자사 정비소 중 한 곳에 갈 것을 요구했다. 그곳에서는 수리비를 일반 정비소보다 네 배나 많이 받았다.

그의 기억 속에 가장 깊이 남아 있는 것은 가족과 떨어져 지내는 데서 오는 스트레스였다. 그는 휴식이 필요한 지친 몸으로 집으로 돌아오곤 했다. 하지만 그의 아내 역시 어린 딸을 혼자 돌보느라 지쳐 있었다.

2016년, 딸 베일리가 유치원을 졸업할 때 그는 졸업식에 참석할 수 있게 그날 하루만 근무에서 빼달라고 회사 배차실에 부탁했다. 졸

● whiteout. 눈보라나 눈의 난반사 등으로 주변이 모두 백색이 되어 아무것도 분간하지 못하는 현상.

업식이 있기 3주 전이었다.

하지만 해병대 출신인 우락부락한 배차 담당자는 조롱하듯 이렇게 말했다. "고용 계약서에 사인할 때 이 정도는 각오하셨어야지."

졸업식 당일 잭슨은 도로 위를 달리고 있었다.

"가족을 실망시켰다는 느낌이 들었어요. 괴로웠죠. 그 일로 내 생각이 모두 바뀌어버렸어요."

그는 남부 캘리포니아로 돌아온 뒤 회사에 자동차 열쇠를 넘겨주었다. 그는 스위프트에서 탈출하는 대가로 막대한 금전적 손실을 감수해야 했다. 이미 5만 달러가 넘는 돈을 납입했고, 신차를 구입해도 9만 달러 정도밖에 되지 않는데, 주행거리가 90만 킬로미터가 넘은 그의 차를 인수하려면 아직도 내야 할 돈이 10만 달러가 넘게 남아 있었다.

"기분이 안 좋았죠. 하지만 회사를 그만뒀다는 생각에 행복했어요."

잭슨은 3만 달러를 주고 중고 트럭을 한 대 샀다. 그는 중개인을 통해 자신이 원하는 일거리를 받았다. 여전히 장거리를 뛰었지만, 텍사스주 이상은 가지 않았고 운행 시간도 3일 이내로 제한했다.

그러다 매일 집에서 잘 방법을 알아냈다. 그는 항구를 드나들며 컨테이너를 운송하는 일을 시작했다.

일거리는 드레이 얼라이언스라는 온라인 플랫폼에서 잡았다. 드레이 얼라이언스는 화물차 기사와 화주를 연결해주는 플랫폼 벤처 기업이었다.

잭슨은 샌버나디노의 임대 아파트로 이사했다. 그러다 고속도로에서 조금 떨어진 곳에 있는 수수한 집을 한 채 구입했다.

그는 낡은 트럭을 팔고 새 차로 바꿨다. 그러다 트럭을 두 대 더 사서 운전사를 고용해 더 많은 화물을 처리했다. 말하자면 소규모 기업을 운영한 것이다. 팬데믹 초기 2년 동안은 항구에서 줄 서서 대기하느라 시간을 너무 많이 빼앗기기는 했어도, 무한대로 보이는 일거리를 처리하며 돈을 벌었다.

그는 서른일곱 살이 되던 2022년 여름, 리버사이드 카운티의 사막에 조성된 마을 주루파 밸리에 짓는 신축 주택 구입 계약을 체결했다. 수영장 부지가 있는 방 네 개짜리 집이었다.

이 집에서 그가 트럭을 주차하는 주차장까지는 차로 20분 거리였다. 사우스센트럴 로스앤젤레스의 집과는 하늘과 땅 차이였다.

2022년 9월 중순 어느 화요일 새벽 4시, 고속도로를 지나다니는 차량의 불빛만 빼고 사방이 아직 어두운 가운데 잭슨은 집 침대에 누워 아이폰을 집어 들었다.

그는 자신과 운전사 두 명의 일거리를 잡으려고 드레이 얼라이언스 앱에 접속했다.

불과 몇 달 전만 해도 할증 운임을 내는 수십 개 일거리 중 마음에 드는 것을 골라잡을 수 있었다. 이날 아침 그는 이제는 익숙해진 실망스러운 메시지를 받았다.

'일거리가 없습니다.'

그나마 앱에 뜨는 일거리도 그전보다 훨씬 못한 것뿐이었다. 2021년 말에는 110킬로미터 거리인 샌버나디노에서 로스앤젤레스 항까지 컨테이너를 운반하면 약 700달러를 벌 수 있었다. 그런데 요즘은 그때보다 기름값이 올랐음에도 같은 거리를 운행해도 500달러 밖에 받지 못했다.

운임이 그렇게 떨어졌어도 일거리는 순식간에 사라졌다. 돈 나갈 데가 많은 절박한 운전사들이 바로 낚아챘기 때문이다.

"우리가 계속 일을 할 수밖에 없다는 것을 아는 거죠. 그 사람들 은 그렇게 해서 이득을 취하는 겁니다. 우리는 어떻게든 살아야 해 요." 잭슨이 말했다.

그날 그는 오전 오후 모두 일거리가 있었다. 전날 잡아놓은 것이 었다. 하지만 그 이튿날부터는 일주일 내내 일정이 비어 있었다. 그 는 일거리를 확보하려고 하루 종일 앱의 새로 고침 버튼을 눌렀다.

잭슨은 빈 선적 컨테이너를 픽업하려고 근처 컨테이너 하치장에 트레일러트럭을 댄 후 앱의 새로 고침 버튼을 눌러 보았다. 차를 몰 고 고속도로를 달려 로스앤젤레스항으로 가는 도중에도 한 손은 운 전대를 잡고 다른 한 손은 핸드폰을 든 채 다시 한번 새로 고침 버튼 을 눌러 보았다.

빈 컨테이너를 야적장에 내려놓은 뒤에도 새로 고침 버튼을 눌러 보았다. 크레인이 트럭 뒤에 달린 트레일러에 컨테이너를 올려놓기 를 기다리는 동안에도 새로 고침 버튼을 수십 번 눌러 보았다. 이번 컨테이너에는 아시아의 공장에서 막 도착한 마텔의 장난감이 들어 있었다.

그는 트럭에 기름을 채우는 동안에도 새로 고침 버튼을 눌러 보 았고, 화장실에 가는 중에도 새로 고침 버튼을 눌러 보았다.

그럴 때마다 결과는 같았다. 일거리가 없었다.

"이러다 보면 내가 일을 하고 있기는 하는 걸까 하는 생각이 드는 순간이 오죠. 아침에 일어날 가치나 있나 하는 생각도 들고요. 57번 고속도로를 달리며 핸드폰을 들여다보고 있으면 이러다 사고가 나는 것은 아닐까 하는 생각이 들기도 하죠. 그래도 새로 고침 버튼을 계속 눌러봐야 합니다."

일거리가 갑자기 사라진 것은 남부 캘리포니아의 항구에 도착하는 컨테이너가 줄었기 때문이었다.

인플레이션으로 소비력이 떨어져 미국인의 상품 수요가 줄어드는 것도 한 요인이었다. 주요 소매기업들이 로스앤젤레스항과 롱비치항을 우회하는 것도 일부 영향을 미쳤다. 이들은 로페즈를 필두로 한 ILWU 소속 부두 노동자들이 새 단체 협약 조건을 둘러싸고 항만 운영업체와 대립하면서 혹시라도 일어날지 모를 태업을 피하려고 서배너항 같은 동부 해안의 항구로 화물 운송 목적지를 돌렸다.

로스앤젤레스항 책임자 진 서로카는 기자 회견을 열고 교통 체증이 해소되어 항구 앞바다에 발이 묶여 있던 배가 사라졌다고 발표했다.

하지만 드레이 기사들에게 그 결과는 삶의 불안정성이 더 높아지고, 생활비 걱정이 더 커지고, 허리띠를 더 졸라매야 한다는 것을 의미했다.

6개월 전만 해도 잭슨은 연료비나 유지보수비 등 간접비를 제하기 전 기준으로 하루에 1,800달러를 벌었지만 지금은 1,000달러만 벌어도 운이 좋은 날이었다.

그는 5차선 도로를 타고 항구로 가는 동안 대개는 헤드폰을 끼고

차를 몰았다. 최근에는 아내와 통화하며 수입이 너무 들쭉날쭉해 새 집에 입주할 수 있을지 걱정하는 말을 주고받을 때가 많았다.

그는 자신이 고용한 운전사 두 명에게 줄 일거리를 충분히 확보할 수 있을지, 또 그 두 사람이 트럭 두 대의 운영비를 감당할 만큼 돈을 벌 수 있을지 걱정했다.

그는 언제 다시 아내와 이제 열세 살이 된 딸과 함께 휴가를 떠날 수 있을지 모르겠다고 했다.

잭슨은 미국의 미약한 계층 이동 가능성을 생각해볼 때가 많다고 했다. 상승 이동이 아니라 오히려 뒤로 끌려가는 것 같은 느낌이 든다고 했다.

"지금은 아주 힘든 시기예요. 그래도 웃으면서 이겨내야죠. 긍정적인 마음을 가져야 해요. 하지만 이것저것 걱정거리가 많아 힘들긴 하네요."

인랜드엠파이어는 롱비치항과 로스앤젤레스항에서 동쪽으로 대략 100킬로미터 떨어진 곳이지만, 거기 모여 있는 창고 때문에 부두의 일부나 다름없었다. 주요 소매기업들은 컨테이너선에 실려 아시아에서 온 의류, 신발, 가구, 전자제품 같은 상품을 이곳에 보관했다. 그런 다음 지역 물류센터로 운반해 그곳을 기점으로 미국 서부 전역의 소비자들에게 공급했다.

19세기 후반 시카고와 캔자스시티가 대규모 도축장 덕분에 철도 화물의 허브가 된 것처럼 인랜드엠파이어도 대형 할인점·전자상거래 시대에 대표적 물류센터로 급성장했다.

희끄무레하게 먼동이 트는 새벽 5시 43분, 잭슨은 쇼핑몰, 주택지, 창고 등이 흩어져 있는 온타리오시에서 거대한 파란색 켄워스 트럭 운전대를 잡았다. 그는 트럭을 몰고 잭인더박스 레스토랑 건너편에 있는 셸 주유소로 들어갔다.

경유는 눈이 튀어나올 만큼 올라 갤런당 6달러 19센트였다. 그는 100달러어치를 주유했다. 이 정도면 이날 새벽 가전제품 회사 LG 제품 창고에서 픽업한 빈 트레일러를 반납하러 로스앤젤레스까지 가기에 충분할 것 같았다.

15분 후 그는 60번 도로를 타고 서쪽으로 향했다. 교통량이 점점 늘어나고 있었다. 그는 마음속으로 오늘은 또 무슨 일이 일어날까 하는 생각을 했다. 운임은 크게 떨어지고 항구의 교통 체증은 옛날 일이 되었지만, 수년째 드레이 기사들을 괴롭히던 지연과 사소한 문제는 그대로 남아 있었다.

잭슨은 지난주에 이른바 드라이 런dry run을 세 번이나 겪었다. 드라이 런은 서류 작업이 제대로 되지 않았거나, 픽업 약속이 잘못되었거나, 핵심 장비 부족 등의 문제로 도중에 일을 못 하게 되는 상황을 의미한다. 그는 운행 대가로 기름값을 간신히 충당할 만한 금액인 100달러를 받고 집으로 향했다.

잭슨은 팬데믹이 한창 기승을 부릴 때 드레이 얼라이언스의 알고리즘은 혼잡을 예측하는 데 탁월한 능력을 발휘했다고 말했다. 그 덕분에 그는 교통 상황이 나쁘지 않은 곳에 있는 일거리를 선택할 수 있었다. 하지만 드레이 얼라이언스의 데이터 관리 시스템이 아무리 뛰어나도 기본적인 일거리 부족 문제는 해결할 수 없었다.

해가 완전히 뜬 7시 20분, 잭슨은 울퉁불퉁한 포장도로를 지나 항구 근처의 컨테이너 야적장으로 들어섰다. 야적장 너머로 정유 공장이 보였다. 그는 컨테이너 사이의 공간으로 후진해 차를 주차한 뒤 운전석에서 내려 크랭크 핸들을 돌려 트레일러의 랜딩 기어를 내렸다. 그런 다음 트레일러를 분리한 뒤 차를 뺐다.

그는 곧바로 자신이 픽업하기로 되어 있는 빈 컨테이너를 발견했다. 하지만 컨테이너를 실은 트레일러의 황갈색 페인트가 희미하게 바랜 모습이 눈에 띄었다. 오래된 트레일러라는 뜻이었다. 그대로 운행하면 문제가 될 수 있어 점검이 필요했다.

잭슨은 항구로 차를 몰고 가서 머스크 제국의 일부인 APM 터미널의 출입문으로 들어갔다.

그는 경비원이 그의 증명서를 확인하는 동안 드레이 얼라이언스 앱의 새로 고침 버튼을 눌러보았다. 여전히 일거리가 없었다.

경비원이 그를 통과시켰다. 기계가 종이 티켓 두 장을 뱉어냈다. 하나는 빈 컨테이너 반납을 감독하는 부두 노동자에게 줄 티켓이었고, 다른 하나는 화물이 든 컨테이너를 픽업할 때 건넬 티켓이었다.

몇 분 후 톱 로더를 운전하는 부두 노동자가 잭슨에게 지정된 공간으로 이동하라고 손짓했다. 부두 노동자는 트레일러에서 빈 컨테이너를 들어 올려 야적장에 내려놓았다.

잭슨은 다음에 갈 곳을 찾으려고 핸드폰을 들여다보았다. 다음 목적지는 E162였다. 그는 부두에 흰색 페인트로 E162라고 쓰인 곳을 찾아 차를 댔다. 워낙 바싹 붙여 대 오른쪽에 놓인 컨테이너에 조수석 사이드미러가 닿았다. 크레인이 그가 싣고 갈 컨테이너를 쿵 하고 트레일러에 내려놓았다. 끼긱하고 쇠가 맞부딪치는 소리가 들렸다.

그의 앞에도 트럭이 없었고 뒤에도 없었다. 그는 샌버나디노의 마텔 물류센터에 컨테이너를 가져다준 뒤 그날의 첫 끼 식사를 할 예정이었다. 그런 다음 부두로 돌아와 두 번째 컨테이너를 운반할 생각이었다.

그런데 출구에 도착하기 바로 전에 항만 직원 한 사람이 트레일러가 낡은 것을 보고 현장 검사를 받으라며 차를 정비소로 돌렸다.

정비사가 그에게 차를 멈추라고 소리친 뒤 운전석으로 다가왔다.

"차량 연결 부위가 모두 엉망이요"라고 정비사가 말했다.

"야단났군. 이것 때문에 하루 일정이 몽땅 뒤로 밀리게 생겼어요"라고 잭슨이 한숨을 쉬며 말했다.

로스앤젤레스항과 롱비치항에 있는 여러 장비 회사에서 관리하는 트레일러 5만 8,000대 가운데 2,000대 이상이 어떤 식으로든 파손된 상태였다.[7] 트레일러 수리에 필요한 기술을 갖춘 정비사는 만성적으로 부족했다.

잭슨은 날씨가 더워 에어컨 바람을 쐬려고 시동을 켠 채 운전석에 앉아 있었다.

"이봐요! 시동 꺼요!" 정비사가 소리쳤다.

잭슨은 시동을 껐다. 그는 잠시 트럭 앞 유리를 통해 잔잔한 푸른색 바다를 바라보았다. 그러고는 핸드폰을 꺼내 새로 고침 버튼을 눌러 보았다. 하지만 이 구역은 핸드폰 신호가 잘 잡히지 않는 곳이었다. 그는 온라인에 접속할 수 없었다. 걱정이었다. 앱에 일거리가 뜬다면 놓칠 터였다.

정비사는 한 시간 넘게 드릴을 윙윙거리며 트레일러 앞부분에서 풀려 덜렁거리는 금속 덩어리를 고정했다. 그는 다른 정비사를 불렀다. 두 사람은 뭔가 이상하다는 듯한 표정으로 트레일러의 차대를 들여다보았다.

잭슨은 초조해졌다. 시간이 오래 걸릴수록 트레일러가 운행에 부적합하다는 판정이 나 '교체 대기 줄'로 돌릴 가능성이 커지기 때문이었다. 교체 대기 줄로 빠지면 다른 트레일러를 받을 때까지 몇 시간을 기다릴 수도 있었다.

보관소에 트레일러가 쌓여 있었지만 대부분은 아마존 같은 대형 수입업체가 미리 확보해놓은 것이었다.

이날은 항구의 신이 그의 편이었다. 정비사가 트레일러 전면에 도로 운행이 가능하다는 스티커를 붙여주었다. 잭슨은 트럭을 몰고 터미널 출구로 향했다.

핸드폰이 다시 터지자 그는 드레이 얼라이언스 앱의 새로 고침 버튼을 눌러 보았다. 음영 지역에 있는 사이에 일거리 하나를 놓쳤다는 사실을 알고 나니 속이 쓰려왔다.

그는 롱비치에 있는 화물차 휴게소에 들러 경유 400달러어치를 주유한 다음, 새벽에 고속도로에 오른 뒤 처음으로 화장실에 갔다.

오전 11시, 그는 마텔의 장난감이 가득 든 컨테이너를 싣고 인랜드엠파이어로 돌아가려고 다시 고속도로에 올랐다. 그는 한 손으로 팝콘을 입에 집어넣었다. 그러다 팝콘 봉지를 콘솔박스에 내려놓고 아이폰을 집어 든 뒤 새로 고침 버튼을 눌러 보았다. 일거리가 없었다.

그는 린서플라이설루션스 창고, 패스트이빅트닷컴('집주인을 위한 서비스') 광고판, 고가도로 아래 자리 잡은 노숙자 텐트촌, 슈퍼마켓,

드라이브스루 매장, 수표 교환소 등을 지나갔다.

많은 화물차 기사가 이른바 고속도로 최면 상태에 빠지지 않으려고(물론 그럴 만한 이유가 없는 것은 아니다) 카페인 음료를 지나칠 정도로 많이 섭취했다. 하지만 잭슨은 카페인 음료를 마시지 않았다. 그는 피지산 생수병을 집어 들어 한 모금 마시고는 "나는 이걸 많이 마시죠"라고 말했다.

그는 음악에 의존해 졸음운전을 예방했다.

아일리 브라더스의 대표곡 'Work to Do'가 나오자 그가 볼륨을 높이며 "좀 시끄러워질 거예요"라고 말했다.

나는 일하고 있어

내가 일하는 모습 보여?

당신을 위해 이 일을 하는 거야.

물론 나를 위한 것이기도 하지.

핸드폰 벨소리가 들리자 그가 음악을 껐다. 그가 고용한 운전사한 사람이 항구에 빈 컨테이너를 반납한 뒤 인랜드엠파이어로 돌아가는 길이라고 보고하는 전화였다. 그는 밥테일bobtail하고 있었다. 밥테일은 화물차 업계의 은어로 트레일러를 달지 않고 트럭만 운행하는 것을 가리킨다.

잭슨은 쉽사리 흥분하지 않는 침착한 사람이었지만 이번만큼은 화가 난 것 같았다. 그는 그날 저녁 그 기사가 항구에서 컨테이너를 픽업해올 수 있게 이미 조치해놓은 상태였다. 그렇다면 두 번 왔다갔다 하지 말고 항구에서 기다렸어야 했다. 그러면 쓸데없이 기름을 태워 잭슨의 돈을 낭비하지 않았을 터였다.

"그렇게 해서 기름값이나 충당하겠어요? 운임이 떨어졌어요. 일거리도 없고요." 잭슨이 다그치듯 말했다.

그는 정오가 조금 지난 시각에 마텔 물류센터에 도착했다. 샌버나디노산맥 위에 먹구름이 낮게 드리워져 있었다. 그는 끌고 온 컨테이너를 내려놓고 빈 컨테이너를 매단 후 로스앤젤레스항으로 가려고 다시 고속도로에 올랐다.

695번 도로를 타고 가던 중 휘티어 외곽에서 차가 멈춰 섰다. 잭슨은 끙하고 신음을 냈다. 하지만 곧 정체가 풀렸다. 항구에 도착하자 아직 시간 여유가 있어 그는 그날의 첫 끼 식사를 하기로 했다.

그는 롱비치의 금이 간 도로를 따라 서서히 차를 몰며 연석 옆으로 트레일러트럭을 주차할 만한 공간이 있는지 찾아보았다. 도넛 가게 모퉁이를 돌자 적당한 곳이 눈에 띄었다. 고장 난 트레일러가 잔뜩 주차되어 있는 주차장 바로 옆이었다.

그는 화물차 휴게소에서 많이 파는 기름지고 건강에 좋지 않은 음식 대신 핸드폰을 들고 우버 이츠 앱으로 치킨, 현미밥, 아보카도가 들어간 치폴레 볼을 주문했다. 그런 다음 길모퉁이로 걸어가 스쿠터를 타고 오는 배달원을 기다렸다. 배달원은 공급망 뒤에 있는 사람들을 위한 공급망이었다.

오후 4시 그는 다시 APM 터미널로 갔다. 경비원에게 증명서를 보여주려고 유리창을 내리자 차 안으로 바다 냄새가 밀려 들어왔다.

"항상 도로 위에만 있다 보니 한 번씩 햇살을 받으며 시원한 바람을 맞으면 기분이 좋아지죠. 그래서 미치지 않는가 봐요." 잭슨이 말했다.

그는 다시 롱비치로 가서 아까 식사할 때 주차한 장소에 트럭을 주차한 뒤 운전석 뒤편의 휴식 공간으로 들어갔다. 러시아워에 운전대를 잡을 필요는 없죠. 여기서 쉬는 편이 나아요. 그는 아이패드로 영화를 보다가 바로 잠이 들었다.

잭슨은 6시 조금 넘어 잠에서 깼다. 황혼이 드리운 하늘에 가로등이 반짝이고 있었다.

그는 고속도로에 다시 올라탄 뒤 아내에게 전화를 걸었다. 새집에 입주할 수 있을지 걱정하는 그의 목소리는 낮고 차분했다. 대출업체는 그의 사업이 힘들어졌다는 사실을 알고 추가 서류를 요구했다.

어둠이 깔린 도로 위로 브레이크등이 점멸했다. 파란색 테슬라가 갑자기 차선을 변경해 그의 앞으로 끼어들어 왔다. 그는 급하게 브레이크를 밟았다. 그와 그의 아내는 앞으로 무슨 일이 일어날지 모른다며 걱정하는 대화를 이어갔다.

"사람들은 대개 '이 순간만 참고 견디면 괜찮아질 거야'라고 생각하지요. 그런데 나는 '이 순간이 얼마나 오래갈까?'라고 생각하는 편이에요." 잭슨이 말했다.

헤이건 워커의 컨테이너는 트레일러트럭을 오래 기다릴 필요가 없었다.

컨테이너가 롱비치항 부두에 하역되고 나흘이 지나자 푸둥 프라임 인터내셔널 로지스틱스라는 회사 소속의 기사가 터미널에 와서 컨테이너를 끌고 존웨인공항 근처 코스타메이사에 있는 창고로 옮겼다. 당초 바닥 적재를 택한 워커의 우려와 달리 그곳의 작업자들은 재빨리 컨테이너에 든 화물을 빼내 재포장한 뒤 파렛트에 올려 장거리 운송 트럭이 끌고 갈 53피트 트레일러에 실었다.

트레일러는 운반할 기사가 나타날 때까지 이틀을 기다렸다. 이제는 대륙을 횡단할 일이 남아 있었다.

"공공비용으로 아무 데나 철도를 건설한다"

투자자들은 어떤 식으로 철도 산업을 약탈했나

헤이건 워커가 중국에서 예약한 여정에는 롱비치항에서 멤피스까지 기차로 컨테이너를 운송하는 구간도 포함되어 있었다. 멤피스까지만 오면 미시시피주에 있는 창고까지는 엎어지면 코 닿을 거리였다.

합리적인 세상이라면 철도가 국토를 가로질러 컨테이너를 운송하는 가장 좋은 방법이었다.

이런 사실은 환경적 이유만으로도 분명했다. 점점 심해지는 기후 변화의 위협에 대한 경각심이 높아지면서 철도는 그 해결책의 중심이 되었다. 기차로 화물을 운송하면 온실가스 배출량이 같은 거리를 트럭으로 운송하는 것의 10분의 1밖에 되지 않았다.[1]

경제적인 면에서도 철도가 더 나은 선택이었다. 트럭으로 화물을 운송하면 기차로 옮기는 것보다 운송비가 세 배 이상 더 들었다.[2] 좀 더 넓게 사회적 이익까지 고려하면 철도의 가치가 훨씬 더 높아졌다. 트럭 운송에는 교량 마모, 시간을 낭비하게 만드는 교통 체증, 인명을 앗아가는 교통사고가 수반되었다. 이에 따른 사회적 비용은 트럭이 기차의 여덟 배에 달했다.[3]

하지만 주주의 이익으로 형성된 세상에서 철도는 운영상 위험, 인력 부족, 기계 고장, 지연 등으로 몸살을 앓는 영역이었다.

미국의 철도는 내부로부터 약탈당해왔다. 철도회사 소유주들은 주주들에게 보상할 현금을 확보하려고 가차 없이 예산을 삭감함으로써 철도망의 운송 능력을 손상해왔다. 철도 화물은 전국 곳곳의 병목구간에서 발이 묶였다. 이렇게 된 이유 일부는 유지보수 인력을 충분히 고용할 수 없었기 때문이다. 수십 년에 걸친 냉혹한 착취의 직접적 결과물이었다.

2022년 가을, 나는 텍사스주에서 어느 철도 대기업 소속의 순회 유지보수팀 직원들과 이야기를 나눈 적이 있다. 그들은 아버지 없이 자라는 아이들을 두고 길 위에서 보내는 자신들의 고통을 이야기했다. 그들은 숙소가 불결하고 안전하지 않다고 했다. 또 병원 진료, 아이 출산, 장례식 참석 등의 이유로 휴가를 신청해도 허락해주지 않는다는 불평도 했다.

"따져봐야 소용없죠. 다 그럴 만한 이유가 있으니까요." 그중 한 사람이 말했다.

이것은 기관차가 등장한 이래 기본적인 내용이 거의 바뀌지 않은 이야기였다.

강도 귀족으로 알려진 거물들이 미국의 미개척지에 철로를 깔던

13장 "공공비용으로 아무 데나 철도를 건설한다"

19세기 이래로 철도 산업을 지배하던 기업들은 철도를 운송 수단이라기보다는 부를 증식하는 수단으로 취급해왔다.

그들은 금융 사기, 속임수, 무자비한 독점력 추구 등으로 고객의 이익보다는 자신의 재산 증식을 우선시했다. 직원들의 이익이나 국가의 번영을 등한시한 것은 말할 필요도 없었다.

최근 수십 년 사이에 철도 기업들은 전통적으로 유지해오던 반독점 기조에서 벗어나 대규모 합병 잔치를 벌임으로써 수익을 증대해왔다. 그들은 한때 경쟁 관계에 있던 수십 개 회사를 소수의 거대 기업으로 통합해 시장을 장악했다. 그들은 이렇게 해서 갖게 된 지배력을 바탕으로 운임을 인상했을 뿐 아니라 수익성이 낮은 노선은 포기하고 수익성이 높은 노선에 회사의 자원을 집중했다.

철도를 운영하는 사람들이 더 많은 수익을 올리려고 철도의 회복 탄력성을 손상한 것은 이번이 처음이 아니었다.

철도는 여러 면에서 미국 산업의 본질 자체였다. 철도는 미국의 독창성, 기지, 불굴의 정신과 함께 부패, 무자비함, 탐욕 등과 같이 잘 알려지지 않은 특징을 보여주는 산업이었다.

미국이 농업 국가에서 지구상에서 가장 강력한 공업 국가로 변신한 이야기의 중심에는 기관차가 있었다. 그 과정에서 철도회사들은 미국 최초의 진정한 대기업으로 부상했다. 철도회사들의 빠른 성장과 거대한 규모는 현대식 회계 제도에서 여러 사업부로 구성된 기업에 이르기까지 새롭고 정교한 기업 경영 방식을 발전시키는 계기가 되었다.[4] 철로가 확산됨에 따라 기차 운행 시간을 조율할 필요가 생겨 표준화된 시간대 도입이 촉발되었다.

J. P. 모건, 코닐리어스 밴더빌트, 제이 굴드 같은 거물들은 철도를 건설하거나 철도 건설에 자금을 조달하며 대부분 부를 쌓았다. 그들이 축적한 독점력은 난투장으로 변한 미국 시장에 연방정부가 개입하는 계기가 되었다.

미국에서 최초로 건설된 철도는 볼티모어항에서 오하이오 밸리를 잇는 노선으로 1830년에 첫 운행을 했다.[5] 이 철도는 동부 해안 지대의 도시와 마을을 물산이 풍부한 내륙의 땅과 연결하며 훨씬 빠른 속도를 무기로 이리운하를 대체했다. 사람들은 곧 엄청난 속도로 광활한 미 대륙을 가로지르는 철로를 깔기 시작했다. 철도는 미국의 미개척지를 열어젖혀 농사와 목축에서 광산과 장사에 이르기까지 온갖 종류의 개발을 촉진했다.

기관차는 남부의 목화 농장이 달가닥거리며 돌아가는 뉴잉글랜드주의 방직 공장으로 값싸게 목화를 운반할 수 있게 해주었다. 그 덕분에 이들은 노예 노동을 통한 수익을 더 올릴 수 있었다. 남북전쟁이 끝나자 노예 생활을 하던 흑인들은 기차를 타고 북부의 도시로 이동했다.[6]

기차는 동부 해안의 도시와 마을에 살던 유럽계 미국인을 내륙 지역으로 실어 날랐다. 이들은 아메리카 원주민의 땅을 식민지화해 버펄로가 무리 지어 살던 광활한 땅을 구획된 농지로 분할했다. 일부 원주민 부족이 철도 건설 현장의 일꾼들을 공격하며 대항하자 미군은 기차로 병력과 물자를 실어 날라 원주민 공동체를 토벌했다.[7]

기차는 농기구를 서쪽으로 실어 날랐다. 그에 따라 평원은 지구상에서 가장 생산성이 높은 농지로 바뀌어 갔다.[8] 각각의 전진은 다음 전진을 위한 발판이 되었고, 이 과정은 기찻길 주변이 도시와 마을로 뒤덮일 때까지 계속되었다.

기차 이동의 가능성은 처음부터 투자자 계층을 흥분시켰다. 전통적인 지리적 한계를 없앨 능력을 지닌 경이로운 기술이 등장한 것이었다.

대륙횡단철도 부설을 처음으로 부르짖은 뉴요커 에이사 휘트니는 1844년에 첫 기차 여행을 한 뒤 영감을 얻었다. 배로 편도 5개월이 걸리는, 사람의 진을 빼는 중국 여행에서 막 돌아온 다음이었다. 그는 선박 여행과 기차 여행의 속도 차이를 보고 경이로움을 느꼈다.

그는 수첩에 다음과 같이 적었다. "우리는 증기의 힘으로 시간과 공간을 정복하며, 주피터의 활을 떠난 화살처럼 도시와 마을, 아니 나라를 지나간다. 번개 같은 속도로 달리는 기차에서 멀리 떨어진 물체에 시선을 던지니 모든 물체가 주마등처럼 눈앞을 지나간다."[9]

19세기 중반에 뉴욕주 올버니에서 버펄로까지 이리운하를 통해 584킬로미터를 이동하려면 길게는 4일까지 걸렸다.[10] 그러다 철도가 부설되자 올버니에서 버펄로까지 가는 데 다섯 시간이면 충분했다.

대륙횡단철도 건설은 한 세기 후 인류가 달에 첫발을 내디뎠을 때 그랬던 것처럼, 미국 국내는 물론 전 세계의 이목을 사로잡았다. 작업자들에게 이 프로젝트는 극도로 혹독했고 위험했다. 그중에서도 특히 센트럴퍼시픽철도가 감독한, 새크라멘토와 시에라 네바다를 잇는 2,900킬로미터 길이의 서부 구간이 가장 어려웠다. 작업자들은 단단한 화강암 덩어리를 뚫어 가며 터널을 만들어야 했고, 협곡을 가로질러 다리를 놓아야 했다.

이 프로젝트는 1863년에 시작되었다. 이듬해가 되자 공사의 위험도가 점점 높아지면서 압도적인 숫자를 차지하던 백인 노동자들이 집단으로 일을 그만두기 시작했다. 그러자 심각한 노동력 부족에 직면한 센트럴퍼시픽철도는 주변 광산에서 일하던 중국인 이민자들을 채용하기 시작했다.[11] 얼마 지나지 않아 중국인 노동자 수는 1만 2,000명이 넘어섰고, 일부 구간에서는 중국인 작업자가 전체 작업자의 90%까지 차지하게 되었다.[12]

당시 기준으로 미국 역사상 가장 큰 규모였던 인프라를 건설하는 데 중국인 노동자들이 중요한 역할을 맡게 되면서, 그때 중국인 노동자들을 대하던 방식이 그 이후 대대로 철도회사들이 노동자를 대하는 기준이 되었다. 이에 따라 인간의 존엄성 존중은 뒷전으로 밀려나고 수익성이 다른 무엇보다도 중요한 고려 사항이 되었다.

중국인 노동자들은 저임금 노동력이 필요했던 미국 기업들의 조직적인 채용 제도로 미국에 오게 되었다.[13] 많은 중국인 노동자가 태평양을 건너고자 빚을 지게 되었고, 이 때문에 그들은 수입이 절실했다. 그들은 기꺼이 유럽인 노동자보다 더 적은 임금을 받으면서도 더 오랜 시간 일했다. 센트럴퍼시픽철도가 임금 지출을 절반 가까이 줄일 수 있었던 데는 이들의 도움이 컸다.[14]

철도회사들은 중국인 노동자들을 교환할 수 있는 부품처럼 취급했다. 이들은 회사 일지에 중국인 노동자들의 이름을 기재하지 않기 일쑤였고,[15] 그들에게 가장 위험한 일을 맡겼으며,[16] 백인 노동자들과 분리된 야영지의 캔버스 천으로 대충 만든 텐트에 재웠다.[17]

중국인 노동자들은 작업 현장에서도 치명적인 낙반 사고에서 천연두처럼 빠르게 확산하는 질병에 이르기까지 끝없는 위험에 맞닥뜨렸다. 그들은 영하의 기온과 찌는 듯한 무더위 속에 일하면서 끊임없이 인종차별적 폭력의 위험에 시달렸다. 철도회사들은 대부분 의료 서비스를 제공하지 않았다. 기본적인 숙박시설, 음식, 안전 보장을 제공하지 않은 것은 말할 것도 없었다. 중국인 노동자가 사망하면 그들은 유해를 상자에 담아 서쪽으로 가는 기차에 실어 보냈다. 그런 다음 태평양을 가로질러 중국으로 향하는 배에 옮겨 실었다.

철도회사 경영자들에게는 적대적인 땅에 떨어진 이방인이라는 중국인 노동자의 취약성이야말로 그들의 고용을 부추기는 매력이었다. 그들은 노동자들의 시위에 대비한 보험과 같았다.

센트럴퍼시픽철도의 한 변호사는 어떤 하원의원에게 보낸 서한에서 이렇게 말했다. "우리 노동력의 상당수는 중국인입니다. 그들은 백인과 거의 같은 정도의 일을 하면서도 백인보다 훨씬 믿을 만합니다. 그들은 파업을 일으킬 위험이 없습니다."[18]

1869년 5월 10일, 유타주 프로몬토리에서 마지막 선로 구간에 황금색 못을 박는 행사를 끝으로 대륙횡단철도가 준공되었다. 전신을 통해 준공 소식이 알려지자 전국 각지의 도시에서 사람들이 거리로 쏟아져나왔다.[19] 로어 맨해튼에서는 축하의 대포 소리가 울려 퍼졌다. 시카고에서는 수만 명이 퍼레이드에 나서 행렬의 길이가 11킬로미터에 이르렀다.

하지만 이런 환희는 이 업적의 중요한 특징 한 가지를 무시한 처사였다. 철도는 미국 공학 기술의 역량을 보여주는 증거를 넘어 그 시대를 지배했던 탐욕스러운 자본가들의 힘의 승리였다. 그들은 신뢰할 수 있는 운송 수단을 제공하는 것보다는 폭리를 취하는 데 관심이 더 많았다. 그들의 이런 행태는 오늘날까지 이어져 온 철도업자들의 기본 틀이 되었다.

강도 귀족들은 새 철도 건설 프로젝트에 자금을 대려고 멀리 유럽에서 자본을 끌어들였다. 그들은 이 과정에 발전의 동인으로서 기관차에 강한 매력을 느끼던 대중의 구미에 맞는 이야기를 퍼트렸다. 그들의 이야기는 투자 손익 계산의 필요성을 느끼지 못할 정도로 강렬했다.

저널리스트 마이클 힐트직은 강도 귀족들의 행각을 연대기적으로 기록한 그의 저서 《철의 제국Iron Empires》에서 이렇게 말했다. "서부를 가로지르는 철도 건설의 폭발적 증가는 당시의 여객이나 화물 운송으로는 정당화될 수 없었다. 노선이 지나는 곳이 황무지였기 때문이다. 강도 귀족들은 철도 주식에 대한 대중적 열풍을 이용했다. 이 열풍은 불모지를 사람들이 들끓는 에덴으로 바꿀 수 있을 것으로 보이는 신기술의 잠재력에 근거한 것이었지만, 합리성이나 실용성과는 거리가 멀었다."[20]

유니언퍼시픽철도는 19세기 중반 철도 건설 붐이 일던 시기에 철도회사들의 파렴치한 단기적 이익 추구가 철도 운영을 어떻게 왜곡했는지 보여주는 단적인 예다. 유니언퍼시픽철도는 아이오와주에서 서쪽으로 이어지는 대륙횡단철도의 나머지 절반을 건설했다.

당시 연방정부는 상업 활동을 촉진하고자 철도 부설을 장려했다. 연방정부는 새로 건설되는 선로 주변의 땅을 철도회사들에 무상으로 교부했을 뿐 아니라 장기 대출도 제공했다.[21] 유니언퍼시픽은 공짜 부동산을 가능한 한 많이 받으려고 노선을 구불구불하게 설계해 선로 길이를 늘렸다.[22] 효율적인 운송망과 공짜 땅을 맞바꾼 셈이었다. 게다가 구간별 공사를 최대한 빨리 끝내려고 서두르다 보니 부실 공사로 이어져 잦은 고장을 발생시켰다.

이 회사의 배후에 있던 투자자들은 크레디 모빌리에라는 이국적인 이름의 두 번째 회사를 만들어 철도 건설 공사를 총괄하게 했다. 이곳이 엄청난 규모의 도둑질이 일어난 복마전이었다. 크레디 모빌리에는 건설 공사 대가를 엄청나게 과다 청구해 유니언퍼시픽을 갈취했다. 이 대금은 결국 궁극적인 호구라 할 수 있는 납세자의 보조금이 들어간 돈이었다. 이런 거래가 가능했던 것은 힘 있는 정부 기관에 광범위하게 주식을 뿌림으로써 뇌물을 받은 당국의 암묵적 협조를 얻을 수 있었기 때문이다.[23] 부통령 스카일러 콜팩스도 이 부정에 가담했다. 하원 의장, 영향력 있는 여러 의회 위원회의 위원장, 당시 오하이오주 출신 하원의원이었던 미래의 대통령 제임스 가필드도 마찬가지였다.

1872년 폭로 전문 기자들이 이 추문을 세상에 드러내면서 크레디 모빌리에는 철도 붐에 편승한 속임수의 대명사가 되었다. 이 사기는 그 규모가 엄청나 약 2,000만 달러(오늘날의 기준으로 대략 5억 달러에 해당하는 금액)가 연루된 사람들의 주머니로 흘러 들어갔다.[24] 이 사기의 결과로 유니언퍼시픽은 감당할 수 없는 부채를 지게 되었다.

크레디 모빌리에 스캔들에 바로 뒤이어 '1873년의 공황'으로 알려진 금융 위기가 찾아왔다. 이 공황은 유럽에서 은행의 연쇄 도산으로 시작되어 빠른 속도로 미국으로 확산했다. 공황이 일어난 중심에는 철도회사들이 발행한 채권의 신뢰 상실이 있었다.

철도회사 주가의 급격한 하락으로 소유 재산이 확 줄어든 강도 귀족 코닐리어스 밴더빌트는 이렇게 말했다. "공공의 비용으로 아무 데나 철도를 건설하는 것은 정당한 사업이 아닙니다."[25]

투자자들이 철도 산업에서 그나마 남아 있던 돈마저 빼내면서 철도 건설은 중단되었고, 노동자들은 다른 일자리를 찾아 나서야 했다. 경기 침체로 화물 운송 수요가 줄어들면서 치열한 가격 경쟁이 촉발되었다. 그 결과 불과 3년 만에 미국 철도회사의 반 이상이 파산했다.[26]

이런 모든 일을 발판으로 삼아 미국 철도의 역사는 다음 단계로 전진했다. 위기에서 살아남은 사람들(그중에서도 특히 J. P. 모건)은 잔해를 뒤져 헐값에 엄청난 주식을 긁어모았다. 그들은 철도회사를 합병해 노선을 통합하고 운임을 낮춰 경쟁 회사를 제거해나갔다.[27]

미국 비즈니스 어휘집에도 수록된 '모건화Morganization'라는 말은 노련한 자본가가 파산 상태에 내몰린 기업을 장악한 뒤에 일어나는 일을 지칭하는 용어다.[28] 이들은 비실거리는 기존 관리자들을 해고하고 말 잘 듣는 사람들로 대체했다. 이들은 손해 보는 노선은 포기하고 무자비하게 독점을 추구했다.

투자자의 관점에서 보면 모건 같은 관리자는 철도를 전문화하고, 낭비와 부패를 제거하며, 질서를 확립하는 사람이었다. 이들은 일단 경쟁 회사를 제거해 주요 산업 중심지와 농업 중심지를 장악하고 나면 제 마음대로 운임을 인상해 수익을 끌어올렸다.

하지만 농작물과 상품의 운반을 기차에 의존하던 농부와 상인 처지에서 보면, 그들의 행위는 자신들의 생계를 조직적으로 위협하는 것이었다. 19세기 후반 대중의 지지를 받는 시민운동이 일어났다. 이들은 철도회사를 비판하며 주 의회 의사당에 모여 요금 규제를 요구했다.[29]

철도 노동자 처지에서 보면, 모건주의자는 자신들의 임금을 직접적으로 공격하는 사람이었다. 노선 감축과 경쟁 회사 제거는 임금 삭감을 동반했다. 그 결과 사회 불안이 급속히 심화했다.

역사학자 로버트 V. 브루스는 그의 책에서 이렇게 말했다. "산업 노동자들은 특별한 기술이 필요 없는 갑남을녀가 되어버렸다. 이들은 교환 가능한 하나의 노동 단위가 되어 전국에 있는 쓸모가 비슷한 노동자 수십만 명과 경쟁해야 했다."[30]

근로자 처지에서 보면 기업 경영이라는 개념이 등장하면서 근로자의 처우에 영향을 미치는, 사용자와 근로자 간에 형성된 인간관계의 힘이 약화했다. 그들의 근로 조건과 급여는 이제 더는 현장에서 그들을 채용하고 감독하는 사람이 결정하지 않았다. 그것을 결정하는 사람은 뉴욕, 볼티모어, 필라델피아의 멀리 떨어진 안전한 집무실에 앉아 기업을 지배하는 그리고 무엇보다도 투자자들의 요구에 영합하는 보이지 않는 경영자들이었다.

주주 배당금과 근로자 복지는 제로섬 경쟁 관계였으므로 철도의 위험성을 줄이는 데 들어가는 비용 지출이 제한되었다. 가장 열악한 환경에서 근무하는 사람은 제동수였다. 이들은 차량 지붕으로 기어 올라가 다음 차량으로 이동한 뒤 손으로 각 차량의 브레이크를 작동시켰다. 이들은 언제든 낮게 부설된 다리에 부딪혀 목이 날아가거나, 발을 헛디뎌 기차 바퀴에 깔려 죽을 수 있었다. 겨울에는 얼음 낀 기차 지붕에서 미끄러져 달리는 열차 아래로 떨어질 수 있어 위험성이 더 컸다.

브루스는 그의 책에서 이렇게 말했다. "양손과 손가락이 모두 온전한 제동수는 엄청나게 숙련된 사람이거나, 믿을 수 없을 정도로 운이 좋은 사람이거나, 신참이거나 셋 중 하나였다. 대부분 철도회사는 잘 알려진 안전장치를 설치하는 데 몇 년이 걸렸다. 사람들은 조의를 표하는 것이 더 싸게 먹혔기 때문이라고 생각했다."[31]

철도회사는 병에 걸린 사람을 지원해주지 않았다. 근무 중 다친 사람도 마찬가지였다. 이것은 철도회사가 오늘날까지도 일관되게 견지하는 원칙이다.

가장 돈이 많았고 가장 강력했던 펜실베이니아철도의 공식 규정에는 이런 문구가 있었다. "직원의 정기 급여에는 모든 위험과 사고 책임에 대한 보상 비용이 포함되어 있다. 직원이 질병이나 그 밖의 다른 원인으로 장애를 입어도 보상을 청구할 권리는 인정되지 않는다."[32]

철도 노동자들은 가혹한 근무 일정, 그중에서도 특히 단기 체류 layover에 분개했다.[33] 단기 체류는 정해진 목적지까지 운행을 끝낸 뒤 다음 운행을 기다리며 대기하는 시간을 의미했는데, 그사이 이들은 숙박과 식사를 자기 돈으로 해결해야 했다. 그것이 싫으면 대안은 자비로 기차를 타고 집으로 돌아가는 것이었다. 철도 노동자들은 회사가 요구하면 언제든 달려와 일할 준비가 되어 있어야 했다. 하지만

13장 "공공비용으로 아무 데나 철도를 건설한다"

급여는 실제 근무한 시간만큼만 받을 수 있었다.

이상이 사용자들이 본격적으로 임금을 깎기 시작한 1877년 봄까지 철도 노동자들이 처한 대략적인 상황이었다.

펜실베이니아철도는 1877년 6월 1일부터 임금을 10% 삭감했다.[34] 사흘 뒤 이 조치에 불만을 품은 근로자들이 펜실베이니아철도 사장 토머스 A. 스콧을 만나 결정을 재고해달라고 하소연했다. 하지만 아무런 소용이 없었다. 스콧은 오히려 자신이 안고 있는 문제를 한탄하듯 말했다. 공황 때문에 주주 배당금도 줄일 수밖에 없다고 했다. 그러니 일반 직원들도 부담을 나눠 떠안아야 공평한 것 아니냐고 했다. 하지만 스콧은 펜실베이니아철도가 그 전년도만 해도 수익의 8%를 배당금으로 지급할 만큼 돈을 벌었을 뿐 아니라 150만 달러의 현금까지 쌓아두고 있었다는 사실은 입 밖에 내지 않았다.[35]

고통 분담을 요구하는 스콧의 말은 노동자들의 분노에 기름을 끼얹어 미국 노동 역사상 가장 큰 투쟁으로 이어졌다. 다른 철도회사들도 차례로 임금 삭감에 나서면서 펜실베이니아주의 공업 도시 피츠버그는 전국적인 파업과 시위의 진원지가 되었다.

분노한 노동자들은 피츠버그의 철도 야적장으로 쏟아져 나왔다. 그들은 기차 운행을 중단하고 기관차를 고장 냈다. 그들은 "빵이 아니면 피를 달라"라는 단순한 요구와 협박이 뒤섞인 구호를 중심으로 한 데 뭉쳤다.

스콧의 응수는 그 이후 수 세대에 걸쳐 미국 철도회사들이 노동자들을 대하는 방식을 깔끔하게 압축해서 보여주는 것이었다. 그는 "파업 참가자들에게 며칠 동안 총알을 식사로 제공하고, 그런 빵을 좋아하는지 지켜보자"[36]라고 했다.

스콧은 자신이 말한 것을 실행에 옮겼다. 파업을 진압하려고 투입된 현지인들이 노동자 편을 들자 스콧은 주 당국을 설득해 멀리 떨어진 필라델피아에서 민병대를 끌어들였다.

7월 21일 오후, 병력 600명이 열차를 타고 도착했다. 그들의 눈앞에 2,000대의 철도 차량과 기관차가 멈춰 서 있는 광경이 펼쳐졌다.[37] 고기를 실은 냉장차에서 얼음 녹은 물이 배어 나왔다. 한여름 더위에 고기는 물론 산더미처럼 쌓인 과일과 채소도 썩어가고 있었다.

브루스는 그의 책에서 "19세기 문명의 모든 필수품과 대부분 사치품이" 피츠버그에 멈춰 서 있었다고 했다. "의류, 가구, 책, 위스키, 식기, 석유, 석탄, 밀가루, 기계류, 카펫, 장신구 등 요람에서 무덤까지 우리에게 필요한 모든 것이 다 있었다."[38]

필라델피아 민병대는 소총과 개틀링 기관총(현대 기관총의 전신) 두 정으로 무장하고 있었다. 병사들은 현재 우리가 공급망이라고 부르는 것의 흐름을 방해하는 파업 노동자들과 맞서려고 대열을 지어 행진했다. 5,000명이 넘는 파업 노동자는 언덕 위에서 이들을 내려다보았다.[39] 개중에는 군인들을 비아냥거리는 사람도 있었고, 돌이나 흙덩이를 던지는 사람도 있었다. 민병대는 산발적인 일제 사격으로 대응했다.

이 총격으로 스무 명이 넘는 사람이 죽었고, 그보다 더 많은 사람이 중상을 입었다.[40] 학살 소식이 전해지자 더 많은 노동자가 철도 야적장으로 몰려나왔다. 이들은 기름을 실은 화차에 불을 붙여 필라델피아 민병대가 숙소로 쓰는 역사로 돌진시켰다. 이 불길이 얼마나 거

대했던지 피츠버그에서 수십 킬로미터 떨어진 마을에서도 지평선 위로 주황색 불꽃이 보일 정도였다.[41]

파업은 계속되었고 화물의 흐름은 멈추었다. 마침내 러더퍼드 B. 헤이스 대통령은 이 사태를 '반란'으로 규정하고 연방군을 투입해 진압했다.[42] 이 조치는 철도회사 사장들의 개입 요구에 시달리던 주지사들의 요청에 따른 것이었다.

헤이스 대통령은 그의 비망록에, 이 사태는 미국 경제에 만연한 부패라는 더 깊은 여러 병폐의 표면적 징후에 지나지 않는다고 적어놓았다. 미국 경제는 철도회사들을 통제하는 재계 거물들의 이해관계에 지나치게 휘둘리고 있다고도 했다.

그의 비망록에는 이렇게 적혀 있었다. "파업은 무력으로 진압되었다. 하지만 이제 진짜 해결책이 필요하다. 파업 노동자들을 교육하고, 자본가들을 지혜롭게 통제하고, 악을 종식하거나 줄이는 현명한 정책을 집행하면 뭔가가 이루어질 수 있지 않을까? 파업을 일으킨 철도 노동자들은 대개가 선량하고 온건하며 똑똑하고 근면한 사람들이다."[43]

2022년 10월 어느 무더운 날 오후, 텍사스주의 황량한 벌판에 있는 지저분한 모텔 밖 주차장에서 철도 노동자 대여섯 명이 자신을 비롯한 조합원 동지 수만 명이 파업을 일으킬 만큼 분노한 이유를 나에게 설명했다. 조합원들이 파업에 찬성하는 투표를 막 마친 다음이었다.

1877년의 대파업 이후 거의 한 세기 반이 지난 때였다. 하지만 철도 노동자들의 핵심 불만 사항은 놀라울 정도로 그 당시와 유사했다.

이들은(모두 남자들이었다) 유급 병가가 없다며 분개했다. 이들은 순회 유지보수 기간의 숙식비가 너무 형편없어서 빈대와 쥐가 들끓는 낡아빠진 모텔에서 두세 명이 한방을 써야 한다며 넌더리를 냈다.

무엇보다도 이들은 회사가 자신들이 짊어진 삶의 짐을 냉담하게 무시한다며 화를 냈다. 이들은 자기가 맡은 일도 처리해야 하지만 가족에 대한 책임도 져야 했다.

이들은 미국 유수의 철도회사에서 일하는 순회 유지보수 팀원들이었다. 이들은 미국 중부 전역을 돌아다니며 노후화한 선로를 보수하고 돌발 사고를 처리했다.

이들은 루이지애나주, 오클라호마주, 미시시피주 등 멀리 떨어진 곳에 있는 집에서 출발해 짧게는 5시간, 길게는 13시간을 운전해 텍사스주에 있는 작업 현장에 도착했다. 작업 일정이 뒤늦게 바뀌는 바람에 원래 예정했던 날짜보다 하루 일찍 와야 했다. 게다가 여기서 하루 더 머물러야 한다는 말을 조금 전에 들었다. 그렇게 되면 다음 작업 현장으로 이동하기 전에 집에서 보낼 시간이 하루 줄어들 터였다.

한 사람은 최근에 수술을 받았는데, 수술 경과를 보고자 컴퓨터 단층촬영CT을 하기로 되어 있었다. 그는 원래대로라면 일주일 쉬기로 되어 있는 그 기간에 검사를 받기로 예약해놓았다. 그런데 갑자기 작업 일정이 변경되는 바람에 CT 검사를 연기해야 했다.

이들은 길 위의 삶으로 생기는 끊임없는 후회에 익숙해져 있었다. 작업 일정 때문에 결혼기념일이라든가 자녀의 생일 파티나 졸업식이라든가 부모님의 임종 등을 놓치기 일쑤였다. 그래서 삶에서 가장 중요한 사람들을 실망시킬 때가 많았다.

한 사람은 나에게 이렇게 말했다. "결혼 생활을 무난하게 유지하려면 이해심이 많은 아내를 얻어야 해요. 안 그러면 금방 이혼할 거예요."

이들은 몸이 아파도 일하거나 웬만해서는 병원에 가지 않는 데 길들여져 있었다. 유급 병가를 부여하지 않는다는 철도회사와의 단체 협약 때문이었다(이 협약은 3년 전에 만료되었다).

이들은 상사를 너무 무서워해서 내가 자기 이름이나 고향을 밝히지 않는다는 약속을 하고서야 나와의 인터뷰에 응했다. 페이스북 게시물에 상사 이름을 올렸다는 이유만으로 해고당한 사람도 있다고 했다. 자기네 상사는 절대 비판을 용납하지 않는다고 했다.

한 사람은 자기 상사들에 대해 이렇게 말했다. "이 사람들은 200년 전이나 지금이나 똑같아요. 자기네가 원하는 대로 하죠."

강도 귀족들이 활개 치던 시절에 비하면 많은 것이 달라졌다. 노동자들은 단체 교섭으로 현대식 안전 장비에서부터 여섯 자릿수에 달하기도 하는 임금에 이르기까지 많은 것을 얻어냈다. 하지만 변하지 않고 그대로 남아 있는 것도 많았다.

독점적인 철도회사들의 바가지요금에 불만을 품은 농민과 상인들의 분노는 19세기의 대중 운동으로 이어졌다. 1887년 의회가 주간(州間)통상위원회 ICC라는 연방 기관을 설립해 철도회사 규제 임무를 맡기며 이 운동은 실질적 승리를 거두었다.[44] 3년 뒤 의회는 셔면 독점금지법을 제정해 독점적 세력에 다시 일격을 가했다.

이런 근거에서 비롯한 미국 독점금지법의 규제는 허점투성이였을 뿐 아니라 일관성 있게 집행되지도 않았다. ICC는 철도회사들의 가격 담합을 금지했다. 하지만 이런 조치는 오히려 규제를 피하려는 통합을 촉발했을 뿐이다.[45] 예컨대 이런 식이었다. 두 경쟁사가 가격을 담합하는 것은 금지되었지만, 같은 두 회사가 합병해 한 회사가 되면 자기네가 원하는 대로 가격을 결정할 수 있었다.

그럼에도 그 후 수십 년에 걸친 정부의 감시 아래 철도 운송의 안정성이 크게 향상된 것은 사실이었다. 철도회사들은 해운법이 폐지되기 전에 원양해운사가 그랬던 것처럼 운임을 공개해야 했고, 모든 고객에게 차별 없이 동일한 조건을 제공해야 했다.

그러다 20세기 중반, 기술 발전은 철도회사에 큰 충격을 안겨주었다. 먼저, 헨리 포드는 패밀리 카를 일상화했다. 1950년대 중반 아이젠하워 대통령은 주간고속도로망 건설에 착수했다.[46] 화물 운송 사업 분야에서는 장거리 화물차 운송 산업이라는 새롭고 민첩한 업종이 철도회사의 경쟁자로 부상했다.

화물차 운송 산업은 철도 산업을 희생시키며 빠르게 성장했다. 제2차 세계대전이 끝난 후부터 1975년 사이에 미국에서 철도로 운송되는 화물의 비중은 70%에서 37%로 절반 가까이 떨어졌다.[47] 동시에 공격적 성향인 ICC는 철도회사를 공익 사업체처럼 취급해 수익성이 떨어지는 노선도 운행하라며 압력을 가했다.[48] 그 결과 철도회사의 수익은 급속히 악화되었다. 1970년대 후반이 되자 미국 철도 시스템을 운영하는 철도회사의 5분의 1 이상이 파산 상태로 내몰

렸다.[49]

이상이 또 다른 중요한 규제 완화 조치를 한 배경이었다. 1980년 10월 지미 카터 대통령은 스태거스철도법을 공포했다. 이 법의 골자는 철도회사에 대한 연방정부의 주요 감독 기능을 폐지하고, 공급망의 핵심 구성 요소인 철도 운영을 기업 자율에 맡기자는 것이었다.

카터 대통령은 이렇게 말했다. "이 법은 시장의 힘을 억누르던 불필요하고 비용이 많이 드는 규제를 제거함으로써 우리나라 철도회사와 철도회사 종사자들의 튼튼하고 건강한 미래를 보장할 것입니다."[50]

카터는 철도회사와 철도회사 근로자들의 이해관계가 일치하는 것으로 묘사했다. 그의 이런 발언은 마치 빠른 속도로 돌진하는 두 기관차가 충돌하듯 역사의 교훈과 상충하는 것이었다.

그는 규제를 완화하면 화물 운송을 철도에 의존하는 미국의 사업자들에게 큰 혜택이 돌아갈 것이라는 말도 했다. "이 법이 시행되면 철도 사업자들은 장비를 개선하고 화주의 요구에 더 부합하는 서비스를 개발할 것이므로 전국의 화주들에게는 큰 혜택이 될 것입니다."[51]

이 발언 또한 그 실현 가능성이 의심스러운 내용이었다. 여러 세대에 걸친 철도회사의 이야기는 회복탄력성을 직접적으로 희생해 이윤을 극대화한 것이었기 때문이다. 카터 대통령이 규제를 완화하면 그런 일이 또 벌어질 것이라고 우려의 목소리를 내는 사람도 있었다.

텍사스주 출신의 민주당 하원의원 헨리 B. 곤잘레즈는 이렇게 말했다. "노선과 철도회사는 줄어들 테고, 우리는 높은 운임을 내고 질이 떨어지는 서비스를 받게 될 것입니다."[52]

이는 선견지명이 있는 발언이었다.

철도회사들은 새로 얻은 자유를 이용해 밀실에서 계약 조건을 협상한 뒤 ICC의 승인 없이 운임을 책정했다. 그들은 대형 사업자에게 더 낮은 운임을 제공했다. 이것은 월마트나 홈디포 같은 거대 소매기업이 부상하는 데 촉매제 역할을 했다.[53] 이들 기업은 소규모 경쟁업체보다 더 적은 비용을 들여 상품을 운송할 수 있는 또 다른 이점을 갖게 되었다.

이 과정에서 철도회사들은 모든 역에 서비스를 제공해야 하는 의무에서도 벗어났다. ICC의 힘이 약화되다가 결국 해체되자 철도회사들은 자신의 궁극적 주인인 주주들의 입맛에 맞게 노선을 줄이기 시작했다.

카터 대통령이 스태거스철도법에 서명한 뒤 30년 사이에 철도 운송 화물량은 운행하는 선로의 길이가 40% 줄었음에도 3분의 1가량 늘어났다.[54] 컨설팅 업계는 '교통 밀도'●가 높아졌다며 환호했다.[55] 철도망이 줄었는데 물동량은 늘었다는 것이었다. 이것은 효율성이 높아졌다는 사실을 보여주는 지표였기에 철도회사의 주가를 끌어올렸다.

하지만 이러한 효율성은 대가를 동반했다. 결국에는 철도 운송에 의존하는 사람들에게 비효율을 초래한 것이었다.

● traffic density. 철도나 도로의 단위 거리를 단위 시간 내에 통과하는 평균 교통량. '운수밀도' 라고도 한다.

상처투성이가 된 ICC는 한 노선에 최소한 두 경쟁사만 남아 있으면 어떤 합병이라도 모두 승인했다.[56] 1995년 ICC는 남은 규제 권한을 모두 새로 만들어진 육상운송위원회에 이양하고 문을 닫았다. 새 기구는 ICC의 기조를 이어나갔다.

그 결과 철도 산업은 독점 사업자의 전유물이었던 과거의 지위로 되돌아갔다.

2014년이 되자 정부가 이른바 1등급으로 지정한 철도회사의 수는 스태거스철도법 시행 당시의 33개에서 단 7개로 줄었다.[57] 그 34년 사이에 4대 철도회사가 차지하는 곡물과 기타 농산물 운송 시장점유율은 53%에서 86%로 증가했다.[58]

미국 대부분 지역의 노선에서 철도 화물 시장은 두 회사만 경쟁하는 복점 시장이 되었다. 미국의 화물역 4분의 3 이상에서는 단 하나의 철도회사만 서비스를 제공하게 되었다.[59] 독점의 정의에 딱 맞는 시장이 된 것이다.

스태거스철도법이 시행된 후 처음 14년 동안은 운임이 떨어졌지만, 그 뒤 20년간은 크게 올랐다.[60] 한 분석 자료에 따르면 2016년의 철도 화물 운송 비용은 2004년에 비해 50% 이상 올랐다.[61]

2000년에서 2017년 사이에 주요 철도회사의 수익은 거의 세 배로 늘었는데,[62] 이것은 우연이 아니었을 것이다. 같은 기간 이들의 비용은 3% 증가에 그쳤다.

그러다 철도회사의 수익성이 또 한 번 크게 높아졌다. 이번에는 재무 혁신을 통해서였다. 철도회사들은 서비스를 줄이고 노동자를 해고해 비용을 절감했다. 그리고 그 결과로 얻은 이익을 주주에게 분배했다.

    그들은 노련하게도 이런 활동에 과학적 엄격함을 적용하고 경영의 원칙을 지킨다는 냄새를 풍기는 정밀철도운행시스템Precision Scheduled Railroading이라는 이름을 붙였다.

14장

"전능한 지표인 영업비율"
철도회사의 현대식 약탈 방법

정밀철도운행시스템은 철도 화물 운송에 적기공급생산방식의 논리를 적용한 것이었다.

미국의 7대 철도회사 중 여섯 곳이 팬데믹이 발생하기 전에 정밀철도운행시스템을 도입했다. 그들은 이 시스템을 도입하면 화주의 필요에 맞춰 기차 운행 일정을 조정할 수 있으므로 고객에게 더 나은 서비스를 제공할 수 있다고 했다. 낭비를 과감히 제거하여 효율성을 향상할 수 있는 체계적 방법이라고도 했다.

하지만 실제로는 일반 근로자가 받을 보상을 경영자와 투자자에게 이전하는 것을 정당화하려고 컨설턴트 계층이 퍼뜨린 또 다른 기업 은어였다.

철도회사들은 정밀철도운행시스템의 기치 아래 기관차와 유지보수 장비에 대한 지출을 줄였다. 초과 근무 시간도 줄였고, 일자리도 계속 줄여나갔다. 이렇게 해서 절감한 돈은 투자자에게 돌렸다. 2016년에서 2022년 사이에 대형 철도회사가 감축한 인력은 29%로, 인원수로는 대략 4만 5,000명에 이르렀다.[1]

이번이 처음은 아니었지만 투자자들이 거둔 이익은 철도 서비스를 희생시킨 대가로 나온 것이었다.

철도회사들은 좀 더 예측 가능한 운행 일정을 약속했음에도 개별 운행에서 최대 수익을 올릴 수 있을 만큼 화물이 쌓일 때까지 기다리느라 운행을 지연하기 일쑤였다. 그러다 보니 화차의 총길이가 4킬로미터를 넘는 일도 잦았다.

그러는 사이 남은 직원들은 더 적은 임금을 받으면서 더 큰 부담을 떠안아야 했다. 근무 시간이 늘면서 가족과 떨어져 지내는 시간이 늘었고, 사고 위험 부담도 늘었다. 고객은 열차 고장, 운송 지연, 불확실성에 시달렸다.

아이오와주의 한 철도 노동자는 철도회사를 규제하는 연방 기관인 육상운송위원회에 보낸 공개서한에서 이렇게 말했다. "나는 무엇이 사태를 이 지경으로 몰고 가는지 짐작만 할 뿐이지만 관련된 당사자들은 모두 자신이 무언가에, 억제되어야 할 무언가에 휘둘리고 있다는 사실을 알고 있습니다. 바로 월스트리트의 탐욕과 투자자들의 요구입니다. 1,900만 킬로그램이 넘는 무게에 5,000미터 길이의 열차가 힘을 가진 누군가를 위해 봉사하고 있습니다. 이 모든 것을, 아니 그보다 더 많은 것을 원하는 누군가 말입니다."[2]

유니언퍼시픽철도는 정밀철도운행시스템을 눈에 띨 만큼 적극적으로 수용한 회사였다. 이 회사는 미국의 항구에 급격히 쌓이는 컨테이너를 제대로 처리할 수 없었는데, 이것은 우연이 아니었을 것이다.

헤이건 워커가 컨테이너를 남부 캘리포니아에서 철도로 운송할 생각을 접은 이유도 여기에 있었다. 그는 철도 시스템이나 대륙을 횡단하는 철도 운송의 복잡한 내용은 거의 알지 못했다. 하지만 물류 업계 종사자들과 대화를 나눌 때마다 이들이 철도 화물 운송은 연쇄적인 문제를 야기할 수 있다며 바로 배제하는 모습을 볼 수 있었다.

2019년 봄, 유니언퍼시픽철도는 시카고의 주 화물역에서 램프라 불리는 화물 출입 통로 다섯 개 중 하나를 폐쇄했다. 이 회사의 마케팅 담당 수석 부사장 케니 G. 로커는 이것을 두고 "업무를 효율화하고 컨테이너 하역 속도를 높일"[3] 매우 중요한 간소화 조치라고 했다. 그러면서 이 조치는 "우리 고객들에게 도움이 될 것"이라고 했다.

같은 해 유니언퍼시픽철도는 투자자들에게 기관차 수를 5분의 1 줄였다고 자랑스럽게 발표했다.[4] 그해 화물 운송량은 6% 감소했지만, 회사는 배당금 26억 달러를 지급할 수 있었다.[5] 수익의 3분의 1이 넘는 돈이었다.

그로부터 2년이 지난 2021년 7월, 미국의 부두가 감당할 수 없을 만큼 수입 화물이 밀려 들어오자 유니언퍼시픽철도는 서부 해안의 항구에서 동쪽으로 향하는 컨테이너 운송을 중단했다. 유니언퍼시픽은 이 조치를 두고 "내륙에 있는 우리 회사 복합 터미널, 특히 시카고 터미널의 혼잡이 심각한 점"[6]을 고려한 불가피한 선택이라고 설명했다.

이 조치로 그동안의 속임수가 드러났다. 그간 간소화, 효율성, 정밀성 등의 수사를 내세우며 회사가 추진해온 실행 계획은 그중 아무것도 달성한 것이 없었다. 오히려 새로운 취약성을 만들어냈을 뿐이다. 맥킨지 같은 컨설팅 회사가 도요타의 적기공급생산방식 개념 뒤에 있는 합리적인 생각을 왜곡했듯이, 철도회사들도 정밀철도운행시스템을 주주들의 배를 불리려고 회사를 약탈하는 행위를 정당화하는 도구로 이용했다.

글로의 컨테이너가 롱비치항 부두에 하역되던 2021년 10월 말, 유니언퍼시픽철도는 시스템 붕괴를 겪고 있었다. 남부 캘리포니아에 있는 유니언퍼시픽의 철도 야적장에 빈 컨테이너가 너무 많이 쌓여 있어 더는 컨테이너를 받을 수 없었다. 회사는 시카고와 동쪽 지역에서 유입되는 컨테이너를 받지 않았다.[7] 그러자 갈 곳을 잃은 빈 컨테이너는 국토 가운데 갇혀 오도 가도 못 하게 되었다.

이것이 아몬드 농가를 비롯한 캘리포니아 센트럴 밸리의 농산물 수출업자들이 농산물을 실어 나를 컨테이너를 확보할 수 없었던 이유 중 하나였다. 유니언퍼시픽을 비롯한 주요 철도회사는 밀려드는 화물을 다 처리할 만큼 설비를 갖추지 못했기에 빈 컨테이너 운반 같은 수익성이 낮은 일감은 포기했다.

이것이 매장 진열대에 스포츠용품부터 수납장에 이르기까지 모든 상품이 부족해진 이유 중 하나였고, 소비재 가격이 치솟은 이유 중 하나였으며, 중앙은행이 인플레이션을 잡으려고 공격적으로 금리를 인상하게 된 이유 중 하나이기도 했다. 철도회사들은 수요 급증에 대처할 준비가 되어 있지 않았다.

위에서 본 바와 같이 정밀철도운행시스템은 화물 운송의 효율화

면에서는 실패작으로 드러났다. 하지만 철도회사 주식을 더 매력적인 투자 대상으로 만드는 데는 큰 성공을 거두었다. 특히 정밀철도운행시스템은 철도회사의 이른바 영업비율을 낮추었다. 영업비율은 영업 활동에 들어가는 비용을 총수익으로 나눈 값을 백분율로 표시한 지표다. 월스트리트는 특히 이 지표에 집착해 영업비율이 개선되면 주가 상승으로 보상했다.

제조기업이나 소매기업이 재고를 감축해 장부상 자산을 줄임으로써 자산 수익률을 높인 것처럼, 철도회사들은 정밀철도운행시스템을 이용해 영업비율을 개선했다.

유니언퍼시픽철도가 집착한 또 하나의 지표는 특정 컨테이너가 철도 야적장에 머무는 시간을 뜻하는 동일 장소 체류 시간dwell time이었다. 관리자들은 자신이 관리하는 야적장의 평균 체류 시간을 줄이는 데 급급한 나머지 때로는 컨테이너를 보관해두지 않고 다른 방향으로 보내기도 했다. 이렇게 해서 다른 터미널에 도착한 컨테이너는 또 다른 누군가가 해결해야 할 골칫거리가 되었다.

2022년 7월, 아이다호주 출신의 유니언퍼시픽철도 기관사 마이클 폴 린지 2세는 자신이 몰던 기차에 다른 곳으로 가야 할 자동차 수십 대가 실려 있다는 사실을 알게 되었다. 기차는 네브래스카주의 역에서 출발해 서쪽의 오리건주로 향하는 중이었다. 기차에는 아이다호주에 가야 할 경유가 실려 있었는데, 이 경유는 오리건주까지 운반된 다음 다시 다른 기관차에 끌려 아이다호주로 갈 예정이었다. 그런데 이 기차에 캘리포니아주로 가야 할 자동차 수십 대가 실린 화차가 연결돼 있었던 것이다. 캘리포니아주로 갈 다른 기관차에 연결되었어야 할 화차였다.

린지는 육상운송위원회에 편지를 보내 다음과 같이 말했다. "이 자동차가 제때 도착하기를 기다릴 업체나 고객은 며칠, 아니 몇 주나 더 기다려야 할까요? 저는 이 생각만 하면 괴롭습니다."[8]

린지는 정밀철도운행시스템이 범인이라고 했다.[9] 그는 네브래스카주의 터미널 운영요원들도 자기네가 잘못된 목적지로 화물을 보낸다는 사실을 분명히 알았을 것이라고 했다. 그럼에도 그렇게 한 것은 화물을 세워두면 안 된다는 강박에 사로잡혀 있었기 때문이라고 했다. 자동차를 야적장에 세워두는 것보다 어느 방향으로 가는 어떤 기차가 되었든, 지금 당장 출발하는 기차에 실어 보내는 것이 더 낫다는 것이었다. 그렇지 않으면 지극히 중요한 평가 지표인 동일 장소 체류 시간이 길어져 주가에 악영향을 미칠 것이기 때문이라고 했다.

린지는 기차의 낭만에 매료되어 철도회사에서 일하는 꿈을 꾸며 성장했다. 하지만 크리스마스에 가족과 떨어져 보낼 때가 많았고 결혼 생활마저 파탄에 이르자 다른 선택을 고민하게 되었다.

처음에 그는 정밀철도운행시스템을 도요타의 적기공급생산방식과 유사한, 낭비를 뿌리뽑는 분석적 활동으로 보고 긍정적으로 생각했다. 그러다 이 시스템이 자신이 운전하는 기차에 미치는 영향을 목격하면서 정밀철도운행시스템은 주가를 끌어올리는 데 도움이 되는 성과 지표를 갈망하는 월스트리트의 욕심을 충족하려는 것이라는 결론에 도달했다.

"월스트리트는 '철도회사를 쥐어짜라'로 생각을 바꾸었습니다. '미래 성장 같은 것은 생각하지 말고 철도회사에서 단기간에 최대한 이익을 짜내야 한다'라는 것이죠." 린지가 말했다.

유니언퍼시픽철도는 2018년 10월에 공식적으로 정밀철도운행 시스템을 도입했다.[10] 3년 뒤 회사의 주가는 거의 두 배로 상승해 주식 기반으로 보상을 받는 임원들의 수입이 급격히 늘었다. 최고경영자 랜스 M. 프리츠는 2021년에 1,400만 달러를 벌었다.[11] 그중 급여는 120만 달러에 불과했고, 나머지 1,050만 달러는 주식과 스톡옵션으로 받은 것이었다.

같은 해, 시카고역의 램프 폐쇄를 발표했던 수석 부사장 로커는 270만 달러가 넘는 보수를 챙겼다.[12]

화주들의 상황은 그들만큼 좋지 못했다.

팬데믹으로 소비재 수요가 급증해 미국의 화물 운송 시스템이 감당할 수 없게 되자, 멕시코만 연안에 공장이 있는 화학 회사들은 자사 제품을 기차에 실을 수 없다며 불만을 터트렸다. 그 결과 동부 해안의 공장들은 주요 원료의 부족으로 의약품에서부터 페인트와 공업용제에 이르기까지 여러 가지 제품을 생산할 수 없게 되었다.

2022년 4월 미국화학협회 회장 크리스 얀은 육상운송위원회에서 이렇게 증언했다. "화학물질의 철도 운송 서비스는 계속 악화되고 있습니다."[13] 그는 유니언퍼시픽이 물동량을 감당할 수 없다며 고객들에게 화물을 줄여달라고 요청하는 지경에 이르렀다고 했다.

"수년에 걸쳐 직원을 줄이고, 조차장●을 감축하고, 고객 서비스

───────

● switch yard. 객차와 화차를 조절하는 곳. 객차보다는 화차를 행선지에 맞게 분리, 재편한 뒤 목적지로 보내는 것이 주목적이다. 미국에서는 대형 조차장을 중심으로 화물을 운송하는 시스템이 구축되어 있다.

자원을 축소해온 철도회사의 조치로 철도망의 회복탄력성이 크게 약화되어 이번과 같은 서비스 위기는 불가피했다고까지는 할 수 없더라도 충분히 예측할 수는 있었습니다."

제품의 절반 이상을 기차로 운송하는 비료업계도 비슷한 악몽을 증언했다.[14] 철도회사가 서비스를 중단하거나, 혼잡 구간을 피하려고 먼 곳으로 우회해 화물을 운송하거나, 열차 승무원 부족으로 운송을 지연하거나 한다는 것이었다. 그 결과 비룟값은 올라갈 수밖에 없었고, 이에 따라 미국의 가정이 구매하는 식료품값도 올라갔다.

캔자스주 캔자스시티에서 캐딜락 SUV와 쉐보레 말리부 승용차를 생산하는 제너럴 모터스GM는 불안정한 철도 서비스 때문에 신차를 대리점에 배송하지 못하는 일이 잦았다. 그 결과는 물량 부족과 가격 인상으로 이어졌다.

2021년 11월 몹시 추운 어느 날 아침, 내가 GM 배송 터미널을 방문했을 때 GM 공장은 칩 부족으로 몇 달 동안 문을 닫았다가 다시 정상 가동을 시작하려고 한창 준비하는 중이었다.

GM은 새로 만든 차를 널찍한 주차장에 보관하고 있었다. 배송 터미널은 잭쿠퍼라는 외부 업체가 운영했는데, 이 회사는 트럭이나 기차를 이용해 전국 각지로 자동차를 배송했다.

터미널 운영 책임자 데이비드 하이드는 하루에도 몇 번씩 GM 담당자로부터 자동차가 언제 배송되는지 묻는 전화를 받는 데 익숙해져 있었다.

하이드는 나에게 이렇게 말했다. "그 사람들은 언제나 우리한테 자동차 배송을 늘리라고 떠들어대죠. 그러면 우리는 '생각하시는 것만큼 많이 배송하지는 못할 겁니다'라고 대답하죠."

    캔자스주 한복판에서 태어나고 자란 하이드는 대학교 때 야구부에서 포수를 하던 마음가짐으로 인생을 헤쳐나왔다. 그는 자기 일을 잘 아는 사람의 여유로운 자신감을 가지고 터미널을 돌아다니며 만나는 사람마다 인사를 나누고 농담을 주고받았다. 그러면서 조용히 지시를 내렸다. 하지만 그가 유쾌해 보인다고 해서 긴장감이 없는 것이 아니었다. 그는 자신이 통제할 수 없는 요인이 지배하는 시스템하에서 성과를 내야 하는 데서 오는 심한 좌절감을 느꼈다.

    그에게 좌절감을 안겨주는 가장 큰 원천은 철도회사가 약속한 수량의 화차를 보내줄지를 절대 알 수 없다는 것이었다.

    지난 금요일에도 철도회사가 화차를 보내지 않는 바람에 GM 차량 수백 대가 주차장에 그대로 쌓여 있었다. 월요일이 되자 GM 측은 그에게 가능한 한 빨리 차량을 이동시키라고 압력을 가했다. 하지만 그는 화차가 배차된다는 확신이 들 때까지는 작업자를 부르지 않으려고 했다.

    "그 사람들은 전체 작업자를 다 불러 기차에 차량을 싣기를 바라죠." 하이드가 말했다. 그렇게 되면 예상대로 철도회사가 충분한 수량의 화차를 배차하지 않아 세 시간이면 작업이 끝나도 하루 일당을 다 지급해야 할 터였다.

    대안은 전체 작업자를 다 불렀다가 다시 일부를 집으로 돌려보내는 것이었는데, 이것은 작업자의 사기를 떨어뜨리는 일이었다.

    "사람들을 함부로 오라 가라 할 수는 없는 일이죠." 하이드가 말했다.

말리부 승용차는 화차에 3단으로 적재되었지만, 그보다 덩치가 큰 캐딜락 SUV는 2단으로 적재되었다. 그런데 하이드는 어떤 종류의 화차가 언제 터미널로 들어올지 정확히 알 수 없었다.

하이드는 "화차 편성에 일관성이 없어요"[15]라고 말했다.

이런 불만이 워싱턴에 있는 육상교통위원회에 쇄도하자 위원장 마틴 J. 오버먼은 이례적으로 전투적인 태도를 취했다.

그해 가을 한 연설에서 오버먼은 지난 11년 동안 미국의 주요 철도회사들이 자사주 매입과 배당으로 모두 합해 1,830억 달러라는 엄청난 돈을 주주들에게 지급했다며 신랄하게 비판했다.[16] 이 돈은 철도 서비스를 개선할 수도 있었을 투자를 희생한 대가라고 했다. 그러면서 이런 행위는 사실상 화주, 철도 노동자, 더 나아가 미국 경제를 상대로 사기를 친 것이나 마찬가지라고 했다.

오버먼은 이렇게 말했다. "점점 거세지는 월스트리트의 압력을 받은 철도회사들은 성장에 중점을 두지 않았습니다. 이들은 전능한 지표인 영업비율을 낮추려고 비용 절감에 중점을 두어 왔습니다."

이듬해 5월 오버먼은 철도회사들이 린 경영을 한다며 화물 운송 능력을 떨어뜨리고 있다고 비판했다.

그는 의회 증언대에 서서 다음과 같이 말했다. "철도 업계는 적절하면서도 믿을 만한 철도 서비스를 제공하고자 몸부림치고 있습니다. 그들은 감당할 수 없을 정도로 인력을 잘라냈습니다. 그래서 부족한 노동력을 보충하려 남은 인력을 혹사하고 있습니다."[17]

그 무렵 철도회사들은 인력 부족 문제를 해결하겠다고 약속했다.

그들은 공격적인 인력 채용으로 서비스의 틈을 메우고 철도 운영을 정상화하겠다고 떠들었다.

2022년 7월, 노펙서던철도 사장 앨런 쇼는 기업 실적을 발표하는 콘퍼런스 콜에서 투자자들에게 이렇게 말했다. "우리 서비스는 아직 원하는 수준에 도달하지 못했습니다."[18]

노펙서던철도 최고운영책임자 신디 샌번은 계속 새로운 인력을 장애 다발 분야로 투입하고 있다고 말했다. "우리는 인력이 부족한 곳에 인력을 추가 투입하고자 모든 수단을 동원하고 있습니다."[19]

그런데 여기에 한 가지 문제가 있었다.

철도회사에 근무하기가 너무 힘들어졌다는 말이 떠돌았다. 정밀 철도운행시스템 때문에 장기근속자도 일을 그만둘 만큼 근로 조건이 열악해졌기 때문이다.

2022년 여름 앤서니 건터는 마지막 수모를 겪었다.

그가 다니던 회사 노펙서던철도는 기록적 매출을 올렸다고 자랑했다. 그와 동시에 직원들에게 유급 병가를 줄 여력이 없다고 발표했다.

건터는 테네시주 동부에 있는 그의 집에서 컴퓨터 앞에 앉아 상사에게 보내는 이메일을 작성했다.

그는 이메일에서 이렇게 말했다. "저는 지금까지 회사가 보여온 탐욕과 극도의 직원 경시 때문에 14년을 채 채우지 못하고 옷을 벗으려고 합니다. 노펙서던은 제시간에 출근해 안전하고 효율적으로 업무를 수행하며, 솔선해서 기대치 이상으로 일하려고 애쓰는 훌륭한 직원들을 인정하지 않고 있습니다!"[20]

건터는 쉽게 생각하고 그만두려는 것이 아니었다. 그의 아버지는 같은 철도회사의 순회 유지보수팀에서 40년 넘게 일했다. 건터는 자신도 은퇴할 때까지 그런 삶을 견디며 이어갈 수 있을 것으로 생각했다. 물론 어릴 때는 아버지가 떠나는 모습을 보고 힘들어하기도 했고, 그래서 아버지를 따라가려고 더플백에 몰래 숨어 들어간 적도 있었다.

일은 힘들었다. 하지만 보수는 그가 사는 시골 지역에서는 아무도 따라올 수 없을 만큼 많았다.

건터는 2008년에 고등학교를 졸업한 뒤 조지아주에서 일리노이주까지 순회하는 노퍽서던철도 유지보수팀에 합류했다. 그는 테네시주의 집에서 작업 현장까지 길게는 12시간을 운전하며, 10시간씩 4일 연속으로 일하는 교대 근무를 했다.

건터는 커다란 망치를 휘둘러 철도 침목에 못을 박았다. 그리고 10킬로그램이 넘는 철판을 옮겼다. 허리를 굽혀 철판을 손으로 잡고 질질 끄느라 매일 밤 근육통에 시달렸다.

그는 철로 옆에 세워둔 캠프 카*에서 잤다. 이 철제 상자에는 이층 침대가 빽빽이 들어차 있어 자다가 손을 뻗으면 옆 침대에 누워 자는 사람과 부딪칠 정도였다. 샤워 시설은 툭하면 고장 났다. 용변은 이동식 화장실에서 해결했다. 회사에서 제공하는 식사는 말라비틀어진 핫도그, 베이크드 빈즈, 연골투성이 햄버거 패티 등 교도소

● camp car. 철도 유지보수 요원들이 이용하는, 취사와 취침 시설을 갖춘 철도 차량.

수준에 가까웠다.

하지만 입사 첫해에 그는 시급 18.87달러에 초과 근무 수당을 더해 5만 5,000달러를 집으로 가져갔다. 2015년이 되자 연봉은 8만 6,000달러로 올랐다.

그러다 회사가 정밀철도운행시스템을 도입했다.

건터와 그의 동료들은 갑자기 초과 근무를 할 수 없게 되었다. 게다가 그전보다 더 짧은 시간 안에 과업을 완수해야 했다. 결국 부담은 늘어났는데 보수는 줄어든 것이었다.

노퍽서던은 작업자들이 회사 차를 타고 캠프 카에서 작업 현장까지 이동하는 과정에 들어가는 시간에서 올 적 갈 적 각 30분은 임금 지급 시간에서 제외했다. 이 때문에 하루에 한 시간 분량의 임금이 줄어들자 유지보수 팀원들은 격분했다.

2017년이 되자 건터가 집으로 가져가는 돈은 7만 달러로 줄었다. 그해 그는 가정을 이루었다. 2년 뒤 딸이 태어났고, 건터는 자기 부모가 무슨 일을 견뎌왔는지 자신이 직접 겪으며 이해하게 되었다. 예컨대 물리적 거리, 혼자 남아 아이를 돌봐야 하는 아내의 좌절감, 귀갓길의 어려움 같은 것들이었다.

"이 직업이 결혼 생활에는 정말 부담이었죠." 건터가 말했다.

2021년 아들이 태어났다. 그의 아들은 선천성 심장 결함이 있어 생후 8개월 만에 수술을 받아야 했다. 건터는 급여를 포기하고 아기가 입원해 있는 동안 집에 머물렀다. 그 상황에서도 상사는 출근하라고 압력을 가했다.

"나에게 이렇게 말하더군요. '자네 때문에 내가 곤란해졌어. 이번

주는 일손이 달려서 자네가 있어야겠네. 휴가는 줄 수 없으니 당장 돌아오게.'" 건터는 당시를 회상하며 이렇게 말했다.

그는 분노에 차 떨리는 목소리로 1년이 지난 지금도 그때 상황을 이해하려고 애쓰고 있다고 했다.

"내가 출근하지 않았다고 나를 쓰레기 취급했어요. 좋은 직장이 아니에요. 마치 사람을 세뇌하는 사이비 종교처럼, 그런 데보다 더 나은 곳에는 절대 갈 수 없는 사람이라는 생각이 들게 만들어요. 지금보다 더 나은 삶을 살 수 없다고, 더 가치 있는 사람이 될 수 없다고 생각하게 만들죠."

그해 여름 건터가 소속된 노동조합을 비롯해 모두 합해 10만 명 이상의 철도 노동자를 대변하는 12개 노동조합이 파업을 향해 힘을 결집하기 시작했다. 철도회사들과 새로운 단체 협약을 체결하려는 교섭이 교착 상태에 빠지자 이를 타개하려는 것이었다.

이전 협약이 만료된 지 2년 반이나 지난 시점이었다. 이 말은 팬데믹까지 거쳤는데도 그동안 임금 인상 없이 일해왔다는 뜻이었다. 직원들 사이에서 분노가 끓어올랐다. 하지만 1877년의 대파업을 계기로 제정된 연방법에 따라 그들의 파업권은 제한되어 있었다. 합법적인 파업을 하려면 일련의 협상 단계를 모두 거쳐야 하는데 그것을 막아놓은 것이다.

조 바이든 대통령에게는 위험하고 불안정한 상황이 발생한 것이다.

인플레이션으로 불만이 고조된 가운데 중간선거가 다가왔다. 파업으로 미국의 철도망이 폐쇄되면 공급망 위기가 급속하게 악화될 터였으므로 그런 일은 무슨 수를 써서라도 막아야 했다. 하지만 바이든은 귀에 거슬릴 정도로 친노조 대통령임을 천명한 사람이었기에 합의를 강요하기 힘들었다.

절충안을 찾던 바이든은 합의 기반이 될 권고안을 마련하려고 대통령 직속 비상위원회를 소집했다.

노동조합은 비상위원회에 출석해 노동자들은 팬데믹 기간에도 아무런 차질 없이 업무를 수행했다고 말했다. 서퍽노던과 유니언퍼시픽을 비롯한 대형 철도회사 세 곳의 최고경영자는 2018년에서 2021년 사이에 1억 8,300만 달러를 집으로 가져갔다고 했다.[21] 그 전의 두 배가 넘는 보수였다. 같은 기간에 직원들의 급여 인상률은 14%가 되지 않는다고 했다.

철도회사들은 보수를 단순 비교하는 것은 적절하지 않다고 반박했다. 이 말은 노동자들을 단합하는 효과를 낳았다. 비상위원회의 보고서에는 다음과 같은 구절이 들어 있었다. "철도회사는 자본 투자와 위험 감수 덕분에 수익이 증가한 것이지 노동의 기여 덕분이 아니라고 주장한다."[22]

"우리는 그 말이 번지르르한 개소리라고 생각했어요." 텍사스주에서 만난 작업자 한 사람은 나에게 이렇게 말했다.

또 다른 사람은 눈을 희번덕이며 이렇게 말했다. "만약 그 말이 사실이라면 왜 파업을 못 하게 하는 거죠? 우리가 돈 버는 데 기여를 못 한다면 왜 매일 여기 나와 있는 거죠?"

대통령 직속 비상위원회는 협상 타결 조건을 구체적으로 명시한 권고안을 제시했다. 5년에 걸쳐 임금을 24% 인상해 평균 연봉을 11만 달러까지 올리고, 추가로 해마다 1,000달러의 보너스를 현금으로 지급하라는 것이었다. 철도회사 측은 반세기 사이에 가장 높은 인상률이라고 말했다.[23] 조합 측은 인플레이션을 감안하면 오히려 임금이 줄어든 것이라고 주장했다.

무엇보다 중요한 것은 비상위원회가 철도망이 위태로울 정도로 투자를 줄이지 않고는 유급 병가를 부여할 여력이 안 된다는 철도회사 측 주장을 받아들였다는 점이다. 비상위원회는 직원들이 임의로 쓸 수 있는 휴무일 하루를 추가로 부여하는 방안을 타협안으로 제시했다. 타협안이라고 하기에는 너무 형편없어 철도 노동자들은 조롱당한다고 느낄 정도였다.

팬데믹이 한창 기승을 부릴 때도 철도 노동자들은 몸이 아파도 출근하는 것이 예사였다. 그렇게 하지 않으면 생활비를 감당하지 못할 위험을 감수해야 했기 때문이다. 앨라배마주에서 만난 유지보수 팀원 한 사람은 나에게 이렇게 말했다. "일하러 나오지 못하게 될까 봐 코로나에 걸렸다는 사실을 숨기는 사람도 있었어요. 그래서 팀원들 사이에 코로나가 더 확산했죠."[24]

단체 교섭이 한창 진행되던 와중에 건터는 회사 금고가 꽉 찼다는 경영진의 말을 들었다. 그러면서도 회사는 노동자들의 유급 병가 요구를 들어주지 않았던 것이다.

서픽노던철도의 최고마케팅책임자 에드 엘킨스는 애널리스트들에게 이렇게 말했다. "우리는 33억 달러라는 사상 최대의 분기 매출을 달성했습니다."

최고재무책임자 마크 조지는 "현재 진행 중인 노사 협상"은 그 결과에 따라 회사 수익에 "점점 거세지는 역풍"으로 작용할 수 있다고 말했다.

건터는 머리끝까지 화가 치밀어올랐다. 그는 사직서를 제출했다. 3분도 채 지나지 않아 부사장으로부터 정말로 사직할 것이냐고 묻는 전화가 왔다.

건터가 당시를 회상하며 이렇게 말했다. "부사장이 이렇게 말하더군요. '요즘 훌륭한 인재들을 많이 잃었어요. 정말로 그만둘 생각입니까?'"

그는 정말로 그만둘 생각이었다. 이미 집 가까운 곳에 다른 일자리도 구해놓았다. 원자력 발전소 건설 공사장 일이었다. 그곳에서 일하면 돈도 더 많이 벌 수 있고, 가족과 함께 보낼 수 있는 시간도 훨씬 늘어날 터였다. 그래도 노퍽서던철도를 떠난다는 생각에 감정이 북받쳐 올랐다.

"화가 나면서도 동시에 슬픈 생각이 들더군요." 건터가 말했다.

헨리 포드도 이런 일이 닥칠 것을 예견했다.

그는 주주의 압력 때문에 직원들에게 급여를 충분히 주지 못하게 될까 봐 걱정했다. 그렇게 되면 기록적인 수량의 자동차를 조립하는 공장에 충분한 인력을 공급하지 못할 수도 있을 터였다.

포드는 노동자의 영웅이 아니었다. 나중에는 노동조합을 결성하려는 직원들을 해고하고, 폭력을 동원해 집회를 사정없이 진압하는 등 노동자들의 조직적 행동을 말살하려고 했다.[25] 하지만 그는 한창 잘나가던 시절에 근년에 와서 그 중요성이 크게 부각되고 있는 진실을 깨달았다. 그는 직원들에게 오늘날 우리가 생활급이라고 부르는 임금을 지급해야 한다는 사실을 알고 있었다. 그러지 않으면 직원들의 사기가 떨어져 생산성이 저하되리라고 생각했다. 공정한 보상은 직원들이 생활비 스트레스에 시달리지 않고 출근해서 일할 수 있게 만드는 수단이었다.

까다로운 사장이었던 포드는 직원들을 지속해서 집중적으로 업무에 몰두하게 하려면 제값을 지불해야 한다는 사실을 알고 있었다.

포드는 자서전에서 이렇게 말했다. "제정신을 가진 제조업자라면 가장 값싼 재료만 구매하는 것이 가장 좋은 제품을 만드는 확실한 방법이라고 주장하지 않을 것이다. 그렇다면 우리는 왜 '노동의 청산'이라든가 임금 삭감으로 국가에 돌아갈 이익 같은 이야기를 이렇게 많이 듣게 되는 것일까? 그래봤자 구매력 저하와 내수 시장 축소만 초래할 터인데 말이다. 관련된 모든 사람에게 생활비를 지급하지 못할 만큼 어설프게 운영된다면 산업이 무슨 소용이 있겠는가? 임금보다 중요한 문제는 없다. 이 나라에 사는 사람은 대부분 임금에 기대어 살아간다. 그들의 생활비 규모, 즉 임금 수준이 이 나라의 번영을 결정한다."[26]

그의 이런 생각은 대량 생산 체제를 방해하던 근본적 문제, 즉 자발적으로 일하려는 사람이 부족한 실상을 보고 얻은 통찰이었다.

포드 공장의 작업자들은 조립라인에 갇혀 로봇처럼 같은 작업을 끝없이 반복하는 것을 싫어했다. 그들은 감시와 통제를 못 견뎌 했다. 어디에나 걸려 있는 시계는 은연중에 그들에게 정신없는 속도로 작업해야 한다는 압박감을 느끼게 했다. 직원들은 집단으로 일을 그만두기 시작했다.

이런 어려움에 직면한 포드는 재계를 깜짝 놀라게 한 정책으로 여기에 대응했다. 직원들의 임금을 기존의 두 배인 일당 5달러로 인상한 것이었다.

1914년 1월에 발표된 이 정책은 미국 사회에 큰 논쟁을 불러일으켰다. 기업을 자선단체처럼 운영하는 동정심이 철철 넘치는 사람이라고 조롱하는 사람들도 있었다. 피츠버그에서 유리 공장을 운영하는 한 사장은 "이 나라 모든 기업의 파멸"[27]을 불러온다며 포드를 비난했다.

하지만 포드의 정책은 현실적인 면을 감안한 것이었다. 그는 회사에 없어서는 안 될 것을 구매하는 데 돈을 썼다. 바로 업무에 몰입할 숙련된 노동력이었다.

포드는 자서전에서 이렇게 말했다. "저임금 기업은 언제나 불안정하다."[28]

포드는 단체 교섭에 따라서가 아니라 자신이 알아서 임금을 올려줬다. 이후 수십 년에 걸쳐 노동자 조직이 힘을 얻게 되자 포드는 노동 운동을 혁신과 생산성의 적이라며 반대했다. 포드는 자신이 결정한 방식에 따라 후한 임금을 주면서 그에 덧붙여 '사회문제부'라는 사생활 침해적인 섬뜩한 부서를 신설했다.[29] 사회문제부는 직원들의 집을 방문해 고용 조건으로 내건 것처럼 음주나 도박, 기타 불미스러운 짓을 하지 않는지 확인하는 부서였다.

여기서 우리는 포드가 고임금을 지급할 돈이 있었던 것은 적절한 가격대의 승용차 시장을 독점적으로 장악했기 때문이었다는 사실에 주목할 필요가 있다.[30] 포드사의 후한 임금은 주주에게 돌아갈 투자 수익을 희생한 대가가 아니었다. 그보다는 오히려 지속해서 회사의 수익성을 유지할 수 있게 한 수단이었다.

대폭적 임금 인상은 우호적 여론을 조성하려는 홍보 전략이기도 했다. 이 전략은 놀라운 효과를 거두었다. 포드에게 호의적인 한 신문은 '포드를 움직인 사회 정의, 포드는 백만장자 편이 아니다'[31]라는 헤드라인을 뽑았다.

동기가 무엇이었든지 간에 포드가 지급한 돈은 진짜였다. 노동자들이 포드 공장으로 몰려들었고, 채용 걱정은 순식간에 사라졌다.[32]

디트로이트의 한 시청 공무원은 일급 5달러가 발표된 후 2주 만에 포드 직원에게 발급한 결혼 허가증이 50매에 이른다고 했다.[33] 임금 인상이 가족을 부양하는 경제적 여건을 크게 바꿔놓았다는 방증이었다. 포드 직원 한 사람은 지역신문 기자와 인터뷰에서, 아들은 이제 더는 신문팔이를 하지 않아도 되고 딸은 가정부 일을 그만둘 수 있게 되어 가족이 함께 보낼 수 있는 시간이 늘었다고 말했다.

그는 "다시 말하지만 우리는 가족입니다"[34]라고 했다.

철도회사에서 일하는 것은 언제나 힘들었다. 특히 가족과 수백 킬로미터 떨어진 곳에 나가서 일해야 하는 사람들에게는 더욱 그러했다. 그런데 정밀철도운행시스템이 도입되면서 삶이 더 힘들어졌다.

열차 운행 스케줄이 자주 바뀌었기 때문에 열차를 운행하는 사람들의 스케줄도 자주 바뀌었다. 게다가 철도회사의 인력 감축으로 남은 사람들은 그 전보다 일을 더 많이 해야 했다. 그러다 보니 경영진은 매우 엄격한 출근 정책을 시행하게 되었다.

이것이 12개 주요 노동조합 가운데 네 개 조합이 불만을 품고 바이든 정부가 중재한 합의안 표결에서 반대표를 던진 이유 중 하나였다.

2022년 9월 백악관은 심야 협상을 벌인 끝에 합의가 이루어졌다는 소식을 대대적으로 발표했다. 이로써 파업은 피할 수 있을 것으로 보였다. 하지만 타결된 조건은 대통령 직속 비상위원회의 권고안과 거의 동일했다. 다른 것이 하나 있다면 근로자가 새 출근 정책에 따른 징계를 받지 않고 쓸 수 있는 무급 병가 3일이 추가된 것이었다.

유지보수 노동자 노동조합을 대표해 협상에 참석한 피터 케네디는 조합원 투표에서 합의안이 부결된 직후 나에게 이렇게 말했다. "파업이 일어날 가능성이 있어요. 이건 미친 시스템이고 잔인한 시스템이에요. 이 사람들은 이제 이런 시스템에 질렸어요."[35]

하지만 백악관은 파업이 일어나도록 내버려둘 생각이 없었다. 노동조합을 화나게 하든지 아니면 새로운 공급망 위기를 방치하든지 둘 중 하나를 선택해야 했던 바이든은 화물이 계속 흘러가게 하는 쪽을 택했다. 바이든은 정부가 중재한 합의안의 조건을 강제해 파업을 막는 법을 제정하라고 의회에 촉구했다.

바이든은 기자들에게 이렇게 말했다. "이 법안에는 철도 노동자, 아니 미국의 모든 노동자가 받아야 할 유급 병가가 들어 있지 않다는 사실을 알고 있습니다. 하지만 그 싸움은 아직 끝난 것이 아닙니다."[36]

그러나 그 싸움은 대체로 연극에 가까웠다.

플로리다주 상원의원 마코 루비오를 비롯한 일부 공화당 의원들은 유급 병가를 지지한다고 선언하면서 유급 병가가 빠진 합의안에는 표를 주지 않겠다고 천명했다. 하지만 바이든 대통령과 하원의장 낸시 펠로시는 이런 미덕 과시용 수사적 발언에 신경 쓰지 않았다. 펠로시는 하원에 두 법안을 상정했다.[37] 하나는 합의안 조건을 원안 그대로 승인하는 법안이었고, 다른 하나는 연간 7일의 유급 병가를 부여하는 수정안이었다. 펠로시는 두 법안을 분리함으로써 의원들에게 파업 가능성을 잠재울 쉬운 방법을 제공했다. 그와 동시에 철도 노동자의 복지에 관심이 있다는 사실을 보여주는 보여주기식 표결 기회도 제공했다.

하원은 신속하게 두 법안을 통과시켰다. 상원은 기본법안을 지지해 파업 가능성을 차단했다. 그리고 재가를 받으려고 대통령에게 법안을 이송했다. 놀라운 일도 아니었지만, 이 과정에서 상원은 병가를 부여하는 수정안에 대한 필리버스터 위협을 무력화하는 데 필요한 60표를 확보하지 못했다.[38]

간단히 말하면 파업도 없었고 유급 병가도 없었다.

강도 귀족들의 시대로부터 한 세기가 더 지난 시점에 현대의 철도 거물들이 다시 승리를 거두었다. 그들이 승리를 거둔 방식은 철도 노조에 오래도록 지속될 상처를 남겼다. 이로써 노동조합은 앞으로 있을 단체 교섭에서 협상력이 떨어질 터였다.

국가의 권력자들은 기차를 계속 움직이게 하려고 필요하다면 무슨 일에든 개입해 무엇이든 강요하겠다는 의지를 보여주었다. 그들은 철도회사에 자신들의 방식을 고수해도 된다는 메시지를 보냈다. 노동자의 요구를 들어주지 않아도 그들의 노동력에 의존해 사업을 영위할 수 있다는 뜻이었다.

좀 더 넓게 보면, 국가는 최근의 사례에서 노동자의 건강과 공급
망의 유지 사이의 싸움은 결코 싸움거리가 될 수 없다는 인식을 드러
냈다. 제품의 안정적 운송이 제품을 운송하는 사람들의 복지보다 더
중요하다는 생각이었다.

이 일의 하이라이트는 다음 대목이었다.

의회가 철도 노동자들에게 유급 병가 없이 계속 일하게 하는 법
안을 통과시킨 지 불과 나흘 뒤 노퍽서던철도는 애틀랜타에 있는 본
사에서 연례 투자자의 날 행사를 개최했다.

최고재무책임자 마크 조지는 회색 정장에 포켓스퀘어를 꽂고 자
신 있는 걸음걸이로 무대에 올라가 벽에 걸린 스크린에 '주주 환원'
이라는 제목의 프레젠테이션 자료를 띄웠다. 화면에 배당금이 꾸준
히 증가하고 있다는 사실을 보여주는 막대그래프가 떴다. 향후 배당
목표가 수익의 35~40%라는 내용도 기재되어 있었다.[39]

조지는 투자자들에게 이렇게 말했다. "회사는 지난 5년 사이에
분기 배당금을 두 배로 늘렸습니다. 우리는 앞으로 배당금을 더 늘릴
계획입니다."[40]

주요 철도회사들은 경영이 위태로울 정도로 투자를 줄이지 않고
는 유급 병가를 부여할 여력이 없다며 대통령과 의회를 설득했다. 그
런데 이제 그중 한 회사가 수익의 3분의 1 이상을 배당할 여력이 된
다는 말을 투자자들에게 하고 있었다.

두 달이 지난 2023년 2월 3일 오후 9시경, 화차 149량을 끌고 가
던 노퍽서던철도의 화물 열차가 오하이오주 이스트 팔레스타인 마을

을 지나가다 탈선하는 사고가 발생했다. 화차 11량에는 유해 물질이 실려 있었는데, 그중에는 암을 유발할 수 있는 화학물질인 염화비닐도 포함되어 있었다.[41] 일부 화물에 불이 붙으면서 4,700명이 거주하는 마을 상공으로 시커먼 연기 기둥이 피어올랐다. 독성 액체 수백만 갤런이 주변의 하천과 토양으로 쏟아져 들어갔다.[42]

나중에 연방정부의 관계 당국이 밝혀낸 탈선의 직접적 원인은 휠 베어링 과열이었다. 하지만 좀 더 넓게 보면 규제 완화도 이 사고의 원인 중 하나였다. 〈더 레버The Lever〉가 보도했듯이, 철도 업계는 탈선 사고를 일으킨 것과 같은 종류의 기차는 이른바 고위험 가연성 기차를 규제하는 새 규정의 적용을 면제해달라고 오바마 정부에 로비를 벌여 성공을 거두었다.[43] 새 규정을 적용했더라면 업그레이드된 제동 기술이 추가되었을 테고, 그랬다면 탈선을 막을 수도 있었을 것이다. 나중에 트럼프 정부는 아예 이 규정 자체를 폐지해버렸다.

사고의 가장 큰 원인은 정밀철도운행시스템이었다. 노픽서던을 비롯한 철도회사들은 주주들을 만족시키려고 과로와 저임금에 시달리던 최소한의 기본 인원 손에 그 어느 때보다도 길게 편성된 기차 운행을 맡겼다.

기관사 린지는 이렇게 말했다. "지친 사람이 너무 많아요. 회사가 하는 짓을 보면 우리 삶이 자기네 거라고 생각하는 것 같아요."[44]

그는 주요 철도회사들의 안전 체계가 변경되었다는 내용의 동영상을 틱톡에 올렸다. 이전에는 베어링 과열 경보를 기관사에게 직접 알려주었는데, 이제는 운행 중인 열차와 때로는 수천 킬로미터 떨어진 중앙 배차실로 알려준다고 했다. 그러다 보니 기관사에게 경고가 전달되는 시간이 늦어졌다. 이 모두가 열차를 계속 굴려 동일 장소 체류 시간을 최소화하려는 것이었다. 결국 정밀철도운행시스템의 승리였다.

린지는 동영상에서 이렇게 말했다. "이제는 미국인들이, 왜 무책임한 거대 독점 기업이 우리의 소중한 철도 인프라를 소유하고, 제대로 돌보지 않고, 지배하면서 수십억 달러의 자사주를 매입하는 행태를 그대로 두고 봐야 하는지 물어야 할 때입니다. 철도 노동자들은 철도회사들이 유지보수 예산을 줄이고, 열차를 더 길게 편성하고, 일반 대중을 철저히 무시한다고 경고해왔습니다. 이스트 팔레스타인 마을 사고는 다시 일어날 것입니다."

린지는 회사의 소셜 미디어 정책을 위반했을 뿐 아니라 민감한 정보를 유출했다는 이유로 동영상을 올린 지 3주 만에 유니언퍼시픽 철도에서 해고당했다.

15장

"바퀴 달린 노동 착취 공장"
고통스러운 장거리 운전

남부 캘리포니아에서 미시시피주까지 컨테이너를 운송하는 수단에서 철도를 제외한 헤이건 위커의 생각은 옳았다. 위커는 트럭을 선택하기로 했었다.

하지만 이 선택에도 그 나름의 위험성이 있었다. 먼 거리로 화물을 운송하는 이른바 장거리 화물차 운송회사는 밀려드는 수요를 감당하지 못하고 있었다. 업무를 처리할 운전사를 충분히 고용할 수 없었기 때문이다.

이 문제 또한 카터 정부가 규제를 완화하기로 결정한 수십 년 전으로 거슬러 올라가는 이야기였다. 그 이후 장거리 화물차 운전은 힘들지만 중산층 생활은 영위할 수 있는 직업에서 피하는 것이 좋은 직업으로 그 지위가 추락했다.

워커는 이메일을 읽고 큰 두려움을 느꼈다.

크리스마스 시즌을 불과 몇 주 앞둔 2021년 11월 3일이었다. 세서미 스트리트를 주제로 한 인형으로 채워진 그의 컨테이너는 남부 캘리포니아의 한 야적장에 갇혀 미시시피주까지 끌어다줄 트럭을 기다렸다.

이메일은 워커가 중국에서 들어오는 컨테이너 운송을 예약할 때 사용한 온라인 플랫폼 프레이토스에서 발송한 것이었다. 컨테이너 운송 날짜가 10월 30일(이미 지났다)에서 12월 10일로 변경되었다는 내용이었다.

워커는 "'블랙 프라이데이와 크리스마스를 놓치겠구나'라는 생각이 들었어요"라고 말했다.

그는 중국 해운대리점의 서니 류에게 연락해 여정의 마지막 구간을 마칠 수 있게 도와달라고 했다. 류로부터 자신이 맡은 역할은 끝났다는 회신이 돌아왔다.

대륙을 횡단하는 마지막 구간의 운송 책임은 이스라엘카고로지스틱스ICL라는 회사가 맡고 있었다. 뉴욕의 퀸스 로즈데일 지역에 있는 저층의 복합 건물에 입주해 있는 회사였다. 건물이 들어선 거리 양옆으로는 중고차 딜러, 옛날식 식당, 식료 잡화점 등이 드문드문 눈에 띄었다. 건물 내부는 공실이 많아 전체적으로 어두운 분위기였다. ICL이 입주한 사무실은 얼룩투성이 황갈색 카펫이 깔린 좁고 긴 1층 복도 끝에 있었다.

ICL 해운 담당자 마이클 호란은 으스스할 정도로 조용한 방의 칸막이 뒤에 앉아 있었다. 하얀색으로 칠해진 사무실 벽에는 아무런 장식품도 걸려 있지 않았다. 호란은 컴퓨터 스크린을 들여다보며 미시시피주에서 발송된 간절하게 도움을 요청하는 이메일을 읽었다.

워커는 이메일에서 이렇게 말했다. "아마 여러 고객으로부터 이런 메일을 많이 받으셨을 것으로 생각합니다. 우리는 조그만 업체인데 이번 주에 우리 화물이 부두에 도착했습니다. 그런데 이 컨테이너에는 우리 회사가 올해 크리스마스에 판매하려고 계획한 모든 제품이 다 들어 있습니다. 그래서 지금 아주 어려운 상황에 처했습니다."

워커는 이런 말도 덧붙였다. "컨테이너 운송을 앞당기는 데 우리가 할 수 있는 일이 있다면 무엇이든 말씀해주십시오. 진심입니다."

워커는 아마도 고성이 오가고 기능 장애가 생기는 등 대혼란이 발생했을 것으로 생각하고 기본적인 예의의 힘에 모험을 걸어보기로 했다. 그는 호란이, 위협으로 불안감을 표출하는 성난 화주들에게 둘러싸여 있을 것으로 생각했다. 그래서 그저 정중하게 부탁만 하는 공손한 사람으로 자신을 차별화하려고 했다. 그는 호란이 멤피스나 아니면 댈러스까지라도 갈 트럭을 구할 수 있을지도 모른다는 가능성을 열어두었다. 거기까지만 오면 자신이 마지막 운행 구간에 대한 또다른 옵션을 준비할 생각이었다.

퀸스 토박이로 겸손한 성격의 호란은 자기 앞에 닥치는 문제는 무엇이든 해결하는 사람이었다. 하지만 이메일을 읽는 순간 워커의 요구는 들어줄 수 없을 것 같다는 느낌이 들었다. 공급망을 구성하는 다른 분야와 마찬가지로 장거리 화물차 운송업계도 인력 부족에 시달리고 있었기 때문이다.

그해 가을 내가 그의 사무실을 방문했을 때 그는 이렇게 말했다.

"모든 것이 다 늦어지고 있어요. 장비도 부족하고 운전사도 부족합니다."

그 무렵 화물차 기사 부족 문제는 미국인의 일상적 대화의 주제로 떠올랐다.

의회는 청문회를 개최했고, 백악관은 이 문제를 해결하려고 전담 조직을 신설했다.

발에 맞는 크기의 운동화가 없다고 짜증 내는 고객에게 해당 크기의 운동화가 금방 입고되지 않을 것이라면서 점원이 가장 자주 내세우는 이유가 화물차 기사 부족이었다. 공사업자가 집주인에게 지하실을 보수하는 데 드는 시간이 두 배로 늘어날 것이라고 하면서 드는 이유 중 하나도 화물차 기사 부족이었다.

상품이 부족하고 가격이 오르는 이유는 화물선이 항구 앞바다에 발이 묶였기 때문이라는 것이 일반적 인식이었다. 화물선이 발이 묶인 이유는 부두가 꽉 찼기 때문이라는 것이었고, 부두가 꽉 찬 이유는 화물차 기사가 갑자기 화물을 운반할 의욕을 잃었기 때문이라는 것이었다.

미국에서 운송되는 전체 화물의 거의 4분의 3, 금액으로 따지면 10조 달러어치 이상의 화물이 트럭으로 운송된다는[1] 점을 감안하면 이것은 작은 문제가 아니었다.

화물차 운송업체들은 더 많은 운전사를 채용해 훈련하려고 할 수 있는 모든 일을 다 해봤지만 충분한 인력을 확보할 수 없었다고 했다. 일부 업체는 그 이유가 추가 실업 수당 지급 때문이라며 정부에 책임을 돌렸다. 추가 실업 수당은 정치적 성향에 따라, 팬데믹으로 인한 공중 보건의 재앙을 완화하는 데 필요한 지원금으로 보는 사람이 있는가 하면, 미국인의 근로 의지를 약화하는 신뢰할 수 없는 사회주의적 행위로 보는 사람도 있었다.

어쨌든 화물차 운송회사들은 운전사가 턱없이 부족했고, 그 피해는 소비자에게 돌아갔다. 화물차 운송업체들의 주장은 다른 모든 것을 설명하는 결정적 사실로 받아들여졌다. 이 주장은 공급망 붕괴를 다루는 언론 보도에도 등장했다. 기자들은 인플레이션의 원인을 설명하면서 자기도 모르게 업계 이야기를 앵무새처럼 따라 해서 이 주장을 사실처럼 퍼트렸다.

이런 생각이 받아들여진 것은 화물차 운송업계를 대표하는 로비 단체이자 수석 대변인 격인 미국화물차운송협회가 승리한 것이었다. 협회는 오랫동안 화물차 기사 부족이 미국의 상업 활동에 치명적 위협이 되고 있다며, 화물차 기사를 더 많이 양성하려면 공적 자금을 투입해야 한다고 주장해왔다. 협회의 수석 이코노미스트 로버트 코스텔로가 이런 주장을 해온 것은 적어도 2005년부터였다. 팬데믹으로 인한 공급망 붕괴는 그의 주장을 널리 퍼트릴 절호의 기회였다.

2021년 10월, 글로의 컨테이너가 머스크 엠덴호에서 하역될 즈음에 미국화물차운송협회는 화물차 운송업계에 화물차 기사가 적어도 8만 명 더 필요하다고 주장했다.[2] 그러면서 10년 이내에 부족한 기사 수는 그 두 배인 16만 명에 이를 것이라고 했다.

코스텔로는 화물차 운송업계의 경영자들이 모인 회의에서 이렇게 말했다. "이것은 화물차 운송업자와 화주를 포함해 공급망에 소속

된 모든 사람에게 보내는 일종의 경고입니다. 화물차 운송업계의 힘만으로는 이 문제를 해결할 수 없습니다."[3]

스스로의 힘만으로는 문제를 해결할 수 없다는 업계의 주장은 대개 납세자가 부담하는 보조금을 요구하려는 사전 포석일 때가 많았다. 화물차 운송업계는 상품 부족과 소비자 물가 상승을 기회로 삼아 자기네가 시행하는 영리 목적의 교육 프로그램(마숀 잭슨이 이수한 것과 같은)에 대한 정부 보조금을 크게 늘릴 심산이었다. 그리고 의회를 설득해 화물차 기사 자격 규제도 완화할 생각이었다.

업계는 특히 21세 미만은 화물차를 운전하지 못하게 한 연방 규정을 폐지하고 싶어 했다. 이들은 10대 청소년에게 최대 36톤에 달하는 트레일러트럭을 맡기고 집에서 수천 킬로미터 떨어진 고속도로를 질주하게 하면 모두가 행복해질 수 있으리라는 확신을 사람들에게 퍼트렸다. 인력 풀을 넓혀줄 열성적인 신참들이 대기하는 곳이 바로 이곳이라는 것이었다.

화물차 운송업계는 화물차 기사 훈련에 들어가는 공적 자금을 정당화하고자 운전사가 극도로 부족하다는 인식을 영속할 필요가 있었다. 하지만 화물차 기사가 부족하다는 이야기를 끝없이 하는 것(화물차운송협회는 수십 년 동안 운전사 부족 이야기를 떠들어 왔다)은 이들의 계략이라는 사실이 드러났다.

화물차 운송업계에 화물차 기사 공급이 소진된 것이 아니었다. 그보다는 화물차 운전에 따르는 비참한 삶을 감내하려는 사람이 고갈된 것이었다. 업계는 규제 완화로 줄어든 임금을 받고 일하려는 사람을 찾을 수 없었다. 화물차 운송회사들이 화물차 기사들을 붙잡아

두려고 이용하는 약탈적인 트럭 임대 계약과 그 밖의 여러 기만행위를 선뜻 받아들이려고 나서는 무모한 사람이 고갈되고 있었다.

화물차운송협회가 운전사 부족이 초래할 결과를 경고할 때 습관적으로 언급하는 데이터가 있었다. 바로 화물차 기사 이직률이었다.[4] 대형 장거리 화물차 운송회사의 경우 운전사 평균 이직률은 몇십 년 동안 거의 100%에 가까웠다. 일반적인 운송회사는 한 해 안에 거의 모든 운전사가 바뀐다는 뜻이었다. 몇 년 동안 근무하는 운전사도 일부 있었지만, 대부분은 몇 달을 버티지 못했다.[5]

협회는 틈만 나면 마치 불행한 사고를 이야기하듯이 대화에 운전사 이직률을 끼워 넣었다. 이들은 운송회사들이 고객을 올바르게 대하고 경영을 정직하게 하고 기사들을 적절하게 대우해왔지만, 어찌된 일인지 충분한 기사를 확보하지 못하고 있다고 했다. 문제는 인구통계학적 요인에 있다고 했다. 화물차 기사들은 고령화되고 있었다. 젊은 사람들은 화물차 운전에 관심이 없었다. 여성들은 혼자 운전대를 쥐고 전국을 누비며 공동 시설에서 샤워하고, 화물차 휴게소나 길가 또는 싸구려 여인숙 등 아무 데서나 잠을 자는 안전하고 건강한 이 일에 참여하기를 거부했다. 이런 이유로 화물차 운송회사들이 인력을 충원할 수 없다고 했다.

하지만 화물차 운송업계는 높은 이직률의 피해자가 아니었다. 이들은 오히려 그 원인이었다.

화물차운송협회는 퇴사한 운전사 가운데 많은 수가 더 나은 일자리로 옮기기만 했을 뿐이지 업계에 그대로 남아 있다고 했다. 이것은 맞는 말이었지만 변명이 되지는 못했다. 그렇게 많은 사람이 1년 안에 이직했다는 사실 자체가 화물차 운송회사의 운영 방식을 보여주는 증거였다. 운전사들이 빈번하게 이직하는 이유는 일이 견디기 힘들기 때문이었다.

이런 사실은 학술 조사나 전문가의 증언 그리고 특히 화물차 기사의 근무 중 사망 확률이 미국 근로자 평균치보다 열 배나 높다는 사고 데이터를 보면 알 수 있었다.[6] 하지만 나는 희미한 겨울 해가 얼어붙은 관목 덤불 너머로 뉘엿뉘엿 기울어가는 시간에 트레일러트럭의 조수석에 앉아 오클라호마주 중부에 있는 지저분한 화물차 휴게소에 도착하고 나서야 그 실상을 알 수 있었다.

운전대 뒤에 앉은 스티븐 그레이브스는 그날 600킬로미터를 운전하느라 지쳐 있었다. 그는 화장실에도 가야 했고, 식사다운 식사도 하고 싶어 했다. 그는 바닥에 등을 붙이고 눕고 싶어 했고 텔레비전을 보면서 머리를 식히고 싶어 했다. 하지만 가장 중요한 것은 거의 매일 어둠이 대지 위에 깔릴 때면 그를 따라다니며 괴롭히는 똑같은 질문에 대한 답을 찾는 것이었다.

오늘 밤은 어디에 주차할까?

그레이브스는 마숀 잭슨 같은 드레이 기사와는 다른 종류의 기사였다. 그는 운송업계 용어로 해가 져도 집에 들어가지 못하는 기사를 의미하는, 도로 위의 기사over-the-road driver로 불렸다. 그는 한 달에 대략 1만 5,000킬로미터를 운전했고, 한 번 길에 나서면 2~3주를 도로 위에서 보냈다.

오클라호마주의 화물차 휴게소에 도착했을 때 그는 법정 최대 운전 시간을 거의 채운 상태였다. 연방 법에 따르면 화물차 기사는 최대 11시간까지 운전할 수 있었고, 11시간 운전하면 최소 10시간은 쉬어야 했다. 회사가 그의 트럭에 설치한 컴퓨터 시스템이 이 기록을 다 재고 있었다. 그는 조금 더 밀어붙여 법정 최대 운전 시간까지 움직여 텍사스주 경계까지 가고 싶어 했다. 그러면 다음 날 오전에 화물을 부려야 할 댈러스-포트워스 공항 인근에 있는 창고까지 갈 거리가 줄어들 터였다. 게다가 교통이 가장 막히는 러시아워도 피할 수 있을 터였다.

하지만 그렇게 간단한 문제는 아니었다. 주간고속도로에 있는 다음 화물차 휴게소는 주차 공간이 부족하기로 악명 높았다. 주차 공간을 확보하려면 20달러까지 지불해야 할 수도 있었고, 아니면 아예 자리가 없을 수도 있었다. 그러면 샤워 시설도 없고 밥 사 먹을 곳도 없는 고속도로 진입로 옆 갓길에 차를 세우고 강도당할까 봐 걱정하면서 하룻밤을 보내야 할 위험을 감수해야 했다.

"그런 곤란한 상황은 싫으시겠죠?" 그레이브스가 말했다.

인구가 689명인 스프링어 마을 외곽에 있는 이 화물차 휴게소는 매우 열악했다. 화장실에서는 악취가 났고, 요기할 것이라고는 랩에 싸인 샌드위치와 만들어놓은 지 몇 시간이 지난 것 같은 치킨 윙뿐이었다. 사방을 둘러보아도 그 외에는 아무것도 없었다. 하지만 이 휴게소에도 한 가지 장점이 있었다. 주차 공간이 넉넉하다는 것이었다.

그레이브스는 바닥이 쩍쩍 갈라진 주차장 한곳에 차를 세우고 운전석 뒤쪽에 있는 이층 침대의 아래 칸으로 들어갔다. 플라스틱으로 만들어진 침대에는 그의 몸과 베개와 침낭이 들어갈 공간이 있었다.

테네시주의 맥스 패럴은 화물차 운송회사에 기사의 이직을 막는 방법을 조언하는 워크하운드라는 회사를 설립했다. 그가 보기에 문제의 원인은 간단했다.

패럴은 나에게 이렇게 말했다. "화물차 운전은 다른 직업을 구하지 못했을 때 선택하는 제2의 직업으로 인식되고 있어요."[7]

워크하운드는 스마트폰 앱을 만들어 기사들에게 내려받게 한 뒤 익명으로 불만 사항을 제기하게 했다. 그 결과 기사들은 업계의 고질적 관행에 깊은 좌절감을 느끼는 것으로 드러났다.

화물차 기사들은 가족과 떨어져 지내야 한다는 것 때문에 힘들어했다. 특히 이들은 자신의 업무를 지정해주는 배차 담당자의 무신경함에 분노했다. 이들은 회사가 아무런 보상도 없이 자기네 시간을 빼앗아 간다고 느꼈다. 길 위에서 보낸 시간에 따라 보수를 주는 것이 아니라 운행 거리에 따라 보수를 지급하기 때문이었다. 어떨 때는 일손이 부족한 창고에 가서 트레일러에 짐을 다 실을 때까지 몇 시간씩 기다리는 일도 있었다. 어떨 때는 픽업해야 할 트레일러가 있는 곳이 서류에 잘못 기재되어 있는 바람에 트레일러를 찾아 야적장을 헤매다가 배차 담당자가 다시 정확한 장소를 알려줄 때까지 몇 시간씩 기다리기도 했다.

"기사들은 회사가 자신을 비효율적으로 부린다고 생각하죠. 이들이 회사를 그만두는 이유는 대개 존중받지 못한다고 느끼기 때문입니다." 패럴이 나에게 말했다.

업계는 근로 조건을 개선하는 방식으로 이들의 불만에 대응할 수도 있었을 것이다. 운행 거리당 보수를 기본으로 하고, 거기에 시간당 보수를 더해주는 방법도 있었다(결국 최악의 팬데믹 기간에 운전사를 더 끌어들이려고 도입했다). 하지만 대형 운송회사의 전통적 방식은 끊임없이 화물차 운전을 한번 해볼 생각이 있는 신규 인력을 찾아내 자기네가 운영하는 교육 프로그램에 집어넣는 것이었다.

이 전략의 핵심은 기사 부족이 현실일 뿐 아니라 미국 번영에 위협이 된다는 인식을 대중과 정치권의 뇌리에 각인하는 것이었다. 화물차 기사를 양성하려고 막대한 공공 자금을 투입하는 것을 정당화하기 위해서였다.

2020년에 화물차 운전 학원에 들어간 수업료는 캘리포니아주 한 곳에서만 해도 1,200만 달러 가까이 되었다.[8] 이는 그 전년도의 다섯 배에 이르는 금액이었다. 이 돈은 대부분 연방정부에서 나왔다. 그리고 이 프로그램을 이수한 사람들은 대부분 3개월도 채우지 못하고 화물차 기사 일을 그만두었다.[9]

화물차 기사 부족 문제가 심각하다는 이야기는 관련 데이터를 제시하는 순간 바로 타당성을 잃게 되어 있었다. 트레일러트럭 운전대를 잡는 데 필요한 대형 견인차 운전면허를 소지한 미국인은 1,000만 명이 넘었다.[10] 화물차 기사로 일하는 사람의 대략 세 배에 달하는 숫자였다. 그러므로 운전을 한번 해볼 생각이 있는 신규 인력을 찾아내 교육하는 대신 이미 자격을 갖춘 사람들에게 그 일을 할 동기를 부여하는 데 정책을 집중했어야 했다.

그랬더라면 납세자 돈이 아니라, 대형 화물차 운송회사의 주주들과 그들의 가장 중요한 고객인 저렴한 운임에 의존하던 대형 할인점의 돈이 들어갔을 터였다.

펜실베이니아대학교의 전문가 스티브 비셀리는 이렇게 말했다. "화물차 기사가 부족하다는 이야기는 업계의 로비용 수사입니다. 화물차 기사는 부족하지 않아요. 그저 아주 안 좋은 일자리일 뿐이지요."[11]

화물차 운전은 부두 노동이나 철로 유지보수와 마찬가지로 언제나 힘든 일이었다. 하지만 1970년대 후반까지만 해도 블루칼라 직업 중에서는 돈을 가장 많이 벌 수 있는 일에 속했다.

그런 화물차 운전의 수준이 지금처럼 떨어지게 된 것은 규제를 완화해 주주들이 주도권을 쥐게 된다는, 이제는 그 구성이 우리 귀에 아주 익숙한 이야기 때문이었다.

화물차 운송업이 아직 초기 단계이던 1930년대에는 시장 조작이 만연했다. 화물차 운송회사들은 일상적으로 서로 결탁해 경쟁사의 진입을 막고 운임을 높게 유지했다.[12] 정부는 대공황의 충격에 대응한 뉴딜 정책의 일환으로 포괄적인 규제 요법을 도입했다.

1935년에 제정된 자동차운송사업자법에 따라 주간통상위원회(철도 재벌들의 독점적 횡포를 규제하던 바로 그 기관)는 시장 교란 행위를 막는 권한을 얻었다.[13] 이 법은 화물차 운송회사가 '공정하고 합리적인' 운임을 제시해야 하고, 대형 고객에게 특별 할인 요금을 제공하면 안 된다고 규정했다.

감시 기관의 엄중한 감시 속에 연방법에 따라 시장에 진입할 수 있는 화물차 운송회사의 수는 제한되었다.[14] 이 법은 또한 운송업자들에게 독점금지법 적용을 면제해 운송 노선과 운임을 서로 조정할 수 있게 했다. 이에 따라 운송회사들은 안정적인 서비스를 계속 제공할 수 있을 만큼 충분한 수익을 낼 수 있었다. 이와 동시에 화물차 운송회사들은 소매업체의 상품을 운송한다는 사업의 특성상, 자연스럽게 소량의 화물을 모아 한 차로 운송할 수 있는 중앙 집중식 터미널을 설치하게 되었다.[15]

그 결과 노동조합 결성에 매우 유리한 조건이 형성되었다.[16] 화물차 기사들은 연방정부의 계획에 따라 지속적으로 수익을 내는 회사에서 일하고 있었다. 터미널은 터미널대로 노동조합 결성에 매력적인 표적이었다. 부두와 마찬가지로, 폐쇄를 무기로 임금 인상을 요구하기에 이상적인 조건을 갖춘 경제활동의 중심이었기 때문이다.

이것이 악명 높지만 효과적이었던 노동조합 국제트럭운전사연대 Teamsters가 화물차 기사들을 규합하는 데 성공할 수 있었던 배경이다.

국제트럭운전사연대의 역사는 1950년대 중반부터 1970년대 초반까지 조직을 이끌었던 악명 높은 인물 지미 호파와 떼려야 뗄 수 없는 관계에 있다. 호파는 조직 폭력배들과 어울려 다녔고, 수뢰죄로 수년간 교도소 생활을 했으며, 결국에는 1975년에 실종되었는데, 그 이유는 아직까지 밝혀지지 않았다.

호파는 대놓고 법을 무시하면서 권력을 휘두르기도 했지만, 노동자가 휘두를 권력을 갖게 되었을 때 이점이 무엇인지도 보여주었다.

그는 화물차를 운행하는 노동력을 완전히 장악했다. 그런 다음 화물차 운송회사가 가장 수익성이 높은 전략을 추진할 수 있게 도와주는 등 협조적 태도를 취했다. 그러는 한편, 노동 평화의 대가로 노동자에게는 두둑한 보상을 안겨주었다.

1964년 호파는 최초로 전국 화물차 기사를 대표해 단체 협약 체결에 성공했다.[17] 45만 화물차 기사의 임금과 근로 조건을 향상한 협약이었다. 1970년대 중반이 되자 화물차 기사의 80%가 노동조합에 가입했다.[18] 이들은 평균적으로 1년에 현재 가치로 10만 달러에 육박하는 돈을 벌었다. 노동조합이 결성된 화물차 운송회사의 기사가 받는 돈은 공장 노동자 임금의 1.5배에 이르렀다.[19]

이런 급여와 국제트럭운전사연대의 호전성 때문에 화물차 기사들은 오늘날의 부두 노동자와 마찬가지로 급여를 과도하게 받는, 효율성의 방해물로 쉽게 희화화되었다. 의회에서부터 이념의 스펙트럼이 다양한 여러 싱크탱크에 이르기까지 많은 기관이 화물차 운송업을 규제 완화가 필요한 산업 목록의 1번 항목으로 올려놓았다.[20]

화물차 운송업 규제 완화는 지미 카터 대통령이 직면한 실존적 정치 문제를 해소할 실질적 해결책으로도 떠올랐다.

미국 경제는 1970년대 후반까지 경기 불황과 소비자 물가 상승이 동시에 발생하는 스태그플레이션의 곤경에 빠져 있었다. 게다가 주요 석유 수출국 이란에서 혁명이 일어나면서 에너지 위기마저 악화되었다. 카터 대통령의 경제 참모들은 빈사 상태에 빠진 경제에 생기를 불어넣을 효과적 치료법으로 규제 완화를 처방했다.

당시 화물차 운송업 규제 완화의 장점에 대해서는 경제학자들 사이에서 사실상 의견이 일치된 상태였다. 일반적으로 화물차 운송업은 철도와 달리 독점적 지위를 갖게 될 염려가 없는 산업으로 여겨졌다.[21] 철로를 건설하려면 막대한 자금과 오랜 시간이 필요했으므로 기존의 철도 사업자들은 사업을 위험에 빠트리지 않고도 운임을 올릴 힘이 있었다. 하지만 화물차 운송업자가 운임을 올리기 시작하면, 신규 사업자가 화물차 몇 대와 기사 몇 명만 대동하고도 쉽게 시장에 진입할 수 있을 터였다.

하지만 규제가 화물차 운송업을 할 수 있는 회사 수를 제한해 경쟁을 가로막고 있었다. 이 때문에 화물차 운송업자들은 운임을 인상할 힘이 있었다. 높은 운임은 모든 소비자가 부담하는 세금과 같았고, 그렇게 거둬들인 돈은 대부분 조합 소속 운전사가 가져갔다. 이런 생각(여러 학술 문헌도 이런 생각을 뒷받침했다)은 규제 완화를 추진하는 핵심 동력이 되었다.

워싱턴에서 규제 완화에 반대하는 단체는 경쟁이 적을수록 그 구성원들에게 유리한 국제트럭운전사연대와 화물차운송협회뿐이었다. 그 밖의 재계 인사들과 랠프 네이더가 설립한 소비자동맹 같은 풀뿌리 시민단체는 모두 규제 완화에 찬성했다.[22] 주요 제조기업과 소매기업(크래프트, 제너럴 밀스, 시어스 등)은 화물차 운송업 규제를 완화하려고 로비를 벌였다.[23] 규제를 완화하면 운임이 떨어지리라는 사실을 알았기 때문이다.

1980년 7월 1일(철도 사업 규제를 완화하기 불과 3개월 전이었다), 카터 대통령은 1980년 자동차운송사업자법을 공포해 신규 사업자가 화물차 운송업에 쉽게 진입할 수 있는 길을 열어주었다.

카터는 새 법이 소비자와 노동자 모두에게 이익이 될 것이라면서 "이 법의 시행으로 45년간 이어진 인플레이션을 일으키는 과도한 정부 규제와 관료적 형식주의가 사라질 것입니다"[24]라고 했다. 그러면서 이 법이 "화물차 운송업을 원래 있어야 할 자리인 자유 기업 시스템으로 끌어들일 것"이라고 덧붙였다.

법은 의도한 대로 작동했다.

규제가 완화되기 전에 연방정부로부터 화물차 운송업 승인을 받은 회사는 약 1만 8,000개였다.[25] 그러다 새 법이 시행되자 1년 안에 2만 9,000개 가까운 회사가 새로 화물차 운송업을 시작하거나 기존 사업을 확장하려고 서류를 제출했다. 그로써 화물차 운임이 급격히 떨어졌다.

하지만 너무 많은 업체가 화물차 운송업에 뛰어들다 보니 수지를 맞추기가 쉽지 않았다. 그 결과 1985년이 되자 7,000개 가까운 화물차 운송회사가 사라지고 없었다.

동시에 규제 완화로 국제트럭운전사연대의 힘도 급격히 약화되었다. 1997년이 되자 노동조합에 가입한 화물차 기사의 비율은 20% 이하로 떨어졌다.[26]

경쟁 심화, 수익성 저하, 노동조합의 영향력 약화가 맞물리면서 화물차 기사들은 약자로 내몰렸다. 기사들은 더 낮은 임금을 받으면서 더 긴 노선의 운행을 받아들여야 했다. 2000년이 되자 장거리 화물차 기사들의 생산성은 규제가 완화되기 전의 두 배로 높아졌지만, 수입은 60%로 떨어졌다.[27]

화물차 기사들은 적기공급생산방식을 구현하는 배송 시스템의 핵심 구성 요소로 필요한 곳이면 어디든 끊임없이 화물을 날랐다. 하지만 회사는 이들의 시간은 가치가 없다는 듯이 이들을 관리했다. 중요한 것은 이들이 몇 킬로미터를 운행했는지 보여주는 스프레드시트상 항목뿐이었다.

2018년이 되자 화물차 기사의 중위 소득은 규제 완화 이전보다 5분의 1 이상 떨어졌고, 일부 지역에서는 50%까지 감소했다.[28] 마숀 잭슨의 경험은 일반적인 일이 되었다. 사람들은 대형 화물차 운송회사가 운영하는 교육 프로그램을 이수했고, 몇 달 또는 몇 년까지도 그 회사의 기사로 근무해야 하는 조건의 자금 융자 계약을 체결했다. 계약을 체결한 기사들은 회사가 약속한 만큼 돈을 절대 벌 수 없으리라는 사실을 알고 난 이후에도 오랫동안 화물차 기사로 근무해야 했다.

한 전문가가 말한 것처럼 장거리 화물차는 '바퀴 달린 노동 착취 공장'[29]이 되었다.

스티븐 그레이브스는 그런 식의 묘사에 강한 거부 반응을 보였다.

2022년 1월 나는 얼어붙은 미국의 중부 지방을 횡단하는 그의 트레일러트럭에 동승했다. 그는 탁 트인 도로를 바라보며 열광적인 찬사를 늘어놓았다. 거대한 화물차 운전석에 앉아 시적인 아름다움을 발견한 것이었다. 눈앞에 나무 한 그루 없는 눈 덮인 평원이 펼쳐져 있었고, 그 위로 멀리 소 떼가 점점이 흩어져 있었다. 여기서부터 수백 킬로미터가 그가 가장 좋아하는 고속도로 구간이었다.

캔자스주의 플린트힐스를 지나갈 때 그가 이렇게 말했다. "나는 이 지역이 정말 좋아요. 여름에는 이 대초원이 키 큰 풀로 가득 차죠. 바람이 불면 풀이 살랑살랑 흔들립니다. 그러면 바람 소리를 들을 수 있어요. 그 소리를 듣고 있으면 마음이 차분하게 가라앉아요. 마치 명상이나 휴식 또는 수면용으로 사서 듣는 음원에서 나오는 소리 같죠. 힐링 효과가 대단합니다."

그레이브스는 65세를 바라보고 있었다. 그는 20년 넘게 장거리 화물차 기사로 일하며 번 돈으로 얻은 안락함에 자부심이 있었다. 쉬는 날에는 테네시주에 있는 그의 아파트에서 오래된 단파 라디오를 손보거나 소파에 앉아 냉전 시대의 역사책을 읽으며 시간 보내기를 좋아했다. 해외여행도 즐겨 해 영국, 호주, 러시아 등 자신이 다녀온 나라 이야기도 곧잘 끄집어냈다.

그레이브스는 자신이 뭔가 유용한 일을 한다는 사실에 꽤 만족감을 느끼고 있었다.

"나는 슈퍼맨은 아니에요. 그저 톱니바퀴의 톱니 하나에 불과하죠. 그렇지만 내가 제 역할을 하지 않으면 일이 좀 지연될 거예요. 누군가 새 텔레비전을 주문한 뒤 기다리고 있다고 합시다. 그때 나 같은 사람이 있어야 경기를 볼 수 있어요."

그레이브스는 화물차 운전은 아무나 할 수 있는 일이 아니라고 했다. 하지만 제대로만 하면 적정 수준 이상의 생활은 보장되는 믿을 만한 직업이라고 했다. 그는 소속 회사인 아메리칸 센트럴 트랜스포트에 아무런 빚도 지고 있지 않았다. 그래서 원하면 언제든 다른 회사로 이직할 수 있었다.

나는 화물차의 조수석에서 사흘 낮, 운전석 뒤편에 있는 이층 침대 위 칸에서 이틀 밤을 보내며 그의 삶의 방식을 엿볼 수 있었다. 내가 본 그의 삶은 보통 사람 기준으로는 힘들어 보였다.

화물차 운전은 육체적 피로와 끊임없는 걱정(주차 공간 확보 걱정, 카페인 섭취와 운전 중 화장실에 들러야 하는 불편함 사이에서 균형을 맞춰야 할 필요성에 대한 걱정 등)이 수반되는 직업이었다. 고속도로 위에서 전자레인지에 데운 부리토로 대충 때우지 않고 패스트푸드 매장에서 햄버거만 먹어도 제대로 식사했다고 생각하는 삶이었다.

"아마 가장 먼저 느끼는 건 생활 방식의 변화일 거예요. 이런 생활 방식이 몸에 어떤 영향을 끼치는지는 다 알잖아요? 사람들은 건강에 관심이 많으니까요. 우리는 늘 피곤해요. 몸이 맛이 가기 시작하죠. 방광도 언제나 시험대에 올려져 있어요. 운동도 못 하죠. 결국 기사들은 이런저런 심장질환이나 그 밖의 다른 병에 걸립니다. 많은 기사가 당뇨병이나 심장 문제, 과체중 문제를 안고 있어요." 그레이브스가 말했다.

공중 보건 관련 연구 자료에 따르면 장거리 화물차 운전은 수면을 방해하고 혈압과 혈당 수치를 높이기 때문에 심장병이나 당뇨병에 걸릴 위험성을 현저하게 높일 수 있다고 한다.[30]

그레이브스는 한순간이라도 집중력을 잃거나 다른 운전자가 핸드폰을 만지거나 우는 아기에게 신경 쓰거나 몸이 가려워 긁느라고 주의가 산만해져 잠깐 실수라도 하면, 바로 재앙으로 이어질 수 있다는 생각을 늘 했다.

그가 트럭 운전대를 잡은 지 7개월밖에 되지 않았을 때 전자제품을 가득 싣고 I-95번 고속도로를 따라 노스캐롤라이나주에서 버지니아주로 가던 중 반대편 차선을 달리던 분홍색 캐딜락 에스컬레이드가 중앙분리대에 부딪혀 공중에서 뒤집히더니 그의 트럭 50미터 앞에 떨어진 적이 있었다. 그는 급히 핸들을 꺾었지만 차를 들이박을 수밖에 없었다. 그는 차 안에 있는 사람이 다 죽었을 것이라고 생각했다. 하지만 차 안에 있던 부부는 다행히 목숨을 건졌다.

"이게 무섭지 않다면 아마 모자라는 사람일 거예요. 여기서는 브레이크를 밟아도 풋볼 경기장 길이보다 더 멀리 가서 차가 멈춰요." 그레이브스가 말했다.

아메리칸 센트럴 트랜스포트는 나를 그레이브스와 짝 지어 주었다. 이 회사는 화물차 운송업계에서 잘나가는 회사 중 하나였다. 이 회사는 트럭 300대를 운용하는 중견기업으로 미네소타주와 텍사스주 사이에서 화물을 운송했는데, 동쪽으로는 캐롤라이나주와 조지아주까지도 갔다. 팬데믹 기간에는 기존의 기사를 붙잡아두고 신규 기사를 채용하려고 임금을 두 차례나 인상했다. 이직률은 64%에 '불과'했다. 다른 산업에서는 말도 안 되는 수치였지만, 이 업계에서는 평균보다 훨씬 나은 수치였다. 숙련된 기사들은 1년에 9만 달러 이상 벌었다. 캔자스시티에 있는 회사 화물차 주차장의 화장실과 샤워실은 깨끗하고 쾌적했다.

나는 화물차 기사들이 도로 위에서 어떤 일을 겪는지 내 눈으로 직접 보려고 회사에 동승을 요청했다. 회사가 내 요청을 받아들였다는 것은 그만큼 사업을 잘 운영하고 있다는 자신감을 증명하는 것이었다.

그렇기는 해도 말 많은 기자를 검증되지 않은 초보자나 불평분자에게 맡길 리는 없었다. 그레이브스는 분명 프로 중 프로였고, 자기 일을 즐긴다고 공언한 사람이었다. 나는 장거리 운송을 최상의 관점에서 보고 있었다. 화물차 운송이 보여줄 수 있는 최고 여정이었다.

나는 3일간 동승하며 왜 화물차 운송업체들이 1만 달러의 계약

보너스까지 지급하며 기사를 구하려고 혈안이 되어 있는지, 왜 구인 업체 직원들이 화물차 휴게소에 나와 더 높은 임금을 주겠다며 기사들의 이직을 유도하는지, 왜 많은 물류 전문가가 화물차 기사 부족 현상이 앞으로도 계속되리라고 예상하는지 이해할 수 있게 되었다.

그레이브스가 꿈꾸던 인생은 화물차 기사가 아니었다.

버지니아주 리치먼드 인근에서 외동아들로 태어난 그레이브스는 기술자가 되겠다는 꿈을 품고 웨스트버지니아대학교에 진학했다. 그러다 아버지가 병에 걸리자 어머니를 도우려고 대학을 중퇴했다.

그는 주 정부 도로건설팀에서 일하기도 했고, 코카콜라 병입 공장에서 품질 관리 기사로 일하기도 했다. 그러다 통신 회사의 장비를 설치해주는 일을 했다. 그 일자리마저 잃게 되자 그는 새 직업을 모색하려고 실업자 지원 사무소를 찾아갔다.

그레이브스는 배관공이나 목수가 되는 훈련을 받을 생각도 해보았지만, 이런 직업은 수년 간 견습 과정을 거쳐야 했다. 그는 단 몇 주 교육만 이수하면 도로에 나가 돈을 벌 수 있는 화물차 기사가 되기로 했다.

그는 약 250만 킬로미터를 달린 후에도 여전히 운전대를 잡고 있었다.

나는 2022년 1월 초하루가 지나자마자 그레이브스와 합류했다. 19일에 걸친 그의 여정 중 열흘째 되는 날이었다. 그는 이미 아칸소주를 가로질러 텍사스주까지 갔다가 시카고를 거쳐 인디애나폴리스와 사우스캐롤라이나주의 스파턴버그에 들른 뒤 캔자스시티의 회사 화물차 주차장으로 돌아온 길이었다.

그날 아침 그레이브스는 새벽 3시 30분에 하루를 시작했다. 그는 파란색 켄워스 T680의 운전석 뒤편에 있는 이층 침대에서 눈을 떴다. 그런 다음 형광 색상의 주황색 털모자를 뒤집어쓰고 운전석 문을 연 뒤 사다리처럼 생긴 두 칸의 발판을 밟고 포장된 주차장 바닥으로 내려왔다. 평발이라 잠시 얼굴을 찡그리던 그는 주차장 주변을 둘러보았다. 아스팔트 바닥은 군데군데 블랙 아이스가 있고 얼어붙은 눈이 깔려 있었다.

영하 11도의 추위 속에서 그는 금속 게이지를 이용해 타이어 공기압을 측정했다. 그는 브레이크 라인을 점검한 뒤 브레이크 패드와 워셔액이 얼지 않았는지도 확인했다. 그런 다음 트럭과 트레일러의 연결 상태를 꼼꼼히 살펴보았다.

점검을 마친 그레이브스는 따뜻한 운전석으로 돌아와 커피로 정신을 차린 다음 서류를 들여다보면서 그날 오전에 픽업할 화물을 확인했다. 그런 다음 브레이크를 풀고 주차장을 빠져나갔다.

그는 캔자스시티에서 남서쪽으로 55킬로미터 떨어진 창고로 가는 길이었다. 그곳에서 끌고 오던 빈 트레일러를 내려놓고 트랙터 부품 26상자가 실린 새 트레일러를 픽업할 예정이었다. 그런 다음 이 트레일러를 끌고 캔자스주와 오클라호마주의 평원을 가로질러 남쪽으로 877킬로미터 내려가 텍사스주의 포트워스에 있는 물류센터로 운반할 예정이었다.

그레이브스는 고속도로 최면에 빠지지 않도록 정신을 바싹 차리려고 운전석 실내 온도를 17도로 맞춰 놓았다.

화물차 휴게소는 피로라는 악마를 쫓아내려고 건립된 신전과 같았다. 냉장 진열 케이스에는 고카페인 에너지 음료가 잔뜩 들어 있었다. 건강과 정신이 번쩍 드는 각성 효과를 맞바꿔주는 것으로 알려진 레드불이나 자바몬스터 같은 것이었다.

"악마와 거래하는 것이죠." 그레이브스는 커피를 입에 달고 살았다.

창고에 도착한 그레이브스는 정확한 위치를 확인하려고 대시보드에 장착된 컴퓨터를 두드렸다. 2번 건물이라는 표시가 떴다. 그레이브스는 직관적으로 두 번째 건물일 것이라고 생각했다. 하지만 운전석에서 내려와 힘들게 계단을 걸어 올라간 그는 첫 번째 건물로 가라는 말을 들었다.

오늘 업무 처리 방식은 화물차 기사들의 용어로 '드롭 앤 훅'이라는 것인데, 모든 기사가 가장 선호하는 픽업 방식이었다. 지정된 장소로 후진해 들어가 트레일러를 분리한 뒤 빠져나와 다음에 끌고 갈 트레일러를 연결하기만 하면 되는 방식이었다. 다른 방식은 작업자들이 트레일러에 화물을 싣는 동안 무작정 기다리는 것이었다.

건네받은 서류에는 화물 목적지가 텍사스주가 아니라 오하이오주로 되어 있었다. 그는 사무원이 확인을 거쳐 서류를 바로잡는 동안 접이식 의자에 앉아 참을성 있게 기다렸다. 마치 학구적인 희열이라도 느끼는 듯한 표정이었다.

"안녕하세요? 별일 없으시죠?" 그는 화물차 휴게소의 점원이나 창고의 접수대에서 일하는 직원 등 만나는 모든 여성에게 인사를 건넸다.

달린 거리가 늘어나면서 창밖 풍경이 바뀌었다. 그러는 사이 그의 현실에서 바뀌지 않는 것이 하나 있다면 도로에서 느끼는 지독한 외로움이었다. 그는 인간관계에서 느끼는 가장 기본적인 정을 음미하고 있는 것 같았다.

그는 오클라호마주의 버거킹 매장에서 자신에게 커피를 따라준 여종업원의 이름을 기억해 내려고 애썼다. 베일리였다. 그는 그 뒤로 수백 킬로미터를 달린 후 그녀의 눈에서 느꼈던 친절함을 이야기했다.

"나는 항상 모든 사람에게 웃음을 선사하려고 해요." 그는 다른 화물차 기사들의 잘못을 상쇄하려고 노력했다. "기사들은 대개 성질이 사납죠. 피곤하고 허기진 데다 일정이 빡빡하기 때문이에요. 그래서 다른 사람들한테 화풀이하는 경향이 있어요."

우리는 미주리주에서 캔자스주로 이어지는 I-35번 고속도로를 따라 남서쪽으로 이동했다. 트럭은 양로원, 할리데이비슨 오토바이 대리점, 애플비 식당, 네일 살롱과 수표 환전소가 늘어선 스트립 몰을 지나쳤다. 호스티스 트윙키 공장과 실내 스카이다이빙장도 지나갔다.

그레이브스는 화물차 기사에 대한 대중의 고정관념에 이의를 제기했다. 그는 대학교수 같은 정확한 말투로 이야기했다. 그는 '트럭 운전사'라는 말 대신 '상용차 운전사'•라는 용어를 쓰는 것을 싫어했다. 내가 시민 밴드 라디오••를 쓰느냐고 물었더니, 지직거리는 전파

• commercial driver. 상용차(commercial vehicle)를 운전하는 데 필요한 면허를 취득한 운전사. 우리나라로 치면 대형 견인차 면허를 소지한 운전사를 말한다.
•• CB(citizen band) radio. 국가가 정한 특별한 주파수대에서 누구라도 허가 없이 사용할 수 있도록 개방한 생활 무전기를 말한다.

336

공급망 붕괴의 시대

로 흘러나오는 거칠고 상스러운 수다가 듣기 싫어 몇 년 전에 버렸다고 했다.

그는 아침에 주로 런던에서 보내주는 BBC 월드 서비스의 글로벌 뉴스를 듣고 난 뒤 가벼운 재즈나 클래식이 나오는 방송으로 채널을 돌린다고 했다.

"나는 브람스를 좋아해요." 캔자스주를 지나가는 길에 그가 말했다.

그는 무엇보다 많은 근로자가 갇혀 지내는 사무실의 칸막이에서 벗어나 끊임없이 움직인다는 사실에 즐거움을 느꼈다. 그는 조국을 보고 있었고, 장엄한 대지를 만끽하고 있었다.

하지만 주로 주간고속도로만 타는 그의 눈에 보이는 것은 대부분 똑같은 모습의 주유소, 패스트푸드 매장, 체인 모텔, 주류 판매점 등 미국인의 삶을 지원하는 업체들이 지루하게 이어진 광경이었다.

"시간이 어느 정도 지나면 도시와 마을이 모두 비슷비슷해 보여요. 나는 차 앞 유리를 통해 세상을 보죠." 그레이브스가 말했다.

그레이브스는 화물차 운전은 특히 젊은 사람들에게 어려운 일이라고 했다. 그는 가끔 교육생에게 강의도 한다고 했다. 그럴 때마다 그가 빠트리지 않는 조언은 집에 돌아갈 비행기 표 살 돈 500달러는 꼭 가지고 있으라는 것이었다.

대부분 기사가 오래 버티지 못하는 주된 이유 중 하나는 세상과 관계를 계속 이어나가는 데 어려움을 겪기 때문이라고 했다.

아내나 여자 친구, 아이들은 항상 언제 집에 돌아오는지 물었지만, 정확하게 대답할 수 없을 때가 많았다. 관계는 종종 도로가 주는 시련을 이겨내지 못했다.

그레이브스는 혼자 지내는 생활을 받아들인 지 오래되었다.

10년도 넘은 일이지만, 그는 테네시주의 한 레스토랑에서 어떤 여자를 만난 적이 있다. 두 사람은 몇 차례 데이트도 했다. 그러다 그 여자가 그에게 화물차 운전을 언제까지 할 생각인지 묻기 시작했다.

"그녀가 나에게 진지한 교제를 했으면 좋겠다고 말하더군요. 그러자 붕 뜨는 기분이 들었죠. 하지만 내가 이 일을 그만두면 뭘 하겠어요? 수입이 사라지잖아요. 당분간은 일자리도 없을 테고. 그냥 사랑만 남겠죠. 며칠은 좋겠죠. 하지만 아시다시피 사랑이 내 월급 통장에 자동으로 돈을 채워주는 건 아니잖아요."

우리는 오후 네 시경 단조롭게 펼쳐진 오클라호마시티를 지나갔다. 하늘은 칙칙한 회색빛이었다. 주간고속도로는 3차선으로 넓어졌다.

연방 규정에 따르면 그레이브스는 운전 시작 후 8시간 안에 30분간 휴식을 취해야 했다. 운전석에 장착된 전자 모니터링 장치에는 이제 90분도 남지 않았다고 표시되어 있었다. 그는 몸이 뻣뻣해 옴을 느꼈다. 스트레칭으로 몸을 풀어줄 때가 되었다. 하지만 러시아워가 다가오는 시간에 오클라호마시티에서 쉬고 싶지는 않았다. 그는 크래커 배럴 식당, 타코벨 매장, 슈퍼 8 모텔, 고등학교 풋볼 경기장 등을 지나쳐 계속 달렸다.

그레이브스가 스프링어 남쪽에 있는 화물차 휴게소에 도착했을 때 흐릿한 해가 지평선 너머로 기울고 있었다.

화물차 기사들의 은어로 식당과 주차장이 있는 주유소는 오아시스라고 불렸다. 이 휴게소에는 바닥이 갈라진 주차장 위에 화물차가 빽빽하게 주차되어 있었다. 모든 화물차가 열을 얻으려고 공회전하고 있었다.

포트워스에 가려면 남쪽으로 160킬로미터 이상 더 내려가야 했다. 하지만 더 내려가면 주차 공간을 찾을 수 없을지도 모른다는 두려움 때문에 이곳에 주차하기로 했다. 그레이브스는 두 대의 트레일러트럭 사이 공간으로 후진해 들어가 차를 세운 뒤 끼니를 해결하려고 점포가 있는 곳으로 갔다.

그는 칠면조 샌드위치 하나와 팝타르트 두 개를 골랐다. "하나는 디저트로 먹을 거고 하나는 내일 아침 식사죠." 그는 초승달을 머리에 이고 그의 차로 되돌아갔다. 저녁 식사를 마친 그레이브스는 이층 침대의 아래 칸으로 몸을 밀어 넣었다.

이튿날 새벽 아직 하늘이 컴컴한 시간에 그는 주차장을 빠져나왔다. 텍사스주 경계가 가까워지니 로마의 콜로세움, 버킹엄궁, 크라이슬러 빌딩 등 세계적 랜드마크를 본떠 외관을 장식한 거대한 윈스 카지노가 눈에 들어왔다.

포트워스에 도착하자 그는 복잡하게 꼬인 입체 교차로를 요리조리 빠져나와 창고가 즐비하게 늘어선 곳에서 목적지를 찾았다. 그는 그곳에 트레일러를 내려놓은 뒤 남쪽으로 계속 이동했다. BBC 라디오에서 라스베이거스에서 열리는 소비자가전박람회CES에 대한 보도가 흘러나왔다.

"사람들이 쓸데없는 것을 너무 많이 사는 것 같아요." 그레이브스가 말했다.

그는 텍사스주 그랜드 프레리에서 주간고속도로를 따라 25킬로미터 내려간 곳에서 캔자스시티 인근에 있는 월마트 물류센터로 갈 트레일러를 트럭에 연결했다. 서류에 따르면 그가 픽업한 트레일러에는 콘택트렌즈, 개 사료, 살사, 커피 등 화물이 17톤 실려 있었다.

그는 하루 종일 I-35번 고속도로를 타고 왔던 길을 되짚어 오클라호마주로 갔다. 그날 밤은 톤카와 마을 외곽에 있는 화물차 휴게소에서 보냈다. 이튿날 새벽 그는 5시에 길을 나섰다. 캔자스주로 접어들 무렵 얼어붙은 평원 위로 붉은 해가 모습을 드러내기 시작했다.

오전 10시, 그는 거대한 월마트 주차장에 트레일러를 내려놓았다. 이대로만 가면 정오 무렵에 캔자스시티에 도착할 터라 오후는 오래간만에 좀 쉴 생각이었다. 트럭은 회사 주차장에 세워두고 하룻밤에 100달러 이상 받는 근처 호텔에 묵을 예정이었다. 그는 벌써부터 룸메이드가 깨끗이 청소해놓은 방에서 뜨거운 물로 샤워하고 낮잠 잘 생각에 들떠 있었다.

"누군가가 방에 들어와 침대를 정리해주고, 이국적인 느낌이 나도록 수건을 백조 모양으로 감아두고 나가면 기분이 참 좋죠." 그레이브스가 말했다.

하지만 한 시간 후 그의 핸드폰에서 삐 소리가 나더니 캔자스시티의 배차 담당자로부터 문자가 왔다는 컴퓨터 음성이 들렸다. 애완동물 사료를 싣고 가던 화물차가 미주리주 컬럼비아 인근에서 고장났다는 내용이었다. 그러면서 지금 방향을 바꿔 두 시간 거리에 있는 그곳에 가서 화물을 인계받아 미주리주 조플린에 있는 물류센터로 운반해줄 수 있겠느냐고 물었다.

그가 받은 문자에는 시간, 주소, 전화번호 등 몇 가지 관련 세부 정보가 빠져 있었다. 그레이브스는 짜증이 역력한 표정으로 배차 담당자에게 전화를 걸었다. 점심시간이라 전화를 받을 수 없다는 메시지가 들렸다. 그는 다른 배차 담당자에게 전화를 걸었다.

"내가 받은 암호 같은 문자 때문에 전화했어요." 그는 애써 짜증을 억누르며 말했다.

"이래서 사무실 근무자가 싫어요. 왜 문자를 보내죠? 전화하면 될 것을." 배차 담당자와 대화가 잠깐 중단된 사이에 그가 나에게 말했다.

그는 컬럼비아로 방향을 틀었다. 호텔 침대에서 하룻밤을 보내는 일은 무산되었고, 운전석 뒤편 이층 침대에서 또 하루를 보내게 될 터였다.

"피곤해 죽겠어요. 몸을 쭉 뻗고 하룻밤 편히 자고 싶어요. 그렇지만 나는 기계잖아요?"

마이클 호란은 실낱같은 가능성에도 남부 캘리포니아에 갇혀 있던 글로의 컨테이너를 구출하는 데 성공했다.

컨테이너를 운송해달라고 간청하는 워커의 메일에 호란은 이런 답장을 보냈다. "안녕하세요, 헤이건 씨. 내일 로스앤젤레스에서 트레일러를 픽업해 화요일까지 귀하에게 전달할 수 있을 것 같습니다." 그가 말하는 화요일은 11월 9일이었고, 그때 도착하면 크리스마스 상품을 배송할 시간 여유가 충분했다. 그는 1,100달러만 더 내면 이렇게 조치하겠다고 했다.

"예! 그렇게 하겠습니다." 워커는 바로 답장을 보냈다.

화요일 아침 8시, 워커는 차를 몰고 스타크빌 외곽에 있는 회사 창고로 갔다. 버려진 가구 전시장을 창고로 개조한 곳이었다.

트레일러트럭은 이미 도착해 화물 적하장에 차를 대놓은 상태였다. 남부 캘리포니아에 사는 운전사는 나흘에 걸친 3,000킬로미터의 대륙횡단을 마치고 운전석에서 쉬고 있었다.

운전사가 뒷문을 들어 올리자 워커는 흥분한 표정으로 안을 들여다보았다. 트레일러 안에는 상자 1,595개가 나무 파렛트 24개 위에 쌓여 있었다. 그는 직원 세 사람과 함께 전동 파렛트 잭을 이용해 물품을 창고 안으로 옮겼다.

한 시간 뒤 글로의 트럭이 막 도착한 화물 상자를 실어 시내에 있는 옛날 영화관 건물로 운반했다.

글로 직원들은 미국 전역과 멀리는 싱가포르에까지 있는 전 세계 고객에게 상품을 배송할 준비를 시작했다.

워커는 오래간만이라 낯설기까지 한 안도감을 느꼈다. 그는 용기와 결단력 그리고 적지 않은 행운으로 공급망 대붕괴라는 함정에서 빠져나오는 데 성공했다.

엘모 인형은 크리스마스에 맞춰 고객에게 가는 여행을 마무리 지었다.

"식료품점 진열대를 채울 수 있게 해주신 여러분의 노고에 감사드립니다"

육류업계가 노동자를 희생시켜 이익을 얻은 방법

엘모 인형이 마침내 미시시피주에 있는 글로의 창고에 도착하던 무렵인 2021년 11월 중순에도 미국의 상품 부족 현상은 지속되었고 심지어 악화하기까지 했다.

다양한 소비재 품목의 가격이 치솟았다. 이 중 일부는 운송의 병목 현상이 초래한 결과였다. 하지만 대부분은 팬데믹이 발생하기 훨씬 이전부터 존재해온 힘이 반영된 것이었다. 수십 년에 걸친 규제 완화로 독점금지법은 규모와 효율성이 지배할 미래에 걸림돌이 되는 존재로 인식되면서 무력화되었다. 많은 산업에서 기업들은 강도 귀족들도 혀를 내두를 만한 규모로 독점력을 확보하는 데 성공했다.

이것은 공급망 붕괴의 원인을 이해하려면 꼭 알아야 할 중요한 이야기다. 공급품 부족은 우연이 아니라 여러 기업의 일치된 전략이

빚어낸 결과물이었다. 수십 년 동안 일부 대기업은 시장의 숨통을 조이며 제품 공급을 제한해 가격을 높여왔다.

이들은 팬데믹으로 원자재 조달에 심각한 타격을 받았음에도 이득을 볼 수 있는 완벽한 위치에 있었다. 이들은 상품 부족과 공포와 비극을 폭리를 취할 기회로 삼아 제품 가격을 인상함으로써 기록적인 수익을 올렸다. 이런 현실을 가장 잘 보여주는 곳이 미국인의 삶에 가장 중요한 육류 산업이었다.

샌 트윈은 어머니에게 집에 있으라고 애원했다.

2020년 3월이었다. 코로나19는 틴 에가 일하는 콜로라도주 그릴리의 도축장으로 확산하고 있었다.

샌 트윈은 이 위험한 질병의 형세, 즉 치명적인 코로나바이러스가 어떻게 퍼지는지 알 수 없었다. 하지만 어머니 에가 일하는 곳의 환경 때문에 확산이 가속되고 있다고 생각하는 편이 안전할 것 같았다.

넓고 축축한 도축장 안에서는 교대조당 직원 1,500명이 소를 해체해 쇠고기 덩어리로 만들고 있었다. 이들이 1년에 가공하는 소는 100만 두가 넘었다. 이들은 몇 시간씩 서로 가까운 거리를 유지한 채 조립라인에 서서 일했다. 천장에서는 계속 물줄기가 뿜어져 나오고 소독약이 분무되었다. 칼과 톱으로 소 옆구리를 잘라내는 사람도 있었고, 내장과 배설물을 치우는 사람도 있었다.

에의 일은 조립라인에서 나오는 쇠고기 덩어리를 비닐에 포장해 상자에 넣는 작업이었다. 에와 동료들은 땀을 흘리고 가쁜 숨을 몰아쉬며 일에 매달렸다. 집에서 가져온 마스크를 쓰고 일하는 사람도 있었지만, 대부분 보안경에 김이 서리는 것이 싫어 마스크를 쓰지 않았다.

이미 에 바로 뒤에서 일하던 남자 직원 한 사람이 코로나19에 걸렸다. 직원들은 다음에 또 누가 감염될까 하고 촉각을 곤두세우고 있었다.

이 도축장은 세계에서 가장 큰 육류 가공 회사인 JBS푸드 소유였다. 브라질의 대기업인 JBS푸드는 2007년 스위프트를 14억 달러에 인수하면서 미국 시장에 진출했다.[1] 그 거래에는 그릴리의 도축장도 포함되어 있었다. 그 이후 JBS는 영역을 계속 넓혀 지금은 미국의 소 도축 능력의 4분의 1을 차지하고 있었다.

JBS를 경영하는 웨슬리 바티스타와 조슬리 바티스타 형제는 범죄에 가까울 정도로 공격적인 사업 방식으로 명성을 떨쳤다. 브라질에서는 이들이 대통령이 세 번 바뀌는 동안 정부 관료와 브라질개발은행의 핵심 관계자에게 뇌물을 주고 50억 달러에 가까운 돈을 확보해 해외 사업 확장에 썼다는 엄청난 스캔들이 터지기도 했다.[2] 스위프트 인수 자금도 대부분 여기에서 나온 것이었다.[3]

두 사람은 브라질에서 약 6개월간 수감 생활을 했다. 팬데믹이 시작되었을 때는 이들이 교도소에서 나온 지 2년이 지난 때였다. 이들의 육류 제국은 건재했고, 두 사람의 합산 재산은 50억 달러가 넘었다.[4]

이들의 사업은 팬데믹의 공포를 이용해 돈을 벌기에 완벽한 위치에 있었다. 집에 갇힌 사람들이 학교 급식과 식당을 이용하지 못하다 보니 집에서 음식을 푸짐하게 만들어 먹었기 때문이다.

하지만 돈을 벌려면 틴 에 같은 작업자들이 꾸준히 도축장에 나와줘야 했다.

그릴리 도축장 작업자들 사이에서는 두려움이 점점 커지고 있었다. JBS는 몇 사람이나 코로나바이러스에 감염되었는지 아무런 언급도 하지 않았다. 3월 말이 되자 코로나바이러스를 가족에게 옮길까 봐 겁이 나서 출근하지 않는 직원 수가 800명을 넘어섰다.[5] 전국에 있는 다른 도축장의 상황도 크게 다르지 않았다.

샌 트윈은 예순 살 된 어머니가 사람들이 밀집해 코로나19에 걸리기 쉬운 곳에서 매일 일한다는 생각에 괴로웠다.

에는 미얀마에서 억압받는 소수민족인 카렌족으로 외동딸인 트윈을 임신한 상태에서 어렵게 고국에서 탈출하는 데 성공했다. 두 사람은 태국의 난민 캠프로 보내져 전기도 없고 수도도 나오지 않는 대나무 오두막에서 15년을 살았다. 모녀는 유엔에서 지원한 쌀과 콩으로 연명했다. 그 밖의 생필품은 에가 집 안 청소, 빨래, 돼지 돌보기 등을 하며 번 돈으로 해결했다.

마침내 모녀는 정착할 나라를 선택할 기회를 얻게 되었다. 두 사람은 캐나다, 호주, 노르웨이 등을 제치고 미국을 선택했다. 열심히 일할 의지가 있는 이민자라면 언제든지 일자리를 찾을 수 있는 곳이라는 말을 들었기 때문이다.

모녀는 2012년 여름, 아는 사람도 없고 영어도 할 줄 모르는 상태로 덴버에 떨어졌다. 에는 차로 한 시간 거리에 있는 그릴리의 도축장에서 야간에 근무하는 일자리를 얻었다. 그녀는 카렌족 이민자들과 카풀을 해서 오후 이른 시간에 집에서 출발해 새벽 네 시에 집에 돌아왔다.

작업은 힘들었고 잠시도 쉴 시간이 없었다. 집에 돌아오면 허리가 아팠고, 손가락은 부어 있었으며, 다리에는 멍이 들어 있었다. 게다가 온몸이 젖은 채 돌아왔다. 천장에서 분무되는 소독약과 떨어지는 물줄기 때문이기도 했지만, 화장실에 자주 가지 못해 가끔 옷에 소변을 보기 때문이기도 했다.

에는 시급 12달러로 시작했다. 그녀에게는 엄청 큰돈으로 느껴졌다.

팬데믹이 시작되자 샌 트윈은 어머니를 잃을지도 모른다는 공포감에 시달렸다. 게다가 임신까지 겹치는 바람에 더 힘들었다.

"어머니는 내 유일한 가족이었어요." 2021년 12월 트윈은 덴버에 있는 그녀의 집 바닥에 앉아 나에게 이렇게 말했다. 서른이 다 되어가는 트윈은 식당을 개업할 예정이라고 했다.

20개월 된 트윈의 아들 펠릭스는 엄마 무릎에 가만히 앉아 거실 벽에 걸린 액자 속 노부인을 바라보았다. 사진 속의 에는 안경을 쓰고 레이스가 달린 하얀 숄을 걸치고 있었고, 강철 같은 결의 대신 따뜻한 미소를 띤 모습이었다. 펠릭스가 절대 만나지 못하는 외할머니였다. 에는 도축장에 나가지 말라는 트윈의 애원을 듣지 않았다.

"내가 도축장 일을 그만두라고 몇 번이나 말씀드렸는데, 그럴 때마다 엄마는 '돈 나갈 데가 많아. 나 아직 건강해. 괜찮을 거야'라고 했죠."

철도 노동자를 비롯해 미국 공급망의 주축을 이루는 다른 근로자 수백만 명과 마찬가지로 도축장에서 일하는 노동자들도 유급 병가가

16장 "식료품점 진열대를 채울 수 있게 해주신 여러분의 노고에 감사드립니다"

없었다. 그들 역시 자신의 생명과 생계유지 사이에서 하나를 선택해야 하는 암울한 처지였다.

팬데믹이 발생하고 4개월 사이에 심각한 코로나19 증상으로 병원에 입원한 그릴리 도축장 직원은 근 300명에 이르렀는데, 그중 적어도 다섯 명이 목숨을 잃었다.[6] 에도 그중 한 사람이었다. 그릴리 도축장은 바이러스에 큰 피해를 본 거대한 육류업계 내의 여러 도축장 중 하나에 지나지 않았다. 2020년에 미국 전역에서 코로나19에 걸린 육류 가공업 종사자는 5만 9,000명이었고, 그중 269명이 사망했다.[7]

수많은 평범한 노동자가 팬데믹의 와중에 피해를 본 것은 그저 운이 나빴기 때문만은 아니었다. 그보다는 오히려 회사 경영자가 추구한 사업 계획의 직접적 결과라고 보아야 할 것이다. 철도회사나 화물차 운송회사와 마찬가지로 농축산업 관련 대기업도 종업원의 복지보다는 주주에 대한 책무를 더 중요하게 생각했다.

그보다 더 나쁜 것은 이들이 육류 부족의 공포를 조장해 미국 정부를 끌어들였다는 점이다. 이들은 노동자의 희생을 정당화하려고 식량 공급에 차질이 생길 수 있다고 함으로써 대중의 불안감을 조성했다. 모두 자기네 이익을 증대하기 위해서였다.

2020년 4월 18일, 텍사스주 팬핸들 지역에 있는 한 병원의 의사가 JBS에 이메일을 보냈다. 인근 캑터스 마을에 있는 JBS 도축장을 중심으로 코로나19가 확산하고 있다는 내용이었다.

그는 이메일에서 이렇게 말했다. "우리 병원에서 치료받는 코로나19 환자 100%가 귀사 직원이거나 직원 가족입니다. 우리는 귀사의 캑터스 도축장에서 코로나19 감염이 대규모로 발생하고 있다고 생각합니다."[8]

그런 다음 이렇게 덧붙였다. "도축장을 폐쇄하지 않으면 종업원들이 코로나19에 걸려 죽을 수도 있습니다."

하지만 도축장은 가동을 멈추지 않았다. 열흘 뒤 트럼프 대통령이 개입해 도축장 가동을 보장해주었다. 트럼프는 국가 안보에 위협이 된다며 육류 가공공장 폐쇄를 금지하는 행정명령에 서명했다. 그러면서 한국전쟁 당시 제정된 국방물자생산법까지 언급했다.

행정명령에는 이런 문구가 들어 있었다. "도축장 폐쇄는 우리나라 육류와 가금육 공급망의 지속적인 작동을 위협하므로, 국가 비상사태 시기에 중요한 인프라를 훼손하는 것이다. 많은 양의 육류와 가금육이 여러 시설에서 가공된다는 점을 고려했을 때 불필요한 시설 폐쇄는 바로 식품 공급망에 큰 영향을 미칠 수 있다. 예를 들어 대형 쇠고기 가공 시설 한곳이 폐쇄되면 하루 만에 천만인분 이상의 쇠고기를 잃을 수 있다."[9]

한마디로 에가 계속 목숨을 걸지 않으면 미국인이 굶주림의 위험에 처하게 될 수 있다는 것이었다.

이런 트럼프 정부의 공식적 태도는 육류업계의 결정적 승리를 의미했다. 이로써 식량 부족의 공포를 조장하는 선전 공격이 평소처럼 사업을 계속 영위하는 수단으로 유효하다는 사실이 입증되었다.

나중에 〈프로퍼블리카ProPublica〉가 폭로한 내부 이메일에서 드러났듯이, 트럼프의 행정명령은 북미육류협회라는 거창한 이름의 육류업계 로비 단체 관계자들이 작성한 주요 논지가 반영된 것이었다.[10]

이것은 우연이 아니었다. 농축산업계 최고경영자들은 트럼프 정부의 고위 관리들과 주기적으로 만나거나 연락을 취하며 도축장을 계속 가동하려는 전략을 짰다.[11]

백악관과 육류업계의 이런 유착 관계에서 가장 중요한 요소는 도축장을 폐쇄하면 미국의 식량 접근성이 위태로워진다는 잘못된 이론을 퍼트렸다는 것이었다. 이것은 업계의 주요 경영자들이 불안감을 조성하려고 목소리를 높여 주장해오던 내용이었다.

트럼프 대통령의 행정명령이 공포되기 2주 전 육류 대기업 스미스필드푸드의 사장 겸 최고경영자 켄 설리번은 사우스다코타주에 있는 돼지고기 가공공장의 폐쇄 소식을 발표하면서 식료품점 진열대가 텅 빌지도 모른다는 공포를 불러일으켰다.

설리번은 보도자료에서 도축장 폐쇄로 "우리나라의 육류 공급이 위험할 정도로 벼랑 끝으로 내몰리고 있다"라고 했다. "우리 도축장이 가동을 멈추면 식료품점의 진열대를 채우는 것이 불가능해집니다."[12]

하지만 스미스필드가 그런 섬뜩한 보도자료를 내보낼 당시 미국의 육류업계는 팬데믹 이전보다 훨씬 많은 28만 2,000톤의 냉동 돼지고기를 비축하고 있었다.[13] 대형 육류 가공업체들이 보유한 재고는 미국의 모든 식료품점의 진열대를 채우고도 남을 만한 양이었다. 그들은 장악하고 있는 제국이 너무 방대한 나머지 지구 반대편 국가에 있는 가정에까지 자사 육류 제품을 판매했다. 스미스필드와 JBS는 2020년에 돼지고기의 중국 수출량을 크게 늘렸다.[14] 그들이 말하던 미국 식량 공급의 불가침성에 대한 이른바 우려도 농장에서 기른 고기를 태평양 건너편으로 수출하는 것을 막지는 못했다.

틴 에가 일하던 JBS 도축장은 미국에서 큰 도축장 아홉 군데 중 하나였다. JBS는 보통 이 도축장에서 나오는 육류 제품의 3분의 1가량을 20여 개국으로 수출했다.[15] 에가 미국인을 먹여 살리려고 목숨을 걸었다는 생각을 하면 비극적이면서도 한편으로는 말도 안 된다는 느낌이 들었다.

육류 부족을 경고하는 스미스필드의 보도자료는 너무 뻔뻔한 거짓말이어서 북미육류협회 내부에서조차 조롱거리가 되었다.

의회의 한 조사위원회가 입수한 북미육류협회 내부 이메일에서 협회의 커뮤니케이션 책임자 세라 리틀은 "스미스필드가 사람들을 극도의 공포에 빠트렸다"[16]라고 했다. 그러면서 CEO 설리번은 수출을 늘리려 애쓰면서도 '공황을 유발'하고 있다고 덧붙였다.

"따라서 육류 부족 이야기는 기본적으로 사실과 다르다"[17]라고 말한 다른 협회 직원의 이메일도 공개되었다.

하지만 식료품 재고가 줄어들고 있다는 이야기를 들은 청중 가운데 가장 중요한 인물인 백악관은 그 거짓말을 믿었을 뿐 아니라 거기에 대응하는 조치도 취했다.

2020년 3월 중순, 샌 트윈이 어머니에게 출근하지 말라고 애원하던 그 무렵, 주요 육류 가공 회사 대표들은 도축장 직원들을 계속 출근하게 하는 방안을 모색하려고 미국 농무부 고위 관리들과 접촉하기 시작했다.[18]

트럼프 정부의 농무부는 식량 공급이 위협받을 수 있다는 우려를 과장해 마이크 펜스 부통령에게 보고했다.[19] 이에 따라 국토안보부는

16장 "식료품점 진열대를 채울 수 있게 해주신 여러분의 노고에 감사드립니다"

도축장 근로자를 '중요한 인프라'[20]로 분류하라고 각 주에 권고했다. 중요한 인프라로 지정하는 이유는 방역 수칙이나 사회적 거리두기 조치로 주민들의 이동이 통제된 지역에서도 도축장 근로자들이 계속 출근할 수 있게 하려는 것이었다.

이와 동시에 JBS를 비롯한 거대 육류 회사의 경영자들은 도축장 근로자들에게 출근하는 것이 가장 좋은 선택이라고 설득하는 데 도움을 달라고 농무부 장관 소니 퍼듀에게 직접 부탁했다.[21] 그들은 특히 근로자들에게 출근하지 않으면 정부 혜택을 받을 자격을 상실한다는 말을 해달라고까지 했다.

2020년 4월 3일, 경영자들은 콘퍼런스 콜에서 퍼듀에게 백악관을 압박해 펜스나 트럼프가 이 일에 참여할 수 있게 해달라고 요청했다.[22] 콘퍼런스 콜이 끝난 뒤 그들은 퍼듀에게 이메일을 보냈다. 그들은 시간을 내줘 고맙다면서 '코로나19가 무섭다고 직장을 그만두어서는 안 되며, 만약 그만두면 실업 수당을 받을 자격을 상실한다'는 내용의 '대통령이나 부통령의 강하고 일관된 메시지'가 나갈 수 있도록 조율해달라고 부탁했다.[23]

나흘 후 펜스 부통령은 백악관에서 열린 코로나바이러스 태스크포스 브리핑에서 육류업계의 말을 들어주었다. 그는 일부 도축장에서 일어난 "근로자들의 무단결근 사태"에 우려를 표하며, 그로써 "일부 도축장의 육류 가공 능력이 떨어졌다"라고 했다.[24] 그러면서 도축장 근로자들에게 조립라인이 계속 돌아갈 수 있게 해달라고 요청했다.

"식료품점 진열대를 채울 수 있게 해주시는 여러분의 노고에 감사드립니다. 여러분은 중요한 사람들입니다. 여러분은 미국 국민에게 크게 공헌하고 있습니다. 우리는 중요한 인프라의 일부인 여러분에게 앞으로도 계속 출근해 맡은 일을 해주실 것을 부탁드립니다."[25]

펜스가 이런 연설을 할 때 틴 에는 덴버의 한 병원 중환자실에 누워 있었다.

에는 심한 기침과 고열로 몇 주 동안 고생했다. 트윈은 어머니에게 병원에 가보라고 애원하다시피 했다. 에는 숨 쉬는 것조차 힘들어지자 그제야 치료비 걱정을 접고 병원을 찾았다.

같은 주에 샌 트윈은 다른 병원에서 심한 진통과 호흡 곤란을 겪은 끝에 응급 제왕절개 수술로 펠릭스를 출산했다. 검사 결과 트윈도 코로나19에 걸린 것으로 밝혀졌다.

펠릭스가 태어난 다음 날, 에는 트윈에게 전화를 걸어 자신의 코로나19 병세가 매우 심각하다는 소식을 전했다.

"작별 인사를 하려고 전화하신 거였어요. '네가 정말로 보고 싶지만, 볼 수 없을 것 같구나'라고 하시더군요. 그러면서 저보고 펠릭스를 잘 키우라고 하셨어요. 긍정적인 시각으로 세상을 보고, 다른 사람을 도우라고도 하셨지요. 그러고는 전화를 끊었어요. 그게 어머니와 나눈 마지막 대화였어요." 트윈이 나에게 말했다.

에는 두 번 발작을 일으킨 끝에 혼수상태에 빠졌다. 그 이후 산소호흡기에 의지해 연명하다 2020년 5월 17일 숨을 거두었다.

내가 트윈을 만났을 때는 에가 죽은 지 1년이 넘었을 때였다. 트윈은 어머니가 탐욕스러운 기업에 이용당하다 버림받았다는 느낌을 지울 수 없다고 했다. 에가 일하던 업계의 엄청난 수익성을 보면 트윈의 직감이 맞는다는 사실을 알 수 있었다.

16장 "식료품점 진열대를 채울 수 있게 해주신 여러분의 노고에 감사드립니다"

팬데믹이 발생한 첫 2년 동안 미국의 4대 육류 가공 회사는 주주들에게 30억 달러가 넘는 돈을 배당금으로 뿌렸다.[26] 에가 사망한 해에 JBS는 미국에서 쇠고기 판매로 수익을 220억 달러 올렸다고 발표했다.[27]

JBS의 CEO 길베르토 토마조니는 주주들에게 "우리는 2020년의 실적이 매우 자랑스럽습니다"[28]라고 말했다.

JBS에서는 어머니 장례식에 쓰라며 트윈에게 6,000달러를 보내왔다. 하지만 직접 찾아와 조문한 사람은 아무도 없었다.

나중에 노동부 산하 산업안전보건국은 '종업원이 코로나바이러스에 노출되지 않도록 막지 못했다는 혐의'로 JBS푸드를 소환했다.

산업안전보건국은 벌금 1만 5,615달러를 부과했다.[29] JBS가 미국에서 쇠고기 판매로 30초마다 버는 돈보다 적은 액수였다.

"그들은 사람은 신경 쓰지 않아요. 그 사람들이 신경 쓰는 건 돈밖에 없어요." 트윈이 말했다.

고기가 부족하다는 이야기는 이기적인 목적으로 꾸며낸 말이었지만, 그렇게 보이는 일말의 진실 때문에 효과가 있었다. 실제로 일부 식료품점에서는 쇠고기가 부족했다. 하지만 이것은 팬데믹에 직면한 육류업계에 위기가 닥쳤다는 신호가 아니었다. 그보다는 시스템이, 그 시스템을 구축한 육류업계 경영자들의 계획에 따라 돌아갔기 때문이었다. 그들은 고기 수요를 빠듯하게 맞출 수 있도록 공급을 관리했다. 시장에 고기가 적게 풀려야 더 높은 가격을 받을 수 있었기 때문이다.

미국의 쇠고기 공급 시장은 JBS, 카길, 타이슨푸드, 내셔널비프 등 네 개 거대 기업이 지배했다. 이들은 드넓은 땅에서 사육되어 트럭으로 실려 온 소를 거대하고 집중화된 도축장에서 스테이크용, 로스트용 등 여러 용도로 가공했다. 이 네 회사가 차지하는 미국 쇠고기 시장점유율은 85%에 이르렀다.[30] 따라서 어느 한 도축장의 생산이 차질을 빚기라도 하면 그 결과는 바로 시장에 영향을 미쳤다.

육류 가공업체들은 이런 현실의 구경꾼이 아니었다. 이들은 이런 현실을 만들어낸 사람들이었고, 이런 현실의 수혜자였다. 이들은 수십 년 동안 자신에게 유리하게 시스템을 조작해왔다. 이들이 시장을 지배했기 때문에 소를 사육하는 독립 목장주들은 이들 외에 소를 팔 곳이 마땅치 않았다. 그래서 이들은 자신의 지배력을 이용해 도축장 문으로 들어오는 소의 값을 통제할 수 있었다. 이들은 슈퍼마켓 체인이나 도매 유통업체, 식당 등에 쇠고기를 판매하는 또 다른 한 축에서는 자신의 규모를 이용해 스테이크용 쇠고기나 분쇄육의 공급을 조절함으로써 상품 가격을 올렸다. 현대적인 이윤 극대화 논리가 구시대적인 적색육 시장에 적용된 것이었다. 결국, 육류 공급을 장악한 기업들이 자신의 조상 격인 강도 귀족이 누리던 시장 지배력을 되찾은 셈이었다.

이 네 거대 기업은 미국 정부가 반세기 동안 열정적으로 추진해온 규제 완화를 잘 활용했다. 이들은 대대적 합병으로 시장을 극도로 집중한 다음 도축장을 폐쇄해 생산 능력을 줄였다.

가축을 도살하고 가공할 장소가 줄어들면서 소를 내다 팔 시장에 대한 선택지도 줄어들었다. 그러다 보니 목장주들은 수가 줄어든 구매자가 부르는 금액으로 소를 팔 수밖에 없었다. 육류 가공업체들은 낮은 가격으로 소를 사들일 수 있었고, 그 결과 더 많은 이익을 남겨 주주들에게 두둑한 배당금을 제공할 수 있었다.

린 생산과 이윤 극대화의 규칙이 지배하는 시대에 부족함을 유발하는 것은 입증된 성공 비결이었다. 하지만 그 대가는 육류를 생산하려고 애쓴 노동자와 소비자의 희생이었다.

철도 사업의 통합이 투자자들에게는 이익이 되었고 화주와 철도 노동자들에게는 손해가 되었던 것처럼, 소수 업체가 육류 산업을 지배하면서 식품 가격은 올라갔고 목장주들에게 돌아가는 파이 크기는 줄어들었다. 팬데믹이 이런 상황을 초래한 것이 아니었다. 하지만 팬데믹으로 육류 가공업체들이 이런 사태를 악용할 수 있는 완벽한 위치에 있다는 충격적인 사실이 드러났다. 외견상 정당한 이유로 생산량을 줄여 가격을 올릴 새로운 기회의 땅이 발견되었다.

독점력 행사라는 오랫동안 이어져 내려온 상업적 전략의 유효성이 이 분야에서도 검증된 것이다.

17장

"자유 시장이 사라지고 없어요"
독점기업가들은 팬데믹을 어떻게 이용했나

"이 길만 건너면 소가 보일 거예요. 그리고 몬태나주 빌링스에서는 분쇄육 같은 건 찾을 생각 하지 마세요." 4대째 목장을 운영하는 아니카 차터–윌리엄스가 말했다.

헤이건 워커에게 찾아온 최악의 시련은 바다 건너에서 왔다. 이에 비해 차터 일가가 맞이한 어려움은 대지를 가로질러 왔다. 집 안에 격리된 미국인이 뒤뜰에서 바비큐를 하는 것으로 위안을 삼을 때도 몬태나주의 고원 지대에 있는 차터 일가의 목장은 소를 수매해 갈 사람을 찾지 못해 어려움을 겪었다. 그럼에도 가까운 마을에 있는 슈퍼마켓 체인점의 육류 진열장은 비어 있는 곳이 많았다.

어느 면에서 보더라도 목장주가 소를 키운 보람을 느껴야 할 시기였다. 미국인은 음식에서 위안을 찾느라 기록적인 양의 쇠고기를 소비했다.[1] 게다가 쇠고기 가격은 그 전년도에 비해 4분의 1 이상 올랐고, 일부 부위는 70%까지 값이 치솟았다.[2]

하지만 660억 달러 규모의 미국 쇠고기 산업에서 차터 일가에게 돌아갈 몫 일부가 미국인의 식탁과 3만 2,380에이커에 이르는 차터 일가의 목장 사이 어딘가에서 사라져버렸다.

아니카의 아버지 스티브 차터는 평생을 목장에서 보낸 사람답게 손에는 굳은살이 박여 있었고 위아래가 붙은 낡은 작업복을 입고 있었다. 그는 여덟 살 무렵부터 고물 트랙터를 몰고 갓 베어낸 건초를 묶기 쉽게 끌어모으기 시작했다. 그는 영하 40도까지 떨어지는 겨울의 추위와 영상 40도까지 올라가는 여름의 무더위를 견디며 일 년 열두 달 일주일 내내 일하는 것에 익숙해져 있었다.

2021년 12월 내가 그를 만난 날 아침, 우리는 어미 소와 송아지에게 줄 배합 사료를 실은 트럭을 타고 얼어붙은 눈길을 덜컹거리며 올라갔다. 차가 가까이 다가갈수록 소 200마리가 내는 구슬픈 울음이 합창이 되어 점점 크게 들려왔다.

"사료를 주면 좋아할 거예요." 차터가 말했다.

차터의 장성한 두 자녀(30대 중반의 아니카와 마흔 살 된 그녀의 오빠 레사)는 모두 목장에 집을 짓고 각자의 가정생활을 영위했다. 두 자녀는 목장 일을 열정적으로 거들었다.

"우리 핏속에 흐르는 기질이지요. 내 머릿속에는 목장 일밖에 없어요." 레사가 내게 말했다.

이들에게 일 년의 하이라이트는 해마다 목장에서 여름 방목장으로 향하는 이틀간의 야외 이동이었다. 이때는 방목의 계절을 보내려고 온 가족이 말을 타고 불산맥의 푸른 초원으로 소 떼를 몰았다.

차터 일가는 북부평원자원협의회라는 지역 환경 단체의 일원이었다. 이 단체는 방목하는 가축의 수를 제한하고 적절한 작물을 기르게 함으로써 토양을 보존하는 활동을 펼쳤다. 단체의 목표는 수 세기 전 버펄로가 하던 역할을 모방하는 것이었다. 당시 버펄로는 한 지역의 목초를 과도하게 뜯어 먹지 않고 울타리가 없는 대륙을 이리저리 옮겨 다니며 풀이 자연스럽게 다시 날 수 있도록 도왔다.

"소는 환경을 파괴할 수도 있지만, 우리의 가장 좋은 도구가 될 수도 있어요. 이런 것을 알리면 오랜 시간이 걸리죠." 차터가 말했다.

일흔이 가까운 그는 오랫동안 손주 여섯 명도 목장에 남아 가문의 생활 방식을 계속 이어주기를 바랐다. 하지만 육류 가공업체들의 독점적 횡포로 그 가능성은 점점 사라지고 있었다.

차터는 업계 용어로 소-송아지 사육자●로 알려진 목장주였다. 그는 20여 마리의 건강한 암소를 계속 유지하면서 수소와 교미를 시켰다. 송아지는 보통 6월에 태어났다. 송아지가 8~9개월이 되면 중요한 결정을 내려야 했다. 소값 전망이 좋으면 사육비를 계속 부담해가며 송아지를 키웠다가 이듬해 웃돈을 붙여 팔았다.

반대로 소값이 약세를 보일 것 같으면 송아지를 일찍 처분했다. 대개는 몸집을 빨리 불릴 수 있게 옥수수와 기타 곡물이 배합된 고영양 사료를 먹이는 이른바 비육장에 송아지를 팔았다. 비육장은 보통

● cow-calf producer. 송아지 출산부터 시작해 육우를 사육하는 목장주를 일컫는 말. 송아지 상태로 출하하기도 하고, 성체로 키운 뒤 출하하기도 한다.

4대 육류 가공업체 중 한곳과 제휴하고 있었다. 그래서 비육장은 결국 그들이 소유한 도축장 중 한곳, 예컨대 그릴리에 있는 JBS 도축장 같은 곳에 소를 팔았다.

차터의 소값은 수년 동안 만성적인 약세를 보였다. 해마다 봄이 되면 소를 수매하려는 사람이 자꾸 줄어 그는 도축장을 지배하는 대기업이 제시하는 가격을 받아들일 수밖에 없었다. 이런 일이 반복될 때마다 그는 자기 삶의 방식을 계속 이어가는 것에 대한 믿음을 조금씩 잃어갔다.

차터의 목장은 5년 동안 수익을 내지 못했다. 이 때문에 차터는 50만 명이 넘는 미국의 다른 목장주는 물론 이웃의 많은 목장주에게 닥쳤던, 한때는 상상도 할 수 없었던 운명에 직면하게 되었다. 소 떼를 처분하는 것이었다. 그리고 어쩌면 땅까지도 광활한 서부의 일터를 기술 억만장자나 금융업계 거물의 전용 휴양지로 바꿔놓을 개발업자에게 넘기는 것이었다.

"이 일을 그만둬야 하나 하는 생각까지 해요." 감정이 북받친 듯 목이 멘 소리로 차터가 말했다. "기본적으로 내 평생 사는 동안 소비자가 지출하는 돈에서 우리 몫이 점점 줄어들어 왔어요. 그게 지난 몇 년 사이에는 말도 안 되는 지경까지 떨어졌죠."

다른 목장주들이라도 돈을 잘 벌었다면 오히려 받아들이기가 쉬웠을 것이다.

'내가 좋은 목장주가 아니라면 '당신은 경제성이 떨어지기 때문에 목장을 운영할 자격이 없어'라고 시장이 말할 수 있어야 해요. 그러면 나는 시장의 판단에 따라 죽든지 살든지 할 거예요. 그런데 지금은 자유 시장이 사라져버려서 올바른 사람이 제대로 보상받지 못하고 있어요."

팬데믹이 유발한 물품 부족은 대부분 따지고 보면 결국 생산과 물류의 문제였다. 전자제품을 생산하는 중국의 공장이 가동을 중단하자 이들 제품이 부족해졌다. 상품이 가득 담긴 컨테이너가 항구 앞 바다에 발이 묶이자 소매점 진열대가 텅 비어버렸다. 화물차 기사가 비참한 근로 조건에서 일하지 않으려고 하자 기업은 물품 배송을 기다리는 처지에 놓이게 되었다.

이런 모든 문제는 일이 잘못될 때를 대비한 여지를 남겨두지 않는 적기공급생산방식과 린 재고 지상주의 때문에 더 악화되었다. 워커가 자신의 주문품 제작에 필요한 원자재를 구하는 데 어려움을 겪은 이유도 이것 때문이었다.

하지만 이것은 전체 이야기의 일부에 불과했다. 미국 철도 시스템의 붕괴에 작용한 것과 같은 힘(독점업체의 생산 능력 감축)이 경제 전반에서 작동하고 있었다.

면도 크림에서부터 의약품에 이르기까지 다양한 상품을 생산하고 유통하는 기업들은 각자의 분야에서 시장을 지배적으로 장악했다. 동시에 생산을 거대한 공장에 집중했다. 그 덕분에 이들은 공급을 통제할 수 있었고, 그 결과 상품 가격은 조금씩 올라갔다. 하지만 소비자들은 무언가 일이 벌어질 때마다 속수무책으로 상품 부족과 가격 인상을 겪게 되었다.

저널리스트 배리 린은 생활용품 대기업 프록터앤드갬블이 2005년에 질레트를 인수함으로써 시장에 미친 영향을 분석한 적이 있다.[3] 프록터앤드갬블은 소비자 선택의 폭이 넓다는 환상을 갖게 하는 다양한 브랜드로 남성용 면도기 시장의 75%, 세탁용 세제와 식기 세척제 시장의 약 60%를 점유했다. 또 칫솔, 건전지, 여성용 패드 시장은 50%, 치약, 속쓰림 약, 기저귀 시장은 40%를 점유했다. 종이 타월 시장은 바운티라는 하나의 브랜드만으로 거의 45%를 점유하고 있었다.

린은 세계 2위의 식품 가공 기업 크래프트가 2000년에 나비스코를 인수해 오레오 쿠키나 플랜터스 피넛 같은 주요 브랜드를 확보한 과정도 자세히 설명했다.[4] 그 뒤 크래프트는 가공공장 39군데를 폐쇄하고 제품의 4분의 1을 없애 영업이익을 끌어올렸다고 했다.

인위적 생산 감축은 가격을 올리고 주주를 만족시키는 뛰어난 방법이었지만, 신뢰성 상실이라는 대가가 뒤따랐다. 조그만 충격이라도 발생하면 품귀 현상이 일어날 위험이 있었다. 그 결과는 유사 초콜릿 크림 쿠키를 구매하는 것으로 그치지 않을 때가 많았다.

2022년 봄, 미국 대부분 지역에서 갑자기 분유를 구하기 힘든 사태가 발생해 아기가 있는 많은 가정에 비상이 걸렸다. 그런 결과를 초래하게 된 직접적 이유에 대한 설명은 합당해 보였다. 미시간주에 있는 한 분유 제조 공장이 치명적인 종류의 박테리아에 오염되어 아기 둘이 숨지는 사고가 발생했다. 이 공장을 운영하던 애보트랩스는 공장을 폐쇄하고 분유를 리콜했다. 그 결과 분유 부족 사태가 발생한 것이었다.

하지만 독점 전문가 매트 스톨러가 지적했듯이, 애보트랩스는 틈

새 시장을 노리는 무명의 중소기업이 아니었다. 애보트랩스는 시밀락 같은 유명 브랜드로 분유 시장의 43%를 장악하고 있었다.[5] 애보트랩스와 미드존슨, 네슬레 등 주요 대기업 세 곳이 차지하는 시장점유율은 98%에 이르렀다.

진정한 경쟁 시장에서라면 기업은 자사 제품의 품질 관리와 충분한 공급에 대한 압박감을 느낄 것이다. 그렇지 않으면 경쟁사에 시장을 빼앗길 위험이 있기 때문이다. 하지만 기업의 시장 지배력이 높아지면 경쟁사는 줄어든다. 그러면 책임감을 가지고 제품을 관리해야겠다는 유인도 줄어들게 마련이다.

애보트랩스가 여기에 딱 들어맞는 사례였다. 사건이 일어나기 7개월 전, 미시간 공장의 내부 직원 한 사람이 공장에서 발생한 몇 가지 비리를 식품의약국에 고발했다.[6] 그는 공장의 장비 유지보수가 제대로 되지 않고 있다고 했다. 적절한 시험을 거치지 않은 분유를 시장에 내놓고 있다고도 했다. 그리고 공장 관리자들은 기록을 조작해 이런 흔적을 은폐하고 있다고 했다.

노후화된 기계를 교체하고 추가 시험을 시행하는 등 공장을 제대로 운영하려면 돈이 들었을 것이다. 대중의 건강을 보호하고 회사의 평판을 지켜야 한다는 당위성은 주주를 만족시켜야 하는 책무와 제로섬 경쟁 관계에 놓여 있었다. 애보트랩스는 2019~2021년 사이에 미시간 공장에서 박테리아 오염 사고가 8건 발생했음에도[7] 50억 달러를 들여 자사주를 매입했다.

애보트랩스가 느꼈을지도 모르는 장비와 공장 운영에 더 많은 돈을 투자해야 한다는 압박감은 시장 지배에 따르는 특권으로 상쇄되

었다. 애보트랩스는 유럽에서 판매되는 분유 가격의 두 배 가까운 금액을 미국에서 받을 수 있었다.[8]

분유 부족 사태가 대중의 관심을 끌 무렵, 미국인은 공급망 붕괴의 강박관념에 사로잡혀 있었다. 공급망 붕괴는 그보다 더 큰 위기, 즉 지속적인 인플레이션의 가장 큰 원인이었다.

소비자 물가가 전년 대비 8%나 오르자(40년 만에 가장 높은 물가 상승률이었다) 텔레비전에 출연한 분석가들은 지독했던 1970년대의 스태그플레이션으로 돌아갈 가능성을 두고 암울한 논쟁을 벌였다. 정치 전문가들은 인플레이션이 2022년 11월에 있을 중간선거를 앞둔 바이든의 민주당에 악재로 작용할 것이라고 했다.

이런 대부분 논의에는 인플레이션이 모든 관계자가 최선의 노력을 기울여도 벌어지는 당혹스러울 정도로 불행한 사태에 해당한다는 가정이 깔려 있었다. 상당 부분 이것은 말도 안 되는 이야기였다. 많은 경우 물가 상승은 기업 전략의 승리를 의미했다. 인플레이션은 시장에서 기민하게 압도적 지배력을 축적해온 기업들이 거둔 보상이었다.

경제학자들은 인플레이션이 일상의 기대에 균열을 일으키는 파괴적이고 해로운 힘이라고 했다. 이에 따라 노동자들은 임금 인상을 요구하게 된다고 했다(월스트리트가 기겁할 이야기였다). 일단 인플레이션이 탄력을 받으면 억제하거나 되돌리는 일은 매우 어렵다고도 했다.

이런 논의가 진행되는 와중에 연준은 물가 상승에 맞서는 전통적 수단으로 금리를 공격적으로 인상하기 시작했다. 수십 년에 걸쳐 갈고닦아온 이 전략의 논리는 기업이나 신용카드 소지자, 주택 구매자 등의 차입 비용을 올리면 지출을 억제할 수 있다는 것이었다. 이렇게 되면 결국 상품과 서비스 수요가 줄어 물가가 떨어진다는 것이었다.

수요 감소는 노동자의 협상력을 떨어뜨릴 뿐 아니라 그들의 일자리를 위협할 수도 있었다. 하지만 여론을 주도하는 사람들과 많은 경제학자는 실업률 상승은 인플레이션이라는 괴물을 처단하는 데 따르는 어쩔 수 없는 부작용이라며 실업률 상승(그리고 경기 침체까지도)을 용인하자는 분위기였다. 이들은 저소득층 가구에서는 실업이 물가 상승보다 훨씬 더 큰 위협이라는 사실은 신경 쓰지 않았다.

일부 경제학자는 인플레이션이 팬데믹으로 공급망에 혼란이 생겨 일어난 일시적 현상이라고 주장했다. 공장 가동이 재개되면 사라졌던 물품이 다시 채워져 가격이 떨어질 것이라고 했다. 결국, 미국 가정의 지하실이 실내 자전거로 가득 차 더는 넣을 공간이 없어질 것이라는 뜻이었다. 이렇게 되면 해운업계와 화물차 운송업계에 가해지던 압박이 완화돼 상황이 정상으로 돌아갈 것이라고 했다. 하지만 물가가 계속 높게 유지되면서 이런 이야기는 설득력을 잃었다.

이런 이야기는 대부분 물가 상승이 경제학의 기본인 수요와 공급이라는 고전적 문제에서 비롯했다는 인식을 바탕으로 한 것이었다. 정치권은 인플레이션이 바이든 정부의 무분별한 지출의 결과인지, 아니면 세계적으로 일어난 공급망 병목 현상의 결과인지(따라서 대통령의 책임 범위 밖의 일인지)를 두고 논쟁을 벌였다. 하지만 이유가 무엇이든 간에 수요와 공급의 법칙은 정상적으로 작동하지 않았다. 상품이 소비자의 욕구를 충족할 만큼 충분하지 않았다. 따라서 물가가 오를 수밖에 없었다.

이런 분석에는 일리가 있었다. 수요와 공급은 거의 언제나 물가에 영향을 미쳤다. 하지만 인플레이션의 원인을 설명할 때 간과되다 시피 하는 또 다른 요소가 하나 있었다. 바로 극심한 시장 집중이 초 래한 결과라는 것이었다.

팬데믹으로 혼란이 벌어질 때는 커피, 빵, 쿠키, 맥주, 돼지고기 공급의 60% 이상을 네 개의 대기업이 통제하던 시기였다. 이유식, 파스타, 탄산음료, 쇠고기 시장의 집중도는 이보다 훨씬 더 높아서 상위 네 기업의 시장점유율은 80%가 넘었다.[9]

자기 분야에서 지배적 위치를 차지하던 기업들은 팬데믹을 가격 인상 기회로 활용할 수 있었다. 이들은 제품 생산에 투입된 원자재, 에너지, 노동력의 비용 상승분보다 훨씬 더 많은 돈을 제품 가격에 덧붙였다. 한마디로 영업이익률을 크게 끌어올렸다.

한 분석 자료에 따르면, 2022년 4월 현재 미국의 상품 가격 인상 분의 절반 이상이 기업의 이익으로 돌아갔고, 노동자의 임금 인상에 반영된 것은 가격 상승분의 8%도 되지 않는다고 한다.[10]

또 다른 연구에 따르면, 미국 기업들은 팬데믹을 이용해 제품 가 격을 원가 상승분보다 훨씬 많이(사상 최고 수준으로) 인상했다고 한 다.[11] 그리고 이런 경향은 특히 소수 대기업이 시장을 지배하는 산업 에서 두드러졌다고 한다.

2021 회계연도(대부분 미국 가정이 잊고 싶어 하는 해)의 결산을 마친 미국 기업들은 수익이 전년 대비 35% 증가했다고 발표했는데, 이것 은 1950년 이후 가장 높은 수치였다.[12] 고마워하는 투자자들에게 수 익의 세부 내역을 발표하던 많은 경영자가 팬데믹을 상품 가격을 인 상하는 기회로 활용했다고 자랑했다. 그러면서 추가로 늘어난 수익

은 주주들에게 배분하겠다고 했다.

2021년 12월 투자자들과 콘퍼런스 콜을 하던 미국의 대형 슈퍼마켓 체인 크로거는 수익성이 크게 개선된 비결로 제품 가격 인상을 꼽았다.

크로거의 최고재무책임자 게리 밀러칩은 이렇게 말했다. "우리는 적당한 기회가 있을 때마다 비용 상승분을 소비자에게 전가합니다."[13]

이것이 크로거가 그전 분기에 21%라는 엄청난 영업이익률을 달성한 비결이었다. 크로거는 직전 연도에 10억 달러어치의 자사주도 매입했다.

인플레이션으로 대중의 분노가 폭발하고 기업이 폭리를 취한다는 증거가 드러나자 바이든 정부는 시장 집중에 대한 공격에 나서 연방거래위원회에 조사를 맡겼다.

이 공격의 중심에 육류 가공 산업이 있었다.

2021년 말 백악관은 다음과 같은 게시물을 블로그에 올렸다. "지금의 육류 가격 상승은 자유 시장에서 볼 수 있는 수요와 공급의 자연스러운 결과가 아니다. 이것은 경쟁이 사라진 시장에서 기업이 소비자, 농부와 목장주 그리고 우리 경제에 해를 끼쳐가며 시장 지배력을 이용하기로 한 결정의 결과물이다."[14]

이 글은 심각한 문제를 제대로 포착하기는 했지만, 실제로 그럴 수 없으면서도 인플레이션을 억제하는 수단으로 포장되었다. 독점금지법은 한참 전에 집행되었어야 했다. 지금에 와서 육류 가공업체의 폐해를 바로잡으려면 오랜 법적 절차를 밟아야 할 것으로 보였다. 생산 능력을 확충하고자 신규 진입자가 도축장을 건설하려고 해도(이것이 정부의 핵심 목표였다) 수십억 달러가 필요할 터였다. 이 모든 일이 몇 년은 걸릴 터였으므로 당장 급등한 식료품비에 시달리는 가정에는 별다른 위안이 되지 못했다.

그럼에도 정부가 육류 산업을 겨냥했다는 사실만으로도 중요한 역사적 전환점이었다.

한 세기 전 강도 귀족의 시대에도 육류 가공업자들의 독점적 횡포가 대중의 분노를 불러일으켜, 결국 정부가 개입해 시장을 장악하던 그들의 힘을 약화한 적이 있었다.

목장주들의 역사는 미국 경제 내에서 일어난 기회와 기본적 공정성의 부침과 궤를 같이하며 이어져 왔다. 그들은 오랫동안 경쟁을 촉진하는 정책의 혜택을 누려왔다. 그러다 이제는 새로 출현한 독점기업가 집단에 휘둘리는 처지가 되었다. 그들의 무력화와 그들이 속한 산업의 집중화로 소비자는 식량 공급의 충격에 노출되었다.

스티브 차터의 집(고색창연한 느낌을 주는 목조 가옥이었다)은 평원이 한눈에 내려다보이는 절벽 위에 자리 잡고 있었다. 산쑥과 뷰트●가 점점이 박힌 평원은 200킬로미터 이상 떨어진 지평선을 향해 막힌 데 없이 쭉 뻗어 있었다.

아니카가 목초로 사육한 쇠고기로 간단하지만 맛있는 점심을 준

● butte. 미국 남서부에서 볼 수 있는, 벙어리장갑 모양으로 우뚝 솟은 지형. 위는 평평하지만 주위 사면이 가파른 벼랑으로 되어 있다.

비하는 동안 나는 거실을 둘러보았다. 거실 벽에 카우보이용 가죽 바지를 걸치고 챙 넓은 모자를 쓴 카우보이의 흑백 사진이 걸려 있었다. 시가를 입에 문 채 다부져 보이는 말의 안장에 걸터앉은 모습이었다.

"서부의 무법자지요." 레사가 사진 속 인물이 자기 증조부라며 이렇게 말했다.

집안에 전해 내려오는 이야기에 따르면, 그는 아이오와주에서 태어나 와이오밍주로 이주해 부치 캐시디와 선댄스 키드●가 이끄는 악명 높은 갱단에 들어갔다고 한다. 그들은 혐오 대상이던 강도 귀족들의 보물창고인 은행과 철도회사를 털었고, 무법자들을 좋은 사람으로 여기는 마을을 피난처로 삼았다. 1910년경 이 무법자는 합법적인 길을 걷기로 결심하고, 불법 행위로 얻은 전리품으로 잭슨에 있는 소 방목장을 구입했다.

그는 미국 역사의 중요한 순간 이 산업에 뛰어들었다. 유럽인들은 아메리카 원주민들을 그들이 살던 땅에서 내쫓았고, 버펄로를 대량 학살했으며, 철도를 깔아 변경을 개척했다. 서부 전역에서 이루어진 목축업은 미국 농업에서 가장 가치 있는 분야의 하나로 급성장했다. 가축에 투자된 돈은 미국 은행에 예치된 모든 자산의 가치를 능가했다.[15] 어떤 면에서 보면, 소 투기 광풍의 중심지였던 와이오밍주의 샤이엔은 세계에서 가장 부유한 도시였다.[16]

● Butch Cassidy and the Sundance Kid. 미국 서부 시대의 유명한 강도단 와일드 번치(The Wild Bunch)를 이끈 인물. 이들을 주인공으로 한 영화 〈내일을 향해 쏴라〉의 원제목이기도 하다.

소 관련 사업은 록펠러가, 밴더빌트가, 휘트니가 등 당대의 가장 부유한 가문을 끌어들일 만큼 수익성이 높았다.[17] 1917년이 되자 다섯 개 회사가 소 도축·쇠고기 유통 사업을 장악하게 되었다. 이들이 차지하고 있던 미국 육류 시장점유율은 86%에 이르렀다.[18]

시카고는 미국 철도의 허브라는 지위를 이용해 번성하는 이 산업의 중심이 되었다. 도시 남쪽의 한 가축 수용소에는 소 2만 1,000두, 돼지 7만 5,000마리, 양 2만 2,000마리를 수용할 수 있는 우리가 세워졌다.[19] 가축이 잠시 거쳐 가는 이 수용소의 우리는 그 규모가 너무 커 여물통의 길이만 8킬로미터나 되었다. 전국에 공급되는 고기의 80% 이상이 이곳에서 가공되었다.[20] 이곳은 해마다 동물 900만 마리가 아무렇게나 최후를 맞이한 뒤 해체되는 피비린내 나는 장소였다.

시카고 가축 수용소는 틴 에의 비극이 일어났던 곳의 선조 격이었다. 탐사 보도 전문 기자 업턴 싱클레어는 1906년에 발간한 그의 소설 《정글The Jungle》에서 도축장의 참상을 이렇게 묘사했다. "한여름의 태양이 하루 종일 260헥타르 넓이의 이 공간에 내리쬐었다. 악취와 균을 내뿜는 나무 바닥이 깔린 우리에 빽빽이 들어찬 수만 마리 소 등에 내리쬐었고, 탄재가 흩어진 펄펄 끓는 선로 위에도 내리쬐었고, 우중충한 고기 공장이 밀집한 거대한 단지 위에도 내리쬐었다. 단지의 미로 같은 통로는 신선한 공기의 내부 유입을 막고 있었다 ⋯ 엄청난 양의 고기 찌꺼기가 해를 받아 썩어가고 있었고, 기름때 긴 작업자들의 세탁물이 널려 있었으며, 식당에는 바닥에 떨어진 음식물 위에 파리떼가 시커멓게 달라붙어 있었고, 재래식 화장실에는 뚜껑도 덮여 있지 않았다."[21]

싱클레어는 시카고 가축 수용소의 끔찍한 실상을 대중에게 알린 사람으로 널리 인정받고 있다. 그의 고발을 계기로 독점 사업자의 횡포를 규제할 규칙을 요구하는 대중의 목소리가 힘을 얻었다. 하지만 그의 이야기에서 가장 큰 분노를 일으킨 것은 노동 조건의 비참함이 아니라 식량 공급의 신성함이 훼손되었다는 사실이었다. 미국인은 자신의 식탁에 올라오는 고기가 아주 역겨운 곳에서 가공되었다는 사실에 경악했다.

우드로 윌슨 대통령은 연방거래위원회에 육류 가공 산업을 조사하라는 명령을 내렸다. 1919년에 발표된 위원회의 조사 보고서는 강도 귀족의 전과 기록 같았다.

보고서의 내용은 다음과 같았다. "이들 다섯 개 회사가 시장을 장악하고 있으므로 가축 생산자들은 이들의 처분에 따라야 한다."[22]

"국가의 식량을 장악한 이런 위협적인 상황은 … 간접적이면서 모호한 방법으로 이루어진 우연의 일치가 아니라, 가축의 구매를 조절하고 육류 가격을 통제할 목적으로 행한 분명하고 확실한 공모였다."[23]

이런 관심의 결과로 탄생한 것이 1921년의 '육류 가공업 및 도축업법'이었다. 이 법은 빅 파이브가 가축 가격을 결정하고 시장을 조작하는 것을 막을 목적으로 제정된 것으로, 정부가 개입해 독점 권력을 뿌리 뽑음으로써 미국의 경제를 재편하려는 큰 그림의 일부였다. 이 법은 어려움에 처한 사람을 지원하는 사회 보장 프로그램을 운영하면서 금융 산업을 엄격히 규제한 뉴딜 개혁의 예고편이기도 했다.

이런 상황에서 스티브 차터의 아버지는 4,050제곱미터당 3달러에 땅을 살 수 있다는 말을 듣고 1950년에 몬태나주로 이주했다. 그는 돈을 빌려 한때는 3만 헥타르에 이를 정도로 땅을 사들였다.

스티브를 포함한 사남매는 교실이 하나밖에 없는 학교에 다니며 아버지에게 목장 일을 배웠다.

일 년에 한 번, 스티브 가족은 소를 경매 처분하려고 가축 운반용 트럭에 소를 싣고 운전석에 포개 앉은 채 두 시간 거리에 있는 빌링스의 우시장으로 갔다.

우시장은 소나 송아지를 수매하려고 도축장과 비육장에서 온 사람들로 붐볐다. 대부분 몬태나주와 사우스·노스다코타주에서 온 사람들이었지만, 멀리 떨어진 콜로라도주와 네브래스카주에서 온 사람들도 있었다. 사람들은 울타리가 쳐진 경매장 주변으로 모여들었고, 경매사는 소값을 끌어올리려고 입에 침을 튀겨가며 경매에 나온 소의 장점을 떠들어댔다. 구매자도 많았고 수요도 많았으므로 차터 가족은 합리적인 가격을 받으리라는 기대를 할 수 있었다.

차터 남매들은 카페에 앉아 그레이비를 뿌린 으깬 감자를 허겁지겁 입안으로 밀어 넣었다. 외딴 목장에서 자란 아이들을 위한 특별식인 셈이었다.

하지만 차터의 기억에 가장 생생히 남아 있는 것은 술을 많이 마시고 화를 잘 내는 아버지가 그다음 1년 치 생활비를 충당할 만한 거액의 수표를 받아들고 만족스러운 얼굴로 트럭을 몰고 집으로 향하던 모습이었다.

그럼에도 그의 아버지는 차터에게 대학에 진학해 다른 삶을 개척하라고 권했다. 그는 공정한 경쟁의 시대가 지속될 것으로 보지 않았다. 육류 가공업자들이 지배력을 되찾을 것이라고 생각했다.

"아버지는 이런 일이 일어날 것을 아셨어요. 가족농과 목장주들이 살아남기 힘들 것이라고 생각하셨죠." 차터가 말했다.

차터는 스물두 살 되던 해에 아동 보호 단체 노던플레인스에서 일하던 시카고 출신의 진 히메르스테드라는 여자를 만났다. 차터가 조용하고 이지적인 편이었다면, 진은 다혈질이고 열정적이었으며 카리스마가 있었다. 두 사람 사이에 피어난 로맨스는 주변 환경에 뿌리를 둔 것이었다. 진은 자연 그대로인 대지의 아름다움과 말 등 목장 생활에 매료되었다.

두 사람은 1975년에 결혼했다. 3년 뒤 아버지가 돌아가셨고, 목장은 차터가 책임지게 되었다.

이듬해 할리우드 배우 출신 로널드 레이건이 미국 대통령 선거에 출마한다고 발표했다.

레이건은 남부 캘리포니아에 있는 자신의 목장에서 카우보이모자를 쓰고 포즈를 취하는 등 스스로를 그 시대를 대표하는 미국 카우보이로 내세웠다. 그는 소도시의 예절이 지배하는 신화화된 과거의 전통적 가치에 뿌리를 박고 있는 민중의 한 사람이라는 이미지로 선거 운동을 벌였다. 그의 카우보이식 유머는 그가 미국의 자유를 억압한다고 비난한, 엘리트 의식에 젖은 연방 관료들과 극명한 대조를 이뤘다. 하지만 그는 기업 이익을 위한 자발적 도구가 되어 새로 밀려오는 독점기업가들의 손에 미국 시장을 넘겨주었다.

미국 경제를 바꿔놓은 규제 완화의 물결을 처음 일으킨 사람은 레이건이 아니었다. 구분이 확실하지는 않지만, 앞에서 살펴본 바와 같이 지미 카터가 그 시작점이라고 할 수 있다. 하지만 규제 완화를 극적으로 진전시킨 사람은 레이건이었다. 그는 학술 문헌에 근거한, 검증되지 않은 주장을 가져다 감정에 호소하는 선거 구호로 증폭시켰다. 레이건은 정부를 육중한 몸집으로 느릿느릿 움직이며 낭비되는 세금을 마음껏 포식하는 짐승으로 묘사해 악마화했다. 그러면서 연방 권력을 자유 기업의 신에게 희생 제물로 바침으로써 인플레이션과 경기 침체로부터 미국을 구해내겠노라고 다짐했다.

1979년 1월 레이건은 대통령 선거 출마를 선언하며 이렇게 말했다. "우리는 현 상태에 대한 책임을 인정하지 않고, 우리 상황을 제대로 판단하고 있다고 믿을 수도 없으며, 세입 범위 안에서 정부를 운영하려고 하지 않는 연방정부의 오만함을 종식해야 합니다. … 우리는 연방정부 관료들이 지출을 줄이고 기능을 간소화하고 책임을 지는 현실 세계에 살게 만들어야 합니다."[24]

레이건 혼자서 이런 사명을 생각해낸 것은 아니었다. 그는 조용히, 하지만 꾸준히 미국 재계의 자금 지원을 받으며 수십 년에 걸쳐 힘을 모아 온 사회적 움직임의[25] 대변인으로 나선 것이었다. 그의 선거 운동의 지적 기반은 옛 가축 수용소 부지에서 8킬로미터도 채 떨어지지 않은 시카고대학교 같은 학문적 온실에서 배양된 것이었다. 이 새로운 신념의 추종자 중에는 경제학자 밀턴 프리드먼이 있었다. 프리드먼은 옛 강도 귀족들의 도를 넘은 행위를 근거 없는 '신화'로 일축하고, 연방정부의 권한을 줄이려고 노력했다.

시카고학파의 주요 인사 중 한 사람인 법학자 로버트 보크는 육류 가공업자들이 독점력을 다시 구축할 수 있게 해준, 독점금지법 집행을 중단해야 한다는 생각을 옹호했다.

전통적으로 미국의 독점금지법은 규모를 본질적 위험 요소로 보았다. 시장 지배권을 가진 기업은 그 힘을 이용해 소규모 경쟁업체를 제거할 수 있다. 아무도 이익을 얻을 수 없는 수준으로 가격을 낮췄다가 시장을 장악한 다음 가격을 다시 올리는 방법이 있다. 원자재 공급 시장을 장악해 신규 경쟁 기업의 진출을 막는 방법도 있다. 이것이 한 기업의 규모가 지나치게 커지지 않도록 기업 합병의 여지를 제한하는 법적 토대를 마련한 이유였다.

보크는 이런 생각은 구시대적일 뿐 아니라 파괴적이라며 이런 것 때문에 혁신이 저해된다고 주장했다.[26] 합병은 규모를 키워 효율성을 높이는 길로 가는 수단으로 받아들여야 한다고 했다. 여기서 고려해야 할 단 한 가지 요소는 소비자 가격에 직접 미치는 영향이라고 했다. 소비자들이 더 싸게 상품을 구입할 수 있다면 정부가 나서서 합병을 방해할 아무런 이유가 없다는 것이었다.

이것은 급진적 개념으로, 갈수록 규모가 큰 합병 승인을 받으려는 미국의 산업계가 가지고 있던 생각이었다.

레이건은 이런 생각에 젖어 있던 최초의 대통령이었지만 결코 마지막 대통령은 아니었다. 공화당이건 민주당이건 가릴 것 없이 레이건 정부 이후의 모든 정부는 기업을 제 뜻대로 운영하게 그냥 놓아두는 것이 양질의 상품을 저렴한 가격에 제공하는 가장 좋은 방법이라는 생각을 받아들였다. 양당의 이런 의견 일치는 바이든이 독점금지법에 따른 조사를 재개할 때까지 계속되었다.

육류 가공업자들은 식량 공급을 혁신하겠다고 약속함으로써 연방정부의 합병 승인을 받아냈다. 규모를 키우면 더 많은 양의 고기에 비용이 분산된다는 것이었다. 그러면 가격을 내릴 수 있으리라는 것이 이들의 논리였다.

정말로 쇠고기 도매가격은 2000년대 초반까지 조금씩 떨어졌다.[27] 하지만 그사이 대형 가공업자들은 그 이후 10년간 이어질 급격한 가격 인상의 발판을 마련했다. 이들은 소규모 도축장을 폐쇄해 고기를 가공할 능력을 줄였다. 그러면서 그릴리에 있는 JBS 도축장같이 점점 규모가 커지는 도축장으로 육가공 업무를 집중시켰다.

1976년에는 연간 50만 마리 이상의 소를 처리할 만큼 규모가 큰 미국의 도축장은 다섯 곳밖에 되지 않다.[28] 이 다섯 곳의 도축장이 맡고 있던 생산량은 미국 전체 쇠고기 공급량의 15% 미만이었다. 대부분 도축 작업은 대규모 도축장의 약 10분의 1의 도축 능력을 갖춘 145군데 중간 규모 도축장에서 이루어졌다. 도축장이 많았다는 것은 목장주들이 소를 팔 선택의 폭이 넓었다는 뜻이다.

20년 뒤에는 합병으로 상황이 완전히 바뀌어버렸다. 1년에 적어도 소 100만 두를 도축할 능력을 갖춘 도축장이 14군데나 되었다.[29] 이들은 미국 전체 쇠고기 공급량의 3분의 2 이상을 가공했다.

차터 부부에게 합병은 우시장에 찾아오는 구매자 수가 줄었다는 뜻이었고, 소값이 떨어졌다는 뜻이었다. 1980년대 후반이 되자 차터 부부는 손익분기점을 넘기기만 해도 다행이라고 여기게 되었다.

도축업에 경쟁을 도입하고 싶었던 차터 부부는 지역의 다른 목장주들과 힘을 합해 빌링스에 있는 버려진 도축장을 되살리기로 했다.

하지만 육류 가공업자들이 이 계획을 알게 되었다. 그들은 지역의 목장주들에게 웃돈을 주며 새로 생긴 도축장에 소가 공급되지 못하도록 막았다. 결국 새 도축장을 운영하려던 계획은 실패로 돌아갔고, 차터 부부는 10만 달러의 손실을 떠안게 되었다.

이 경험으로 진은 다른 전략을 생각해냈다. 육류 가공업자를 배제하고 소비자와 직거래하는 방법이었다. 진은 빌링스에 있는 식료품점 지배인의 허락을 받아 주차장에 가판대를 설치했다. 진과 스티브는 시식용 쇠고기를 구워가며 판매에 열을 올렸다.

하지만 얼마 지나지 않아 지배인이 허락을 철회했다. 대형 육류 가공업체 한 곳이 그들이 장악하고 있던 유통망을 우회하려는 이 시도를 눈치챘기 때문이다. 그들은 차터 부부를 내쫓지 않으면 쇠고기를 납품하지 않겠다고 식료품점을 협박했다.

"이 일로 이들과 싸울 수 있는 용기를 다 잃은 것 같아요." 스티브가 말했다.

워싱턴에서는 규모에 대한 숭배가 거의 보편화되어 있었다. 1990년대에는 빌 클린턴 같은 민주당원들도 식량을 값싸고 풍부하게 공급해 빈곤 문제에 대처할 수 있다는 명분으로 육류 가공업계의 합병을 받아들였다. 업계에서 낸 막대한 금액의 정치 기부금도 이런 생각을 하게 하는 데 일조했다.

2000년대에는 합병 규모가 훨씬 더 커졌다. 합병을 주도한 것은 가장 공격적 업체인 JBS였다.

브라질 기업 JBS는 스위프트를 인수해 그릴리 도축장을 포함한 도축장 12곳을 장악한 이듬해 5억 6,500만 달러를 들여 스미스필드비프를 인수했다.[30] 이 거래에는 한번에 소 80만 두를 사육할 수 있는 비육장 운영도 포함되어 있었다.

이와 동시에 JBS는 미국 4위의 쇠고기 가공업체 내셔널비프패킹 인수 계획을 발표했다. 인수 금액은 5억 6,000만 달러였다.[31] 하지만 이렇게 되면 JBS가 미국 쇠고기 가공 능력의 3분의 1을 차지하게 되어 기본적인 독점금지법을 대놓고 어기는 것이라 법무부는 이것을 막으려고 소송을 제기했다.

조지 W. 부시 정부에서 법무부 반독점부서를 책임지고 있던 토머스 O. 바넷은 이렇게 말했다. "JBS와 내셔널이 합병하면 식료품점, 외식업체 그리고 궁극적으로는 소비자가 지불해야 할 쇠고기 가격이 올라갈 가능성이 높습니다. 그리고 소를 구매하려는 육류 가공업체 간 경쟁은 줄어들 것입니다."[32]

JBS는 보기 드문 독점금지법 집행 사례에 직면하자 한발 물러났다. 이 브라질 대기업은 미국 쇠고기 시장의 겨우 4분의 1을 장악하는 것으로 만족해야 했다.

2010년이 되자 미국의 소 도축장 수는 1970년대 후반에 비해 80%나 줄었다.[33] 비육장도 3분의 1이 사라졌다.

레이건 대통령 취임 당시 36%였던 4대 기업의 소 도축 시장점유율은 팬데믹이 찾아와 도축장이 문을 닫게 되면서 다시 85%까지 치솟았다.[34]

'육류 가공업 및 도축업법'의 영향은 완전히 사라져버렸다.

육류 가공업자들은 도축 능력을 줄여 소 수요를 떨어뜨렸을 뿐 아니라 이른바 전속 계약으로 목장주와 비육장주에게 주는 소값도 떨어뜨렸다. 전속 계약은 도축장이 사전에 구매 물량을 약정하고 가격은 나중에 결정하는 방식이었다. 이 거래는 가격이 투명하게 공개되는 우시장의 경매 방식과 달리 공개적으로 하는 것이 아니었으므로 목장주와 비육장주의 힘은 줄어들 수밖에 없었다.

갈수록 차터 부부 같은 목장주들은 도축장이 어떤 조건을 제시하든 받아들일 수밖에 없다고 느끼게 되었다.

2019년이 되자 미국에서 거래되는 소의 거의 4분의 3이 전속 계약이나 그 밖의 다른 비밀스러운 방법으로 주인이 바뀌었다.[35] 많은 우시장이 사라졌고, 그나마 남은 우시장도 찾는 사람이 많지 않았다.

2022년 초 어느 날 오후, 나는 빌링스 외곽에 있는 우시장 리빙스턴라이브스톡을 찾았다. 구매자 10여 명이 자리에 앉아 경매가 이루어지는 모습을 지켜보고 있었다. 경매사가 독특한 높낮이로 주문을 외우듯 숫자를 내뱉는 동안 마이크 홀런벡은 제일 앞줄에 앉아 전 시장으로 들어오는 소들을 유심히 살펴보았다. 그는 여러 비육장을 대신해 소를 수매하는 사람이었다. 그는 30년 전 처음 우시장에 오기 시작했을 때만 해도 수매자가 지금보다 세 배나 많았다고 나에게 말했다.

"업계의 집중화로 사람들이 옆으로 밀려났죠. 업계의 집중화는 시장에 우울한 영향을 미쳤어요." 홀런벡이 말했다.

그 결과 막대한 부가 소를 키우는 사람들로부터 육류 가공업자와 그들에게 투자한 국제적 투자자들에게 이전되었다.

전통적으로 미국의 목장주들은 소비자가 지출하는 쇠고기 가격의 대략 절반을 가져갔다. 그러던 그들의 몫이 2020년에는 사상 최저

17장 "자유 시장이 사라지고 없어요"

인 37%로 떨어졌다.[36]

한 세기 전에 연방거래위원회가 육류 가공업자들의 책략을 '분명하고 확실한 공모'라고 밝힌 것처럼, 목장주들의 수입이 이렇게 급격히 떨어진 것도 우연히 일어난 일이 아니었다. 수십 년에 걸친 업계의 통합과 전속 계약의 등장이 결합해 만들어낸 의도적 결과였다. 목장주 조합이 연합해서 제기한 집단 소송의 소장에 따르면, 이로 인한 영향은 육류 가공업자들의 직접적인 가격 조작으로 더 증대되었다고 한다.

목장주들은 소장에서, 육류 가공업자들이 목장주와 비육장주에게 지불할 소값을 낮추려고 조직적으로 공모했다고 주장했다. 가장 간단한 방법은 우시장에서 구매를 줄이는 것이었다. 우시장에서 결정되는 가격은 전속 계약을 맺은 목장주에게 지급할 소값을 결정하는 계산식의 핵심 변수였다. 이들은 우시장을 피함으로써 소값을 낮출 수 있었다.

소장에 따르면, 익명을 요구한 한 비밀 증인은 육류 가공업자들이 이보다 더 공격적인 형태의 가격 조작도 했다고 밝혔다. 텍사스주 캑터스에 있는 JBS 도축장 직원인 이 증인은 도축장 관리자와 대화하던 도중에 4대 육류 가공업체가 소 구매 수량을 줄여 도축량을 감축하기로 공모했다는 사실을 알게 되었다고 했다.[37] 그 결과 쇠고기 공급 물량이 줄어 육류 가공업체는 슈퍼마켓이나 식당, 기타 구매자에게 더 높은 가격을 받을 수 있었다. 또한 전속 계약을 맺은 목장주나 비육장주에게 지급해야 할 소값도 떨어뜨릴 수 있었다.

JBS의 견해를 듣고 싶어 연락했더니, JBS는 나를 워싱턴에 있는 로비 단체인 북미육류협회와 연결해주었다. 나는 커뮤니케이션 책임자 세라 리틀과 대화를 나눌 수 있었다. 리틀은 내부 이메일에서 육류 부족에 대한 공포는 틴 에 같은 노동자를 도축장에 계속 나오게 하려고 트럼프 정부의 도움을 구하고자 주요 육류 가공업자들이 불러일으킨 것이라고 인정한 바로 그 대변인이었다.

"시장 집중은 가격과 아무 관계가 없어요. 소 시장과 쇠고기 시장은 역동적으로 움직이니까요."[38] 리틀은 나에게 이렇게 말했다.

이 말은 워싱턴 로비 단체의 사무실을 벗어나면 한순간의 검증도 견뎌내지 못할 업계의 선전성 발언이었다.

미주리주 북부의 구릉지대에서 5대째 목장을 운영하는 코이 영은 소 사육은 바보들이나 하는 짓이라고 침울하게 말했다.

2021년 11월 만났을 때 그는 이렇게 말했다. "육류 가공업자들이 가격 시스템 전체를 통제하고 있어요. 우리는 미국인에게 식량을 공급하고, 그것 때문에 파산하지만 아무도 신경 쓰지 않죠. 이 나라에서 소를 키우는 것은 답이 안 나오는 일이에요."

규모가 아담한 영의 목장은 인구가 193명인 작은 마을 블라이드데일 외곽에 자리 잡고 있었다. 그 전해에 영은 가격 약세에 대응하려고 일반 소에 쏟던 그의 관심을 다른 데로 전환했다. 그는 5만 5,000달러의 카드 대출을 받아 첨단 인공 수정 장비를 구입했다. 고급 품종의 개량 소를 생산하기 위해서였다.

영은 소를 팔아 투자에 대한 보상을 받을 생각이었다. 그가 희망하는 매각 대금은 12만 5,000달러였다. 하지만 경매가 있던 날, 팬데믹에 겁을 먹은 시카고상품거래소의 트레이더들이 생우(生牛) 가격을

10% 이상 떨어뜨려 버렸다. 영은 소를 트레일러에 싣고 우시장으로 가는 길에 불길한 예감이 들었다고 했다. 그날 오후 영은 3만 2,000달러의 수표와 함께 빈 트레일러를 끌고 집으로 돌아왔다. 머릿속은 온통 파산에 대한 생각뿐이었다.

일주일 뒤 영은 아내가 출근하기를 기다렸다. 아내는 그들의 유일한 생계 수단인 간호사 일을 하고 있었다. 그는 자신이 아내에게 결혼기념일 선물로 준 9밀리미터 권총을 꺼내 관자놀이에 갖다 댔다.

"열과 성을 다 쏟았던 일이 실패로 돌아가면 다른 출구가 보이지 않죠." 영이 나에게 말했다.

다행히 그의 아내가 무언가를 두고 가는 바람에 다시 돌아왔다. 갑자기 아내가 진입로에 차를 주차하는 소리가 들리자 영은 총을 치웠다. 그는 전문가에게 우울증 치료를 받기 시작했다.

하지만 여전히 계산은 서지 않았다. 이듬해 그는 소를 모두 처분하고 바비큐 케이터링 사업을 시작했다.

"농부로 자랐으니 이 일을 계속하는 게 맞죠. 목장은 우리 집안의 유산이에요. 이제 나는 남자다운 이미지를 잃어간다는 느낌이 들어요." 영이 말했다.

팬데믹이 발생해 소값이 떨어지던 2020년 초가 되자 스티브 차터는 우시장에 소를 내다 파는 것을 거의 포기한 상태였다. 그는 가급적 빨리 송아지를 팔아치우기로 했다. 한 번에 40마리씩 세 차례로 나눠 처분할 생각이었다. 그는 첫 번째 물량을 처분하려고 JBS에 소를 납품하는 한 비육장의 지인에게 전화를 걸었다.

그의 말을 들은 차터는 기가 막혔다. 그는 차터에게 지정한 날짜에 유타주에 있는 JBS 도축장으로 송아지를 실어 가야 하고, 가격은 송아지가 도착하면 JBS가 결정한다고 했다. 그리고 지금 바로 이 조건에 동의하지 않으면 송아지를 팔 수 없을지도 모른다고 했다.

"그 기회를 놓치면 송아지를 팔 수 있다는 보장이 없었어요. 그에게 욕이라도 한 바가지 퍼부어 주고 싶었지만, 다른 선택의 여지가 없었죠." 차터가 말했다.

차터는 파운드당 최소한 1달러 30센트는 받았으면 좋겠다고 생각했다. 그것이 손익분기점이었다. 하지만 JBS가 한 말은 충격적이었다.

"나하고 아무런 상의나 협상도 없이 파운드당 1달러를 주겠다고 하더군요."

몇 주 뒤 그는 두 번째 물량을 출하할 준비가 끝나자 송아지를 구매할 가능성이 있는 모든 지인에게 전화를 돌렸다. 하지만 미국의 많은 가정이 쇠고기 사재기에 나선 무렵인데도, 그의 송아지를 한번 보겠다는 사람조차 없었다. 도축장이 폐쇄되면서 생우 수요가 줄었기 때문이다.

그는 마지못해 JBS로 다시 돌아갔다. 이번에는 파운드당 90센트밖에 받지 못했다. 복부를 세게 한 대 맞은 것 같은 충격이었다.

몇 주 뒤 세 번째 물량을 출하할 준비가 끝났다. 이 무렵 아니카는 오래전 어머니가 시도했던, JBS를 비롯한 육류 가공업자들을 우회하는 길을 따라갈 생각을 하고 있었다.

진은 2011년 4월, 차터 가족에게 공허감을 남기고 교통사고로 세상을 떠났다. 아니카는 어머니의 투지를 이어받았다. 아니카는 중간 단계를 없애고 소비자와 직거래를 시도해볼 생각이었다.

스티브는 걱정했지만 이 상태로 가다가는 더 큰 손해를 볼 것이 뻔했다. 스티브와 아니카는 소를 가공해줄 작은 도축장을 찾아냈다. 냉장 보관소도 구했다. 아니카는 페이스북에 가족과 소와 넓은 목장의 사진을 올렸다. 그런 다음 '몬태나 쇠고기. 아름다운 몬태나의 자연에서 태어나 자란 소. 우리가 직접 먹이고 보살폈습니다. 우리 가족 목장에서 여러분 집으로 바로 배송합니다'라고 썼다.

그녀의 게시물은 입소문을 탔다. 차터 가족은 송아지 40마리를 모두 팔아 4만 달러의 추가 수익을 올릴 수 있었다. 이로써 독점 사업자를 우회하는 것이 맞는다는 사실이 증명된 셈이었다.

"처음으로 소비자들이 실상을 알게 되었어요. 자기 식량의 공급을 통제하는 무언가 큰 세력이 있다는 것은 정말 무서운 일이죠. 문제는 통제예요. 다시 말해, 누가 자기 식량을 통제하는 것을 바랄까요?" 아니카가 말했다.

이 일은 평범한 한 개인이 거둔 승리였고, 가족 목장이라는 개념의 승리였으며, 육류 가공업자가 지배하는 영역 밖에서 육류 공급이 이루어질 수 있다는 생각의 승리였다.

그래도 차터 일가는 손실에서 벗어나지 못하고 있었다. 기름값이 올랐다. 곡물과 비료도 가격이 치솟고 있었다. 처음에 JBS 도축장에 판매한 송아지 때문에 입은 손실도 장부에 큰 영향을 미쳤다.

이 때문에 스티브는 목장을 팔아치우고 다른 일을 해야 할지도 모른다는 가슴이 미어질 것 같은 생각까지 하게 되었다.

"가치를 돈으로 환산할 수 없는 것이 있어요. 하지만 결국 중요한 건 돈이라는 것이 개떡 같은 일이죠." 이렇게 말하는 스티브의 눈에서 눈물이 흘러내렸다. 초저녁 어둠이 대지에 스며들고 있었다.

중요한 것은 돈이었다.

금전적 이익이 거의 모든 생산 시장의 형태를 결정했다. 투자자 계층은 효율성을 기준으로 글로벌 생산망과 유통망을 구축했다. 하지만 이 효율성은 그 무엇보다, 설령 신뢰성이 훼손된다고 해도 이윤을 중요시하는 변종 효율성이었다. 비용 절감의 강박에 시달리던 기업은 제품 생산을 해외로 이전했다. 이와 동시에 적기공급생산방식과 린 생산은 재고 감축을 요구했다. 이렇게 되자 문제가 발생할 완벽한 조건이 만들어졌다. 규모에 대한 무절제한 찬양은 독점기업가에게 한때는 경쟁이 치열했던 시장을 장악할 기회를 제공했다. 그 결과 경제는 일단 충격이 발생하면 물품 부족과 가격 인상이 쉽게 일어날 수 있는 체질로 바뀌었다.

팬데믹으로 이 위험성이 드러났다. 매장의 진열대가 비고 물가가 치솟는 와중에 기업 이익은 크게 늘었다. 이때가 모든 것을 다시 한번 생각해볼 아주 드문 기회다.

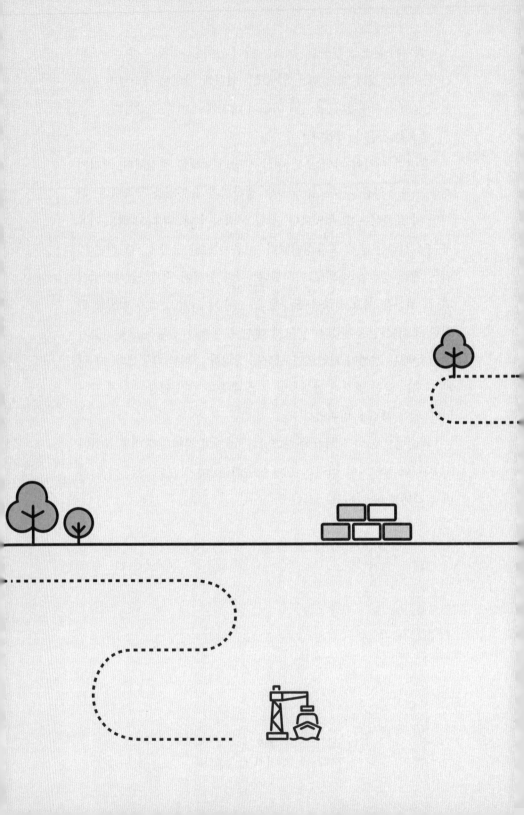

3부

본국으로 귀환한 세계화

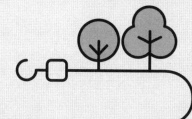

18장

"생산 공장을 다변화할 필요가 있어요"
중국 너머의 공장을 찾아서

글로는 선적 컨테이너 부족, 항구의 교통 체증, 화물차 기사 부족 그리고 공급망의 대붕괴로 인한 그 밖의 모든 시련을 극복하고 기적이라고 할 만큼 성공적으로 크리스마스 시즌을 맞이했다. 마음을 졸이면서 조금도 방심하지 않은 워커의 노력이 헛되지 않게 엘모와 줄리아는 태평양을 가로질러 미국의 끝자락까지 오는 여정을 마무리 지었다.

하지만 닝보의 공장에서 미시시피주에 있는 회사 창고로 컨테이너 하나를 운반한 경험을 계기로 워커의 믿음은 흔들리기 시작했다. 더는 세계화에 대한 자신의 가정이 안전해 보이지 않았다.

중국 공장에 의존하는 것은 갈수록 위험해 보였다.

트럼프가 중국산 상품에 부과한 관세는 없어지지 않았다. 바이든은 이 관세를 사실상 무기한 연장하면서 중국과의 갈등을 고조시켰다. 미국과 중국 사이에 새로운 냉전이 시작되는 것 같았다.

강경파 지도자인 시진핑 치하의 중국이 군사력을 동원해 대만을 점령할 수도 있다는 암울한 추측이 제기되면서 대만은 그 어느 때보다 위험한 화약고가 되었다. 바이든은 중국이 침공하면 대만을 구하고자 군대를 파견하겠다고 공개적으로 그리고 반복적으로 천명함으로써 중국을 자극했다.[1] 이 발언으로 수십 년간 유지되어오던 이른바 전략적 모호성이 무너지면서 두 강대국의 대결 가능성을 줄이려고 고안된 정책이 손상되었다. 이에 따른 피해는 백악관이 나서서 바이든의 발언은 미국의 입장 변화를 의미하는 것이 아니라고 공개적으로 밝힐[2] 필요성을 느낄 정도로 분명했다.

워커는 양안 관계 전문가는 아니었지만, 양안의 전쟁 가능성이 높아지면 제품의 생산과 운송을 중국에 의존함으로써 얻는 이익에 도움이 되지 않으리라는 것쯤은 알았다.

그는 특히 중국 내부 상황을 우려했다. 시진핑의 극단적인 제로 코로나 정책 때문에 공장 생산이 차질을 빚었을 뿐 아니라 국가의 정책 우선순위에도 혼란이 발생했기 때문이다.

수십 년 동안 중국 지도자들은 가능한 한 빨리 국가를 발전시켜야 한다는 지상 명령에 따라 중국을 이끌어왔다. 이들은 농촌 주민들을 위해 일자리를 수천만 개 창출했고, 중국의 기술력과 경제 활력을 높이려고 노력했다. 이것이 식민지주의의 피해자로 그리고 내부의 격변으로 몸살을 앓던 국가로서 수 세기에 걸쳐 겪어온 취약성과 절망에 대한 치유책이었다. 경제가 튼튼해지면 자신의 운명을 스스로 통제할 수 있게 될 터였다.

　이런 상황을 바탕으로 세계 여러 나라의 기업이 중국을 상품 생산의 기지로 삼게 되었다. 여기에는 지식 재산의 절도에서 부패한 공산당 관리의 개입에 이르기까지 여러 가지 위험이 도사리고 있었다. 하지만 비용 절감과 효율성 향상 효과는 이런 리스크를 감수하고도 남을 만큼 컸다. 국가의 비호를 받는 거대 국유기업과 직접 경쟁하지 않는 한 외국인 투자자들이 성공할 여지는 충분했다. 외국 기업은 자본과 혁신의 원천으로 중국의 경제를 구성하는 일부였다.

　하지만 시진핑 정부는 한번에 도시 전체를 몇 달 동안 폐쇄하는 제로 코로나 정책을 펼침으로써 정책의 우선순위가 달라졌다는 사실을 보여주었다. 경제 성장보다는 사회 통제를 더 중요하게 여기는 것이 분명했다. 이 때문에 중국 정부에 대한 외국인 투자자들의 신뢰가 떨어졌다.

　워커와 바커는 오랫동안 리스크 노출을 줄일 방법을 생각해왔다. 2019년에는 제품 생산을 한 나라에 집중하지 말고 여러 나라 공장으로 분산하는 것이 더 낫지 않겠느냐고 조언하는 사람도 있었다.

　팬데믹은 그 일의 시급성을 분명히 보여주었다. 두 사람은 글로의 차세대 제품을 생산할 곳을 찾기 시작했다.

　2022년 5월, 두 사람은 새 공장을 물색하려고 베트남 남부의 호찌민시로 날아갔다. 이것이 시대의 흐름이었다. 오랫동안 중국 공장에 의존해오던 글로벌 기업들은 차츰 아시아의 다른 지역에서 대안을 모색했다.

　"중국에서 일어난 여러 가지 일을 감안하면 생산 공장을 다변화할 필요가 있어요." 워커가 말했다.

그는 그와 거래하던 중국 사람들을 좋아하고 존중한다고 했다. 정은 물론 그의 직원들과도 좋은 관계를 맺고 있다고 했다.

"우리는 양국 정부가 모든 일을 망쳐놓을 거라고 생각합니다. 상황이 정말 안 좋아요." 워커가 말했다.

얼핏 중국에서의 제품 생산을 재검토하는 것은 트럼프가 일으킨 무역전쟁의 논리를 인정하는 것처럼 보였다. 트럼프는 미국 기업인들에게 중국 시장을 버리라고 노골적으로 요구했었다.

2019년 트럼프는 트위터에 이런 글을 올렸다. "나는 우리의 위대한 미국 기업인들에게 지금 즉시 중국의 대안을 찾기 시작하라는 명령을 내립니다. 기업을 다시 본국으로 이전해 미국에서 제품을 생산하는 것도 그중 하나입니다. 우리는 중국이 필요 없습니다."[3]

학자들은 중국과 미국이 경제적 상호 의존을 줄이기 시작하는 과정을 묘사하려고 마치 이혼 소송을 제기한 부부가 각자 따로 지내는 모습을 묘사하듯 탈동조화decoupling라는 좀 더 순화된 용어를 사용하는 경향이 있었다.

탈동조화를 최종적 결과로 보는 사람은 거의 없었다. 중국은 글로벌 생산의 중심축으로서 대체가 거의 불가능할 정도로 독보적인 규모와 폭의 산업 시설을 보유하고 있었다. 중국은 공장, 항만 인프라 그리고 14억 명에 이르는 인구를 바탕으로 원자재, 화학제품, 부품 등의 공급 분야에서 독보적 입지를 구축했다. 특히 기후변화의 위험을 줄이려는 세계적 노력의 핵심 요소인 전기 자동차 분야에서 지배적 위치를 차지했다. 중국 기업은 자동차 배터리에 필요한 광물 채굴에서 완성차 제조에 이르기까지 전기 자동차 분야의 가장 큰 플레이어였다. 그리고 미국은 세계에서 가장 큰 소비 시장이었다. 앞으로 어떤 일이 벌어지든 큰 시각에서 보면 중국과 미국은 떼려야 뗄 수 없는 관계로 보였다.

실제로 2023년 중반이 되자 미국과 유럽의 관리들은 그들이 설정하려는 중국과의 새로운 관계를 묘사하려고 새로운 용어를 사용하기 시작했다. 그들은 정말로 탈동조화를 하면 값비싼 대가를 치를 경제적 혼란이 뒤따를 것을 알았기에 탈동조화라는 용어를 쓰지 않으려고 했다. 그 대신 이들은 '탈위험화de-risking'를 하는 중이라고 이야기했다.[4] 그러면서 탈위험화는 중국 공급업체에 대한 지나친 의존도를 줄이는 것이라고(특히 의료 장비나 의약품 같은 민감한 분야에서) 설명했다.

용어의 의미야 어찌 되었건 이별은 조금씩 진행되고 있는 것으로 보였다.

주중 미국 상공회의소가 2022년 말에 실시한 설문조사에 따르면, 중국에 진출한 미국 기업의 24%가 사업장 일부를 다른 곳으로 이전할 생각을 하고 있다고 했다.[5] 이것은 그 전년도에 비해 10% 증가한 수치였다. 미국 기업들이 가장 우려하는 것은 미국과 중국의 관계 악화였으며, 전체 응답자의 거의 절반이 앞으로 관계가 더 나빠질 것으로 예상했다.[6]

중국에 생산시설을 두고 있는 유럽 기업도 비슷한 비율로 중국 탈출을 고려했다.[7]

공급망의 세세한 부분까지 신경 써서 관리해야 하는 기업들이 팬데믹과 그로 인한 운송 차질로 입은 손실은 멀리 떨어진 공장에 생산을 맡김으로써 절감한 비용을 상쇄했다. 특히 이런 기업들이 지나친 중국 의존의 위험성을 보여주었다.

공급망 리스크를 관리하는 컨설팅 회사 엑시거의 CEO 브랜던 대니얼스는 이렇게 말했다. "사람들은 공급망을 통제할 수단이 하나도 없다는 사실에 깜짝 놀랐죠. 그래서 거대한 정치적 변화가 일어난 거예요."[8]

2022년에 중국으로 들어온 외국인 직접 투자는 그 전년도에 비해 절반 가까이 줄었다.[9]

월마트와 아마존을 비롯한 주요 소매기업들이 하루아침에 중국의 효율성과 낮은 비용에 입맛을 잃은 것은 아니었다. 그보다는 지정학적 관계에 따라 끊임없이 바뀌는, 그래서 예측하기 어려운 리스크 때문이었다.

중국의 임금이 계속 상승해왔고 무한할 것 같았던 노동력이 줄어들고 있다는 단순한 이유도 있었다. 인구 통제 정책의 결과로 중국의 노동 인구는 20년 안에 1억 명이 감소할 것으로 보였다.[10]

그리고 워싱턴과 베이징 사이에 긴장이 고조되고 있다는 사실도 영향을 미쳤다. 중국은 희토류 광물 가공이나 컴퓨터 칩 소재 같은 중요한 분야에서 지배적 지위를 확보했다.[11] 그 결과 중국 지도자들은 자동차와 가전제품에서부터 전투기와 첨단 무기 시스템에 이르기까지 다양한 공산품 제작에 필요한 중요한 원자재 공급에 영향력을 행사할 수 있었다. 바이든 정부는 이런 상황을 들어 중국의 기술 발전 속도를 늦추고 첨단 칩 생산 능력을 확보하지 못하도록 만들어진 일련의 무역 제재를 정당화했다. 중국에 의존해 기술 제품을 생산하는 기업은 언제라도 미·중 분쟁의 한복판에 놓일 위험이 있었다. 따라서 이들은 미국의 국가 안보를 고려하지 않을 수 없었다.

면화가 들어가는 의류나 기타 상품을 판매하는 기업이 중국에 의존하게 되면, 끔찍한 노동자 착취에 의존해 돈을 벌고 있다는 비난을 받을 위험이 있었다. 중국 당국이 면화의 주산지 신장성의 소수민족인 위구르족의 인권을 조직적으로 유린하고 있다는 말이 흘러나오고 있었기 때문이다. 바이든 정부는 위구르족의 강제 노동에 대한 보도를 인용하며, 중국 정부가 위구르족을 탄압하는 과정에서 대량 학살을 저질렀다고 비난했다.[12] 미국은 무역 제재로 신장성과 관련된 제품이 미국에 들어오지 못하도록 막았다.[13] 다국적 기업들은 이 조치에 따라 신장산 면화를 쓰지 않겠다고 천명했다. 그러자 중국 소비자들이 들고일어나 이들 다국적 기업 제품의 불매운동을 벌였다.[14]

세계가 중국 공장에 대한 의존도를 낮추면 광범위한 소비재의 가격이 오를 것이 확실해 보였다. 이것은 본질적으로 위기에 대한 취약성을 줄이는 대신 오랫동안 이윤 극대화 시대를 정의해왔던 효율성을 포기하는 일이었다. 다국적 기업들은 중국의 공장에서 대량의 상품을 최저가로 사들이는 대신, 생산 기지를 전 세계로 넓혀야 할 터였다. 그러려면 다른 나라의 규칙과 생산시설 그리고 권력 실세에 익숙해져야 할 터였고, 새로운 인력을 배치해야 할 터였다. 그러면 사업 운영이 복잡해지고 돈과 시간이 많이 소모될 터였다. 이것은 판매 상품에 붙는 가격이 올라갈 가능성이 높아진다는 뜻이었다.

하지만 맥킨지조차 대놓고 중국을 언급하지는 않았지만 다국적 기업은 '공급망의 구조적 취약성'에 대한 노출을 줄여야 할 필요성이 있다고 역설했다. 팬데믹 초기에 맥킨지가 실시한 설문조사에 따르면 공급망을 구성하는 기업의 93%가 '회복탄력성'을 높일 계획이 있다고 답했다.[15] 대체 공급업체를 확보하겠다는 뜻이었다. 이에 따라 맥킨지는 '향후 몇 년 안에' 4조 6,000억 달러에 이르는 무역의 '지역 간 재조정이 일어날 것'으로 예상했다.

세계화에 대한 새로운 정의가 세계가 갑자기 중국을 버린다는 의미는 아니었다. 실제로 데이터는 중국이 여전히 미국 경제에서 가장 중요한 나라라는 사실을 보여주었다. 베이징을 향해 쏟아낸 워싱턴의 원색적인 비난과 상호 맞불 관세에도 불구하고, 2022년에 이루어진 미국과 중국 간 상품 교역은 6,900억 달러를 돌파해 사상 최대치를 기록했다.[16]

하지만 겉으로 드러난 이런 수치의 이면을 들여다보면 중국과 미국의 경제는 조금씩, 그렇지만 유의미하게 서로 멀어지고 있는 것으로 드러났다. 트럼프가 취임하기 바로 전해만 해도 중국산 제품은 미국 전체 수입품의 22%를 차지했다. 5년 뒤 그 비율은 17% 밑으로 떨어졌다.[17] 최고 세율의 관세가 부과되는 제품의 경우에는 미국으로 수입되는 중국산 제품이 5분의 1 이상 감소한 반면, 다른 지역에서 들어오는 제품은 3분의 1 이상 증가했다.[18]

이렇게 보면 국가주의 무역의 정당성이 입증된 듯이 보였다. 하지만 겉으로 보이는 이 정당성에는 한 가지 중요한 것이 빠져 있었다. 트럼프는 중국산 제품에 관세를 부과하며, 이를 미국으로 되돌리는 수단이라고 내세웠다. 그는 트위터에서 관세는 '다른 나라로 떠난 우리 기업들을 고국으로 돌아오게 만들 강력한 수단'[19]이라고 주장했다.

이런 말은 헛소리가 되었다. 한 조사에 따르면, 중국산 수입품의 가격을 올린 것만으로도 많은 미국 국내 기업의 경쟁력이 떨어져 2019년 가을까지 미국에서 일자리 30만 개가 사라졌다고 한다.[20]

팬데믹으로 인한 혼란과 함께 관세를 계기로 중국 탈출을 결정한 기업도 있었다. 하지만 이것이 생산시설의 대규모 미국 귀환이 이어지리라는 전조는 아니었다. 그보다는 중국에서 빠져나와 미·중 갈등의 영향을 받지 않는 다른 지역에서 저임금 생산 기지를 찾는 기업이 더 많았다.

이런 변화의 가장 큰 수혜국으로 떠오른 나라는 베트남이었다. 이 동남아시아 국가는 중국과 국경을 접하고 있고, 중국보다 임금 수준이 낮았으며, 중국과 비슷한 발전 궤도를 따라가고 있었지만, 도널드 트럼프의 분노를 유발하지는 않았다.

2022년, 전 세계의 가구 수출에서 베트남이 차지한 몫은 17%에 달해 6년 전보다 두 배 이상 증가했다. 이에 비해 중국의 점유율은 64%에서 53%로 떨어졌다.[21] 같은 기간에 전 세계 신발 수출에서 베트남이 차지한 비율은 12%에서 16%로 오른 반면, 중국의 비율은 72%에서 65%로 감소했다.[22]

애플은 에어팟 생산의 거의 3분의 1을 중국에서 베트남으로 이전했다.[23] 아이패드와 애플 워치 생산도 일부를 베트남으로 돌렸고, 아이폰 생산의 일부는 인도로 이전했다.[24] 삼성은 컴퓨터 모니터 생산 대부분을 중국에서 베트남으로 옮겼다.[25]

겉보기에 이런 움직임은 중국 공장에 의존하는 리스크를 줄이려는 것으로 보였다. 하지만 공급망의 본질을 더 깊이 들여다보면 이런 생각은 잘못된 위안일 때가 많았다. 중국에서 만들던 제품의 생산을 넘겨받은 아시아 국가들은 부품과 소재를 중국에 크게 의존했다.[26]

베트남 의류업계는 실, 단추, 포장 재료 등을 중국에서 수입해 썼고, 국내 공장에서 조달받는 것은 필요한 자재의 5분의 2에 지나지 않았다.[27] 인도, 인도네시아, 일본, 한국, 태국, 베트남을 비롯한 역내 무역 블록의 14개 회원국은 수출품에 들어가는 부품과 소재의 거의 3분의 1을 중국 공급업체에 의존했다.[28] 이 비율은 2010년 이후 크게 높아졌다.

팬데믹으로 수천 개 부품 중 하나만 없어도 생산이 중단될 수 있다는 사실이 드러났다. 미시간주 리버 루지에 있는 포드 공장에는 픽업트럭을 만드는 데 필요한 거의 모든 것이 구비되어 있었다. 하지만 단 하나의 핵심 부품이 없어 조립이 끝난 차를 움직일 수 없었다. 바로 컴퓨터 칩이었다.

생산 거점이 중국에서 베트남을 비롯한 다른 나라로 이전되면서 예기치 못한 결과가 발생할 가능성이 제기되었다. 충격에 대한 취약성이 훨씬 더 커질 수 있다는 것이었다. 주요 글로벌 기업들은 중국에 집중된 하나의 공급망에 의존하는 대신 비용이 늘어남에도 여러 나라로 사업을 분산했다. 하지만 그렇다고 해서 향후 어떤 혼란이 발생했을 때(또 다른 팬데믹이나 자연재해, 미·중 간의 새로운 분쟁 등) 제품 생산에 필요한 물품을 확보하지 못할 우려가 사라지는 것은 아니었다.

재무부 관료 출신인 미국외교협회 연구원 브래드 세서는 나에게 이렇게 말했다. "우리는 여전히 중국에 의존하고 있어요. 다만 단계가 늘었을 뿐이죠. 그러다 보니 일이 잘못될 여지도 늘었어요."[29]

닝보에서 글로의 제품을 생산한 공장을 운영하는 제이컵 로스먼은 성인이 된 이후 시간 대부분을 중국에서 보냈다. 그에게 중국은 생각할 수 있는 모든 부품과 자재를 구할 수 있는 원스톱 쇼핑센터 같은 곳이었다. 그는 중국 국적의 아내와 함께 상하이에서 아들을 키우고 있다. 하지만 팬데믹으로 인한 혼란과 그 뒤를 이은 미·중 무역 전쟁의 여파로 미래에 대한 그의 계획은 완전히 틀어져버렸다. 갑자기 모든 잠재 고객이 중국에 공급을 맡기는 함정에서 벗어나려고 했기 때문이다.

"모두가 다른 선택지를 원하고 있어요." 로스먼이 말했다.

그는 캄보디아에 공장을 설립했다. 베트남에도 현지 파트너와 함께 합작 공장을 몇 개 세웠다.

워커와 바커가 중국 리스크를 줄이려 방문하려던 곳이 바로 이 공장이었다.

투자 자금이 중국을 떠나 베트남으로 간다는 이야기는 최근 들어 급격히 늘어나기는 했지만 전혀 새로운 이야기는 아니었다.

나는 2005년에 중국 기업가들이 자국의 높은 임금을 피해 베트남에 설립한 공장 몇 군데를 방문한 적이 있다. 베트남은 시장 개혁 초기의 중국과 같은 모습으로 중국 기업가들에게 유혹의 손짓을 보냈다.

하노이에서 섬유 공장을 운영하는 중국인 기업가 저우 칭하이는

공급망 붕괴의 시대

이렇게 말했다. "일을 처리하려면 뇌물을 줘야 한다는 것이 전혀 이상하지 않아요. 베트남의 발전 방식은 중국의 복사판이죠."[30]

그 이후 베트남 정부는 고속도로, 전력망, 항만, 기타 인프라에 적극적으로 투자해 수출 기회를 잡을 준비를 갖추었다. 베트남은 세계무역기구에 가입했고, 유럽연합과 무역 협정도 체결했다. 2014년에서 2022년 사이에 베트남의 장거리 운송 수출은 다섯 배 가까이 늘었다.[31]

트럼프가 중국산 상품에 고율의 관세를 부과하기 훨씬 전부터 앞날을 내다본 미국 기업들은 중국 공장에서 베트남 공장으로 생산을 이전하기 시작했다. 나이키는 얼리 어답터였다. 컬럼비아 스포츠웨어와 아디다스는 베트남에 공장을 설립했다. 그 이후 전자제품 업계도 베트남으로 이동하기 시작했다.

뒤이어 무역전쟁이 일어났고 팬데믹이 뒤따르면서 중국의 산업과 항구를 대혼란에 빠트렸다.

이것이 워커와 바커가 다국적 기업의 돈벌이를 지원하는 데 집중하는 나라에 있는, 공산주의 혁명가 호찌민의 이름을 딴 활기찬 이 도시에 오게 된 배경이었다.

워커와 바커가 묵은 호텔은 화려했다. 로비에는 무라노 유리로 만든 샹들리에가 걸려 있었고, 대리석으로 마감한 욕실에는 난초가 놓여 있었다. 호텔 밖 골목길에는 부티크가 늘어서 있었다. 두 사람은 베트남에 머문 이틀 반 사이에 플랫폼88 현지 대표의 안내를 받아 공장을 일곱 군데 돌아보았다.

공장은 현대적이었고 주문품을 잘 만들 수 있을 것으로 보였다. 책임자들은 모두 영어 실력이 뛰어났고 자신이 맡은 일에 열의를 보였다.

바커는 이렇게 말했다. "정말로 인상적이었죠. 수준이 정말 높아 보였어요."

두 사람은 특히 공장이 모두 플랫폼88 산하에 있다는 점이 마음에 들었다. 모르는 나라에서 처음부터 다시 시작할 필요 없이, 이미 믿고 거래하던 사람들을 상대할 수 있기 때문이었다. 이들이라면 필요한 부품과 자재를 구할 수 있을 것 같았다.

하지만 조금 더 깊이 파고들자 생산 거점을 베트남으로 이전하는 것의 장점에 물음표가 달리기 시작했다.

두 사람은 글로의 최신 시제품을 가지고 베트남에 왔다. 물을 채우면 여러 가지 색깔의 불이 들어오는 병이었다. 이 제품은 전자장치가 필요 없고 플라스틱만 있으면 되므로 베트남에서도 쉽게 만들 수 있었다. 하지만 글로의 매출 대부분을 차지하는 큐브가 문제였다. 전자장치가 필요하기 때문이었다.

한 공장의 책임자는 두 사람과 회의를 하던 중에 자기네 공장에서 큐브를 만들 수 있다고 자신 있게 말했다. 그러다 자기도 모르게 전자장치는 중국에서 수입해야 할 것이라는 말을 끄집어냈다.

그 말을 들은 워커가 이렇게 말했다. "그러면 베트남에 올 이유가 없잖아요. 베트남에 제품 생산을 맡길 때는 부품 조달을 중국에 의존하지 않고 베트남에서 모든 걸 만들고 싶기 때문이거든요. 그게 다변화를 하는 이유니까요."

하지만 그것은 들어주기 어려운 요구였다. 중국의 제조업자들은 20년에 걸쳐 제품 생산 역량을 베트남으로 이전해왔다. 그러다 보니 베트남에 있는 많은 공장이 중국 기업의 관리하에 있었고, 중국에서 생산한 부품을 사용했다.

그래도 워커와 바커는 부분적 해결책을 찾을 수 있었다. 큐브는 지금처럼 베트남보다 공급망이 훨씬 더 발달한 중국에 생산을 계속 맡기고, 베트남 공장에는 큐브보다 단순한 새 제품을 맡기기로 한 것이다. 점진적으로 공급망을 넓혀가는 과정의 첫 단계였다.

두 사람은 늦어도 2023년 여름까지는 베트남에서 생산을 시작할 수 있게 해야겠다는 생각을 하며 귀국길에 올랐다. 그래야 크리스마스 시즌에 맞춰 상품을 만들고 운송할 시간 여유가 있을 것 같았다.

그러고는 감감무소식이었다. 워커가 로스먼과 정에게 연락해 베트남 공장 주문품에 대한 견적서를 요청하자 기계를 재설정해 견본품을 생산할 수 있을 때까지 기다려달라는 답변이 돌아왔다. 몇 주면 될 줄 알았던 시간이 몇 달로 늘어났지만 아무런 소식이 없었다.

2023년 3월 초가 되자 워커는 일이 어떻게 돌아가는지 궁금하기도 하고 날짜 때문에 걱정도 되었다. 그는 정에게 전화를 걸었다.

"이제 미련을 버려야 할 것 같은 생각마저 드네요. 시간이 얼마 안 남았어요." 워커가 말했다.

정은 플랫폼88이 공장을 100% 소유하고 있는 캄보디아에 투자를 집중하고 있다고 말했다. 베트남 공장은 현지 기업과 합작 투자한 것이라 공장 운영을 플랫폼88이 완전히 통제할 수 없을 뿐 아니라 이익도 파트너와 나눠 가져야 한다고 했다. 캄보디아는 중국에서 수입하는 부품에 붙는 관세도 베트남보다 낮다고 했다. 이제 팬데믹으로 인한 규제가 풀렸기 때문에 로스먼이 캄보디아 공장을 방문해 공장 확장과 업그레이드 계획을 서두를 수 있을 것이라고 했다.

이런 이유로 플랫폼88은 관심과 투자를 캄보디아에 집중하고 있었고, 베트남은 상대적으로 소홀히 여기고 있었다.

워커와 바커는 조만간 실현되지도 않을 일에 시간을 낭비하는 것이 아닌가 하는 의심이 들기 시작했다. 베트남 공장이 현실적 대안이 아니라면 무엇 때문에 그 먼 베트남까지 날아갔던가 하는 생각이 들었다. 생산 주문을 캄보디아 공장으로 옮길 생각까지 해봤지만, 정은 그것도 반대했다.

워커는 나중에 나에게 이렇게 말했다. "그는 아주 직설적으로, 캄보디아는 사출 성형 기술이 중국보다 10년 정도 뒤떨어진다고 말하더군요."

정의 제안은 그냥 중국에서 전부 다 만들라는 것이었다. 그러다 나중에 캄보디아로 이전하는 것을 다시 논의해보자고 했다.

워커에게는 다른 선택의 여지가 없었다. 글로의 생산 다각화를 모색하다 깨닫게 된 것은 현실적 대안은 거의 없을 뿐 아니라 대개는 환상에 지나지 않는다는 단순한 사실이었다. 제조업은 계속 중국을 중심으로 돌아갔다.

"무서운 일이에요. 내 책상 위에 있는 물건의 절반은 뒤집어 보면 아마 '메이드 인 차이나'라는 딱지가 붙어 있을 겁니다. 중국은 아웃소싱 대국이 되었어요." 워커가 말했다.

최근에 워커는 소매점포에 있는 글로 제품 진열대의 LCD 모니터를 새 버전으로 교체하기로 했다. 그는 중국의 대형 전자상거래 사이트 알리바바에 접속해 제품 요청서를 올렸다. 그러자 몇 분도 지나지 않아 자세한 견적서와 공장 사진 그리고 고객들이 게시한 사용자 후기가 첨부된 20여 개 답장이 쇄도했다. 그는 그중 하나를 고른 뒤 대금을 송금했다. 판매자는 3주만 기다리면 물건이 도착할 것이라고 했다.

"베트남에서는 불가능한 일이에요." 워커가 말했다.

베트남뿐 아니라 전 세계 어디에서도 거의 불가능한 일이었다. 다른 나라였다면, 알리바바에 요청서 한 번 올려서 끝냈던 일이 공장을 물색하고, 전화하고, 문자 보내고, 이메일로 견적서를 요청한 뒤 기다리는 등 옛날 방식의 소통을 하느라 몇 주가 걸렸을 터였다.

사업을 하는 사람들은 진입 장벽 이야기를 할 때가 많다. 공장 건설에 들어가는 돈에서부터 원자재 확보 문제에 이르기까지 신규 사업자가 특정 시장에 진입하려고 할 때 겪는 어려움을 말한다. 브랜드 구축에 성공한 기업은 진입 장벽을 유용한 보호 수단으로 여긴다.

워커와 바커가 보기에 중국의 제조업에는 사실상 퇴출 장벽이 있었다. '생산 거점을 다른 곳으로 옮기겠다고? 그래, 해볼 테면 해봐'라는 느낌이었다. 중국을 글로벌 제조업의 중심으로 만든 바로 그 힘이 글로벌 제조업의 중심으로서 지위를 더욱 강화하고 있었다.

"중국과 이별하는 것이 쉬운 일이 아니군요." 내가 말했다.

그러자 바커가 이렇게 말했다. "이별이라니 미친 짓이에요. 우리 보세요. 중국과 아주 헤어지자는 것도 아니고 그냥 다른 사람도 좀 만나겠다는 것이었잖아요."

19장

"세계화는 이제 수명이 다했습니다"
공장 일자리를 본국으로 가져오기

일부 미국 기업은 미·중 갈등을 완전히 다른 생산방식을 추구하는 기회로 삼아 국내에서 제품을 만드는 쪽으로 눈을 돌렸다.

테일러 슈페는 생산 공장을 미국 땅으로 되가져오려는 초기 움직임에 틀림없이 동참할 것으로 보이는 사람은 절대 아니었다. 알려진 바와 같이 리쇼어링은 일자리를 미국으로 되가져오는 것이 요체였다. 그런데 슈페는 성인이 된 이후 시간 대부분을 해외로 일자리를 내보내는 데 바친 사람이었다.

남부 캘리포니아에서 자란 슈페는 언젠가 글로벌 기업을 운영하겠다는 꿈을 품고 열다섯 살 때부터 중국어를 배웠다. 그는 중국에서 한 학기 동안 대학을 다니면서 졸업도 하기 전에 자신이 창업한 회사가 판매할 제품을 만들어줄 공장을 찾는 데 열을 올렸다. 당시 그의

공급망 붕괴의 시대

회사는 노트북 컴퓨터용 보호 케이스를 판매하고 있었다.

그 뒤 그는 스탠스라는 신생 회사에서 제품 생산 책임자로 일했다. 스탠스는 고급 양말을 디자인하고 제조하는 회사였는데, 서퍼 문양을 넣은 대담한 색상의 스탠스 양말은 한 켤레에 25달러에 달했다. 이 양말은 리아나, 윌 스미스, 르브론 제임스 등 유행을 선도하는 유명인들의 찬사를 받았다.

다른 대부분 의류 브랜드와 마찬가지로 스탠스도 중국에 의존해 제품을 생산했다. 2017년, 슈페는 다니던 회사를 그만두고 퓨처스티치라는 양말 회사를 창업했다. 슈페는 신설 회사의 양말 생산도 중국에 의존하기로 하고 새 공장을 지었다.

그러다 중국의 인건비가 올랐다. 트럼프는 중국산 수입품에 고율의 관세를 부과했고, 바이든은 그 기조를 이어나갔다. 거의 모든 일에서 합의를 끌어내지 못하던 워싱턴의 양 정당은 중국이 미국인의 삶에 치명적 위협이 된다는 사실에는 의견이 일치했다.

팬데믹이 발생해 태평양을 가로질러 상품을 운송하는 비용이 급증하자 슈페는 고객과 조금 더 가까운 곳에서 양말을 만들어야겠다는 절박감을 느꼈다.

2022년 여름, 그는 샌디에이고에서 해안선을 따라 북쪽으로 65킬로미터 떨어진 곳에 있는 캘리포니아주 오션사이드에 새 공장을 세웠다. 이듬해 초에 내가 그 공장을 찾았을 때는 직원 20여 명이 기계를 이용해 중국에서 수입한 무지 양말에 무늬를 넣는 작업을 하고 있었다. 슈페는 연말까지는 모든 생산을 미국으로 이전하고 인력도 두 배 이상 늘릴 계획이었다.

그는 무서운 속도로 테슬라를 몰고 고속도로를 달리며 나에게 이렇게 말했다. "우리는 초국지화로 나아가고 있어요. 지난 3년간의 대혼란으로 그전에는 생각하지도 못했던 리스크가 드러났어요. 이제 어떤 기업이 중국에 새 공급망을 구축하려고 할까요? 사람들은 지금 모두 정치적 리스크 이야기를 하고 있어요."

슈페의 회사는 틈새시장을 표적으로 한 비교적 소규모 기업이었기에 관리해야 할 공급망의 범위가 넓지는 않았다. 그런데도 세계 경제에 일어나는 변화의 영향으로 엄청나게 많은 변수와 씨름해야 했다. 그가 기업가로서 첫 단계의 삶을 살던 세계화의 시대는 중국을 중심으로 돌아갔다. 그런데 지금 펼쳐지는 두 번째 단계는 고조되는 미·중 갈등의 영향을 받고 있었다. 미·중 갈등은 물류, 재무, 법적 측면에서 여러 가지 복잡한 문제를 야기했다.

슈페는 중국산 양말에 계속 의존할 경우에 빠질 함정을 고려해야 했다. 중국에는 신장성에서 수확한 면화가 널리 퍼져 있는데, 신장산 면화를 사용한 상품을 거래하면 제재를 받을 수 있기 때문이었다. 한마디로 말해 그는 중국이 그의 브랜드에 해가 될 수 있다는 점을 인식하고 있었다.

그는 무엇보다도 사업가였다. 그것도 빠르게 바뀌는 소비자 취향에 맞추려고 애쓰는 패션업계의 사업가였다. 그와 그의 동업자들은 고급 양말이, 누군가가 와서 개척해주기를 기다리는 소매업의 변경이라는 점을 정확히 간파했다. 양말은 자기 개성을 표현하는 하나의 수단으로 격상될 수 있는, 오랫동안 등한시되어 온 대중적 상품이었다. 하지만 대중의 취향은 여러 요인의 영향을 받는데, 여기에는 정치적 정서도 포함되어 있었다. 고객에게 자기 개성의 표현으로 우리 브랜드를 사달라고 요청하는 것은 우리 기업을 지배하는 가치가 무엇인지 잘 살펴봐 달라고 부탁하는 것이나 마찬가지였다.

슈페는 미국과 중국이 적대관계로 치닫는 모습을 보는 것이 불편했다. 그는 중국에서 함께 일하던 사람들이 보여주었던 수완과 추진력에 감탄했고, 그들의 무한한 가능성을 높이 샀다. 하지만 자신이 공략하려고 하는 밭의 주인인 미국인이 중국 기업을 좋지 않게, 심지어는 악의적으로까지 보는 경향이 점점 커지고 있다는 점을 잘 알고 있었다.

그가 성공을 거둘 수 있었던 이유의 하나는 소비자의 구매 충동을 유발하는 소셜 미디어와 유명인의 영향력을 날카롭게 꿰뚫어 보았기 때문이다. 가장 효과적인 마케팅은 제품을 실제로 쓰는 유명인이 카메오로 출연하는 광고였다. 전통적 방식으로 만든 어떤 광고도 NBA 레전드가 스탠스 양말을 신은 모습을 담은 인스타그램 게시물이나 스탠스 양말이 쿨하다는 내용이 담긴 제이 지의 노래('이건 회색 운동복과 흰색 튜브 삭스●가 아냐/내가 입고 있는 건 검은 가죽 바지와 스탠스야[1])가 가진 힘을 따라올 수 없었다.

슈페는 제품을 중국에서 생산하면 뭔가 잘못을 저지르고 있다는 인상을 주는 반면, 미국에서 생산하면 그 제품을 쓰는 고객이 역사의 올바른 편에 서 있다는 인상을 준다는 사실을 날카롭게 파악했다. 미국에서 제품을 생산한다는 말은 미국 땅에 투자한다는 뜻일 뿐 아니

●   tube socks. 뒤꿈치의 이음매가 없이 발목과 다리 부분이 통 모양으로 이어져 있는 양말.

라, 바다를 가로질러 컨테이너를 운송하는 데 따르는 탄소 배출을 줄임으로써 기후변화에 대응한다는 뜻이기도 했다.

이것은 주문을 베트남이나 아시아의 다른 국가로 돌린다고 해서 달성할 수 있는 일이 아니었다. 그래봤자 그 주문품이 미국 소비자 손에 들어오려면 태평양을 건너야 하기 때문이었다.

해운업은 기후변화를 일으키는 주요 오염원이었다. 전 세계 온실가스 배출량에서 해운업이 차지하는 비율은 3%에 달했다.[2]

해운업계는 해운을 규제하는 유엔 산하 기구인 국제해사기구의 새 규정에 따라 보유 선박을 업그레이드해 온실가스 배출을 줄여야 했다. 새 규정에 맞추려면 향후 30년 사이에 1조 5,000억 달러에 이르는 투자를 해야 했다.[3] 이렇게 되면 운송 비용이 올라갈 테고, 그러면 북미에서 판매할 제품을 아시아에서 생산하는 것의 계산법이 더 복잡해질 터였다. 컨테이너 운송이 환경에 미치는 영향에 대한 조사는 앞으로 더 강화될 것이 확실해 보였다. 이것은 글로벌 브랜드 평판에 리스크로 작용할 터였다.

"소비자들은 그 어느 때보다 더 제품을 어디서 생산하는지 알고 싶어 해요. 게다가 어떻게 만드는지도 알고 싶어 하죠." 슈페가 말했다.

그는 두 번째 질문에 대해서도 만족스러운 답변을 내놓으려고 지방정부와 협력해 캘리포니아의 퓨처스티치 공장에 수감 생활을 한 적이 있는 여성들을 채용했다. 이들 대부분은 흑인이거나 라틴계였다.

마약 판매로 복역한 경험이 있는 네 아이의 엄마 타샤 알만사 같은 사람이 퓨처스티치 브랜드 스토리의 중심이었다.

알만사는 나에게 이렇게 말했다. "여기는 여자들이 모여 일하는 곳이에요. 우리는 서로에게 힘이 되려고 모였죠. 나는 여기서 일하면서 내 삶을 다시 일으켜 세울 기회를 얻었어요."

헨리 포드는 직원을 고객으로 여기는 기업을 만들었다. 소셜 미디어가 등장하기 훨씬 전이었기에 이들의 자기 기량에 대한 자부심과 자신이 일을 통제한다는 데서 느끼는 만족감이 입소문 마케팅의 원천이었다. 슈페는 두 번째 기회를 갈망하는 사람들을 고용함으로써 고객에게 미국의 진보를 앞당기는 데 참여할 기회를 준다는 스토리를 만들어가고 있었다.

"우리가 고용하는 직원들을 생각해보세요. 미국에서 고용된 어떤 사람보다도 더 버림받은 사람들이에요. 이들의 투쟁 이야기가 우리의 진정한 힘이죠. 중국에서 들어오는 다른 모든 것은 우리와 같은 이런 사회적 요소가 없을 뿐 아니라 정치적으로도 굉장히 부정적입니다." 슈페가 말했다.

이런 식의 프레이밍을 액면대로 받아들일 수도 있을 테고, 기회주의적 마케팅용 발언이라 생각하고 회의적 반응을 보일 수도 있다. 어느 쪽이 되었든 이런 프레이밍이 있다는 것은 미국인의 담론이 바뀌고 있다는 뜻이었다.

리쇼어링에 대한 관심은 대부분 양말이나 불이 들어오는 엘모 인형보다 더 중요한 문제에 초점이 맞춰져 있었다. 리쇼어링에 대한 논의를 지배한 것은 첨단 칩 제조, 전기 자동차, 제약 등 국가 안보나 미래의 기술력과 관련이 있는 거대한 자본 집약적 산업이었다.

트럼프는 미국 기업들이 중국을 버리고 본국으로 돌아와야 한다고 역설했다. 하지만 중국을 떠난 생산시설은 대부분 아시아의 다른 저임금 국가로 향했다. 여기에는 베트남뿐 아니라 말레이시아, 인도, 방글라데시 등도 포함되어 있었다.[4]

그럼에도 트럼프는 중요한 한 가지 분야에서는 미국 제조업을 활성화하는 데 성공했다. 그는 '오퍼레이션 워프 스피드Operation Warp Speed'라는 연방정부 주도의 프로젝트를 추진했다.[5] 이 프로젝트에 따라 미국은 제약회사들이 코로나19 백신을 기록적인 속도로 개발하는 데 필요한 핵심 원료와 장비를 확보할 수 있었다.

트럼프 정부는 존슨앤존슨과 모더나가 미국 내의 공장을 확장할 수 있게 각각 10억 달러와 15억 달러를 지원했다.[6] 또 유리 제조업체인 코닝과 같은 주요 공급업체와 계약을 체결해 대규모 백신 생산에 필요한 주사용 유리 용기 바이알vial도 충분히 확보했다.[7] 트럼프는 전시 국방물자생산법을 발동해 필요에 따라 공급을 지시할 수 있는 권한을 갖게 되었다.[8] 그는 그 권한을 이용해 제약회사들이 미국 공장에서 백신을 만드는 데 필요한 원료를 확보할 수 있게 조치했다.

대통령직을 이어받은 바이든은 이런 활동을 더욱 확대했다.[9] 그는 국내 공급업체와 협력해 코로나19 백신 공급을 가속화했다. 그리고 중국의 경제 발전을 저지하려는 노력을 강화했다. 그는 중국산 수입품에 트럼프가 부과한 관세를 그대로 유지했을 뿐 아니라 무역전쟁의 전선을 컴퓨터 칩으로까지 확대했다.

2022년 8월, 바이든은 칩스법이라는 약어로 알려진 법을 공포했다. 이 법의 정식 명칭은 '반도체 생산에 도움이 되는 우대 조치 마련 및 과학에 관한 법'이다. 이 법의 골자는 미국에서 칩을 생산하는 기

업에 직접 보조금과 세금 공제를 합해 520억 달러 상당의 혜택을 주겠다는 것이었다.[10]

정부 관리들은 이 법이, 미국의 산업이 아시아에서 생산되는 칩 의존에서 벗어날 뿐 아니라 미국의 칩 자급자족을 앞당기는 데 중요한 역할을 할 것이라고 선전했다. 칩을 대만의 공장에 의존하는 데 따르는 취약성과 끊임없는 중국의 군사적 침략 리스크에서 벗어나는 방안이라는 것이었다.

보조금을 지급하는 목적은 미국의 기술 역량을 강화해 중국 산업이 우위를 차지하지 못하게 막는 것이었다. 보조금을 받고 미국에 칩 공장을 건설한 기업은 최소한 10년 동안은 중국에 공장을 증설하지 못하도록 명문화했다.[11]

바이든 대통령은 법안에 서명하는 자리에서 이렇게 말했다. "중국 공산당이 이 법안에 반대하라고 미국 기업에 적극적으로 로비를 벌인 것도 놀라운 일이 아닙니다."[12]

놀랍게도 이 법안을 지지한 공화당 상원의원은 17명이나 되었다. 이런 드문 초당적 지지는 양당이 중국을 얼마나 심각한 위협으로 인식하는지 보여주는 것이었다.

이런 초당적 지지가 보여주는 것이 하나 더 있었다. 정치권력이 주주 계층에 영합한다는 것이었다.

정부는 반도체 업계에 520억 달러를 쏟아부으면서 그 돈을 사용하는 데 큰 제한을 두지 않았다. 보조금을 받은 기업은 그 돈으로 자사주를 매입할 수도 있었고, 배당금을 늘릴 수도 있었다.[13] 단, 그 목적으로 직접 사용하면 안 된다는 제약은 있었지만, 노련한 회계사라면 얼마든지 피해 갈 수 있는 제약이었다. 결국 납세자들이 낸 돈을, 국가 안보를 강화한다는 명목으로 주주의 배를 불리려고 뿌리는 셈이었다.

칩스법이 발효된 지 두 달 뒤, 바이든 정부는 중국이 자체 칩 산업을 발전시키지 못하도록 하는 데 초점을 맞춘 새로운 정책 지침을 내놓았다. 이 정책 지침은 특히 군사적 목적이나 감시 목적의 장비를 겨냥한 것이었다. 상무부는 일련의 명령으로 미국 기업이 그래픽 처리 장치GPU로 알려진 첨단 칩 수출을 하지 못하도록 엄격히 제한했고, 중국의 슈퍼컴퓨터 제작에 도움이 될 수 있는 반도체 판매도 막았다.[14] 미국 기업이 첨단 칩을 만드는 데 사용될 수 있는 기계를 중국에 수출하려면 허가를 받아야 한다는 사실도 명문화했다.

바이든 정부는 미국 기업의 중국 수출을 막는 것만으로는 만족하지 않았다. 새로운 지침에는 전 세계 어떤 기업이라도 미국의 기술을 이용해 만든 것이라면 슈퍼컴퓨터나 인공 지능 개발 목적으로 사용될 수 있는 칩을 중국으로 수출하지 못하도록 하는 규정이 포함되어 있었다.[15]

백악관은 외교 경로를 거쳐 자국 기업이 첨단 칩 제조에 사용되는 기계를 중국 기업에 판매하지 못하도록 법제화하라고 주요 동맹국(특히 네덜란드와 일본)을 압박했다.[16]

이 무렵이 되자 정책의 목적이 분명해졌다. 바이든은 빠져나갈 길이 없는 봉쇄 전략을 써서, 특히 군사적 능력으로 직결될 수 있는 분야에서 중국의 기술력을 묶어두려고 했다. 무역전쟁으로 시작된 다툼이 일부에서 신냉전이라고 묘사하는 갈등으로 확대된 것이다.

같은 해, 의회는 기후변화에 대응하려고 보조금과 세금 공제를 합해 3,700억 달러 상당의 혜택을 제공하는, 청정에너지 전환을 목표로 한 포괄적 법안을 통과시켰다.[17] 법안에 따르면 전기 자동차 구매 시 최대 7,500달러의 연방 세금을 공제받을 수 있었다.[18] 이 법안에는 미국 내에서의 전기 자동차 생산을 장려하려고 만들어진 규정도 있었다.

전기 자동차 세액 공제를 받으려면 한 가지 조건이 있었는데, 배터리에 들어가는 광물의 일정 부분 이상이 미국이나 동맹국에서 채굴된 것이어야 했다. 처음에는 그 금액 비율이 최소 40%만 넘으면 되지만, 2027년까지 그 두 배인 80%로 늘리겠다고 했다.[19]

그해 말, 바이든 정부는 전기 자동차의 미국 내 생산을 촉진하려고 좀 더 직접적인 방법을 동원했다. 배터리 공장에 보조금 28억 달러를 지급하는 한편, 광물 채굴 프로젝트도 추진하기로 했다.[20]

한 세기 전 내연기관이 등장했을 때 헨리 포드는 점점 늘어나는 자동차 생산 규모에 맞춰 원자재 전용 공급망을 확보하려고 노력했다. 이제 전기로 구동되는 차세대 자동차가 등장해 공급망의 형태가 달라지자 바이든 정부는 헨리 포드가 했던 역할을 국가 차원에서 하려는 것이었다.

일부 경제학자는 바이든 정부의 메이드 인 아메리카 정책을 비난했다.[21] 물가가 올라갈 것이고, 해외 공급업자로부터 상품을 사들이면 더 효율적으로 이용될 수 있을 자본을 낭비한다는 것이었다. 어디에서도 달성될 수 없는 한 나라의 자급자족이라는 환상을 영구화할 것이라고도 했다. 그러면서 세계 어떤 나라라도 최소한 한 가지 이상

의 필수 재화 공급의 4분의 1 이상을 다른 나라와의 무역에 의존하고 있다고 했다.[22]

미국의 제조업을 부흥하려는 이런 여러 조치는 규칙에 기반을 둔 국제 무역 시스템을 더 약화해 경제력과 국가주의적 열의가 국제 통상의 추세를 좌우하게 된 새로운 시대의 현실을 공고히 할 것이라고도 했다. 미국의 조치는 주요 동맹국, 그중에서도 특히 유럽의 동맹국을 자극했다. 유럽 기업들은 바이든의 정책을 미국 기업에 보조금을 지급해 공정 경쟁과 유럽의 경쟁력을 손상하는 보호주의적 시도로 보았다. 하지만 유럽 기업들도 새로운 보조금과 무역 보호 조치를 받을 기회를 끊임없이 모색하고 있었다. 그러므로 바이든 정부는 그들에게 엄청난 기회를 제공한 셈이었다. 미국이 그렇게 하니 유럽도 그렇게 해야 한다. 아니면 판매를 포기해야 한다는 것이 그들의 논리였다.

미국의 산업을 부흥시키겠다는 편협한 집착 때문에 기후변화에 대응하려는 중대한 노력이 희생될 수 있다는 목소리를 내는 사람도 있었다. 중국은 저가 태양광 패널의 주요 공급원이었다. 미국이 중국산 수입을 억제하는 대신 미국산 태양광 패널에 대한 의존도를 높이려는 정책을 밀어붙이면, 비용이 증가해 청정에너지로 전환하는 일이 늦어질 수 있다는 것이었다.[23] 오하이오주의 공장에 일자리를 늘리는 대가로 전 세계가 가뭄과 태풍과 해수면 상승으로 인한 피해를 더 크게 보게 될 것이라고 했다.

이런 모든 걱정에는 그 나름의 타당성이 있었다. 미국의 산업을 되살리려는 프로젝트를 위해 국제 무역의 규칙을 희생시킴으로써 우리가 맞이할 결과를 걱정할 이유도 충분했다. 하지만 규칙에 기반을 둔 국제 무역 시스템과 중국 중심 세계화에 대한 수십 년간의 믿음이 더는 방어할 수 없는 상황에 이르렀다. 세계에서 가장 부유한 나라가 컴퓨터 칩을 구걸하거나 팬데믹 와중에 의료 기기를 구하지 못해 난리를 치는 신세로 전락해버렸다. 국제 무역 규범은 기후변화를 앞당기는 환경을 만드는 역할을 했다.

뭔가 변화가 필요했다.

일부 경제학자는 데이터를 분석해 국제 공급망은 팬데믹 기간에 발생한 물품 부족의 원인이 아니라 오히려 그 해결책이라고 주장했다. 바다를 가로지르는 무역 덕분에 미국을 비롯한 세계 각국이 고갈된 의료 장비를 보충할 수 있었다는 것이다.[24] 하지만 이런 논리는 동어 반복에 불과했다. 생산을 먼 외국으로 보내고 재고를 확 줄인 뒤 물품 부족 사태를 겪는다면, 부족한 물품이 무엇이든 간에 남아 있는 생산 능력을 최대한 활용해 그 물품을 만들어내는 것이 합리적이 아니겠는가?

무역 전문가들이야 뭐라고 하든 리쇼어링의 적극적 장려는 비즈니스 환경을 변화시키는 본격적인 정치 이벤트가 되어버렸다. 바이든 정부에서 시행한 여러 정책의 효과가 결합되면서 미국 전역에 산업 시설을 건설하는 붐이 일었다.

칩 제조업체들이 앞장서서 미국에 공장을 설립하고 업그레이드하는 데 눈이 튀어나올 정도의 금액을 투자하기로 했다. 실리콘밸리의 거물 인텔은 200억 달러를 투자해 오하이오주에 칩 공장 두 개를 건설하겠다는 계획을 발표했다.[25] 이로써 창출되는 건설 일자리는 7,000개에 이를 것으로 예상되었다. 또 다른 미국 기업 마이크론은 향후 20년간 1,000억 달러 이상을 투자해 뉴욕주 시러큐스 인근에 칩 공장 단지를 건설하겠다고 발표했다.[26]

세계에서 가장 큰 첨단 칩 제조업체인 대만의 TSMC는 애리조나주 피닉스 외곽에 공장을 지으려고 400억 달러를 투자하겠다는 계획을 발표했다.[27] 공장 건설에 들어가는 비용은 대만에 있는 규모가 비슷한 공장의 4~5배에 달할 것으로 보였다.[28] 이 공장에서 생산되는 칩 가격은 대만에서 생산되는 칩 가격의 1.5배 수준이 될 것으로 예상되었다.[29] 이것은 미국의 산업에 필요한 칩 공급을 언제 중국의 침공을 받을지 모르는 섬에서 미국으로 옮기는 데 따르는, 즉 국제 무역을 변화시키는 지정학적 현실에 맞추는 데 따르는 대가였다.

91세의 TSMC 창업자 모리스 창은 이 공장 착공식에서 애리조나주의 투자는 리쇼어링이라는 시대적 요구에 따라 세계 경제가 재편되고 있다는 사실을 보여주는 징표라고 했다.

창은 "세계화는 이제 수명이 다했습니다"[30]라고 말했다.

2022년 말 현재 반도체 업계는 16개 주에서 40개의 칩 제조 공장을 건설하거나 확장하는 데 약 2,000억 달러를 투자하겠다고 천명했다.[31] 이에 따라 향후 일자리가 4만 개 창출될 것으로 예상되었다.

전기 자동차 업계에서도 이와 비슷한 건설의 물결이 일었다. 미국 내의 전기 자동차 배터리 제조 공장에 투자하기로 발표한 금액은 2022년 한 해만 해도 730억 달러에 이르렀다.[32] 2022년 말 포드는 켄터키주에서 58억 달러 규모의 배터리 공장 신축 공사를 착공했다.[33]

미국 전역에 거대한 공장이 새로 들어서기로 하자 동력 전달 장치에서부터 건설 장비에 이르기까지 산업에 필요한 기본적 물자를 공급해줄 광범위한 미국 공급망의 수요가 촉발되었다.

퓨즈 박스와 기타 전기 관련 제품을 만드는 슈나이더일렉트릭의 북미지사장 아미어 폴은 이렇게 말했다. "우리는 100년에 한 번 올까 말까 한 기회를 잡았어요. 반도체 투자는 리쇼어링 및 공급망의 회복 탄력성과 어우러지면서 파급 효과를 일으킬 겁니다."

다시 말해 미국에서 컴퓨터 칩을 만들기 시작하면 새 발전소를 지어야 할 테고, 그러면 퓨즈나 전선, 컴퓨터용 단자 등이 필요해질 것이라는 뜻이었다. 그런 생산시설이 다 갖추어지면, 모든 제조업의 경제성이 달라져 미국은 제품 구매처로서 매력적인 나라가 될 터였다. 이 말은 결국 헤이건 워커나 테일러 슈페 같은 기업가들이 국내에서 원자재, 부품, 기술 노하우 등을 구매할 수 있게 될 것이라는 뜻이었다.

이런 일이 얼마나 빨리 진행될 수 있을지, 또는 어디까지 진행될 수 있을지에 관해서는 회의적 시각이 많았다. 거기에는 그럴 만한 충분한 이유가 있었다. 미국은 첨단 제조업에 필요한 인력 양성 측면에서 대부분의 유럽 국가에 비해 한심할 정도로 뒤처져 있었다. 전기 기술자나 배관공을 비롯한 숙련된 기술자가 턱없이 부족했다. 따라서 이미 발표된 프로젝트만 해도 건설에 필요한 원자재와 기계뿐 아니라 노동력을 확보하는 데 여러 해가 걸릴 터였다.

폴은 나에게 "미국은 현재 이 모든 프로젝트를 다 감당할 능력이 안 됩니다"라고 말했다.

실제로 2023년 말, TSMC는 숙련된 노동자를 충분히 확보할 수 없다며 애리조나주의 신축 공장에서 칩을 생산하겠다는 계획을 연기

한다고 발표했다. 게다가 리쇼어링은 시장이 아니라 연방 보조금이 이끌었다. 리쇼어링은 국제 무역을 지배하는 지도를 바꾸려고 트럼프 정부와 바이든 정부가 합심하여 취한 조치의 결과였지 냉정한 경제적 계산의 산물이 아니었다.

국제 비즈니스 컨설팅 회사 BDO의 매니징 디렉터 에스캔더 야바는 이렇게 말했다. "국가 안보에 대한 우려 그리고 대만과 관련한 지정학적 문제가 리쇼어링을 추진한 이유죠. 보조금이 없다면 리쇼어링이 지금처럼 빠르게 진행되지 않을 거예요."

하지만 이것이 바로 보조금을 주는 이유라고 야바는 덧붙였다. 공급망을 주도하는 경영자들의 경제 방정식에 보조금이 추가되자 답이 바뀌면서 미국이 투자하기 좋은 곳이 되어버렸다고 했다. 보조금은 이런 추세에 동참해야 한다는 압박감도 조성했다. 경쟁사가 보조금을 받아 미국에 칩 공장을 건설함으로써 국내 고객에게 쉽게 접근할 수 있을 뿐 아니라 지정학적 위기로부터도 벗어난다면 아시아에만 의존하는 기업은 사실상 경쟁 열위에 놓이는 셈이었기 때문이다.

하지만 칩 제조업체와 같은 명백한 수혜 기업을 제외하고는 미국에 공장을 설립하는 것이 매력적이라고 생각하는 산업은 거의 없었다. 갑자기 미국 산업의 부흥을 둘러싼 논의가 활발하게 일어나면서 리쇼어링 이야기가 널리 퍼졌지만, 실제 사례는 찾아보기 어려웠다. 공장 일을 미국 땅으로 다시 가져오려면 애초에 그 일을 해외로 내보낼 때와 같은 이유가 필요했다. 그곳에서 생산하면 더 싸게 할 수 있다는 그런 이유 말이다.

제조업을 경영하다 은퇴한 해리 모저가 설립한 시민단체 리쇼어링 이니셔티브는 오랫동안 세상에 알려지지 않은 채 활동해왔다. 2023년 2월 나는 의회에서 처음으로 그를 보았다. 당시 그는 의회 증언석에서 생산을 중국에 의존하지 말고 국내로 가져와야 한다는 당위성을 역설하고 있었다. 그는 운송 비용 절감분을 감안했을 때 중국에서 수입하는 제품의 5분의 1은 비용 증가 없이 미국에서 생산할 수 있다는 데이터를 인용했다.[34]

모저의 보고서에는 엄청난 투자 목록이 나열되어 있었다. 보고서에 따르면 외국인 투자를 통한 리쇼어링 덕분에 2022년 한 해에만 새로운 일자리가 36만 4,000개 만들어졌다고 했다.[35] 직전 연도에 비해 50% 이상 증가한 수치였다.

하지만 이런 주장은 현실과 괴리된 것처럼 보였다.

모저의 데이터베이스에 성공적인 리쇼어링 사례로 등재된 회사 중 하나는 텍사스주에 본사를 둔 볼콘이었다. 이 회사는 전기 자전거, 오토바이, 오프로드 차량을 만드는 스타트업이었다. 볼콘의 CEO 조던 데이비스는 미국에서 부품을 공급받을 가능성을 모색하고는 있지만 미국에서 만드는 제품은 하나도 없다고 했다.

볼콘은 전기 자전거를 모두 중국에서 만들었다. 이 회사는 전기 자전거의 소매 가격을 3,000달러 미만으로 유지하려고 애썼다. 만약 미국에서 만들었다면 가격이 대략 그 두 배는 되었을 것이다.

"자전거 한 대를 6,000달러에 팔 수는 없어요. 우리나라는 아시아 국가들처럼 대량의 제품을 저비용으로 생산할 수 있는 구조가 아니에요." 데이비스가 말했다.

문제는 보조금으로 이루어지는 전기 자동차, 제약, 컴퓨터 칩 등

19장 "세계화는 이제 수명이 다했습니다"

에 대한 투자가 미국 산업의 전반적 부흥으로 이어질 것인지와 그 속도였다.

하지만 한 가지 요소는 분명히 그 방향을 향하고 있었다. 미국에서 제품을 생산하는 것의 정치적 가치와 정서적 가치였다.

슈페는 북쪽으로는 거대 도시 로스앤젤레스와 남쪽으로는 여유로운 샌디에이고 사이에 자리 잡은 햇살 가득한 오렌지 카운티 해안의 전형적인 도시 샌후안 카피스트라노에서 자랐다.

그는 대부분 친구들과 마찬가지로 서핑과 스케이트보드를 즐기며 어린 시절을 보냈다. 그 덕분에 멋과 편안함을 동시에 추구하는 사람들의 옷 입는 취향을 잘 알게 되었다.

슈페는 여덟 살 때부터 이런저런 기업가적 모험에 몰두했다.

"크리스마스 때마다 부모님께 돈을 벌 수 있는 것을 선물로 달라고 했지요." 슈페가 말했다.

한 해는 레몬 분쇄기를 선물로 받았다. 그는 그것으로 레모네이드를 만들어 이웃에 팔았다. 어느 해는 솜사탕 기계를 받았고, 또 스노콘 기계나 돌 연마기를 받은 해도 있었다. 모두 내다 팔 수 있는 물건을 만들 수 있는 것들이었다.

열두 살 때는 집집마다 찾아다니며 초콜릿과 싸구려 장신구를 팔았다. 그러다 대만 출신 사장이 운영하는 꽃집에서 꽃 배달하는 일을 하게 되었다. 여기서 배운 기초적 중국어는 나중에 그가 아시아로 진출하는 발판이 되었다.

슈페는 7남매 중 다섯째로, 독실한 모르몬교 신자로 자랐다(나중에는 이 신앙을 버렸다). 그는 나중에 모르몬교 선교사로 어딘가에 파송될 것을 기정사실로 여기며 어린 시절을 보냈다. 꽃집에서 일한 덕분에 그는 선교사 지원서에 중국어를 어느 정도 할 줄 안다고 기재할 수 있었다. 2002년, 그가 열여덟 살 되던 해에 교회는 그를 대만의 남부 지방으로 파송했다.

이후 슈페는 선교 임무를 문화 우월주의에 찌든 식민지 사업으로 보게 되었다. 그는 이 임무를 중국어에 유창해질 기회로 삼았다. 선교 활동은 그의 사업가적 본능을 자극했다. 교회가 게임화의 동기부여 능력을 파악하고 모르몬경을 얼마나 배포했는가, 몇 명이나 전도했는가 등과 같은 평가 지표를 이용해 선교사들을 평가했기 때문이다.

"목표는 전도였어요. 평가 지표가 내 경쟁심을 자극했죠." 슈페가 말했다.

2년 뒤 그는 미국으로 돌아와 브리검영대학교에 입학했다. 그러다 교환학생으로 난징대학교에서 한 학기를 보내게 되었다. 그 기간에 그는 노트북용 보호 케이스를 만드는 그의 회사에 네오프렌을 공급할 업체를 찾아 돌아다녔다.

그는 중국 남부에 있는 공업 도시 둥관에서 한 공장을 찾을 수 있었다. 유타주로 돌아온 그는 노트북 케이스 5,000개를 주문하고 1만 달러를 송금했다.

2006년 겨울, 20피트 컨테이너에 실린 그의 화물이 롱비치항에 도착했다.

슈페는 유홀[*] 트럭을 몰고 화물을 찾으러 야적장에 갔다가 추운 날씨 때문에 네오프렌이 굳어서 수축된 것을 보고 깜짝 놀랐다. 노트북에 맞는 케이스가 하나도 없었다. 그는 나무로 노트북 모형을 만든 뒤 거기에 케이스를 씌웠다. 그런 다음 헤어드라이어로 네오프렌을 녹여 노트북에 맞게 형태를 바로잡았다.

회사는 성장했다. 전국적인 전자제품 소매업체 서킷시티가 그의 최대 고객이었다. 하지만 2009년, 서킷시티가 파산하면서 슈페에게는 엄청난 양의 재고와 25만 달러의 빚만 남게 되었다. 그는 재고를 모두 정리하고 사업을 접었다.

같은 해 슈페는 다른 사업자 세 사람과 손을 잡고 스탠스를 창업했다. 처음 목표로 삼은 고객은 스케이트보더였다. 그들은 양말이 종아리에서 흘러내리지 않게 가볍게 조여주는 신축성 있는 소재를 사용했고, 지역 아티스트들에게 디자인을 맡겼다.

그들은 상하이 외곽에 있는 한 공장과 계약을 맺고 제품을 생산했다. 처음에 슈페는 몇 주에 한 번씩 캘리포니아주와 중국을 오가며 생산을 감독했다. 하지만 매일 감독하지 않다 보니 문제가 발생했다. 갑자기 공장에서 기계가 사라지는 일도 발생했고, 장거리 소통 문제로 주문이 잘못 전달되는 일도 생겼다.

이런 식으로 6개월을 보내던 슈페는 결국 중국으로 이주해 공장 근처에 집을 마련했다.

그는 퓨처스티치를 창업해 같은 장소에 새 공장을 건설하면서도 스탠스의 중국 일을 계속 맡아서 처리했다.

● U-Haul. 트럭, 트레일러 등을 빌려주는 미국 회사. 트럭 렌터카 회사인 셈이다.

슈페는 새 회사를 창업할 때부터 고객과 가까운 곳에서 제품을 생산하려고 미국에 공장을 설립할 생각을 했다. 무역전쟁과 팬데믹으로 이런 일정이 앞당겨졌다.

퓨처스티치는 스탠스와 그 밖의 다른 회사에 양말을 납품하는 회사로 출발했다. 이 회사는 매월 40피트 컨테이너 스무 개 분량의 양말을 닝보항에서 남부 캘리포니아로 실어 보냈다. 그러다 운송 비용이 급증하기 시작했다. 게다가 제품을 시장에 내놓는 데 걸리는 시간도 3주에서 10주로 늘어났다.

이것이 특히 문제가 되었던 것은 슈페가 맞춤형 상품에 꽂혀 있었기 때문이다. 그는 주요 스포츠 경기가 끝나자마자 그 경기의 하이라이트 장면(예컨대, NBA 결승전에서 승부를 결정지은 슛이라든가, 켄터키 더비에서 우승한 말 등)이 박힌 양말을 내놓을 계획을 추진했다. 또 고객이 웹을 통해 밸런타인데이나 생일 선물로 양말을 특별 주문할 수 있는 기능도 제공할 생각이었다.

이런 계획은 컨테이너가 태평양을 건너는 데 몇 주씩 걸리는 한 이루어질 수 없었다.

"지금 이 순간 유행하는 밈을 보세요. 월말이면 그 인기가 10분의 1도 안 되게 가라앉을 겁니다." 슈페가 말했다.

전 세계적 운송의 붕괴로 적기공급생산방식의 위험성이 드러나면서 기업들은 제품 부족을 막으려면 재고를 늘려야 한다는 압박을 받게 되었다. 하지만 2022년 초 연준이 금리를 올리기 시작하자 재고를 늘리려면 차입 비용이 증가했다. 이런 여러 가지 이유로 고객 가까운 곳에서 제품을 만들어야 할 필요성이 커졌다.

오션사이드에 공장을 세우게 된 데는 이런 배경이 있었다.

직원을 고용해야 하는 현실적 필요성과 사회 정의에 대한 슈페의 관심이 맞물리면서 퓨처스티치는 샌디에이고 지방정부와 협력해 교도소에서 복역한 경력이 있는 여성들을 채용하게 되었다.

많은 고용주가 전과자를 위험인물로 보고 채용을 기피했다. 하지만 슈페는 이들에게서 성공에 대한 강력한 의지를 보았다. 그들은 놀라운 회복탄력성을 보여주며 자신의 환경을 극복해나갔다. 그들은 주기적으로 정부에서 실시하는 약물 검사를 받으면서 자기 일에 전심전력을 기울였다.

공장 설립 초기부터 이곳에서 일하는 알만사는 이렇게 말했다. "여기서 일하지 않으면 아마 감옥에 다시 가게 될 거예요. 이 일에 우리 자유가 달려 있어요. 우리가 일하는 목적은 단순히 돈 때문만은 아니에요. 우리에게는 삶을 바꿔 보려는 더 큰 목적이 있어요."

40대 중반의 알만사는 네 자녀를 둔 싱글맘이다. 그녀는 이전에 샌디에이고 지역에 있는 병원에서 28달러에 가까운 시급을 받으며 채혈 전문 의료기사로 일했다. 그런데 함께 일하던 남자 동료가 그녀를 스토킹하기 시작하더니 실험실에 둘만 있을 때 그녀에게 못된 짓을 했다. 알만사는 성희롱을 당했다고 병원에 신고했다. 하지만 병원은 그녀가 자신의 안전을 우려해 출근하지 않은 것을 빌미로 근태 불량으로 그녀를 해고했다.

실직한 알만사는 아파트를 잃었다. 그녀는 2020년 크리스마스 직후에 아이들과 함께 친구네 집 주차장 진입로에 세워져 있던 이동식 주택으로 들어갔다. 그러다 그다음부터 값싼 모텔을 전전하기 시작했다.

그녀는 오래전에 마약을 끊은 뒤 17년 동안 마약에 손도 대지 않았었다. 실의에 빠진 알만사는 다시 마약을 시작했다. 그러다 가족을 먹여 살리려고 메타암페타민 거래까지 하게 되었다.

2021년 6월 알만사는 마약 거래 공모 혐의로 체포되었다. 그녀는 카운티 구치소에 2개월 그리고 연방 구치소에 2개월 구금되어 조사를 받았다. 그러다 1년간 보호 관찰을 받는 조건으로 유죄를 인정했다.

알만사는 현금 지원 프로그램을 신청하려고 관공서에 갔다가 퓨처스티치 이야기를 듣게 되었다. 그녀는 바로 지원서를 냈고, 시급 20달러를 받기로 하고 채용되었다. 그 뒤 그녀는 가족과 함께 아파트로 이사했고, 얼마 안 있어 감독으로 승진했다.

알만사는 지게차를 몰고 무지 양말이 든 상자를 날염 구역으로 옮기는 일을 했다. 인력관리부서 책임자가 지도하는 요가 수업에도 참여했다.

알만사는 "내면이 치유되는 느낌이에요"라고 말했다. 공장에서 일하는 일반적 근로자에게서는 들을 수 없는 말이었다.

맥킨지 같은 컨설팅 회사 덕분에 유연성이라는 단어는 상사가 사전 통보 없이 근무 스케줄을 마음대로 바꿀 수 있는 면허증을 가지고 있다는 뜻을 완곡하게 표현하는 말이 되어버렸다. 퓨처스티치는 이 방향을 거꾸로 뒤집었다. 직원들에게 하루 전에만 통보하면 공장에 출근하지 않고 집안일을 볼 수 있게 했다. 보호관찰관과 면담이 잡혀 있는 날도 결근을 허용했다.

퓨처스티치는 조금 큰 아이가 있는 직원들이 아이를 데리고 출근할 수 있게 구내에 스케이트보드장을 만들고 있었다. 마음챙김 명상 수업도 진행하고 있었다.

슈페는 전과가 있는 여성들을 고용하는 가장 큰 이유가 회사 이미지에 미치는 영향 때문이라는 사실을 솔직히 인정했다. 그러면서 그것을 '마케팅 수단'이라고 불렀다. 하지만 싱글맘에 둘러싸여 있다 보니 그 나름의 장점도 있다고 했다. 이들에게는 일상적인 문제에 대한 통찰력이 있었다. 예컨대 아이에게 신발과 양말을 신기는 일상의 힘든 일을 좀 더 쉽게 할 수 있는 방법에 대한 아이디어 같은 것이었다. 이것이 슈페가 최근에 집착하고 있는 제품의 아이디어가 탄생한 배경이었다. 밑창이 튼튼하면서 하나만 신으면 되고 세탁기에 넣고 돌릴 수 있는 신발과 양말을 결합한 제품이었다.

내가 공장을 방문한 날 아침, 슈페는 디자인 팀과 함께 작은 회의실에서 이 제품의 시제품을 검토하고 있었다.

그는 원형 편물기로 이 제품을 만들 수 있다는 사실을 알고 흥분해 있었다. 빨리 생산할 수 있고 솔기가 없어 발이 쓸리지 않을 터였기 때문이다. 이 제품에는 통기성과 신축성이 좋은 재료와 함께 편안함과 보온성을 위해 캐시미어를 쓰기로 했다. 신발 끈은 없애기로 했다. 바깥 창으로는 미국에서 재활용 소재로 만든 비브람을 쓰기로 했다. 전체 제조 공정은 다섯 단계면 될 것 같았다. 일부 신발의 제조 공정이 80~90단계에 이르는 점을 감안하면 엄청나게 단순한 공정이었다.

이 제품은 단순성 덕분에 리쇼어링의 완벽한 후보가 되었다.

"이 제품은 '메이드 인 유에스에이'에 적합한 공식을 모두 갖고 있어요. 디자인이 색다른 뭔가를 여기 미국에서 만드는 겁니다. 이제 이것을 잘 포장할 스토리텔링이 있어야겠지요." 슈페가 말했다.

하지만 미국에서 어디까지 만들 수 있을지는 잘 모르겠다는 것이 슈페의 솔직한 말이었다. 그는 리쇼어링을 물리적 제품 전체를 미국에서 만드는 것이 아니라 그중 일부 공정을 미국으로 가져오는 것으로 보았다. 그는 이것을 '10%의 포트폴리오 배분'이라고 표현했다.

아직도 미국에서는 구할 수 없는 재료가 너무 많았고, 아시아에는 미국보다 훨씬 싼 물건이 너무 많았다.

퓨처스티치 같은 개인기업은 긴 안목으로 미국 내에서 생산을 늘리려고 추가 비용을 지출할 수 있었다. 하지만 상장 기업은 끊임없이 다음 분기의 압박에 시달려야 했다. 그들은 비용을 낮춰야 하는 영원한 책무에 사로잡힌 포로였다.

많은 기업에 필요한 것이 중도의 길이었다. 이들은 바다 건너에 있는 국가, 그중에서도 특히 중국의 불확실성에 노출되는 길을 피해야 했다. 그러려면 고객과 같은 해안을 끼고 있는 땅에서 상품을 생산할 필요가 있었다. 하지만 비용도 낮춰야 했다.

이것은 미국 기업뿐 아니라 전 세계의 많은 제조기업에도 해당하는 상황이었다.

팬데믹의 충격으로 기업들은 지역 중심의 사고를 하게 되었다. 중국 제조업체들은 갈수록 동남아시아에 있는 위성 기업에 의존하려고 했다. 서유럽 기업들은 동유럽과 튀르키예에 이미 상당한 규모로 세워놓은 생산시설을 확장하려고 했다. 미국 기업들은 자국에 더 가까운 곳으로 눈을 돌리려고 했다.

그 덕분에 큰 기회를 잡은 국가가 있었다. 바로 멕시코였다.

20장

"그래, 멕시코, 우리 좀 살려줘"
바다에 등을 돌린 글로벌 공급망

아이작 프레스버거는 주문 규모에 깜짝 놀랐다.

멕시코시티 외곽에 있는 그의 의류 공장은 수년째 월마트에 유니폼을 납품해왔지만, 한 번에 수천 벌 넘는 주문을 받아본 적은 없었다.

그런데 2022년 2월, 갑자기 한꺼번에 5만 벌을 만들어달라는 주문이 들어왔다. 대략 100만 달러에 이르는 주문량이었다.

프레스버거는 아슈케나지 유대인●인 증조부가 동유럽에서 이주해 와 창업한 의류 회사 프레슬로의 영업을 책임지고 있었다. 그는 가장 큰 고객사인 월마트에 공을 많이 들였다. 최근에는 추가 사업을 모색하려고 아칸소주 벤턴빌에 있는 월마트 본사를 방문하기도 했다.

● Ashkenazi Jew. 유럽에서 살던 유대인.

그럼에도 5만 벌 주문은 그의 예상을 훨씬 뛰어넘는 양이었다. 프레슬로의 행운은 세계 경제의 지형이 바뀌면서 엄청난 기회가 만들어지고 있다는 사실을 단적으로 보여주는 것이었다. 이런 기회는 비단 그의 가족회사에만 해당하는 것이 아니라 멕시코 전체, 나아가서는 라틴아메리카 전체에 해당하는 것이었다.

세계 최대 소매기업 월마트는 오랫동안 상품 생산을 중국 공장에 크게 의존해왔다. 하지만 팬데믹으로 월마트의 가장 중요한 시장인 미국과 바다로 분리된 한 나라에 의존하는 것이 얼마나 위험한지 여실히 드러났다.

물론 월마트는 글로 같은 중소기업과 달리 컨테이너 선박을 용선할 여력이 있었다. 하지만 그런 배마저 교통 체증으로 발이 묶여 미국 주요 항구 앞바다에 둥둥 떠 있었다. 중국의 광적인 제로 코로나 정책은 공장 생산을 중단시켰고, 해운 터미널을 막아버렸다. 중국산 수입품에 부과되는 미국의 관세에는 어떻게 할 도리가 없었다. 미국과 중국이 치열한 패권 다툼을 벌이고 있다는 사실은 명백했고, 이런 현실이 해소될 가능성은 보이지 않았다.

월마트는 2022년 매출이 5,000억 달러를 넘어설 정도로 워낙 거대해[1] 거의 막강한 제국처럼 행동할 수 있었다. 그래서 적합한 공장을 물색하러 이곳저곳에 바이어를 보낼 필요가 없었다. 그냥 기다리고 있으면 전 세계 여러 공장에서 아칸소주 북서쪽 구석에 있는 월마트 본사로 대표를 파견했고, 그러면 제품을 소개하겠다고 온 사람들에게 알현할 기회를 주기만 하면 되었다.

이즈음 월마트에 제품을 소개하러 간 사람들은 확실한 메시지 하나를 받고 돌아갔다. 월마트에 납품하려면 그 제품을 어디서 만드는 가에 대한 안심할 만한 답변을 내놓을 수 있어야 한다는 것이었다.

20년 전만 해도 중국에서 제품을 생산하지 않는 기업은 월마트에 납품할 가능성이 거의 없었다. 중국에서 만들지 않으면 최저가로 납품할 수 없다는 사실을 분명히 보여주는 현상이었다.

그런데 이제는 제품 생산을 중국에만 의존한다면 그 반대 효과를 내게 되었다. 이것은 공급망이 취약하다는 것을 보여주는 신호였기에 납품 상담이 갑자기 중단되는 결과를 초래했다. 워커가 공장을 찾으러 베트남에 갔던 것처럼, 월마트도 다양한 국가에서 제품을 공급받으려 노력했다. 월마트는 특히 고객 가까운 곳으로 생산을 가져오고 싶어 했다. 니어쇼어링 nearshoring으로 알려진 이 접근법은 리쇼어링의 절충안이었다. 월마트는 공장 생산을 한꺼번에 미국으로 가져오려고 하지 않았다. 그렇게 하면 제품 생산 비용이 급격히 올라갈 것이기 때문이었다. 그 대신 제품을 만드는 공장과 미국 소비자 사이의 거리를 좁히려고 애썼다. 그러면서도 비교적 임금이 싼 국가에 의존하려고 했다.

멕시코가 적격이었다.

최근의 격변이 일어나기 이전에도 상품을 실은 선적 컨테이너를 중국의 공장에서 미국의 창고로 운송하려면 적어도 6주가 소요되었다. 같은 화물을 멕시코에서 가져온다면 미국에서 가장 접근하기 어려운 목적지까지 운송한다고 해도 2주면 충분했다. 멕시코의 어느 지역에서 출발해도 마찬가지였다.

이것이 멕시코시티 북쪽에 있는 프레스버거의 공장이 갑자기 활

기차게 돌아가게 된 이유였다. 란체라 음악이 쾅쾅 울려 퍼지는 가운데 천장에 매달린 색종이 리본 아래서 재봉사들이 재봉틀 앞으로 몸을 숙인 채 유니폼을 박음질하고 있었다.

"월마트는 공급에 큰 문제가 생겼어요. 그러다 보니 '그래, 멕시코, 우리 좀 살려줘'가 된 것이지요." 프레스버거가 나에게 말했다.

국경 건너편 댈러스 북쪽에 있는 어느 조용한 마을에서는 호세와 베로니카 후스티니아노 부부가 그들의 문제로 골머리를 앓고 있었다.

부부가 운영하는 자수 회사는 인근 사업체에 유니폼을 납품했다. 이들의 가장 중요한 고객은 글로리아라틴퀴진이라는 고급 레스토랑 체인이었다. 맛있는 검정콩 소스로 유명한 이 체인은 텍사스주 주요 도시에 체인점을 두고 있었다.

후스티니아노 부부는 대형 유통업체에서 흰색 무지 유니폼을 구입한 뒤 여분의 침실에 있는 기계를 이용해 주문받은 사업체의 로고를 수놓았다. 무지 유니폼은 아시아에서 들어온 것으로 대부분 중국산이나 베트남산이었다.

팬데믹으로 혼란이 시작되자 이들에게 유니폼을 공급하던 업체는 셰프 가운이나 웨이터용 유니폼 등 많은 품목의 만성 부족 현상에 빠졌다. 그러다 보니 부부는 고객에게 제때 납품할 수 없었고, 이 때문에 상승 궤도에 들어선 그들의 사업이 위협받게 되었다.

엘살바도르에서 태어나고 자란 후스티니아노 부부는 고국의 끔찍한 내전을 피해 중산층 삶의 꿈을 안고 텍사스주로 왔다.

호세는 1992년 고작 열아홉 살에 로스앤젤레스에 첫발을 디뎠다. 그는 먼저 와 있던 아버지 집으로 들어갔는데, 그의 아버지는 새벽마다 거리 한구석에 서서 일자리를 구하는 뜨내기 건설 노동자의 삶을 살고 있었다.

호세는 아버지가 살던 아파트의 벽장에 간이침대를 가져다놓고 잠을 자면서 베벌리힐스 교도소에서 잡역부로 일했다. 그러다 고속도로의 소음 속에 좁은 계단을 기어 올라가 광고판에 광고 붙이는 일을 했다.

그는 댈러스에 오면 더 나은 일자리를 얻을 수 있다는 친구 말을 듣고 댈러스로 가 식당에서 설거지를 하다가 병원 청소부로 취직했다. 그는 야간 근무를 하며 낮에는 지역의 전문대학에서 영어를 배웠다.

전문대학을 졸업한 호세는 거기서 취득한 과학 준학사 학위를 가지고 자동차 부품 공장에 말단 직원으로 입사할 수 있었다. 그는 그 공장에서 18년 동안 근무하며 감독으로 승진했다. 그러던 중 노부부를 돌보던 베로니카를 만났다. 베로니카는 엘살바도르에서 어머니와 함께 봉제 공장에서 일한 적이 있어 그 분야의 사업을 해보자는 아이디어를 냈다.

2018년 부부는 자수기를 구입해 지역의 노동조합, 조경 회사, 건물 관리 회사, 레스토랑 등을 대상으로 로고를 새겨주는 일을 시작했다.

팬데믹의 혼란이 성장하던 이들의 발목을 잡았다. 이들에게 무지 유니폼을 공급하던 업체는 보통 하루 안에 주문품을 납품했다. 그러던 것이 2020년 중반이 되자 아시아에서 오는 컨테이너선이 항구 앞바다에 발이 묶이면서 주문품을 받으려면 몇 개월을 기다려야 했다.

호세는 다른 공급업체를 찾기 시작했다. 그러다 우연히 멕시코의 과달라하라에 있는 라사르 유니폼이라는 가족 소유 기업의 웹사이트를 발견했다.

라사르의 광고를 책임진 30대 후반의 라몬 베세라는 디지털에 능숙했고, 검색엔진 최적화 기술을 잘 알고 있었다. 그는 미국에 스페인어를 사용하는 사람이 4,000만 명이 넘는다는 사실을 깨닫고[2] 이들의 관심을 끌 수 있도록 사이트를 설계했다.

내가 스페인 식민지 시대의 건축물로 유명한 활기찬 도시 과달라하라를 찾았을 때 베세라는 이렇게 말했다. "우리는 미국이 우리의 미래라는 사실을 알고 있어요. 멕시코는 미국과 통합할 겁니다. 그 일이 지금 일어나고 있어요."

라사르의 디자이너들은 밝고 통풍이 잘되는 사무실에 앉아 컴퓨터를 들여다보며 맞춤형 유니폼을 디자인하고 있었다. 군더더기 없이 꾸며놓은 바깥 작업장에서는 직원들이 원단 꾸러미를 재단기에 넣어 자르고 있었다. 이렇게 재단되어 나온 천 조각들은 전국 각지에 흩어진 재봉 센터로 보내졌고, 그러면 재봉사들이 이 천을 이어 붙여 셔츠, 바지, 재킷 등으로 만들었다.

베세라의 팀원들은 후스티니아노 부부와 주문 내용을 세부적으로 논의했다. 부부가 원하는 원단은 주방의 열기를 막아주면서 땀 배출이 잘되는 가벼운 천이었다. 두 회사는 시차 걱정 없이 전화와 영상을 이용해 스페인어로 쉽게 의견을 주고받을 수 있었다. 후스티니아노 부부는 셰프 가운 수십 벌을 주문했다.

2021년 가을 헤이건 워커의 컨테이너가 롱비치항 앞바다에 발

20장 "그래, 멕시코, 우리 좀 살려줘"

이 묶여 있던 바로 그 무렵, 후스티니아노 부부는 한번에 리넨 셔츠 1,000벌을 주문했다. 가격은 이전의 유통업체가 아시아에서 수입해 납품하던 제품의 가격과 큰 차이가 없었다.

이듬해 말 후스티니아노 부부는 과달라하라로 날아가 베세라를 만났다. 그들은 라사르가 텍사스주에 창고를 짓고, 호세가 미국 유통을 담당하는 조건의 협력 관계를 논의했다.

"올해는 미국인들에게 경각심을 불러일으킨 해입니다. 우리는 어디서 물건을 만들어야 할지 다시 생각해봐야 해요." 호세가 나에게 말했다.

베세라는 이런 가능성에 마음이 들떠 있었다. 하지만 성장 속도에 대해서는 신중한 태도를 보였다. 라사르가 옷을 만드는 데 사용하는 원단의 70%는 태국, 콜롬비아, 인도, 중국 등에서 수입한 것이었다. 멕시코의 섬유 산업이 자리 잡으려면 수년의 시간과 막대한 자금이 소요될 터였다.

베세라는 회사가 감당할 수 있는 양이나 가격을 넘어서는 주문은 받지 않으려 했으므로 납품 제안을 거절할 때가 많았다.

그는 테네시주에 있는 포드와 공장 작업자들이 입을 작업복 공급 문제를 논의하는 중이었다. 플로리다주에 있는 건설 회사와 캘리포니아주에 있는 조경 회사와도 작업복 납품 문제를 논의하고 있었다. 하지만 미국 전역에 있는 교도소에 죄수복을 공급하는 유통업체의 납품 제안은 거절했다. 베세라가 한 벌에 27달러에 만들어주겠다고 했지만, 유통업체가 그 3분의 1밖에 되지 않는 금액을 제시했기 때문이다.

"그들에게 방글라데시나 에티오피아에 가서 알아보라고 했죠. 우리는 사회적 책임을 다하는 기업이 되고 싶어요." 베세라가 말했다.

그는 중국 가격을 이기려는 기존의 바닥 찍기 경쟁에는 관심이 없었다. 그 대신 세계에서 경제 규모가 가장 큰 국가에 인접해 있다는 이점을 활용하고자 품질과 디자인 기술을 높이려고 노력했다.

그는 멕시코와 미국이 대규모 합작 투자에 착수했다고 확신했다. 이것은 더는 중국이 제조업의 유일한 허브가 아닌 새로운 형태의 세계화에 적응하려는 공동의 노력이었다.

"멕시코는 이 기회를 잡아야 합니다." 베세라가 말했다.

멕시코가 세계화의 함정에 빠진 미국의 구세주가 되었다는 사실은 참으로 아이러니한 일이었다.

30년 전 텍사스주 태생의 거물 사업가 로스 페로는 대통령 선거에 출마해 멕시코가 미국의 공장 일자리를 다 빨아간다며 '남쪽에서 들리는 거대한 흡입음'이라는 공포를 조장하는 말로 선거를 치렀다.

미국의 여러 노동조합은 오랫동안 캐나다, 멕시코, 미국 사이에 체결된 북미자유무역협정NAFTA을 미국인의 고용 안정과 임금에 해를 끼치는 협정이라며 비난해왔다.

좀 더 최근에는 트럼프가 무례하고 인종차별적인 용어를 써가며 멕시코를 폄훼했다. 그는 불법 이민자를 '강간범'과 마약상이라고 부르며[3] 이들을 막으려고 국경을 따라 장벽을 세우겠다고 했다. 또 NAFTA를 '역대 최악의 무역 협정'[4]이라며 재협상을 거쳐 내용을 바꾸겠다고도 했다.

하지만 태평양을 가로지르는 운송이 무너지고 미국과 중국 간 무역전쟁이 시작되면서 미국인의 논의에 등장하는 멕시코의 지위가 바뀌었다. 멕시코 국경을 가로질러 상품을 주고받는 것은 경제적으로도 상당히 합리적이었다. 그 덕분에 미국에서 생산하는 부품과 제품에 대한 수요가 발생했기 때문이다. 그것도 중국과 거래할 때보다 훨씬 많이 발생했다.

뉴욕에 자리 잡은 미 외교협회의 라틴아메리카 전문가 섀넌 K. 오닐은 나에게 이렇게 말했다. "현실적으로 우리가 안고 있는 문제 일부는 멕시코가 해결책이에요. 캐나다나 멕시코처럼 우리와 가까이 있는 나라와 교역하는 것이 미국의 일자리를 창출하고 보호할 가능성이 훨씬 높죠."[5]

팬데믹으로 태평양을 가로지르는 운송이 차질을 빚기 시작할 무렵, 멕시코와 미국의 공급망은 이미 밀접한 관계를 맺고 있었다. 그리고 그 상호 의존도는 점점 높아지고 있었다. 미국 공장에서 만든 부품과 원자재가 멕시코의 대미 수출품에서 차지하는 비율은 40%에 이르렀다.[6] 반면, 중국에서 수입하는 제품 중 미국산이 차지하는 비율은 4%에 불과했다. 이 수치는 중국 정부가 정부 주도 산업 정책으로 미국산의 수입을 줄이려고 노력한 결과였다.

레인 마흐디라는 샌디에이고의 기업가는 공장이 필요한 미국 회사와 고객사가 필요한 멕시코의 공장을 이어주는 집폭스라는 신생 기업을 설립했다.

마흐디는 이전에 골판지 상자 납품사업을 했다. 당시 그는 중국에 있는 공장에 의존해 제품을 만들었기에 바다 건너로 대금을 송금한 뒤 물건이 오기를 기다리는 것이 얼마나 힘든 일인지 잘 알았다.

그는 나에게 이렇게 말했다. "중국에서 물건을 공급받는 사람들은 태평양을 우회할 방법이 없다는 사실을 알고 있죠. 그런 기술은 없으니까요. 그런데 고객들은 항상 물건을 좀 더 빨리 받을 수 없느냐며 우리를 압박하죠."

2022년 한 해 동안 이루어진 멕시코와 미국의 상품 교역은 거의 7,800억 달러에 이르렀다.[7] 팬데믹이 시작되던 2020년과 비교하면 45% 증가한 수치였다. 같은 기간 미국과 중국의 상품 교역은 이 수치의 절반 정도 비율로 증가한 6,900억 달러였다.[8]

멕시코가 중국을 대체하는 것은 아니었다. 그보다는 점진적이지만 의미 있는 변화가 진행되고 있었다고 보는 편이 맞을 것이다. 미국 기업들은 공급망의 취약점을 면밀히 검토해 아시아에 있는 공장의 단점을 미국 시장과 더 가까운 곳에 있는 새로운 공장으로 보완해 나가고 있었다.

2020년 팬데믹 1차 유행 기간에 미국과 가까운 거리에 있는 멕시코는 말 그대로 생명의 은인이었다. 당시 샌디에이고에서 바로 국경 건너편에 있는 도시 티후아나는 중국보다 더 많은 의료 장비를 미국에 보냈다.[9] 중국으로부터의 수입이 지연되자 멕시코 전역의 공장들은 미국의 각 병원에 산소 호흡기와 고품질 마스크 그리고 기타 일선 의료 종사자들이 사용하는 필수 장비를 공급하려고 생산 속도를 끌어올렸다.

미국의 육상 개항장으로는 물동량이 가장 많은 텍사스주의 국경 도시 러레이도의 창고에서 집산되는 화물을 보면, 양국 제조업체들의 공동 작업이 얼마나 활발하게 진행되고 있는지 알 수 있었다.

남쪽으로 가는 화물을 보관하는 한 창고 안에는 네브래스카주와 아이오와주의 공장에서 막 도착한 자동차 부품 상자가 파렛트 위에 쌓여 있었다. 이 부품은 남쪽으로 두 시간 거리에 있는 몬테레이의 물류센터로 실어 갈 트럭을 기다리는 중이었다. 물류센터에 도착하면 멕시코 전역의 자동차 공장으로 운송될 예정이었다. 일리노이주의 공장에서 생산된 중장비 부품은 멕시코 중부의 이라푸아토로 실어 갈 트럭을 기다렸다.

오하이오주에서 생산된 범용 프라이머가 든 검은색 55갤런 드럼통들은 몬테레이의 페인트 제조업체로 운송될 예정이었다. 앨라배마주의 공장에서 만든 자동차 도어 실이 담긴 오렌지색 플라스틱 상자들은 멕시코의 할리스코주에 있는 조립공장으로 가는 길이었다.

인근에 있는, 북쪽으로 가는 화물 전용 창고에는 몬테레이에서 생산된 트레일러트럭용 브레이크 부품이 보관되어 있었는데, 이 부품은 텍사스주, 사우스다코타주, 캐나다 등지에 있는 화물차 운송회사로 항공 운송될 예정이었다.

러레이도는 때로 대형 화물차 휴게소 취급을 받기도 했다. 이리저리 얽힌 러레이도의 여러 도로는 리오그란데강을 가로지르는 다리 한 쌍으로 이어져 있었다. 리오그란데강은 구불구불 흐르며 텍사스주와 멕시코를 가르는 국경선 역할을 했다. 육중한 트레일러트럭이 쉴 새 없이 오가며 관목으로 뒤덮인 사막에 세워진 창고에 화물을 부리기도 하고 부려놓은 화물을 끌고 가기도 했다. 주유소마다 차를 얻어 타려고 모여 있는 사람들이나 낡은 호텔 등을 보고 있으면 러레이도는 대부분 사람이 그냥 지나가는 곳이라는 느낌이 들었다.

하지만 많은 양의 화물도 이곳을 지나갔고, 그 양은 점점 불어나고 있었다. 2022년 말이 되자 매일 약 8억 달러어치의 화물이 이곳을 지나갔다.[10] 다국적 기업이 생산을 중국에서 멕시코로 이전하고 있었기에 이 수치는 더 늘어날 것이 확실해 보였다. 러레이도는 점점 국제 무역의 중심지가 되고 있었다.

2022년 12월 햇빛이 눈부신 어느 상쾌한 날 아침, 러레이도의 선출직 공무원들이 대기록 달성을 축하하려고 시청에 모였다. 그해 10월에 270억 달러 상당의 화물이 이 개항 도시를 통과해 로스앤젤레스항과 롱비치항을 통과한 물동량을 넘어섰다는 연방 데이터가 발표되었기 때문이다.[11]

시장 피트 사엔스는 이 도시를 상징하는 문장이 그려진 현수막을 배경으로 스페인어와 영어를 섞어가며 연설했다. 러레이도의 문장에는 '멕시코로 가는 관문'이라는 문구 뒤로 멕시코 국기와 성조기가 나란히 배치되어 있었다.

시장은 나에게 러레이도는 니어쇼어링의 물류를 처리하기에 완벽한 입지 조건을 갖춘 도시라고 말했다. 그러면서 이런 추세는 갈수록 강화될 것이라고 했다.

"공급망이 중단되거나 영향을 받을 수 있다는 두려움이 상당합니다. 우리는 아시아에만 의존할 수 없어요. 특히 중국에 너무 의존해서는 안 됩니다." 사엔스가 말했다.

러레이도는 희망에 들떠 있었다. 하지만 리오그란데강을 오가는 트럭이 늘어나면서 지역의 인프라가 물동량을 감당할 수 없을지 모른다는 불안감이 스멀스멀 피어오르고 있었다.

"다가오는 이 쓰나미를 앞서가야 하는데 뒤처져 있어요." 사엔스가 말했다.

대규모 건설 공사가 진행 중이었다. 도시 북쪽에서 굴삭기 한 무리가 흙을 파헤치고 있었다. 국경지대와 미국 중심부, 캐나다를 이어주는 35번 주간고속도로 양편의, 선인장이 산재하던 목장 용지는 산업 단지와 창고, 화물 야적장 등으로 바뀌고 있었다.

철도회사 캔자스시티서던은 최근에 리오그란데강을 가로지르는 철교를 확장하는 1억 달러 규모의 프로젝트를 시작했다.

러레이도와 그 주변 지역에 건설되고 있는 창고 면적은 18만 제곱미터로 기존 면적에서 5% 증가한 수치였다.[12] 남부 캘리포니아의 인랜드엠파이어에 창고가 들어서며 인랜드엠파이어가 사실상 롱비치 부두의 일부가 된 것처럼, 새로 만들어지는 이 창고들도 공급망을 멕시코로 옮기려는 인프라의 일부였다.

하지만 남부 캘리포니아의 창고처럼 러레이도의 창고도 이미 점유율이 98%에 이르렀기에 이 도시가 앞으로 물동량을 감당할 수 있을지 의문이 제기되었다. 트럭이 세관을 통과하려면 때로는 리오그란데강을 가로지르는 주 교량인 월드트레이드교에서 몇 시간씩 줄을 서서 기다려야 했다.

지역의 한 개발업자가 러레이도 바로 남쪽에 새 교량을 건설하겠다는 계획을 추진하고 있었다. 3억 6,000만 달러 규모의 프로젝트였다. 그는 멕시코 정부의 허가를 받은 상태였는데, 미국 국무부의 허가도 곧 받을 수 있으리라고 자신했다.

하지만 이것은 불확실한 희망 사항에 지나지 않았다. 워싱턴은 멕시코 국경을 거칠고 위협적인 변경 지역으로 취급했기에 미래의 무역 흐름이 원활하도록 조치하는 일은 뒷전으로 밀려나 있었다. 바이든 정부는 니어쇼어링이 중국 공장에 대한 과도한 의존을 일부나마 해결해주는 방법이라며 반가워했지만, 이런 생각이 아직 러레이도의 인프라 확충으로까지 이어지지는 않았다.

시장은 강 건너편에 있는 멕시코의 누에보레온주 소속 공무원들과 함께 시청에서 거행된 행사장에 모습을 드러냈다. 그들은 국경으로 이어지는 고속도로를 적극적으로 업그레이드하겠다는 계획을 자세히 설명한 뒤 러레이도에서 북서쪽으로 40킬로미터 떨어진 곳에 있는 통행량이 많지 않은 컬럼비아교를 더 적극적으로 활용하겠다고 했다. 또 마약 밀수와 관련된 폭력이 난무하는 국경 지방의 보안을 대폭 강화하겠다는 말도 했다.

누에보레온주는 투지 넘치는 서른다섯 살의 주지사 사무엘 가르시아가 이끌고 있었다. 그는 일자리를 늘리려고 외국인 투자를 유치하는 일에 정치생명을 걸었다. 누에보레온주에는 세계에서 가장 큰 레고 공장이 있다. 전기 자동차 제조업체 테슬라도 신규 공장을 지을 계획을 확정하는 중이었다.[13]

누에보레온주의 주도 몬테레이시는 고급 레스토랑, 명품 전문 매장, 이미 완공되었거나 공사 중인 고층 오피스 타워 등이 가득 들어선 급속히 성장하는 도시였다. 이 도시에는 멕시코의 MIT로 불리는 명문대학 몬테레이공과대학교가 있다. 몬테레이공대는 이 지역에 첨단 제조업을 지원할 수 있는 공급망을 구축하겠다는 비전의 핵심이었다.

주지사는 세계 경제의 재편에 따라, 특히 미·중 간 적대감이 고조되면서 누에보레온주의 개발 계획이 가속화되고 있다고 말했다.

"누에보레온주는 지정학적으로 매우 중요한 위치에 있어요." 집무실의 목제 테이블에 마주 앉은 주지사가 나에게 말했다. 천장은 높고 바닥에는 타일이 깔려 있었으며, 발코니 밖으로 자갈이 깔린 광장과 그 너머로 시에라마드레산맥의 뾰족한 봉우리들이 내다보였다.

가르시아가 주지사로 취임한 후 15개월 사이에 거의 70억 달러의 외국인 투자 자금이 누에보레온주로 쏟아져 들어왔다.[14] 멕시코시티 다음으로 많은 금액이었다. 그는 며칠 뒤 스위스 다보스에서 열리는 세계경제포럼에 참석하러 출국한다고 했다. 더 많은 외국인 투자를 유치하기 위해서였다.

그는 NAFTA의 이점을 내세워 투자를 권유하고 있었다. 누에보레온주에 공장을 설립해 제품을 생산하면 화물차나 기차를 이용해 미국이나 캐나다까지 무관세로 제품을 실어 보낼 수 있다고 했다.

가르시아에게는 투자 유치를 도와주는 강력한 동맹군이 있었다. 미국에 공장을 둔 주요 제조업체들이었다. 이들은 공급업자들에게 가까운 곳에 공장을 세우라고 요구했다.

나는 주 정부 청사에서 건설기계 부품을 생산하는 한국 기업의 방문단과 마주쳤다. 이 회사의 주요 고객사 중에는 트랙터와 건설 장비를 만드는 미국 회사 존 디어가 있었다. 존 디어는 텍사스주 남부 지방에 공장이 하나 있다. 존 디어는 더는 예측할 수 없는 해상 운송으로 부품을 공급받지 않으려고 했다. 그러다 보니 존 디어의 공급업체는 도로나 철로로 텍사스주와 연결되는 지역에 공장을 세워야 했다. 아니면 경쟁업자에게 납품을 빼앗길 위험을 감수해야 했다.

이 한국 기업의 북미 영업 책임자가 몬테레이에 온 이유는 공장 부지를 물색하기 위해서였다. 그는 존 디어의 태도를 보고 세계 경제가 재편되고 있다는 사실을 체감했다고 했다. 이 무렵 해상 운임은 팬데믹 이전 수준에 가깝게 떨어져 있었다. 원양 해운사들은 다시 선복 과잉을 걱정하기 시작했다. 컨테이너 하나를 태평양 건너편으로 운송하는 데 1,500달러면 충분했다.[15] 그럼에도 그는 고객 가까운 곳에 공장을 설립하라는 발주업체의 압력이 앞으로도 계속될 것으로 생각했다.

세계 경제가 재편되는 것은 운임 때문이 아니었다. 생산이 아시아에 집중됨으로써 생긴 위험성 때문이었다. 러시아의 우크라이나 침공으로 세계가 다시 두 진영으로 갈라질 가능성이 커졌을 뿐 아니라, 미국과 중국이 돌이킬 수 없는 갈등을 향해 치닫고 있다는 인식이 팽배해 있었다. 전 세계 여러 기업은 자연재해, 기후변화, 또 다른 팬데믹 등의 요인이 복합적으로 작용할 경우에 받게 될 영향을 다시 계산하고 있었다. 학자들은 탈세계화 과정이 진행되고 있는지 아닌지 논쟁을 벌이고 있었다.[16]

한국인 영업 책임자는 나에게 이렇게 말했다. "팬데믹, 공급망 위기, 코로나로 인한 중국의 폐쇄 등을 겪은 많은 북미 제조업체는 가능한 한 리스크를 피하려고 하죠. 세계화는 끝났어요. 이제는 현지화예요. 세계화는 지정학적 상황이 안정적일 때나 작동하죠. 지금은 분명히 세계화가 위험한 순간으로 접어드는 전환점이에요."

세계화가 끝났다는 말은 사실이 아니다. 지구상의 어느 곳도 자급자족이 가능하지 않다는 사실 하나만으로도 국제 무역의 장점은 의심할 여지가 없다. 그럼에도 근본적 변화를 감지할 수 있었다. 수십 년 동안 세계를 지배해온 유형의 세계화가 재검토되고 있는 것은 분명했다. 중국은 이제 디폴트로 세계의 제조 수요를 책임지는 원스톱 센터가 아니었다. 그리고 글로벌 공급망이라는 개념 자체가 여러 군데 산재한 지역 허브로 바뀌고 있었다.

현재 이루어지고 있는 공급망 재편이 끝나고 나면, 동남아시아와 남아시아의 국가들은 주로 중국 시장에 내놓을 제품을 생산할 중국 제조업체의 공급업체 역할을 할 가능성이 높다.[17] 서유럽의 기업들은 표면적으로는 동유럽, 튀르키예, 아프리카에 있는 공장에 의존하게 될 것이다. 미국의 소비자들은 미국 가까운 곳, 그중에서도 특히 라틴아메리카에 밀집한 제조업체에 의존하게 될 것이다.

이것은 적기공급생산방식의 과잉과 바다 건너편의 공급망에 대한 일방적 의존을 바로잡는 필요하고 합리적인 조정이다. 세계는 컨테이너 선박이 내뿜는 배기가스를 일부나마 줄일 수 있게 될 것이다. 글로 같은 기업은 본사에 훨씬 더 가까운 곳에서 제품을 생산할 수 있는 선택지가 생길 테고, 그 덕분에 앞으로 닥칠 위기의 영향을 덜 받게 될 것이다. 소비자들은 공급 중단의 위험에 직면할 가능성이 줄어들 것이다.

컬럼비아 스포츠웨어는 일찌감치 2001년에 중국에서 베트남으로 생산을 이전했다. 이 회사는 트럼프가 무역전쟁을 시작한 후 이전 속도를 높였다. 하지만 수많은 다른 브랜드도 중국산 수입품에 부과하는 미국의 관세를 피하려고 컬럼비아와 같은 방법을 선택하면서 베트남의 항구와 공단은 갈수록 혼잡해졌고 인건비와 지대도 상승했다. 그래서 2023년 10월 컬럼비아 경영진 대여섯 명은 회사의 가장 큰 시장인 미국과 가까운 곳에서 공장을 발굴하러 답사를 떠났다.

컬럼비아는 역내 무역 협정의 혜택을 누리려고 중앙아메리카에 초점을 맞췄다. 협정에 따르면, 역내 공장에서 만든 의류는 원단을 만드는 데 들어간 원사가 미국의 공장이나 중앙아메리카 내에서 생산된 것이라면 관세를 물지 않고 미국에서 판매할 수 있었다.

컬럼비아의 글로벌 의류 제조 책임자 스탠 버턴은 나이키와 언더아머를 비롯한 유명 브랜드에서 아시아 공장의 생산을 감독하며 30년을 보냈다. 195센티미터로 키가 크고 덩치가 좋으며 매력적인 웃음을 짓는 버턴은 유쾌한 사람이었다. 이제 그는 멀리 떨어진 공장에 지나치게 의존하는 리스크를 줄이는 임무를 맡게 되었다. 당시 전 세계에서 생산되는 컬럼비아의 제품 중 중앙아메리카에서 생산되는 제품의 비율은 7%에 지나지 않았다.[18] 버턴은 3~5년 안에 그 비율을 두 배로 늘릴 작정이었다.

과테말라의 수도인 과테말라시의 한 공장을 둘러보던 중 그가 나에게 이렇게 말했다. "우리는 정말로 아시아에서 빠져나오고 있어요." 그 전날에는 엘살바도르에서 공장 두 군데를 답사했다고 했다.

버턴은 중앙아메리카에서 옷을 만들면 베트남에서 만드는 것보다 일반적으로 비용이 5~10% 더 들 것이라고 했다. 하지만 이것은 운송 비용과 운송에 걸리는 시간을 고려하기 전의 이야기였다. 베트남에서 시애틀항까지 컨테이너를 운송하려면 일반적으로 한 달 정도 걸렸다. 같은 화물을 과테말라에서 운송하는 데는 일주일이면 충분했다. 운송 시간이 짧으면 재고를 훨씬 더 빨리 채워 넣을 수 있을 터였다. 이 말은 안전하게 린 재고를 유지할 수 있다는, 다시 말해 적기

공급생산방식의 이점을 누릴 수 있다는 뜻이었다.

공장 답사를 마친 버턴과 동료 경영진은 산으로 둘러싸인 옛 식민지 시대의 수도 안티과로 향했다. 그들은 어느 호텔 식당으로 들어가 광택이 나는 원목 테이블에 앉아 점심을 먹었다. 그런 뒤 자갈이 깔린 길을 돌아다니며 현지 커피를 맛보기도 하고, 반쯤 짓다가 지진 때문에 공사가 중단된 성당의 폐허를 배경으로 사진을 찍기도 했다. 분수가 있는 광장의 나무 그늘 아래서 원주민 여성들이 화려한 색깔의 팔찌, 귀걸이, 모직 판초 등의 기념품을 내놓고 팔고 있었다. 일행 중 몇 사람이 관심 있게 살펴보자 버턴이 사지 말라며 이렇게 말했다. "이거 모두 중국에서 만들었다는 거 다 아시잖아요."

제조업의 지형이 바뀌고 있다는 사실을 가장 확실하게 보여주는 증거는 중국 기업들이 멕시코에 공장을 짓는 것이었다. 수익성이 좋은 미국 시장에 쉽게 접근하기 위해서였다.

중국 기업들은 개정된 북미무역협정을 활용하고 있었다. 이들은 역내에서 생산된 부품과 원자재를 최소 비율(정확한 비율은 제품마다 다르다) 이상 사용해야 한다는 규정만 충족하면 자사 제품에 '메이드 인 멕시코' 라벨을 붙여 관세를 내지 않고 미국과 캐나다로 수출할 수 있었다.

자동차 알루미늄 휠을 만드는 중국 기업 리쭝은 몬테레이시 외곽에 큰 공장을 짓기로 하고 얼마 전 착공에 들어갔다. 이 회사가 멕시코에 북미 지역 최초의 공장을 세우기로 한 것은 고객사들의 압력 때문이었다. 리쭝은 포드와 제너럴 모터스에 휠을 납품했다. 포드와 제너럴 모터스는 협력업체인 리쭝에 미국에 있는 자기네 공장 가까운 곳에 공장을 지으라고 줄기차게 요구했다.

중국 가전제품 제조업체 하이센스는 최근에 새로 지은 두 군데 공장을 가동하기 시작했다. 나는 멕시코에서 이 회사를 보자 문득 이 회사 근황이 궁금해졌다. 2004년에 헝가리 서부의 허름한 마을에 있는 유럽 최초의 하이센스 공장을 방문한 적이 있었기 때문이다.

하이센스는 문화대혁명이 한창이던 1960년대 말에 사업을 시작해 계급 투쟁을 벌이라는 마오쩌둥 주석의 말을 전파하는 값싼 AM 라디오를 찍어냈다. 그 뒤 이 회사는 중국 유수의 텔레비전 제조업체로 성장해 글로벌 시장으로 눈을 돌렸다.

하이센스는 헝가리어는 전혀 모르고 아주 기본적인 영어만 할 줄 아는 임원에게 공장 설립 임무를 맡긴 뒤 그를 헝가리에 파견했다.[19] 그는 라면으로 가득 채운 여행 가방과 공장의 기본 설계도만 들고 오스트피스조니파 마을에 도착했다. 하지만 그는 국제 무역의 지형이 어떻게 바뀌고 있는지는 훤히 꿰고 있었다. 헝가리는 이제 막 유럽연합에 가입해 유럽 공동 시장에 편입된 참이었다. 그 덕분에 유럽 내 다른 나라로 진출할 수 있는 이상적 출발점이 되었다. 하이센스는 중국에서 텔레비전 부품을 실어와 헝가리에서 조립한 뒤 그리스, 독일, 아일랜드 등 유럽 전역에 무관세로 판매했다.

그로부터 20년이 흐른 뒤 이 회사는 멕시코에서도 기본적으로 동일한 모델을 이용했다. 멕시코 공장에서는 미국 시장을 겨냥한 냉장고와 스토브를 만들었다.

하이센스 공장이 자리 잡은 공업단지는 세사르 산토스라는 몬테레이 출신 기업 변호사의 아이디어에서 탄생한 것이었다. 10년 전 그는 중국의 어느 전자회사를 대리해 멕시코에서 공장 부지를 물색하던 로스앤젤레스의 한 개발업자로부터 제안을 받은 적이 있다. 산토스는 미국 국경에서 불과 240킬로미터 떨어진 곳에 땅을 850헥타르 소유하고 있었다.

건조한 이 갈색 땅은 그가 어렸을 때 가족이 소를 기르던 목장이었다. 그의 가족은 여기서 말을 타고 모험을 즐겼다. 이제 그는 변화하는 세계 경제의 구도를 이용해 돈을 벌 기회를 발견했다.

산토스는 파트너가 될 기업을 만나러 중국으로 날아갔다. 그는 상하이에서 고속 열차를 타고 홀리그룹 본사가 있는 호반 도시 항저우로 갔다. 홀리그룹은 이미 태국에서 중국 기업을 위한 공단을 건설한 경험이 있었다.

산토스와 홀리그룹 그리고 또 다른 중국 파트너 푸퉁그룹은 2015년에 합작 회사를 설립했다. 그렇게 해서 호푸산 공업단지 건설이 시작되었다. 이들은 창고와 공장을 격자 모양으로 배치한 뒤 단지 앞쪽으로는 방문객이나 파견 관리자들이 묵을 호텔과 아파트를 짓기로 했다. 그리고 근로자들이 기거할 1만 2,000채 이상의 주택과 더불어 학교, 병원, 상점 등도 건설하기로 했다.

홀리그룹은 장신이라는 사람을 프로젝트 감독으로 파견했다. 그는 태국 프로젝트에도 참여한 경험이 있었다. 하지만 멕시코는 태국과 완전히 다른 상대였다.

장은 나에게 "우리는 멕시코에 대해 아무것도 몰랐어요. 그저 나쁜 얘기나 위험하다는 얘기만 많이 들었죠"라고 말했다.

"그러다 트럼프가 등장했어요." 장이 말했다.

무역전쟁이 일어나자 미국에서 판매할 제품을 중국에서 만듦으로써 얻는 이익이 줄어들었다. 갑자기 장의 핸드폰으로 중국 기업에서 보내는 문자가 쏟아져 들어왔다. 미국 시장에 조금 더 쉽게 접근하려고 멕시코 진출을 고려하는 기업에서 보낸 문자였다.

"중국 기업들은 선택지를 넓히고 싶어 했어요. 그들의 선택지 중 하나가 우리였죠." 장이 말했다.

인조 잔디를 만드는 중국 회사가 이 공단에 공장을 지었다. 공공 음수대에 쓰이는 펌프를 만드는 회사도 공장을 세웠다. 중국의 소파 제조업체 쿠카홈도 여기에 공장을 건설했다. 2021년 중반이 되자 1단계 공단 개발 예정지의 28개 공장 부지 중 한 곳을 뺀 27개 부지에 공장이 들어섰다.

그러다 중국의 가구 제조업체 웬화로부터 마지막 남은 부지에 대한 문의가 들어왔다.

웬화는 정신없이 바쁘게 돌아가는 광둥성 남부의 공단 지대에서 북부 도시 톈진에 이르기까지 중국 전역에 흩어진 많은 공장에서 중저가 리클라이너를 만들어 전 세계로 수출하는 기업이었다.

트럼프가 중국 수입품에 고율의 관세를 부과하자 이 회사는 태국에 있는 공장을 하나 인수하는 한편 베트남에도 공장을 세웠다. 미국 시장에 수출할 제품을 만들기 위해서였다. 하지만 해상 운임이 치솟으면서 이 전략에 차질이 생겼다. 웬화는 한 달에 40피트 컨테이너 3,500개를 베트남에서 미국으로 실어 보내고 있었다. 그런데 그 운송 비용이 열 배나 올라 버렸다.

선전 본사에 근무하는 웬화의 빌 챈이라는 임원이 중국의 소셜 미디어 플랫폼 위챗으로 장에게 연락해왔다. 그의 질문은 직설적이었다. 사용 가능한 부지 면적은 얼마나 되나요? (34헥타르입니다.) 현지의 도로 사정은 어떤가요? (썩 좋은 편은 아니지만 차차 나아지고 있습니다.) 인근에 정통 중국 식당이 있나요? (한 군데도 없습니다.)

몇 주가 지나자 웬화 측으로부터 부지를 매입하겠다는 연락이 왔다. 챈은 웬화 멕시코 자회사의 최고경영자가 되었다. 챈은 이 공단은커녕 멕시코에 한 번도 와본 적이 없는 사람이었다. 그런 그가 머뭇대지 않고 3억 달러를 투자해 공장을 짓기로 한 것이었다.

"우리의 주력 시장은 미국입니다. 그 시장을 잃고 싶지 않아요." 어깨를 으쓱하며 챈이 말했다.

2022년 1월 챈은 상하이의 푸둥공항에서 홀리그룹 대표를 만났다. 그는 그 자리에서 공단 부지 매입 계약서에 서명한 뒤 아내와 두 자녀를 두고 멕시코의 3대 도시인 몬테레이로 가려고 샌프란시스코행 비행기에 몸을 실었다.

웬화는 멕시코에서 제품을 생산하겠다는 의지가 강해 공장이 건설되는 동안 작은 공장을 하나 임차해 소파를 만들었다. 챈은 임시 공장의 임차 계약이 체결되기도 전에 본사에 연락해 기계와 원자재를 실은 선적 컨테이너 70개를 멕시코로 보내게 했다.

"우리는 언제나 일을 빨리 처리하죠. 이것저것 따지지 않습니다. 그냥 하는 거예요." 챈이 말했다.

하지만 중요한 걱정거리가 몇 가지 있었다.

새 공장이 정상 가동하려면 직원을 6,000명 채용해야 했다. 웬화는 노동조합이 원천적으로 금지되어 있는 데다 노동자를 거의 무한정으로 공급받을 수 있는 중국과 베트남 같은 곳에서 인력을 관리하는 데 익숙해져 있었다. 멕시코는 노동 운동이 활발한 민주주의 국가였다. 누에보레온주의 실업률은 약 3.6%였다. 웬화를 비롯한 중국 공장들은 한정된 인력을 놓고 북미와 유럽 그리고 남미의 회사들과 경쟁해야 했다.

직원들의 이탈을 막으려면 출퇴근을 지원하는 미니버스를 제공하는 등 그들의 요구를 들어줄 필요가 있었다. 특별한 날이면 바비큐 파티를 열어주기도 하고, 자녀가 태어나면 축의금을 주는 회사도 있었다. 챈과 같은 관리자들은 이런 것을 고려하지 않을 수 없었다. 하지만 그런 비용을 낭비로 여기는 본사의 상사를 설득해야 했다. 그러다 보니 갈등이 잦아들 날이 없었다.

가장 큰 문제는 늘어나는 생산량을 뒷받침할 멕시코 내 공급망이 얼마나 빨리 형성되느냐 하는 것이었다. 이것은 비단 중국 업체뿐 아니라 멕시코에 있는 모든 제조업체에 해당하는 문제였다.

나는 몬테레이에 갔을 때 최근에 지은 레노버의 첨단 공장을 방문한 적이 있다. 레노버는 20년 전에 IBM의 컴퓨터 사업 부문을 인수한 중국 회사로, 이 공장에서 서버를 만들고 있었다. 서버는 전자 부품이 든 상자(즉, 컴퓨터)가 장착된 랙으로, 금융 회사나 기술 회사, 클라우드 컴퓨팅 회사 등은 이 서버에 데이터를 저장했다. 작업자들은 보드에 전자 부품을 끼워 넣는 식으로 작업을 했는데, 40분이면 서버 한 대가 완성되었다. 여기서 생산된 제품은 모두 미국이나 캐나다로 수출되어 이전에 중국에서 만든 제품을 대체했다.

이 공장은 2020년에 가동을 시작했다. 레노버는 처음 2년 동안 전원을 공급하는 핵심 부품인 이른바 마더보드를 중국 공장에 계속 의존했다. 하지만 최근에 과달라하라에서 공급업체를 발굴하면서 주문을 그쪽으로 돌렸다. 중국에서 들여오던 골판지 상자도 수입을 중단하고 멕시코 공급업자에게 납품을 맡겼다.

하지만 레노버는 메모리 회로에서 특수 케이블에 이르기까지 많은 주요 품목을 여전히 아시아의 공급업체에 의존했다. 이런 상태는 앞으로도 수년, 어쩌면 수십 년 동안 지속될 것 같았다.

레노버의 서부 지역 운영 책임자인 브라질 출신 레안드로 사르델라는 이렇게 말했다. "멕시코에는 아직 이런 물품의 공급망이 없어요."

하지만 팬데믹 기간의 혼란으로 이런 품목에서도 근본적 변화가 일어나고 있었다. 레노버가 오랫동안 고수해온 적기공급생산방식의 믿음을 버리고 재고를 쌓아두는 쪽으로 방향을 전환한 것이다.

레노버는 오랫동안 도요타의 간반과 유사한 시스템을 적용해왔다. 그래서 주문이 확정된 제품을 만들 만큼만 부품과 원자재를 재고로 보유했다. 하지만 태평양을 가로질러 오는 화물의 도착이 지체되면서 지나친 린 재고의 위험성이 드러났다. 레노버는 부품 부족으로 제품 생산이 지연되는 일을 막으려 기존에 몬테레이에 있던 창고 세 개 외에 두 개를 추가로 확보했다.

"다른 회사도 다 마찬가지예요." 사르델라가 말했다.

세계는 하찮은 물건에서 생명을 구하는 데 긴요한 제품에 이르기까지 엄청난 양의 상품 부족에 시달렸다. 그 결과 글로벌 비즈니스를 근본적으로 재편하려는 움직임이 일어났다. 종교적 광신에 가까운 린 생산 숭배와 전 세계로 뻗어 있는 공급망에 대한 믿음을 바로잡으려는 노력이었다. 중국을 중심으로 돌아가던 제조업은 지역 공급망을 중시하는 쪽으로 방향이 바뀌었다.

적기공급생산방식은 적어도 당분간은 '만일의 사태에 대비하기'로 보완되고 있었다. 하지만 이런 현상이 지속되리라는 보장은 없었다. 적기공급생산방식이 글로벌 공급망과 결합한 것은 그것이 사회적 관심사여서도 아니고 고객을 배려해서도 아니었다. 단지 비용을 절감해 주주에게 이익을 가져다줄 효율적 방법이었기 때문이다. 그러다 공급망의 대붕괴가 일어나자 큰 변화가 시작되었다. 하지만 주주의 이익은 여전히 가장 중요한 요소로 남아 있었다. 그러다 보니 시간이 지나 팬데믹이 기억 속으로 사라지면 언제든 린 재고가 다시 돌아올 가능성이 높다.

하지만 모든 것을 중국에서 만드는 대신 지역 허브가 등장함으로써 리스크를 줄일 가능성이 생겨났다. 도요타는 창업 초기부터 납품업자들에게 부품을 신속하게 공급할 수 있게 도요타 공장 근처에 공장을 지으라고 요구했다. 만약 미국 기업들이 공장 가까운 곳에 있는 공급업체에 의존하면 재고를 최소화하는 데 따르는 리스크가 줄어들 것이다.

니어쇼어링은 적기공급생산방식을 안정적으로 유지할 잠재력이 있었다.

공급망 붕괴는 공급망 시스템 구성만의 문제가 아니었다. 인간의 노동은 수십 년 동안 계속 그 가치가 떨어져 왔다. 물건을 배달하고,

철도 시스템을 유지보수하고, 화물차를 모는 사람들은 미국 가정에 상품을 공급했다. 하지만 정작 이들이 받는 임금은 자기 가족에게 기본적인 경제적 안정도 보장하지 못할 정도였다. 팬데믹 기간의 극심한 노동력 부족으로 많은 분야에서 임금이 오르기는 했지만, 그래도 많은 노동자가 예기치 못한 병에 걸리거나 자동차 고장이라도 나면 감당하지 못할 만큼 재앙에 가까운 수준에 머물러 있었다. 공급망을 굴러가게 하는 사람들이 기본적으로 불안정하니 공급망 자체가 불안정해 충격이 닥치면 쉽게 붕괴될 수밖에 없는 구조였다.

한 세기 전 헨리 포드가 갈파했듯이, 저임금 비즈니스는 끊임없이 인력 부족에 시달릴 수밖에 없는 비즈니스다. 이전에는 이런 사실이 확실하게 드러나지 않았지만, 팬데믹으로 이제는 누구도 무시할 수 없을 만큼 명백해졌다.

주요 소매기업과 운송회사는 가장 신성시되는 집단인 소비자의 요구를 충족한다는 명분을 내세워 일상화된 형태의 착취를 정당화했다. 이런 프레이밍의 결과 소비자와 주주의 이해관계가 같아져 버렸다. 둘 다 임금을 낮춰 노동자를 경제적으로 불안정하게 만들면 이익을 얻을 수 있었다. 노동자가 임금을 올려달라고 요구하면 둘 다 위협을 받았다. 임금이 올라가면 비용이 상승한다는 뜻이고, 비용이 상승하면 이윤이 줄어들고 상품의 가격이 인상되기 때문이다.

포드만큼 소비자에게 양질의 서비스를 제공하는 데 집착한 사람은 없었다. 그는 자동차를 소비자에게 새로운 형태의 힘을 발휘하게 하는 도구 또는 소비자를 새로운 경험으로 안내하는 문이라고 했다. 소비자는 이 도구를 이용하고자 기꺼이 지갑을 열 것이라고 했다. 하지만 그는 노동자와 소비자는 같은 사람이며, 따라서 서로 이해관계가 동일하다는 사실을 알고 있었다. 모델 T 신차를 구입하러 포드 대리점에 오는 소비자는 대부분 급여에 의존해 생활비를 지출하는 사람들이었다. 임금이 충분하지 않으면 전체 시스템이 무너질 수밖에 없었다.

하지만 오늘날 미국 노동자 수천만 명은 신차 구입은 말할 것도 없고 아이 보육비나 의료비도 감당하지 못할 정도로 낮은 임금을 받고 있다. 이들의 고용주는 고객과 직원이 완전히 다른 집단이기라도 한 듯 고객에게 낮은 가격으로 상품을 제공하는 수단이라며 저임금을 정당화한다.

정상 상태가 지속해서 노동자들의 절박함에 의존하는 한 공급망은 언제든 혼란에 빠질 위험에 노출되어 있을 수밖에 없다. 궁극적인 공급망 안정은 공급망을 굴러가게 하는 사람들의 안정적 급여와 안정적 근로 조건에 달려 있다.

주주 계층과 월급 생활자 간 관계를 바꿀 필요 없이 공장 생산을 중국에서 베트남이나 멕시코로 이전하는 방법도 있다. 더 많은 공급자에게 의존하는 방법만으로도 회복탄력성이라는 맥킨지 같은 컨설팅 회사의 새로운 기준을 만족시킬 수는 있다. 하지만 회복탄력성을 복원하려면, 다시 말해 정말로 믿을 수 있는 공급망을 구축하려면 완전히 다른 차원의 변화가 필요하다.

그러려면 노동자와 주주 간에 새로운 합의가 도출되어야 한다.

일반 근로자들은 오랫동안 만성적으로 부족했던 중요한 요소, 즉 적절한 수준의 생활을 할 수 있는 돈벌이 수단을 되찾아야 한다.

21장

"이런 일은 안 하려고 하거든요"

로봇과 주주 만족의 미래

2022년 9월 구름이 잔뜩 낀 어느 날 아침, 나는 상품을 배송하는 일에 종사하는 사업자들이 만들어가는 공급망의 미래를 알아보러 필라델피아에 있는 거대한 컨벤션 홀을 찾았다.

이곳에서는 '홈 딜리버리 월드'라는 전시회가 열리고 있었다. 한쪽에서는 콘퍼런스가 진행 중이었고, 다른 한쪽에서는 수백 개 기업이 창고에서 집 현관까지 제품을 운반하는 과정에 쓰이는, 나날이 정교해지는 수단을 전시하고 있었다.

'펜실베이니아 컨벤션 센터'에 모인 경영자들은 최근 여러 해에 걸쳐 격변을 겪어낸 사람들이었다. 이들은 화물차 기사와 창고 직원의 부족 현상에서 적기공급생산방식에 대한 지나친 의존에 이르기까지 끝없는 문제에 시달려 왔다. 이들은 피할 수 없는 호된 시련을 겪었지만 그렇다고 물러서지는 않겠다고 했다.

메이크업, 피부 관리, 모발 관리 등의 제품을 판매하는 소매기업 울타뷰티의 최고공급망책임자 에이미 바이어-토머스는 기조연설에서 앞으로 우리에게 필요한 것은 '사람 우선의 접근 방식'이라고 했다. "모든 일에서 사람 우선의 접근 방식이 필요합니다."

하지만 전시장에서는 인간 노동자는 최소화해야 할 문제이고 절감해야 할 비용이라는 묘사가 주를 이루었다.

사람을 쓰면 보살핌이 필요한 자녀, 시간을 내달라는 배우자, 질병, 취미, 범죄 등 회사의 수익에 도움이 되지 않는 여러 가지를 고려해야 한다. 사람을 쓰면 업무 스케줄 최적화, 다시 말해 맥킨지가 역설하는 유연성을 추구하기 어려워진다. 게다가 사람은 자동화가 중심이 되는 미래를 가로막는 저항의 원천이다.

전시 공간은 대부분 사람의 필요성과 수익을 좀먹는 약점을 줄여주는 기술 제품이 차지하고 있었다. 로봇 제조업체들은 최신 모델을 보여주며 창고 작업자의 업무 효율을 증진하는 로봇이라고 떠들었다. 인력 채용업체들은 정규직 직원을 쉽게 해고하고 그 대신 시간제 긱 노동자●로 대체할 수 있는 서비스로 사람들을 유혹했다. 앞으로 공급망 여정의 마지막 구간을 책임질 것이라며 무인 화물차와 드론을 들고나온 업체도 있었다.

이른바 자율 이동 로봇(기본적으로 창고 선반에서 물건을 꺼집어내는 사람을 따라다니는 카트)을 만드는 로커스로보틱스의 마케팅 커뮤니케이

● gig worker. 고용주의 필요에 따라 단기로 계약을 맺거나 일회성 일을 맡는 초단기 근로자.

션 담당 전무 캐리 제이트는 이렇게 말했다. "사람한테는 이런 일을 시키기가 어렵습니다. 이런 일은 안 하려고 하거든요."

전시장을 돌아다니는 경영자들이 듣기에 매력적인 말이었다. 그들에게 공급망 붕괴의 책임이 없다는 뜻이었다. 창고에 일손이 달리고 화물차 기사가 부족해 컨테이너가 부두에 방치되어 있던 것은 경영자들 잘못이 아니었다. 그들이 임금을 올려주지 않으려 하거나, 근로 조건을 개선하지 않으려 해서 생긴 일이 아니었다. 그보다는 근로자들에게 책임이 있었다. 그들에게 일하려는 의지가 없었기 때문이다.

대량 생산이 시작되고 미국에서 소비자 시장이 모습을 드러낼 무렵, 헨리 포드는 의욕적인 근로자가 부족해질지도 모른다는 두려움을 느껴 임금을 두 배로 올려주는 방식으로 대처했다. 도요타의 오노 다이이치는 작업 속도가 가장 느린 근로자의 수준에 맞춰 조립 속도를 조절하라고 지시했다.

하지만 그다음 세기의 공급망을 책임진 사람들은 경제의 기능 장애에 직면하자 앞선 경영자들과 정반대 접근법으로 대처했다. 이들은 자신이 원하는 생산 일정을 계속 유지하는 방법으로 임금을 인상하는 대신 직원을 유연하게 고용하는 방식에 의존했다. 이들은 인간 노동자의 현실적 한계에 맞춰 작업량을 조정하는 대신 로봇을 인간의 대안으로 받아들였다. 로봇은 병에 걸리지 않는다. 팬데믹이 닥쳐도 마찬가지다. 로봇은 화장실에 간다고 작업을 쉬지도 않고, 조립라인의 속도가 빠르다고 불평하지도 않는다. 게다가 파업하겠다는 협박도 하지 않는다.

전시장 한가운데에는 자주색과 흰색이 칠해진 대형 트럭이 전시되어 있었다. 실리콘밸리에 있는 회사 개틱이 만든 무인 배송 차량이었다. 개틱은 텍사스주, 루이지애나주, 아칸소주에서 물류센터와 월마트 매장 사이를 오가는 무인 배송 트럭 30대를 운행하고 있었다. 화물차 운송회사가 겪는, 기사를 모집하고 유지하는 어려움에 대한 해결책이 등장한 것이었다. 근로 조건 개선이 아니라 기사 감축이 해결책이었다.

개틱의 정책·커뮤니케이션 담당 책임자 리처드 스타이너는 이렇게 말했다. "화물차 기사는 예전만큼 매력적인 직업이 아니에요. 우리는 그 문제에 해결책을 제시할 수 있어요."

이스라엘의 스타트업 기업 세이프모드모빌리티는 화물운송업계의 골칫거리인 기사 이직률을 낮추어줄 수 있다는 앱을 들고나왔다. 운전 속도, 급제동, 연비 등 기사의 운전 습관을 모니터링해 다른 기사들보다 더 나은 성과를 낸 기사에게 혜택을 줄 수 있다고 했다.

이 회사의 창업자이자 최고경영자인 아이도 레비는 MIT 미디어랩의 교수와 함께 창업 아이디어를 구상했다. 두 사람은 행동 심리학과 게임화 이론의 연구 결과를 응용했다.

레비는 세이프모드 시스템을 쓴 기업은 4%의 연료 절감 효과를 거두었을 뿐 아니라 기사 유지율도 4분의 1 이상 높아졌다고 했다. 그는 그 전날 휴스턴에 있는 기사로부터 캡처한 데이터를 나에게 보여줬다. 이 기사는 정속 주행을 한 덕분에 주행 거리당 받는 평소 수입에 더해 8달러나 더 벌 수 있었다.

"우리는 매일 성취감을 주죠. 성취감은 기사 유지율을 높이는 데 큰 도움이 됩니다. 우리는 기사들에게 뭔가 의미 있는 일에 참여한다는 느낌을 주려고 애쓰죠." 레비가 말했다.

이런 말은 컨설턴트 계층이 승리를 거두었다는 뜻이었다. 두둑한 급여를 통한 가시적 성공 대신 기술을 이용해 성공하는 느낌을 주면 되는 것이었다. 기사들은 자신이 실제로 자기 스케줄을 통제하면서 수익 일부를 가져가는 대신 뭔가 의미 있는 일에 참여한다는 느낌만으로 만족했다.

주요 소매기업들이 드론을 이용해 물건을 배달하는 실험 영상을 보여주는 전시 구역도 있었다. 집라인이라는 회사는 아칸소주 피리지에 있는 월마트 뒤편에서 마요네즈나 생일 케이크 같은 물건을 실은 드론을 이륙시켜 고객의 집 뒷마당에 배달하는 영상을 보여주었다.

로봇을 만드는 로커스라는 회사는 이미 200여 개 창고에 자사 로봇을 납품했다고 했다. 최근에는 유럽과 호주까지 진출했다. 이 회사의 임원들은 로봇을 일자리를 없애는, 인간 노동자를 대체하는 제품이 아니라 보완하는 제품이라고 소개했다. 사람이 카트를 밀어야 할 필요성을 제거함으로써 같은 창고에서 더 높은 생산성을 끌어내는 수단이라는 것이었다.

이런 프레이밍에는 분명한 장점이 있었다. 인간을 위험하고 불쾌하며 힘든 일에서 해방해줄 기술에 반대할 사람은 러다이트●밖에 없을 터였다. 이상적 상황이라면 틀에 박힌 일은 로봇이나 드론 또는

● Luddite. 19세기 초에 벌어진 기계 파괴 운동(러다이트 운동)을 이끈 사람의 이름(네드 러드)에서 유래한 말로, 신기술에 반대하는 사람을 뜻한다.

그 밖의 자동화 기계에 맡기고 인간은 좀 더 보람 있는 일에 집중할 수 있을 터였다.

자동화의 역사는 실직에 대한 심각한 경고로 점철되어 있다. 하지만 이런 경고는 모두 지나친 과장으로 드러났다. 잘 알려진 예를 하나 들면, 1980년대에 현금 자동 입출금기ATM가 널리 보급되면서 은행 직원들을 실직의 불안에 떨게 했다. 하지만 2018년 현재, 2000년보다 10% 증가한 50만 명에 가까운 사람이 아직도 은행 창구 직원으로 일하고 있다.[1] 더 적은 수의 직원으로 지점을 운영할 수 있게 된 은행이 지점을 더 많이 개설하는 바람에 인력을 더 뽑았기 때문이다.[2] 게다가 ATM을 수리하는 인력과 그 밖의 지원 인력까지 채용함으로써 일자리는 더 늘어났다.

공급망 내에서 이루어지는 자동화 확산이 앞의 예와 비슷한 경로를 따라갈 것이라고 (즉, 일부 일자리를 없애더라도 더 많은 일자리를 창출할 것이라고) 믿을 만한 이유는 충분했다. 노동조합이 강한 스웨덴 같은 나라에서는 대개 노동자가 자동화를 열렬히 환영했다.[3] 이들은 로봇이 자기 일자리를 앗아간다고 해도, 공적 지원 네트워크에 의존해 살아가면서 재교육으로 다음 일자리를 잡을 수 있다는 사실을 알고 있었다. 하지만 사회복지 지출이 많지 않은 미국에서는 전문 기술이 부족한 육체노동자들이 자동화를 걱정할 만한 충분한 이유가 있었다. 경영자 계층은 노동조합을 우회하고 비용을 낮출 목적으로 공장 일거리를 해외로 내보냈듯이, 로봇을 비롯한 여러 형태의 자동화를 비용을 절감하고 노동 운동을 선제적으로 막는 최신의 방법으로 받아들이고 있었다. 게다가 자동화를 도입하면 경제 파이에서 자신이 차지할 몫도 더 커질 터였다.

대중적 논의에서는 자동화와 그 밖의 혁신적 기술에 관해 양자택일이라는 잘못된 방식으로 문제를 제기하는 경향이 있다. 로봇은 좋은가, 나쁜가? 로봇은 사람들의 일자리를 빼앗아 갈 것인가, 아니면 사람의 노동력을 보완해 새로운 일자리를 늘리는 식으로 성장을 촉진할 것인가? 하지만 이런 식의 접근은 가장 중요한 질문을 건너뛴 것이다. 자동화를 어떻게 진행할지 그리고 누구에게 이익이 되게 진행할지는 누가 결정할 것인가 하는 질문이다.

인간은 언제나 육체적 부담을 줄이고, 편의성을 증진하고, 생산성을 높이려고 창의력을 발휘한다는 단순한 이유만으로도 자동화는 불가피한 것이다. 불가피하지 않은 것은 자동화 과실은 누가 딸지 그리고 노동자들에게 자동화에 관한 발언권을 줄지의 문제다. 공급망 대붕괴의 여파로 경영자 계층은 로봇을 앞으로 또 있을지도 모를 노동력 부족의 해결책으로 받아들였다. 다른 말로 하면 근로자에게 임금을 올려줘 수익을 나눠 갖는 것의 대안이었다. 이것은 공급망을 책임진 사람들이 시스템을 붕괴시킨 무모한 원칙을 더 밀어붙이겠다는 신호로, 문제가 되는 현상이었다.

이것은 공급망뿐 아니라 인류의 전반적 발전 측면에서도 문제였다. 근로자의 이익과 업무를 더 쉽게 만들 잠재력이 있는 기술을 상충시키는 것이었기 때문이다. 포드나 오노였다면 임금을 두둑하게 올려줘 상근직의 안정감을 회복하는 방법, 즉 종업원에게 자신도 회사에 지분이 있다는 느낌이 들게 하는 방법이 더 익숙했을 것이다. 이렇게 하면 직원들에게 업무 현장의 구조를 바꾸는 일에 동참할 동

462
공급망 붕괴의 시대

기가 생길 것이다. 로봇에게 일자리를 빼앗기고 싶어 하는 사람은 아무도 없다. 하지만 로봇을 통제해 업무 부담을 줄이는 데 사용할 수 있다면, 아마도 누구나 그것을 매력적으로 생각할 것이다.

하지만 로봇 통제권 공유는 공급망의 중심에서 기업을 운영하는 사람들의 메뉴에 들어 있지 않은 내용이었다. 노동조합은 오랜 세월에 걸쳐 제거되어왔고, 그 결과 상장 기업은 부를 축적해왔다. 로봇은 경영자 지시에 따라 배치되고 있었다. 이 말은 로봇이 투자자를 위해 배치된다는 뜻이고, 직원의 급여를 묶어두는 역할을 한다는 뜻이다. 급여가 묶인 근로자는 노동력을 제공하지 않으려 할 테고, 소비자는 결국 그 결과에 노출될 수밖에 없을 것이다.

필라델피아에 모인 공급망 리더들은 협업의 언어를 사용해야 할 필요성을 인식하고 있었다. 그들은 자동화를 작업자와 친숙하게 지낼 수 있는 동료 비슷한 것으로 묘사하려고 애썼다.

아마존과 타깃에서 임원직을 지낸 슈퍼마켓 체인 앨버트슨스의 물류센터 운영 책임자 네이선 레이는 이렇게 말했다. "우리 회사에는 직원들이 로봇에 이름을 지어주고 함께 사진을 찍는 프로그램이 있어요. 그러면 같이 일하는 것이 훨씬 재미있어지죠."

하지만 그도 로봇이 "인력 문제를 해결하는" 방법이라는 사실을 인정했다. 회사가 임금에 강경한 태도를 취하고, 인력을 최소화하면서도 물류 흐름을 유지하는 방법이라는 뜻이었다.

로커스는 드러내놓고 로봇이 인력 부족의 해결책이자 린 마음가짐을 유지할 수 있는 핵심 수단이라고 마케팅했다. 로봇은 인간 노동자와 달리 쉽게 수를 늘리거나 줄일 수 있다고 했다. 그러면 임시직을 고용할 필요도 없을 테고, 신입사원 교육에 드는 시간과 비용도 절감할 수 있을 것이라고 했다.

미국 전역에 800개 이상 매장이 있는 파티용품점 체인 파티시티는 로봇을 임금 상승에 대한 대책으로 보았다.

파티시티의 운송 부문 책임자 브루스 진스키는 이렇게 말했다. "인력을 구할 수 없어 임금을 올렸죠. 그랬더니 다들 임금을 올리는 겁니다."

쉽게 말해 공급망의 혼란으로 경영자와 협상에서 노동자의 영향력이 되살아났다는 것이었다. 이것은 수익을 위협하는 요인이었다. 직원을 교체할 수 있는 부품처럼 취급하는 데 익숙하던 기업들은 이제 임금을 올려야 한다는 압박감을 느꼈다. 그러지 않으면 인력을 충분히 모집하지도, 유지하지도 못하게 될 터였다.

축하할 만한 일이 거의 없던 노동 운동이 갑자기 꽤 실속 있는 승리를 거두기 시작했다. 그중에서 특기할 만한 것은 뉴욕의 아마존 물류창고에 노동조합이 설립된 일이었다.[4] 아마존은 노동조합을 극도로 싫어해 노조 설립 시도를 와해하는 데 기술이 뛰어난 변호사와 컨설턴트를 대거 파견했다. 아마존이 신생 노동조합에 패배한 충격적 사건은 권력 재편이 일어나고 있다는 강력한 신호였다.

노조 설립을 주도한 사람 중 한 명인 저스틴 머디나는 이렇게 말했다. "이 일로 노동 운동이 깨어날 겁니다. 지금까지 가지고 있던 생각이 뒤바뀔 거예요."[5]

그렇다고 공급망을 돌아가게 하는 기업들이 싸움 한 번 해보지 않고 여기에 굴복할 리는 없었다. 나는 필라델피아의 컨벤션 홀을 돌아다니며 이들의 방어 전략을 엿볼 수 있었다. 노동자들은 노동력을 제공하지 않겠다는 협박을 무기로 자기네 몫을 챙기러 결집하고 있었다. 이에 대응해 고용주들은 고용 중단이라는 그들 방식의 파업을 준비하고 있었다. 이들은 로봇을 배치하는 방법으로 자신의 무기를 보강하려고 했다. 이들은 자신이 고용하는 인간 계층을 끝없이 불안정한 상태에 묶어둠으로써 자신의 이익과 특권을 유지하려고 했다.

만일의 사태에 대비하기, 회복탄력성, 지속 가능성 등은 팬데믹으로 혼란을 겪으며 힘들게 얻은 교훈을 설명할 때 공급망 리더들이 자주 입에 올리는 단어들이다. 하지만 그 근저에 깔린 중심 동기는 변하지 않았다. 급여 최소화다.

이 말은 또 다른 것도 변하지 않았다는 뜻이다. 바로 생필품 부족 현상이 발생할 사회적 위험이다.

"당신을 위해 큰 희생을 하는 것이다"

잘못된 거래를 바로잡기

2023년 초가 되자 공급망 대붕괴는 거의 끝났다.

해상 운임은 과거 수준으로 다시 떨어졌다.[1] 부두 노동자들은 아직 단체 협약을 체결하지 못했지만 철도 파업은 피할 수 있었다. 화물차 기사가 부족하다는 이야기도 거의 사라졌다.

로스앤젤레스항 책임자 진 서로카는 더는 컨테이너선 수십 척이 닻을 내린 채 갇혀 있는 이유를 설명할 필요가 없었다. 항구 앞바다의 교통 체증이 사라졌기 때문이다. 그 대신 그는 물동량이 급격히 줄어드는 이유를 설명해야 했다. 로스앤젤레스항으로 들어오는 컨테이너 수는 2월에만 해도 전년 대비 43% 감소했다.[2]

서로카는 기자회견장에서 이렇게 말했다. "감소세가 정말 가파릅니다."[3] 그는 이것이 현대인의 삶을 옥죄던 팬데믹이 사라지면서 나타난 "전 세계적 현상"이라고 덧붙였다. 사람들이 다시 휴가도 가고 외식도 하면서 실물 상품에 대한 수요가 줄었기 때문이라고 했다.

중국에서는 이례적인 대중 시위로 갑자기 제로 코로나 정책이 철회되면서 공장과 항구의 정상 운영이 재개되었다.

팬데믹 통제가 끝나자 닝보에서 공장을 운영하던 제이컵 로스먼은 다른 공장 후보지를 물색하러 중국을 벗어난 곳으로 출장을 갈 수 있게 되었다. 그는 월마트 본사를 방문해 동남아시아에 새로 설립한 공장의 장점을 홍보했다. 멕시코에도 2주간 머무르며 공장 부지를 둘러보았다. 그는 중국의 공장과 멕시코의 제휴사를 연결할 계획을 세웠다.

여러 징후로 볼 때 다국적 기업들은 변화무쌍한 지정학과 무역 마찰로부터 공급망을 보호하고자 바뀐 환경에 맞춰나가고 있었다. 지역 허브를 중시하는 니어쇼어링이나 리쇼어링 같은 이들의 전략은 앞으로도 계속될 것으로 보인다. 이에 따라 중국 산업에 대한 세계의 의존도는 낮아질 것이다. 팬데믹에 대한 기억이 남아 있는 한 적기공급생산방식의 요구는 '만일의 사태에 대비하기'로 적어도 어느 정도는 보완될 것이다.

이런 변화는 유럽에서 특히 강하게 일고 있다. 유럽연합EU은 온실가스 배출을 줄이려고 탄소 감축 규제를 해운업계까지 확대했다.[4] 이에 따라 해운업체들은 탄소 배출권을 사야 하게 되었다. 권리를 사는 데는 돈이 들기 때문에 운송 비용은 올라가게 마련이다. 이 때문에 멀리 떨어진 공장에서 물건을 생산해 유럽에 공급하는 것의 매력이 더 떨어졌다.

맺는말 "당신을 위해 큰 희생을 하는 것이다"

게다가 2024년부터는 또 다른 법이 단계적으로 시행되기 때문에 이런 추세는 가속화될 것으로 보인다. EU의 기업지속가능성보고지침에 따르면, 유럽에 사업장이 있는 대기업은 환경 기준에 맞추려는 자사의 노력을 보여주는 다양한 성과 지표를 공개해야 한다.[5] 나중에는 자체 공급망을 감사한 뒤 공급업체들의 데이터까지 공개하게 되어 있다.

세부 규정은 아직 다 만들어지지 않았지만, 다국적 기업들과 그들을 위해 일하는 로펌, 회계사, 컨설턴트들은 벌써 이 새로운 법에 촉각을 곤두세우고 있다. 이 법은 공급망 전반을 변화시킬 매개체로 환영받고 있다. 환경적으로 건전한 경제활동으로 전환을 강제하는 수단이라는 것이었다. 물론 이 법으로 공장 생산품을 바다 건너로 운송하는 경제적 논리는 더 약화될 것이다.

2023년 중반 세계는, 특히 기후변화에 직면한 상황에서 거대한 선박으로 지구 곳곳에 제품을 운송하는 것이 얼마나 위험한지에 대한 또 다른 교훈을 얻었다. 전 세계에서 교역되는 화물의 40%가 통과하는 파나마운하가 지독한 가뭄으로 통행에 심각한 지장을 받고 있었다.[6] 선박 통행이 지속되려면 엄청난 양의 빗물이 유입되어야 했다. 그런데 비가 내리지 않자 운하 관리청은 선박의 이동을 제한했고, 화물운송업체들은 배가 운하 바닥에 닿지 않도록 알아서 화물의 양을 줄였다. 배 수십 척이 운하의 양쪽 끝에서 발이 묶인 채 대서양과 태평양의 바다에 떠 있었다. 이것은 앞으로 더 심한 변화가 일어날 것이라는 경고 신호였다. 이 일로 리쇼어링과 니어쇼어링이 더 탄력을 받게 되었다.

그러다 컨테이너 선박에 글로벌 공급망을 맡기는 것이 얼마나 위험한 일인지를 또 한 번 일깨워주는 사건이 일어났다. 2023년 12월, 이란의 지원을 받는 예멘 반군이 홍해를 통과하는 선박에 드론과 미사일로 공격을 가한 것이다. 홍해는 아시아에서 유럽으로 가는 선박이 수에즈운하를 통과하려면 지나가야 하는 진입로다. 예멘 반군이 화물선을 공격한 이유는 가자지구에서 지속적인 폭격에 시달리고 있는 팔레스타인과 연대하고 있다는 것을 보여주기 위해서였다. 그러자 많은 해운회사가 수에즈운하 통과를 포기하고 거리도 훨씬 멀고 비용도 많이 드는, 아프리카 대륙을 돌아가는 항로를 택하기 시작했다. 이에 따른 운송 지연과 제품 부족 현상은 니어쇼어링의 장점을 다시 한번 생각해보게 하는 계기가 되었다.

미국에서는 규제 완화와 시장 집중 덕분에 기업이 상품 공급을 조절해 가격을 올릴 수 있었던 일부 산업에 대해 정부가 감독을 강화하겠다는 의지를 보였다.

2023년 봄 의회에 제출된 한 법안은 해운사들이 전통적으로 누려온 독점금지법 적용 면제를 없애는 것이 주목적이었다.[7] 선박에 농산물 수출품 선적을 강제하는 법안도 제출되었다. 스콧 피펜과 같은 농부들이 수입품 급증으로 돈을 쓸어 담고 있는 원양해운사로부터 컨테이너 운송을 거부당하지 않도록 보호하기 위해서였다. 2023년 여름, 연방해사위원회는 새 해운법을 시행하면서 해운회사에 농산물 수출품에 대한 선복을 보장하게 하는 규칙을 제정했다.

소 판매로 큰 손해를 본 뒤 자살까지 시도했던 미주리주의 목장주 코이 영은 쇠고기 업계의 가격 담합을 조사하는 의회 청문회에 나와 증언했다.[8] 이 청문회는 내가 보도한 기사로 촉발된 것이었다. 농무부는 '육류 가공업 및 도축업법'에 나와 있는 시장 조작 금지 조항을 되살려 육류 가공업자의 힘을 약화하는 것을 목표로 한 새 규칙 제정에 착수했다.

활동을 재개한 연방거래위원회는 독점금지법을 부활해 기업 합병을 면밀히 조사하는 한편 거대 기업을 해체하겠다고 위협했다.

바이든은 임의로 쓸 수 있는 단 하루의 휴무일을 부여하는 것으로 파업을 피하는 합의안을 강요하며, 유급 병가에 반대하는 철도회사의 손을 들어줬다. 하지만 그는 자기 지위를 이용해 철도회사에 개별적으로 병가를 늘리라는 압력을 넣었다.[9] 2023년 3월, 유니언퍼시픽은 연간 최대 7일을 병가로 쓸 수 있도록 하는 안에 합의하고 8개 노조와 협약을 체결했다.[10]

그다음 달, 바이든의 국가 안보 보좌관 제이크 설리번은 수십 년 동안 세계화를 이끌어온 철학에 사실상 사망선고를 내렸다.

"지나치게 단순화된 시장 효율성이라는 미명하에 전략 상품의 전체 공급망이, 이들 전략 상품을 만드는 산업과 일자리와 함께 해외로 빠져나갔습니다. 무역 자유화가 미국의 일자리와 생산 능력이 아니라 상품을 수출하는 데 도움이 될 것이라는 기본 가정은 지켜지지 않은 약속이 되어버렸습니다."[11]

설리번은 이것을 바로잡는 방법으로 "새로운 미국의 산업 전략"을 제시했다. 정부 무역 정책의 방향을 바꾸고, 국내 제조 역량을 강화하는 투자를 대폭 늘리겠다는 것이 그 골자였다.

워싱턴에서는 중국 봉쇄에 대한 집착이 과열 수준에 이르렀다는

공급망 붕괴의 시대

걱정스러운 조짐이 보이기 시작했다. 이에 따라 다른 모든 목표는 뒷전으로 밀려났다. 인도네시아는 전기 자동차 배터리에 들어가는 필수 광물인 니켈 매장량이 세계에서 가장 많은 국가다. 인도네시아 정부는 미국의 자본과 기술을 끌어들여 니켈 산업을 활성화하고, 전기 자동차 공장 건설을 촉진하고자 바이든이 도입한 세액 공제 혜택을 볼 수 있게 미국과 무역 협정을 맺고 싶어 했다.[12] 하지만 바이든 정부는 인도네시아의 요청을 거부했다. 인도네시아가 니켈 가공에 중국의 투자 자금에 크게 의존했기 때문이다. 기후변화에 대응하고 탄력적인 공급망을 구축해야 한다는 당위성보다는 중국 기업과 거래하려는 사람들을 고립시키는 것이 우선이었다.

그럼에도 워싱턴에서 속속 시행되는 새로운 정책을 보면, 정치계에 큰 변화가 일어나고 있다는 사실을 알 수 있었다. 이런 정책은 과도한 규제 완화와 효율성에 대한 맹목적 숭배가 상품 부족, 소비재가격 상승, 세계화에 대한 극심한 불안감 등의 원인 중 하나라는 인식이 확산되고 있다는 사실을 확인해주는 것이었다.

해운과 철도에서 육류 가공에 이르기까지 공급망의 중심에 있는 산업들은 시장 지배력을 제한하려고 제정된 규칙에서 벗어나 있었다. 그들은 독점적 지위를 차지하면서 강도 귀족의 시대를 재현했다. 그 결과 주주에게는 엄청난 이익이 돌아갔지만, 사회 전체에 위험과 기능 장애를 초래했다.

항구 혼란, 화물차 기사 부족, 열차 사고, 코로나19로 인한 도축장 근로자 사망 등은 모두 이 거래의 결과를 보여주는 증거였다. 투자자에게 더 많은 배당금을 지급하는 대가로 미국 운송 수단의 신뢰

맺는말 "당신을 위해 큰 희생을 하는 것이다"

성이 저하되었다. 그 과정에 아래에서 위로, 즉 다수의 일반 노동자로부터 소수의 운 좋은 사람들에게 부가 이전되었다.

이제 정부는 비록 땜질식이기는 하지만 그리고 성공한다는 보장이나 후속 조치를 한다는 보장은 없지만, 그래도 해결책을 모색하고 있다.

미국 역사에서 독점기업가들은 꽤 짭짤한 성공을 거두어왔다. 그들은 이번에도, 하기는 어느 때나 마찬가지겠지만, 한번 싸워 보지도 않고 독점력을 포기하지는 않을 것이다. 그들은 이전 시대에 극심한 시장 집중으로부터 경제를 보호하는 데 효과를 보았던 여러 규제를 되살리려는 노력을 무산하고자 로비스트를 동원하고 있다.

그럼에도 반세기 이상 주류 경제학과 양대 정당을 지배해온 규모의 경제와 효율성이 소비자에게 유리하다는 생각은 점차 사라지고, 이런 생각에 대한 건전한 비판과 역사로부터 교훈을 얻어야 한다는 인식 등이 포함된 논쟁이 일어나고 있다. 공급망의 미래를 둘러싼 싸움이 진행되고 있다. 기업 합병은 다시 면밀히 검토받고 있다. 노동계는 더 높은 임금을 요구하며 새로 발견한 힘을 과시하고 있다.

국제 통상의 지형도 다시 바뀌고 있다. 이번에는 상품 생산을 지역 허브에 의존하는 방향으로 재편되고 있다. 다음번에 헤이건 워커가 최신 제품을 만들어줄 공장을 찾으러 나선다면 아마 본사와 더 가까운 곳에서 옵션을 찾을 것이다.

회복탄력성에 더 큰 가치를 두고 공급망이 재편될 가능성도 있지만 확실한 것은 아니다. 니어쇼어링이나 리쇼어링에 초점을 맞춘 움직임이 뒤집어질 수도 있다. 월스트리트의 요구에 부응해야 하는 기업이 지배하는 글로벌 제조·소매 시스템이, 상품 생산에 추가 비용을 지불할 의사가 그다지 많지 않을 것이라는 단순한 이유 때문이다. 결국은 불가피한 것이지만 어떤 특정 분기를 놓고 보면 가설에 불과한 리스크를 피하려고 추가 비용을 쓰는 것은 경영자가 일자리를 잃기 딱 좋은 방법이다. 이런 본질적 현실은 변하지 않았다.

미국으로 들어오는 수입품 중 중국산이 차지하는 비율은 2017년에서 2022년 사이에 5% 감소했다. 중국 공장에서 생산되던 많은 제품이 베트남에서 제조되고 있다. 한 조사에 따르면 베트남에서 생산된 제품은 평균 10% 더 비싸다고 한다.[13] 생산이 멕시코로 이전된 상품은 중국에서 만든 상품보다 3% 더 비싸다고 한다.

어쩌면 많은 브랜드가 컬럼비아 스포츠웨어처럼 공장과 시장 사이의 거리를 좁히려고 기꺼이 더 많은 비용을 지불하려 할 수도 있다 (물론, 관세를 내지 않거나 운송 비용이 줄어 비용 절감 효과도 누릴 수 있을 것이다). 이들 기업은 높은 비용을, 탄소 배출량을 줄이는 수단이라며 정당화할 수도 있다. 그럼으로써 기후변화를 우려하는 소비자들의 환심을 살 수 있을 것이다. 이들 기업은 높은 비용을, 재고를 더 빨리 채울 수 있는 능력을 확보함으로써 그전보다 재고량을 더 줄여 비용을 절감하는 방법으로 받아들일 수도 있다. 어느 쪽이든 모두 가능한 일이고 바람직하기까지 한 일이다. 하지만 올드 노멀old normal이 다시 돌아오고 있다는 조짐도 보인다.

다국적 기업들이 생산 주문을 다른 나라의 공장으로 돌리면서 중국에서 의류를 만드는 비용이 급격히 떨어지자 일부 브랜드는 방향을 되돌렸다. 오랫동안 해외 구매 대리인으로 일해온 뉴욕 출신의 버나도 샘퍼는 2022년 10월 나에게 이렇게 말했다. "중국이 너무 싸져서 많은 기업이 되돌아가고 있어요. 결국 모든 것을 좌우하는 건 가격이에요."

미국의 관세를 우회하려고 베트남과 캄보디아에 공장을 세웠던 중국의 의류업체들은 원자재를 구하지 못해 애를 먹었다. 일부 업체는 중국으로 다시 돌아갔다.[14]

컬럼비아 스포츠웨어의 일감을 더 확보하려는 과테말라시의 가족 소유 공장 대표조차 라틴아메리카가 정말로 태평양 건너편에 있는 기업들의 경쟁 상대가 될 수 있을까 하는 의문을 품고 있었다.

순텍스의 최고경영자 후안 A. 산체스는 나에게 이렇게 말했다. "사람들은 아무래도 아시아의 낮은 가격에 끌리게 마련이에요. 낮은 가격을 찾아간다고 해고되는 일은 없으니까요."

그의 논리에 반박하기는 어려웠다. 마찬가지로, 세계가 현대 생활에 필요한 제품을 만들고 운송하는 방법을 이끌어가는 다른 원칙을 찾지 못한다면, 전체 시스템이 다시 붕괴될 것이라는 느낌도 떨쳐버리기 어려웠다.

저널리스트 바버라 에런라이크는 저임금 근로자의 노동을 만인의 생활비를 줄여주는 보편적 보조금이라고 표현한 적이 있다.

에런라이크는 자신의 명저 《노동의 배신Nickel and Dimed》에서 이렇게 말했다. "누군가가 생활비보다 더 적은 돈을 받으며 일하는 것(예컨대 당신이 더 싸고 편하게 먹을 수 있게 해주려고 자신은 굶주리는 것)은 당신을 위해 큰 희생을 하는 것이고, 자신의 능력과 자신의 건강과 자신의 삶 일부를 당신에게 선물하는 것이다. '근로 빈곤층'이라 불리는 이 사람들은 사실 우리 사회의 주요 자선가다. 이들은 다른 사람의 자녀를 돌보려 자기 자녀를 방치하고, 다른 사람의 집을 빛나고 완벽하게 만들려 열악한 집에서 살며, 인플레이션을 낮추고 주가를 높이려 궁핍에 시달린다. 근로 빈곤층의 일원이 되는 것은 다른 모든 사람을 위한 익명의 기부자가 되는 것이고, 이름 없는 후원자가 되는 것이다."[15]

에런라이크의 말은 정상 상태가 의존하는 조건을 강력하고 적절하게 표현했다. 앞에서 살펴본 바와 같이, 공급망의 작동은 일상적 형태의 착취에 의존하게 되었다. 매장의 진열대를 채우려고 화물차 기사들은 결혼기념일도 건너뛰어야 했다. 화물의 흐름을 계속 유지하려고 철도 노동자들은 한 번에 몇 주씩, 심지어 자녀가 수술을 받아도 집에 가지 못하고 도로 위에 머물러야 했다. 쇠고기 공급이라는 신성한 의무를 수행하려고 틴 에는 하나뿐인 손주를 절대 안아보지 못하게 되었다.

이것은 모두 잘못된 거래다. 이들 거래는 기업 경영자가 개인의 섬을 사 모을 수 있을 만큼 넉넉한 보수를 받지 않으면 전체 시스템이 무너진다는 가정에 기초하고 있다. 우리는 현대 사회에 필요한 상품을 생산하고 운송하면서도 일반 근로자를 보호하고 그들에게 정당한 보상을 제공하는 방법으로 공급망을 운영할 수 있다. 우리가 주주와 소비자의 이해관계는 기본적으로 일치하지만 노동자는 양쪽 모두에 위협이 된다는 터무니없는 가정에 따라 움직이는 한, 둘 사이의 비극적 이해 충돌은 앞으로도 지속될 것이다.

이 가정은 아직도 살아 있다.

2023년 공급망의 기능 회복에 힘입어 인플레이션이 진정 기미를 보이자 미국의 실업률은 조금씩 올라가기 시작했다. 중앙은행의 정책이 먹혀드는 것 같았다. 연준의 생각은 금리를 높이면 경제활동이 둔화되고, 이 때문에 노동자의 필요성이 줄어든다는 것이었다. 매월 실업률이 올라간다는 발표가 날 때마다 주식 시장은 상승했다. 투자자들이 기뻐한 이유는 금리 인상이 끝나가고 있다는 신호 때문이었다. 금리가 떨어지면 거액의 차입이 재개될 터이므로 이것은 주식 시장에 호재였다. 하지만 노동자들의 고통과 주식 시장의 행복 간 관계에는 이보다 더 깊은 이야기가 있다. 주가 상승은 돈을 통제하는 사람들이, 노동자들을 영구적인 불안정 상태에 둠으로써 얻을 수 있는 저임금을 갈망한다는 것을 보여주는 분명한 신호였다. 경제에는 여전히 고용인이 너무 많이 가져가면 고용주가 돈을 벌 수 없다는 생각이 지배적이다. 이 말은 공급망과 전반적 경제가 여전히 위험한 상황에 놓여 있다는 뜻이다.

현재 진행 중인 글로벌 공급망 재편도 지정학적 변화에 맞추려고 이루어지는 것이기 때문에 노동 착취에 의존함으로써 생기는 영구적 취약성이라는 이런 근본적 문제는 그대로 남아 있을 것이다.

우리는 끊임없이 내 건강을 지킬 것이냐, 내 일자리를 지킬 것이냐를 두고 선택해야 하는 사람들의 손으로 돌아가는 운송 시스템에 기대서는 안 된다. 자신의 기본적 욕구를 희생하는 것이 직무 요건이 될 만큼 노동의 가치를 떨어뜨리면, 노동력 제공을 거부하는 사람이 나타날 리스크에 영원히 노출될 수밖에 없다. 독점기업가가 시장을 장악하게 내버려두면 필연적으로 물품 부족과 가격 상승이 뒤따를 것이다.

아주 드문 사건, 문자 그대로 평생에 한 번 있을까 말까 할 팬데 믹을 겪고 나서야 이런 생각이 틀리지 않았다는 사실이 증명되었다. 하지만 팬데믹이라는 독특한 사건 때문에 확인되었다고 해서 그 교훈의 진실성이 훼손되지는 않을 것이다.

시스템에 닥칠 다음번 충격이 언제 어떤 양상으로 올지는 알 수 없지만, 충격이 닥치리라는 것은 확실하다. 그런 일이 일어난다면 우리는 이전과 동일한 상황에 놓일 가능성이 높다. 공급망은 무너질 테고, 생산 능력은 궁극적 유인인 공정한 거래로 노동자들의 동기를 유발하지 못한 결과를 반영할 것이다.

경제적 불평등이 극심한 시대에 공급망은 보기 드문 보편적 중요성을 가지고 있다. 우리는 모두 공급망에 의존해 살아간다. 그럼에도 평소라면 공급망이 어떻게 작동하는지, 또는 누가 공급망을 작동시키는지 생각해볼 필요조차 없다. 하지만 공급망 붕괴를 겪은 다음이라 우리는 무슨 일이 일어났는지 그리고 다음에는 무슨 일이 일어나야 하는지 한번 생각해볼 필요가 있다.

세계에서 가장 부유한 나라가 공중 보건의 재앙이 닥쳤을 때 보호 장비를 구할 수 없었다는 것은 금전적 이익 때문에 우리의 자원과 노하우가 파괴되었다는 뜻이다. 아기를 키우는 집에서 아기에게 먹일 분유를 구할 수 없다면, 현대 시장의 작동 방식에 대한 믿음을 버리는 것이 맞다. 거대 자동차 회사가 수십억 달러를 들여 자동차를 만들었는데 칩이 없어 자동차가 굴러가지 않는다면 우리 시스템은 실패한 것이다. 공급량이 달리는 칩이 생명을 구하는 의료 기기를 만드는 데 쓰이지 않고 스마트폰 제조업체로 간다면, 우리가 끊임없이 이익을 추구하느라 기본적인 무언가(문명사회라는 우리의 지위)를 포기했다고 결론을 내릴 수밖에 없다.

이런 많은 재앙이 적기공급생산방식을 지나치게 공격적으로 적용함으로써 발생했다는 사실은 틀림없이 씁쓸한 역사의 아이러니로 기록될 것이다. 도요타 생산방식은 낭비를 줄이려는 혁신적 방법으로 개발된 것이었다. 그런데 전 세계 기업을 사로잡은 린 경영(도요타 생산방식을 가로채 컨설턴트들이 만들어낸 경영 기법)은 엄청난 낭비를 만들어냈다. 헨리포드초등학교 인근에 방치되어 있던 포드 트럭이 그랬고, 컨테이너 부족으로 캘리포니아주에 산더미처럼 쌓여 있던 아몬드도 마찬가지였다.

적기공급생산방식 공급망을 구축했던 컨설턴트들은 이제 그들이 만들어낸 취약한 세상에 대처할 기술 솔루션을 마케팅하고 있다. 운송의 투명성을 높여주는 앱, 추적 장치, 병목 현상을 감지하고 그곳을 우회할 수 있게 해주는 소프트웨어 시스템, 여러 나라 공장을 비교하며 생산을 조정할 수 있는 온라인 플랫폼 같은 것들이다.

이질적 구성 요소들로 이루어진 공급망을 하나로 이어주는 기술은 앞으로도 계속 개선될 것이다. 물론 이런 기술 솔루션은 우리 삶에 도움이 될 것이다. 하지만 어떤 솔루션도 규제되지 않은 탐욕이라는, 공급망에 대한 궁극적 위협 때문에 생기는 세계 경제의 취약성을 제거할 수는 없다.

한 시대를 풍미하는 경영 용어는 국제 무역의 지형과 함께 바뀔 것이다. 재고도 위기가 가까워지거나 멀어짐에 따라 변동을 거듭할 것이다. 하지만 함정은 다음에 일어날 혼란을 기다리며 계속 남아 있을 것이다.

공급망 붕괴에 대한 궁극적 해결책은 경쟁을 촉진하고 근로자들에게 정당한 몫을 받으려는 협상을 허용하는 합리적 규제를 되살리는 것이다. 우리에게는 자본주의에서 나오는 혁신과 성장을 보존하면서 동시에 뚜렷이 보이는 독점적 경향으로부터 사회를 보호할 수 있는 규칙이 필요하다. 우리에게는 모든 참여자에게 공정하면서 동시에 수요와 공급의 법칙이 가진 힘을 극대화할 수 있는, 투명한 진짜 시장이 필요하다. 그런 상품 시장이 필요하고, 그런 철도와 해운 시장이 필요하고, 그런 노동 시장이 필요하다.

이것은 유토피아적 비전이 아니다. 제2차 세계대전이 끝난 다음부터 1970년대 말까지 미국을 지배하던 관리방식으로 돌아가자는 것이다. 그 시절로 돌아가는 데 타임머신은 필요 없다. 독점기업가들이 더 많은 이익을 추구하느라 수십 년에 걸쳐 망가뜨린 중요 정책을 되살리는 한편, 기술 발전과 사회 진보에 의존하면 된다. 진정한 경쟁 시장에서 얻을 수 있는, 그런 실질적 효율성을 확보하려면 독점금지법 집행이 필요하다. 대기업이 지배력을 이용해 다른 모든 사람에게 손해를 끼치지 못하게 하려면, 운송 시장에서 농산물 시장과 노동 시장에 이르기까지 모든 시장이 투명해져야 한다.

나는 닝보에서 스타크빌까지 오는 헤이건 워커의 컨테이너 여정을 추적하다가 한 가지 중요한 사실을 깨달았다. 현대의 공급망은 거대한 상장 기업에 의해 그리고 그들의 이익을 위해 구축되었다는 것이다. 월마트 같은 대형 할인점, 아마존 같은 전자상거래 대기업, 거대 원양 해운업체, 독점적 철도회사, 농축산 대기업 등이 다 여기에 해당한다. 이들은 소비자에게 낮은 가격으로 제품이나 용역을 제공한다는 점을 내세워 자신들의 지배력을 정당화해왔다. 하지만 팬데믹을 계기로 이 거래의 보이지 않던 전체 비용이 드러났다. 필수품 부족, 착취당하는 노동자에게 의존하는 운송 시스템의 허술함, 틴 에 같은 취약 계층의 끔찍한 희생 같은 것들이다.

우리는 경제적 안정감과 함께 인간으로서 기본적인 존엄을 포기해왔다.

그래서 팬데믹이라는 최악의 시기에 전 세계가 필수품 부족에 시달렸다. 공급망을 책임진 사람들은 자신들이 절대 손해 보지 않도록 공급망을 구축했다. 이제는 우리 집 앞에 도착하는 상품을 어떻게 생산하고 어떻게 운송할지에 대해 더 많은 이해관계자가 발언권을 가져야 할 때이다.

감사의 말

저널리즘에서 종종 일어나는 일이지만, 이 책이 나온 것은 운 좋게 우연히 알게 된 사실 덕분이었다. 나는 런던에 살면서 실패작이 된 영국의 유럽연합 탈퇴와 관련한 또 다른 이야기를 취재하고 있었는데, 한 전자제품 수입업자로부터 항구의 혼란을 취재해보라는 이야기를 들었다. 아시아에서 들어오는 상품의 운송료가 하늘 높이 치솟고 있다는 것이었다. 이 말은 사실이었다. 하지만 이것은 그보다 더 큰 이야기의 일부에 지나지 않았다. 전 세계적으로 해운업계가 비정상적으로 돌아가고 있었다. 나는 몇 가지 조사로 내가 나중에 공급망의 대붕괴라고 부르게 된 사태를 알게 되었다. 그 후 나는 2년에 걸쳐 아시아, 중동, 북미를 돌아다니며 그 원인을 추적하고 결과를 살펴보았다.

그런 작업을 상상할 수 있다는 것만으로도 내가 〈뉴욕타임스〉에 근무하는 것이 얼마나 행운인지를 말해주는 것이었다. 〈뉴욕타임스〉보다 더 헌신적으로 복잡하고 중요한 프로젝트를 끝내는 데 필요한 시간과 자원을 투입할 수 있게 해주는 뉴스 매체는 지구상에 없을 것이다. 보도의 가치에 대한 믿음을 지키는 최종 수호자 A. G. 설즈버거와 조 칸에게 감사드린다. 업계 최고 편집자 중 한 사람인 리치 바비어리와 함께 일할 수 있었던 것은 나에게 큰 축복이었다. 그는 무엇보다 내가 뻔뻔하게 이 책 제목으로 도용한 천재적인 헤드라인 'How the World Ran Out of Everything'을 생각해냈다.

나는 저널리즘에 종사하는 동안 예상치 못한 몇 년의 공백기를 빼고는 거의 20년을 비즈니스 데스크에서 보냈다. 포기할 줄 모르고 좋은 기사를 옹호해주는 비즈니스 에디터 엘런 폴록의 지원과 그가 보여준 인간미에 감사드린다. 날카로운 안목, 동료애, 지혜를 보여준 케빈 맥케나, 비카스 버자지, 애시윈 세샤기리, 데이비드 인리치, 레이철 드라이, 필리스 메신저, 데이브 슈미트, 케빈 그랜빌, 하월 머리, 러네이 멜리디스 등 비즈니스 데스크 동료들에게도 고마운 마음을 전한다.

알렉산드라 스티븐슨, 키스 브래드셔, 비비언 이, 애나 스완슨, 퍼트리샤 코언, 라사로 가미오, 비비언 왕, 이쉐이 넬슨, 잭 유잉, 스티브 로, 노엄 샤이버 등 함께 작업하며 나에게 많은 것을 가르쳐준 동료 작가와 데이터 시각화 전문가들에게도 감사를 전한다.

〈뉴욕타임스〉가 중요한 국제적 뉴스 매체로서 변함없는 지위를 차지하는 것은 이 매체를 운영하는 사람들의 기개와 헌신 덕분이다.

필 팬, 에이드리엔 카터, 마이클 슬랙먼, 짐 야들리, 킴 퍼레로, 클레어 구티에레즈, 그레그 윈터, 매트 퍼디, 캐럴린 라이언에게 감사드린다.

〈뉴욕타임스〉에서 일하는 즐거움 중 하나는 끊임없이 진화하는 다양한 오디오 프로젝트에 참여하는 것이다. 이 책의 내용 중 일부는 '더 데일리'●의 에피소드로 방송되었다. 리사 토빈, 페이지 코웨트, 다이애나 응우옌은 뛰어난 솜씨로 방송을 이끌었고, 마이클 바베로, 사브리나 태버니스, 나탈리 키트로프는 사려 깊은 질문을 던졌다. 방송에 도움을 준 로버트 지미슨, 린시 개리슨, 존 케첨, 마이클 존슨에게도 감사의 마음을 전한다.

이 책의 원고를 읽고 조언해주신 분들의 시간과 노고에 감사드린다. 내 절친한 친구인 세계적 작가 데이비드 시걸은 책 내용의 변경과 관련해 매우 유용한 조언을 해주었다. MIT에 재직 중인 수잰 버거와 옥시덴탈칼리지에 재직 중인 데릭 시어러 전 대사에게 감사를 표한다. 돈과 정치의 접점을 연구하는 사람이라면 꼭 읽어봐야 할 디지털 뉴스 플랫폼 '더 레버'를 운영하는 데이비드 시로타는 끊임없이 명쾌한 인사이트와 날카로운 질문을 제기해 이 책을 쓰는 데 큰 도움을 주었다.

AIS해양정보의 아딜 아시크와 임포트지니어스의 윌리엄 조지에게 큰 신세를 졌다. 두 사람은 끈기 있게 방대한 데이터를 분석해 나에게 남부 캘리포니아 항구 앞바다의 엄청난 교통 체증을 엑스레이로 찍은 듯 훤히 볼 수 있게 해주었다. 헤이건 워커와 글로에 나를 연결해준

● The Daily. 〈뉴욕타임스〉가 운영하는 팟캐스트.

셸리 데컬로와 프레이토스에 특별한 감사를 표한다. 집폭스의 레인 마흐디는 텍사스주의 러레이도와 멕시코로 나를 안내해주었다.

이 책의 핵심 아이디어 중 하나인, 상품 부족은 크게 보아 적기공급생산방식에 대한 지나친 의존에서 비롯했다는 생각은 옥스퍼드대학교 경제학 교수 이언 골딘과 대화를 나누던 중에 구체화된 것이다. 워싱턴에 있는 피터슨 국제경제연구소의 상주 무역 전문가 채드 바운은 머스크 엠덴호를 가득 채울 만큼 공급망 관련 질문을 던지는 나를 깨우쳐주었다. 하버드 경영대학원의 윌리 시는 오랫동안 세계 여러 기업에서 근무하며 얻은 지혜와 사례 연구 그리고 그의 시간을 아낌없이 나에게 나누어주었다. 조지타운대학교 맥도너 경영대학원의 피에트라 리볼리는 글로벌 공급망의 복잡성을 처음으로 나에게 인식시켜주었다.

이 책 3부에서 다루는 질문과 관련된 세션을 마련해 도발적인 논의를 진행한 캠든 콘퍼런스에 큰 감사를 드린다. 나는 이 콘퍼런스에서 조지타운대학교의 제니퍼 힐먼, 캘리포니아대학교 샌디에이고의 캐럴라인 프로인드, MIT의 데이비드 오터, 스위스 장크트갈렌대학교의 사이먼 이브넷, 하버드 로스쿨의 마크 우, 다트머스대학교의 더글러스 어윈, 조지워싱턴대학교의 아제이 치히버, 전 미국 상원의원 존 E. 서누누 등 국제 무역 전문가들과 함께 논의하며 내 생각을 정리할 수 있었다. 매력적인 사회자로 참여한 공영 라디오 방송의 전설 데이비드 브랑카치오에게도 감사드린다.

오랜 세월 대화를 나눌 수 있었던 전설적인 경제학자 조지프 스티글리츠에게 깊은 감사를 표한다. 세계화, 국제 무역, 경제적 불평등에 관한 그의 놀라운 저서는 이들 주제에 대한 내 생각에 큰 영향을 주었다. 글로벌 공급망의 작동 방식이 금융화되어간다는 사실을 이해할 수 있게 해준 신경제사고연구소Institute for New Economic Thinking의 롭 존슨과 매사추세츠대학교의 윌리엄 라조닉에게도 고마운 마음을 전한다.

마이크 스키너는 디트로이트의 포드 피켓 애비뉴 공장을 안내해주었고, 기록 보관소에 있는 포드의 전기 자료도 제공해주었다. 미시간주 디어본에 있는 헨리 포드 미국 혁신 박물관의 교통 큐레이터 매트 앤더슨은 박물관을 둘러볼 수 있게 나를 안내해주었다.

컨설턴트 계층이 도요타 생산 시스템을 왜곡했다는 주제에 관해서는 동료 마이클 포사이스의 도움을 많이 받았다. 월트 보그대니치와 함께 쓴 그의 저서 《맥킨지가 나타나면: 세계 최고 컨설팅 회사의 숨겨진 영향력》을 필독서로 추천한다.

컨테이너 운송이라는 주제를 다루는 작가라면 누구나 경제사학자 마크 레빈슨과 그의 걸작 《더 박스: 컨테이너는 어떻게 세계 경제를 바꾸었는가》의 도움을 받게 마련이다. 끊임없이 바뀌는 세계 화물 운송업계의 움직임을 이해할 수 있게 도와준 코펜하겐에 있는 시인텔리전스Sea-Intelligence의 앨런 머피와 함부르크에 있는 컨테이너익스체인지의 플로리안 프레제에게 감사드린다. 컨테이너 산업을 심층 취재한 〈프레이트웨이브스〉와 수석 편집자 그레그 밀러에게 경의를 표한다. 마닐라의 로렐라 샌도벌은 컨테이너선 승조원의 이야기를 취재하는 데 큰 도움을 주었다.

중국이 글로벌 무역 시스템에 진입하는 과정의 이야기는 〈워싱턴

포스트〉의 전 동료 존 폼프릿과 폴 블루슈타인, 저널리스트 짐 만('건설적 개입'에 대한 뿌리 깊은 회의론자), 피터슨 국제경제연구소의 니컬러스 라디의 연구 결과를 참고했다.

서배너항의 커뮤니케이션 책임자라는 직무 범위를 넘어 교통 체증으로 발이 묶인 컨테이너 선박들을 가까이에서 볼 수 있도록 배를 확보해준 로버트 모리스에게 감사의 인사를 전한다. 나와 함께 취재에 나선 사진기자 에린 섀프에게도 감사드린다. 로스앤젤레스항에서 같이 취재했던 필립 샌필드에게도 마찬가지다.

드레이 기사와 동승할 기회를 마련해준 롱비치에 있는 드레이 얼라이언스의 스티브 웬에게 감사드린다. 장거리 화물차 조수석에 탑승할 수 있게 도와준 채터누가에 있는 데이비드 마틴과 워크하운드의 맥스 패럴에게도 감사의 마음을 전한다. 미국 중부 지방의 얼어붙은 길을 달리는 모험을 함께한 사진기자 조지 에서리지에게도 마찬가지다. 시간을 할애해 자신의 경험과 진실을 가감 없이 이야기해준 펜실베이니아대학교의 화물차 운송 전문가 스티브 비셀리에게 감사드린다.

독점력 관련 문제를 조사할 때는 미국경제자유프로젝트의 매트 스톨러, 아메리칸프로스펙트의 데이비드 데이언과 매슈 지누 벅, 오픈마켓연구소의 배리 린의 연구 결과에서 도움을 많이 받았다. 나를 몬태나주의 목장주들과 연결해준 북부평원자원협의회의 더스틴 오그딘에게 고마운 마음을 전한다.

나는 세계화의 미래를 알아보는 과정에 시기적절하게 훌륭한 책 두 권에서 많은 도움을 받았다. 섀넌 오닐의 《세계화의 신화: 왜 지역이 중요한가The Globalization Myth》와 라나 포루하의 《귀향: 세계화 이후의 세상에서 번영으로 가는 길Homecoming》이 그것이다. 무역에 관한 나의 바보 같은 질문을 바보 같은 질문으로 취급하지 않은 윌슨센터의 글로벌 펠로우 키스 록웰에게 깊은 감사를 드린다.

게일 로스는 영리하고 적당히 회의적이면서도 열정과 야망으로 가득 찬 업계 최고의 출판 에이전트다. 하퍼콜린스출판사의 편집자 피터 허버드는 작가라면 누구나 함께 일하고 싶어 하는 사람이다. 제시카 베스투토, 모린 콜, 케일리 조지, 몰리 젠델 등 그와 함께 일하는 세계 최고 팀원들에게 감사드린다.

특히 이번처럼 중요한 시기에 나를 도와준 저널리즘 안팎의 여러 훌륭한 친구에게 감사를 표한다. 해나 비치, 브룩 라마, 조슈아 슐먼, 켄 벨슨, 개디 엡스타인, 바버라 데믹, 제시 아이징어, 제시 드러커, 마이클 파월, 래리와 비키 인그라시아, 크리스 로즈, 감사합니다.

가족에게 큰 부담을 주지 않으면서 책을 쓸 방법이 있는지는 모르겠지만, 나는 아직 찾지 못했다. 잦은 내 출장 기간에 우리 아이들에게 사랑과 즐거움과 먹을 것을 채워준 미미와 도널드 페이, 제시카 페이, 지오바니 로드리게스 등 처가 식구들에게 영원히 감사할 따름이다. 어머니 엘리스 굿맨, 누이 에밀리 굿맨과 매제 조 코프먼에게 고마운 마음을 전한다. 지금까지 우리 식구들을 식사에 초대해주셨거나 내가 집에 없을 때 우리 아이들을 학교에 태워다준 적이 있는 크로톤의 모든 이웃에게 감사드린다.

직계 가족에게 감사를 표하기에 말은 너무 부족하다. 딸 리아 굿맨은 비록 몸은 멀리 떨어져 있지만 마음만은 영원히 내 가까이에 있다. 아들 리오 페이-굿맨은 호기심 넘치는 질문과 착한 성격 그리고 최근에는 기업가적 기질로 나를 놀라게 한다. 딸 밀러 페이-굿맨은 작가적 시각으로 모든 것을 날카롭게 관찰하며 끝없이 영감을 얻고 있다. 막내 루카 페이-굿맨은 언제나 나에게 중장비가 작업하는 모습을 지켜볼 때의 경이로움을 느끼게 한다. ("굴착기야, 조심해!") 그 녀석이 있음에도, 동시에 그 녀석이 있었기에 이 책을 쓸 수 있었다. 아내 디아나 페이는 내 삶에서 참되고 의미 있는 모든 것의 중심이다. 아내는 자기 일을 제쳐두고 꼼꼼하게 원고를 교정해주었으며, 내가 출장 중일 때는 혼자서 아이들을 돌보았고, 그러면서도 방에 들어올 때마다 짜릿한 감정을 유발하는 데 실패한 적이 없었다. 이 책을 그녀에게 바친다.

미주

한국어판 서문

1. Russ Bynum, "Hyundai has begun producing electric SUVs at its $7.6 billion plant in Georgia," *Associated Press*, October 7, 2024. https://apnews.com/article/hyundai-ev-georgia-production-begins-ioniq-424cf322822f707e7070260a789ffb59

2. Peter S. Goodman, "For Michigan's Economy, Electric Vehicles Are Promising and Scary," *The New York Times*, February 23, 2024, p. B1.

3. Andes Picon, "Musk, on Capitol Hill, says 'get rid of all credits'," *Politico*, December 5, 2024.

프롤로그 "세상이 무너져 버렸어"

1. Data furnished by Adil Ashiq at AIS Marine Intelligence, provided by MarineTraffic.

2. *Ibid.*

3. *Ibid.*

4. Greg Miller, "$25B Worth of Cargo Stuck on 80 Container Ships off California," *American*

Shipper, October 20, 2021.

5. Data furnished by Sea-Intelligence.

6. *Maersk Emden* description on VesselFinder, https://www.vessel finder.com/vessels/MAERSK-EMDEN-IMO-9456769-MMSI-219056000.

7. Data analysis by ImportGenius.

8. Analysis of US Customs disclosures furnished by William George at ImportGenius.

9. Auto Inventory/Sales Ratio, FRED Economic Data, St. Louis Fed, https://fred.stlouisfed.org/series/AISRSA.

1장 "그냥 중국에서 만드는 게 나아요"

1. Trump at rally in Fort Wayne, Indiana, May 1, 2016, https://www.cnn.com/videos/politics/2016/05/01/donald-trump-china-rape-our-country.cnn.

2. John Pomfret, *The Beautiful Country and the Middle Kingdom: America and China, 1776 to the Present*(New York: Henry Holt, 2016), chapter 29.

3. Yongyi Song, "Chronology of Mass Killings during the Chinese Cultural Revolution (1966–1976)," Sciences Po, August 25, 2011, https://www.sciencespo.fr/mass-violence-war-massacre-resistance/en/document/chronology-mass-killings-during-chinese-cultural-revolution-1966-1976.html.

4. Wenhui Fan, "Foreign Direct Investment in China: 1981–2001," East-West Center Working Paper No. 30, 2006, 3.

5. Paul Blustein, *Schism: China, America and the Fracturing of the Global Trading System*(Waterloo, Ont.: Centre for International Governance In- novation, 2019), 23.

6. Joe Studwell, *The China Dream: The Quest for the Last Great Untapped Market on Earth*(London: Profile Books, 2002), 45.

7. Edward S. Steinfeld, *Forging Reform in China: The Fate of State- Owned Industry*(Cambridge, UK: Cambridge University Press, 1998), 1.

8. Peter S. Goodman, "In China, Building Worries; As Housing Keeps Going Up, Some Fear the Bubble Will Burst," *Washington Post*, March 5, 2003, E1.

9. Peter S. Goodman, "Capitalizing on Christmas; America's Celebration Is China's Windfall," *Washington Post*, November 9, 2003, F1.

10. Peter S. Goodman, "China Is Resisting Pressure to Relax Rate for Currency," *Washington Post*, September 1, 2003, A1.

11. "Four Decades of Poverty Reduction in China: Drivers, Insights for the World, and the Way Ahead," World Bank Group, Development Research Center of the State Council, the People's Republic of China, 2022, 2.

12. "Clinton Campaign Asks Who's the Real *Foreign Policy* Risk," U.S. Newswire, October 12, 1992.

13. Michael Wines, "Bush, This Time in Election Year, Vetoes Trade Curbs Against China," *New York Times*, September 29, 1992, A1.

14. "Campaign '92: Transcript of the First Presidential Debate," October 12, 1992, *Washington Post*, A16.

15. Blustein, *Schism*, 33.

16. Paul Blustein, "Little-Stick Diplomacy; Clinton, Jiang Find Harmony," *Washington Post*, June 29, 1998, B1.

17. *Ibid.*

18. *Ibid.*

19. Steinfeld, *Forging Reform in China*, 16.

20. Nicholas R. Lardy, *Integrating China into the Global Economy* (Washington: Brookings Institution Press, 2002), 20.

21. "2004 Report to Congress on China's WTO Compliance," United States Trade Representative, December 11, 2004, 3.

22. Lardy, *Integrating China*, 2–4.

23. President Clinton's speech on China trade bill, delivered at Paul H. Nitze School of Advanced International Studies, Johns Hopkins University, in Washington, March 8, 2000, as recorded by Federal News Service.

24. *Ibid.*

25. Pomfret, *The Beautiful Country*, 44.

26. Jennifer A. Hillman, "China's Entry into the WTO-A Mistake by the United States?" Georgetown University Law Center, 2022, 5–6.

27. Robert Dreyfuss, "The New China Lobby," *American Prospect*, December 19, 2001, https://prospect.org/world/new-china-obby/.

28. Hillman, "China's Entry into the WTO," 7.

29. Fan, "Foreign Direct Investment," 3.

30. Marc Levinson, *The Box: How the Shipping Container Made the World Smaller and the World Economy Bigger* (Princeton, NJ: Princeton University Press, 2016), 362.

31. Jude Blanchette, Jonathan E. Hillman, Maesea McCalpin, and Minda Qiu, "Hidden Harbors: China's State-Backed Shipping Industry," *CSIS Briefs*, Center for Strategic &

International Studies, July 2020.

32. Chris Buckley, Vivian Wang, and Austin Ramzy, "Crossing the Red Line: Behind China's Takeover of Hong Kong," *New York Times*, June 28, 2021, A1.

33. World Bank data, Exports of Goods and Services(current US$)-China.

34. "Made in China?" *The Economist*, March 12, 2015.

35. Henry Wu, "The United States Can't Afford the Brutal Price of Chinese Solar Panels," *Foreign Policy*, July 14, 2021.

36. Peter S. Goodman, "China's Killer Headache: Fake Pharmaceuticals," *Washington Post*, August 30, 2002.

37. David H. Autor, David Dorn, and Gordon H. Hanson, "The China Shock: Learning from Labor Market Adjustment to Large Changes in Trade," National Bureau of Economic Research Working Paper No. 21906, January 2016.

38. House Ways and Means Committee, Subcommittee on Trade, Hearing on China's Most-Favored Nation Status, June 17, 1998, transcript by Federal Document Clearing House.

39. Xavier Jaravel and Erick Sager, "What Are the Price Effects of Trade? Evidence from the U.S. and Implications for Quantitative Trade Models," Centre for Economic Performance, London School of Economics, CEP Discussion Paper No. 1642, August 2019, 5, n. 6, https://cep.lse.ac.uk/pubs/download/dp1642.pdf.

40. Liang Bai and Sebastian Stumpner, "Estimating U.S. Consumer Gains from Chinese Imports," *American Economic Review: Insights* 1, no. 2(September 2019): 209–24, https://www.aeaweb.org/articles?id=10.1257/aeri.20180358.

41. Peter S. Goodman and Philip P. Pan, "Chinese Workers Pay for WalMart's Low Prices," *Washington Post*, February 8, 2004.

42. *Ibid.*

43. *Ibid.*

44. Devon Pendelteon and *Bloomberg*, "World's Richest Family Loses $19 Billion on Walmart's Biggest One-Day Wipeout Since 1987," *Fortune*, May 18, 2022.

45. Andreas Oeschger, "How to Recalibrate Trade Adjustment Assistance to Help Workers Hurt by Trade Liberalization," International Institute for Sustainable Development, September 26, 2022, https://www.iisd.org/articles/policy-analysis/trade-adjustment-assistance-help-workers.

46. Interview with Jessica Chen Weiss, October 19, 2023.

2장 "모두가 한 나라에 있는 공급처를 두고 경쟁을 벌이고 있습니다"

1. Jane Li, "Martian Language, Emoji, and Braille: How China Is Rallying to Save a Coronavirus Story Online," *Quartz*, March 11, 2020.

2. Amy Qin and Vivian Wang, "Wuhan, Center of Coronavirus Outbreak, Is Being Cut Off by Chinese Authorities," *New York Times*, January 23, 2020, A1.

3. Amy Qin, "China Expands Chaotic Dragnet in Corona- virus Crackdown," *New York Times*, February 14, 2020, A1.

4. Javier C. Hernandez, "Coronavirus Lockdowns Torment an Army of Poor Migrant Workers in China," *New York Times*, February 24, 2020, A10.

5. Keith Bradsher, "Slowed by the Coronavirus, China Inc. Struggles to Reopen," *New York Times*, February 17, 2020, A1.

6. "China's Exports Plunge Amid Coronavirus Epidemic," *Wall Street Journal*, March 7, 2020.

7. Yossi Sheffi, *The Magic Conveyor Belt: Supply Chains, A.I., and the Future of Work* (Cambridge, MA: MIT CTL Media, 2023), 2.

8. Magdalena Petrova, "We Traced What It Takes to Make an iPhone," CNBC, December 14, 2018, https://www.cnbc.com/2018/12/13/inside-apple-iphone-where-parts-and-materials-come-from.html.

9. Sheffi, *The Magic Conveyor Belt*, 5.

10. *fifty-one thousand companies worldwide*: Marc Levinson, *Outside the Box: How Globalization Changed from Moving Stuff to Spreading Ideas* (Princeton, NJ: Prince- ton University Press, 2020), 227.

11. Daisuke Wakabayashi, "Apple Signals Coronavirus's Threat to Global Business," *New York Times*, February 18, 2020, A1.

12. Ben Foldy, "Coronavirus Fallout Threatens Auto Industry's Supply Chain," *Wall Street Journal*, February 7, 2020.

13. *Ibid.*

14. *Ibid.*

15. Jack Ewing, Neal E. Boudette, and Geneva Abdul, "Virus Exposes Cracks in Carmakers' Chinese Supply Chains," *New York Times*, February 5, 2020, B1.

16. *Fashion companies scrambled:* "FACTBOX—Companies Feel Impact of Coronavirus Outbreak in China," Reuters, February 12, 2020, https://www.reuters.com/article/uk-china-health-business-impact-factbox/factbox-companies-feel-impact-of-coronavirus-outbreak-in-china-idUKKBN1ZZ0AV.

17. Paul Ziobro, "Coronavirus Upends Global Toy Industry," *Wall Street Journal*, February 27, 2020.

18. Peter S. Goodman, "A Global Outbreak Is Fueling the Backlash to Globalization," *New York Times*, March 7, 2020, B1.

19. *Ibid.*

20. Jon Emont and Chuin-Wei Yap, "Companies That Got Out of China Before Coronavirus Are Still Tangled in Its Supply Chains," *Wall Street Journal*, March 8, 2020.

21. Michael Corkery and Sapna Maheshwari, "Is There Really a Toilet Paper Shortage?" *New York Times*, March 13, 2020.

22. Melanie Evans and Drew Hinshaw, "Masks Run Short as Coronavirus Spreads; Hospitals in Europe and the U.S. Hunt for Medical Supplies to Treat Coronavirus Cases," *Wall Street Journal*, February 27, 2020.

23. *Ibid.*

24. *Ibid.*

25. Peter S. Goodman and Erik Augustin Palm, "Pandemic Exposes Holes in Sweden's Generous Social Welfare State," *New York Times*, October 9, 2020, B1.

26. "COVID-19: China Medical Supply Chains and Broader Trade Issues," Congressional Research Service, R46304, 33.

27. Ana Swanson, "Virus Spurs U.S. Efforts to End China's Choke- hold on Drugs," *New York Times*, March 12, 2020, B3.

28. Peter S. Goodman, Katie Thomas, Sui-Lee Wee, and Jeffrey Gettleman, "A New Front for Nationalism: The Global Battle Against a Virus," *New York Times*, April 12, 2020, BU1.

29. *Ibid.*

30. Knvul Sheikh, "Essential Drug Supplies for Virus Patients Are Running Low," *New York Times*, April 2, 2020.

31. Interview with Rosemary Gibson, April 6, 2020.

32. Steven Watts, *The People's Tycoon: Henry Ford and the American Century*(New York: Vintage Books, 2006), chapter 14.

33. *Ibid.*

34. Henry Ford, introduction to *My Life and Work*(1922; repr., Pantianos Classics, ebook).

35. *Ibid.*

36. Greg Grandin, introduction to *Fordlandia: The Rise and Fall of Henry Ford's Forgotten Jungle City*(New York: Henry Holt, 2009).

37. *"The trouble with us today":* "Change Is Not Always Progress," in *Ford Ideals: Being a Selection from "Mr. Ford's Page" in The Dearborn Independent*(Dearborn, MI: Dear- born

Publishing, 1922), 358–59; cited in Watts, The People's Tycoon, chapter 20.

38. Watts, *The People's Tycoon*, chapter 22.

39. *Ibid.*, chapter 1.

40. *Ibid.*

41. Henry Ford and Samuel Crowther, "The Greatest American," *Cosmopolitan*(July 1930): 38–39; cited in Watts, *The People's Tycoon*, chapter 3.

42. Ford, *My Life and Work*, chapter 4.

43. Watts, *The People's Tycoon*, chapter 7.

44. *Ibid.*, chapter 8.

45. *Ibid.*

46. *Ibid.*

47. Richard Snow, *I Invented the Modern Age: The Rise of Henry Ford*(New York: Scribner, 2013), 214.

48. Ford, *My Life and Work*, chapter 10.

49. Ford, introduction to *My Life and Work*.

50. Watts, *The People's Tycoon*, chapter 13.

51. *Ibid.*

52. *Ibid.*

53. Snow, *I Invented the Modern Age*, 257.

54. Gerald F. Davis, *Managed by the Markets: How Finance Reshaped America*(Oxford, UK: Oxford University Press, 2009), Preface.

55. Sheffi, *The Magic Conveyor Belt*, 7.

56. J. B. Maverick, "Who Are Ford's Main Suppliers?" *Investopedia*, November 29, 2021.

57. Michael Wayland, "Ford Quietly Begins Production of New 'C' Pickup in Mexico," CNBC, March 4, 2021.

58. Data from US Department of Transportation, National Highway Traffic Safety Administration, "Part 583 American Automobile Labeling Act Reports," https://www.nhtsa.gov/part-583-american-automobile-labeling-act-reports.

59. Kyle Cheromcha, "Ford CEO Jim Farley Isn't Trying to Re- invent the Wheel-Just Everything Else Around It," *The Drive*, September 1, 2021, https://www.thedrive.com/news/42213/ford-ceo-jim-farley-isnt-trying-to-reinvent-the-wheel-just-everything-else-around-it.

60. Phoebe Wall Howard, "Ford Cuts Production at 8 Factories, Amid Semiconductor Chip Shortage, Alerts UAW," *Detroit Free Press*, June 30, 2021.

61. Interview with Matt Anderson, February 7, 2022.

62. Analysis of publicly traded data by William Lazonick, an economist at the University of Massachusetts Lowell.
63. Interview with Hau Thai-Tang, May 20, 2022.

3장 "과잉 생산보다 더 심한 낭비는 없다"

1. James P. Womack, Daniel T. Jones, and Daniel Roos, *The Machine That Changed the World*(New York: Free Press, 1990), prologue.
2. *"The Toyota production system":* Taiichi Ohno, *Toyota Production System: Beyond Large-Scale Production*(Boca Raton, FL: CRC Press, 1988), preface to the English edition; originally published in Japanese, *Toyota seisan hoshiki*(Tokyo: Diamond, 1978).
3. *Ibid.*, chapter 5.
4. Koichi Shimokawa and Takahiro Fujimoto, eds., *The Birth of Lean: Conversations with Taiichi Ohno, Eiji Toyoda and Other Figures Who Shaped Toyota Management*(Cambridge, MA: Lean Enterprise Institute, 2009), chapter 1.
5. *Ibid.*
6. *Ibid.*
7. Womack et al., *The Machine That Changed the World*, chapter 3.
8. Shimokawa and Fujimoto, *The Birth of Lean*, chapter 1.
9. Ohno, *Toyota Production System*, chapter 4.
10. *Ibid.*
11. Shimokawa and Fujimoto, *The Birth of Lean*, chapter 5.
12. Ohno, *Toyota Production System*, chapter 1.
13. Womack et al., *The Machine That Changed the World*, chapter 3.
14. Marc Levinson, *The Box: How the Shipping Container Made the World Smaller and the World Economy Bigger*(Princeton, NJ: Princeton University Press, 2016), 356–57.
15. Ohno, *Toyota Production System*, chapter 1.

4장 "린 탈레반"

1. Katie Benner, Mark Mazzetti, Ben Hubbard, and Mike Isaac, "Saudi's Image Makers: A Troll Army and a Twitter Insider," *New York Times*, October 21, 2018.

2. Dan De Luce and Yasmine Salam, "McKinsey & Co. Worked with Russian Weapons Maker Even as It Advised Pentagon," NBC News, May 21, 2022, https://www.nbcnews.com/politics/national-security/consulting-firm-mckinsey-co-advised-state-owned-russian-defense-firm-r-rcna29618.

3. Walt Bogdanich and Michael Forsythe, "How McKinsey Has Helped Raise the Stature of Authoritarian Governments," *New York Times*, December 16, 2018.

4. Walt Bogdanich and Michael Forsythe, *When McKinsey Comes to Town: The Hidden Influence of the World's Most Powerful Consulting Firm* (New York: Doubleday, 2022), 3.

5. *Ibid.*, 261.

6. Knut Alicke and Martin Lösch, "Lean and Mean: How Does Your Supply Chain Shape Up?" McKinsey & Company, 2010, 7.

7. *Ibid.*

8. Louis Hyman, *Temp: The Real Story of What Happened to Your Salary, Benefits, and Job Security* (New York: Penguin, 2019), chapter 10.

9. *Ibid.*

10. Knut Alicke, Daniel Rexhausen, and Andreas Seyfert, "Supply Chain 4.0 in Consumer Goods," McKinsey & Company, April 6, 2017, https://www.mckinsey.com/industries/consumer-packaged-goods/our-insights/supply-chain-4-0-in-consumer-goods.

11. Knut Alicke, Elena Dumitrescu, Christoph Lennartz, and Markus Leopoldseder, "New Organizational Wires for Digital Supply Chains," McKinsey & Company, April 5, 2018, https://www.mckinsey.com/business-unctions/operations/our-insights/new-organizational-wires-for-digital-supply-chains.

12. Adam Lashinsky, "Tim Cook: The Genius Behind Steve," *Fortune*, August 24, 2011.

13. *Ibid.*

14. Interview with ManMohan S. Sodhi, April 20, 2021.

15. Hong Chen, Murray Z. Frank, and Owen Q. Wu, "What Actually Happened to the Inventories of American Companies Between 1981 and 2000?" *Management Science* 51, no. 7 (July 1, 2005), https://pubsonline.informs.org/doi/10.1287/mnsc.1050.0368.

16. Marc Levinson, *The Box: How the Shipping Container Made the World Smaller and the World Economy Bigger* (Princeton, NJ: Princeton University Press, 2016), 359.

17. Bogdanich and Forsythe, *When McKinsey Comes to Town*, 7–8.

18. Sirio Aramonte, "Mind the Buybacks, Beware of the Lever- age," Bank for International Settlements, *BIS Quarterly Review*, September 14, 2020, https://www.bis.org/publ/qtrpdf/r_qt2009d.htm.

19. *Ibid.*

20. Peter S. Goodman, "Tech Stocks Swoon in Wake of Taiwan Quake," *Washington Post*, September 22, 1999.

21. Rachel Beck, "Parents Scrambling for Popular Toys," Associated Press, December 22, 1999.

22. Barry C. Lynn, *End of the Line: The Rise and Coming Fall of the Global Corporation*(New York: Doubleday, 2005), 3.

23. Rachel Dodes and Joann S. Lublin, "J.C. Penney, Facing Activist Efforts, Adopts 'Poison Pill,'" *Wall Street Journal*, October 18, 2010.

24. Michael J. de la Merced, "Ackman Scores Big Win with Penney's Latest Hire," *New York Times*, June 14, 2011.

25. Transcript of J.C. Penney Inc. Earnings Conference Call, Q2 2012, August 10, 2012, CQ Transcriptions.

26. Emily Glazer, Joann S. Lublin, and Dana Mattioli, "Penney Backfires on Ackman," *Wall Street Journal*, April 9, 2013.

27. Vasco M. Carvalho, Makoto Nirei, Yukiko U. Saito, and Alireza Tahbaz-Salehi, "Supply Chain Disruptions: Evidence from the Great East Japan Earthquake," *Quarterly Journal of Economics*(2021): 1255–321.

28. Don Lee and David Pierson, "Disaster in Japan Exposes Supply Chain Flaw," *LosAngeles Times*, April 6, 2011.

29. *Ibid.*

30. *Ibid.*

31. *Ibid.*

32. Steve Lohr, "Stress Test for the Global Supply Chain," *New York Times*, March 20, 2011.

33. Ian Goldin and Mike Mariathasan, *The Butterfly Defect: How Globalization Creates Systemic Risks, and What to Do About It*(Princeton, NJ: Princeton University Press, 2014), chapter 6.

34. William Lazonick, Mustafa Erdem Sakinç, and Matt Hopkins, "Why Stock Buybacks Are Dangerous for the Economy," *Harvard Business Review*(January 7, 2020), https://hbr.org/2020/01/why-stock-uybacks-are-dangerous-for-the-economy.

35. "Manufacturers: Inventories to Sales Ratio," data, as captured by United States Census Bureau manufacturing surveys, tabulated by St. Louis Fed, https://fred.stlouisfed.org/series/MNFCTRIRSA.

36. Telephone interview with Farrell, October 22, 2021.

37. Telephone interview with Joseph Norwood, November 9, 2021.

5장 "모두가 모든 것을 원해요"

1. Donald G. McNeil Jr., "The U.S. Now Leads the World in Confirmed Coronavirus Cases," *New York Times*, March 26, 2020.

2. Heather Long and Andrew Van Dam, "U.S. Unemployment Rate Soars to 14.7 Percent, the Worst Since the Depression Era," *Washington Post*, May 8, 2020.

3. Peter S. Goodman, Patricia Cohen, and Rachel Chaundler, "European Workers Draw Paychecks. American Workers Scrounge for Food," *New York Times*, July 4, 2020, A1.

4. Ben Casselman, "A Collapse That Wiped Out 5 Years of Growth, with No Bounce in Sight," *New York Times*, July 31, 2020, A1.

5. Gita Gopinath, "The Great Lockdown: Worst Economic Downturn Since the Great Depression," *IMFBlog*, April 14, 2020.

6. "FACTBOX–Fashion brands cut orders with Asian garment makers," Reuters, May 18, 2020.

7. "U.S. Core Capital Goods Orders Point to Worsening Business Investment Downturn," Reuters, March 25, 2020.

8. Tripp Mickle, "Would You Buy an iPhone Now? Coronavirus Tests Demand for Apple's Flagship Product," *Wall Street Journal*, March 26, 2020.

9. "919 blank sailings on Transpacific and Asia-Europe," Sea-Intelligence, May 4, 2021, https://www.sea-intelligence.com/press-room/65-919-blank-sailings-on-transpacific-and-asia-europe.

10. US International Trade Commission, "The Impact of the Covid-19 Pandemic on Freight Transportation Services and U.S. Merchandise Imports," https://www.usitc.gov/research_and_analysis/tradeshifts/2020/special_topic.html.

11. Costas Paris, "Ocean Carriers Idle Container Ships in Droves on Falling Trade Demand," *Wall Street Journal*, April 8, 2020.

12. Costas Paris, "Cargo Vessels and Cruise Ships Line Up for Scrapping," *Wall Street Journal*, November 10, 2020.

13. US International Trade Commission, "The Impact of the Covid-19 Pandemic," fn. 9.

14. Data furnished by Everstream Analytics.

15. Suffer as Traffic at Ports Drops," *Los Angeles Times*, March 7, 2020, A1.

16. US Department of Commerce data tabulated by Deloitte Services LP, as cited in Akrur Barua, "A Spring in Consumers' Steps," *Deloitte Insights*, June 2021, https://www2.deloitte.com/us/en/insights/economy/us-consumer-spending-after-covid.html.

17. *Ibid.*

18. Interview with Akhil Nair, February 16, 2021.

19. Dali L. Yang, *Remaking the Chinese Leviathan: Market Transition and the Politics of Governance in China*(Stanford, CA: Stanford University Press, 2004), 155–58.

20. Ningbo Municipal Bureau of Statistics data, tabulated by CEIC, https://www.ceicdata.com/en/china/foreign-direct-investment-capital-utilized-prefecture-level-city/cn-fdi-utilized-zhejiang-ningbo.

21. "The Top 50 Container Ports," World Shipping Council, https://www.worldshipping.org/top-50-ports.

6장 "완전히 새로운 화물 처리 방식"

1. Anthony J. Mayo and Nitin Nohria, "The Truck Driver Who Reinvented Shipping," Harvard Business School, Working Knowledge, October 3, 2005, https://hbswk.hbs.edu/item/the-truck-driver-who-reinvented-shipping.

2. Marc Levinson, *The Box: How the Shipping Container Made the World Smaller and the World Economy Bigger*(Princeton, NJ: Princeton University Press, 2016), 57.

3. Daniel M. Bernhofen, Zouheir El-Sahli, and Richard Kneller, "Estimating the Effects of the Container Revolution on World Trade," Center for Economic Studies & Ifo Institute, Working Paper No. 4136, Munich, Germany, February 2013.

4. Levinson, *The Box*, 22.

5. Kevin H. O'Rourke and Jeffrey G. Williamson, "When Did Globalization Begin?" National Bureau of Economic Research, Working Paper No. 7632, April 2000, Table 1.

6. Helena Vieira, "The Trade Impact of the Transatlantic Telegraph," *LSE Business Review* (blog), London School of Economics and Political Science, March 20, 2018, https://blogs.lse.ac.uk/business review/2018/03/20/the-trade-impact-of-the-transatlantc-telegraph/.

7. Levinson, *The Box*, 360–61.

8. *Ibid.*, 169.

9. Marian Betancourt, *Heroes of New York Harbor: Tales From the City's Port*(Guilford, CT: GlobePequot, 2017), chapter 10.

10. Marco Poisler and Edward D. Greenberg, "History of Trucking Regulation: 1935 to 1980," Transportation Lawyers Association.

11. Levinson, *The Box*, 57.

12. *Ibid.*, 58.

13. *Ibid.*, 63.

14. *Ibid.*, 66.

15. *Ibid.*, 103–4.

16. *Ibid.*, 58.

17. "Tankers to Carry 2-Way Pay Loads," *New York Times*, April 27, 1956, 39.

18. CQ Researcher, ed., *Issues in Terrorism and Homeland Security: Selections from CQ Researcher*, 2nd ed.(Thousand Oaks, CA: Sage Publications, 2011), 326.

19. Levinson, 27.

20. Betancourt, *Heroes of New York Harbor*, chapter 10.

21. Levinson, *The Box*, 94.

22. Betancourt, *Heroes of New York Harbor*, chapter 10.

23. *The Pentagon Papers: The Secret History of the Vietnam War*(New York: Racehorse, 2017), chapter 8.

24. Levinson, *The Box*, 232.

25. *Ibid.*

26. *Ibid.*, 239.

27. *Ibid.*, 243.

28. *Ibid.*, 251–52.

29. *Ibid.*, 253.

30. Bernhofen, El-Sahli, and Kneller, "Estimating the Effects," 12.

31. *Ibid.*, 19.

32. Hercules E. Haralambides, "Gigantism in Container Shipping, Ports and Global Logistics: A Time Lapse into the Future," *Maritime Economics & Logistics* 21(January 2019): 1–60, https://doi.org/10.1057/s41278-018-00116-0.

33. Levinson, *The Box*, 273.

34. J. G. De Gijt, J. M. Van Kleef, P. Taneja, and Han Ligteringen, "Development of Container Handling in the Port of Rotterdam," ResearchGate, January 2010, https://www.researchgate.net/figure/Historical-development-of-Port-of-Rotterdam-Source-PoR_fig5_311981594.

35. Jitendra Bhonsle, "Evolution and Upsizing of Container Vessels," *Marine Insight*, February 11, 2022.

36. The Largest Container Ships in the World," *Container News*, December 6, 2021, https://container-news.com/top-10-the-largest-container-ships-in-the-world/.

37. "2022 Top 50 Ocean Carriers," *American Journal of Transportation* 740(April 18–May 15, 2022): 8.

38. Blanchette, "Hidden Harbors."

39. "The Top 50 Container Ports," World Shipping Council, https://www.worldshipping.org/top-50-ports.

40. Data courtesy of Drewry.

7장 "해운회사가 송하인을 등쳐먹고 있어요"

1. Peter S. Goodman, Alexandra Stevenson, Niraj Chokshi, and Michael Corkery, "'I've Never Seen Anything Like This': Chaos Strikes Global Shipping," *New York Times*, March 7, 2021, A1.

2. *"We have a dramatic situation":* Interview with John Whelan, February 15, 2021.

3. "Covid-19 and Maritime Transport: Impact and Responses," United Nations Conference on Trade and Development, Transport and Trade Facilitation, Series No. 15, 2021, 15.

4. *ordinary shipping containers:* Greg Miller, "How Three Chinese Companies Cornered Global Container Production," *American Shipper*, May 24, 2021, https:// www.freightwaves.com/news/how-three-chinese-companies-cornered-global-container-production.

5. David Dayen, "Rollups: A Chinese Corner in Chassis and Containers," *American Prospect*, April 6, 2022.

6. "Company Profiles," Dong Fang International Containers (website), accessed September 8, 2022, https://www.dfichk.com/company-profiles.html.

7. Greg Miller, "Chinese Factories Won't Build Enough Boxes to Save US Shippers," *American Shipper*, February 17, 2021, https://www.freight waves.com/news/chinese-factories-wont-build-enough-containers-to-save-us-shippers.

8. Miller, "How Three Chinese Companies."

9. Goodman et al., "'I've Never Seen Anything Like This.'"

10. *Between September and November:* Data compiled by Sea-Intelligence at author's request.

11. Keith Bradsher, "Covid Crackdown at Chinese Port Stalls Global Trade," *New York Times*, June 22, 2021.

12. Clarence G. Morse, "A Study of American Merchant Marine Legislation," *Law and Contemporary Problems* 25, no. 1(Winter 1960): 57–58.

13. Matt Stoller, "Too Big to Sail: How a Legal Revolution Clogged Our Ports," *BIG*, November 13, 2021, https://mattstoller.substack.com/p/too-big-to-sail-how-a-legal-revolution.

14. The Shipping Act of 1916, Section 15, as cited in Susan Steinholtz Sennett, "Pre-Implementation Review Under Section 15 of the Shipping Act of 1916," *Loyola University*

Chicago Law Journal 9, no. 1(Fall 1977): 248.

15. "Competition Issues in Liner Shipping, United States," Organization for Economic Cooperation and Development, Competition Committee, Directorate for Financial and Enterprise Affairs, Working Party No. 2 on Competition and Regulation, June 19, 2015, 2.

16. *Ibid.*

17. Statement of Harold J. Creel Jr. before the US Senate Commerce Committee, Subcommittee on Surface Transportation and Merchant Marine, March 20, 1997, Federal Document Clearinghouse.

18. "The Impact of Alliances in Container Shipping," International Transport Forum, Paris, 2018, Figure 1, 14, https://www.itf-oecd.org/sites/default/files/docs/impact-alliances-container-shipping.pdf.

19. Marc Levinson, *Outside the Box: How Globalization Changed from Moving Stuff to Spreading Ideas*(Princeton, NJ: Princeton University Press, 2020), 206.

20. Vivian Yee and James Glanz, "How One of the World's Biggest Ships Jammed the Suez Canal," *New York Times*, July 18, 2021, A10.

21. "The Impact of Mega-Ships," International Transport Forum, 2015, 9, https://www.itf-oecd.org/sites/default/files/docs/15cspa_mega-ships.pdf.

22. *Ibid.*, 34–38.

23. Interview with Marc Levinson on *Odd Lots* podcast, March 31, 2021.

24. Telephone interview with Timothy Boyle, August 24, 2021.

25. Greg Miller, "Despite Rising Risks, Shipping Lines on Track for Another Record Year," *American Shipper*, April 26, 2022.

26. Interview with Jason Delves, March 25, 2022.

27. Data analysis furnished by F9 Brands.

28. Yan Carriere-Swallow, Pragyan Deb, Davide Furceri, Daniel Jimenez, and Jonathan David Ostry, "Ship- ping Costs and Inflation," International Monetary Fund, Working Paper No. 2022/061, March 25, 2022, https://www.imf.org/en/Publications/WP/Issues/2022/03/25/Shipping-Costs-and-Inflation-515144.

29. Interview with David Reich, April 26, 2022.

30. Greg Miller, "Beware 'Nasty Side Effects' If Government Targets Ocean Carriers," *American Shipper*, August 5, 2021, https://www.freightwaves.com/news/beware-nasty-side-effects-if-government-targets-ocean-carriers.

31. Greg Holt, "MSC Tops Maersk to Become World's Largest Container Shipping Line: Alphaliner," S&P Global, Commodity Insights, January 5, 2022, https://www.spglobal.

com/commodityinsights/en/market-insights/latest-news/shipping/010522-msc-tops-maersk-to-become-worlds-largest-container-shipping-line-alphaliner.

32. "How We Keep Global Trade Moving," MSC, https://www.msc.com/en/about-us.

8장 "잊힌 사람들의 땅"

1. Data compiled by Sea-Intelligence at author's request.

2. *Ibid.*

3. Almond Alliance of California data.

4. Interview with Dan Maffei, April 5, 2022.

5. The White House, "Remarks of President Joe Biden-State of the Union Address as Prepared for Delivery," March 1, 2022, https://www.whitehouse.gov/briefing-room/speeches-remarks/2022/03/01/remarks-of-president-joe-biden-state-of-the-union-address-as-delivered/.

6. Tom Philpott, "Invasion of the Hedge Fund Almonds," *Mother Jones*(January 12, 2015), https://www.motherjones.com/environment/2015/01/california-drought-almonds-water-use/.

7. Julia Lurie, "California's Almonds Suck as Much Water Annually as Los Angeles Uses in Three Years," *Mother Jones*(January 12, 2015), https://www.motherjones.com/environment/2015/01/almonds-nuts-crazy-stats-charts/.

8. Sona P., "The 7 Biggest Industries in California," California.com, June 23, 2021, https://www.california.com/biggest-industries-california/.

9. "California Agricultural Exports, 2020–2021," California Agricultural Statistics Review, California Department of Food & Agriculture, 1.

9장 "들어본 적 있는 이름이군"

1. White House, "President Biden Signs into Law S. 3580, the Ocean Shipping Reform Act of 2022," YouTube video, June 16, 2022, https://www.youtube.com/watch?v=juG_UDFQqaE.

2. Shipping and World Trade: Driving Prosperity," International Chamber of Shipping, https://www.ics-shipping.org/shipping-fact/shipping-and-world-trade-driving-prosperity/.

3. Interview with Peter Friedmann, July 28, 2022.

4. Michael Forsythe and Eric Lipton, "For the Chao Family, Deep Ties to the World's Two

Largest Economies," *New York Times*, June 2, 2019.

5. Mark Weiner, "Dan Maffei; A Brainy Kid Comes Home and Seeks a Return to D.C.," *Syracuse Post-Standard*, September 9, 2008, A1.

6. Michael Angell, "Ocean Carriers Pledge Efforts to Hit OSRA Export Mandates," *Journal of Commerce*, June 21, 2022, https://www.joc.com/maritime-news/container-lines/mediterranean-shipping-co/ocean-carriers-pledge-efforts-hit-osra-export-mandates_20220621.html.

7. "Effects of the Covid-19 Pandemic on the U.S. International Ocean Supply Chain," Federal Maritime Commission, Fact Finding Investigation 29, Final Report, May 31, 2022, 6.

8. Internal email from Juergen Pump to Kevin Li, April 29, 2021, attached as exhibit to "Complainants Memorandum of Law in Opposition to Respondents' Partial Motion to Dismiss And/Or For Summary Judgement," in OJ Commerce, LLC, Complainant, v. Hamburg Südamerikanische Dampfschifffahrts-Gesellschaft A/S & CO KG and Hamburg Süd North America, Inc., Respondents, Federal Maritime Commission, Docket No. 21-11, August 10, 2022, 11.

9. Interview with Dan Maffei, November 4, 2022.

10. "Order on Respondents' Motion to Partially Dismiss and for a Protective Order and Complainant's Motion for Expedited Relief," OJ Commerce v. Hamburg Südamerikanische, August 31, 2022.

10장 "모든 것이 엉망입니다"

1. Brandon Richardson, "Ports of Long Beach, Los Angeles Shatter Annual Cargo Volume Record," *Long Beach Business Journal*, January 20, 2022, https://lbbusinessjournal.com/ports/port-of-long-beach-shatters-annual-cargo-volume-record.

2. Data furnished by Adil Ashiq at AIS Marine Intelligence, provided by MarineTraffic.

3. *Ibid.*

4. *Ibid.*

5. Jenny Leonard, "U.S. Consumer Watchdog Probes Supply Logjams Fueling Inflation," *Bloomberg*, November 30, 2021.

6. Costas Paris and Jennifer Smith, "Cargo Piles Up as California Ports Jostle Over How to Resolve Delays," *Wall Street Journal*, September 26, 2021.

7. Chris Megerian and Don Lee, "Biden Takes on Supply Chain Logjam," *Los Angeles Times*,

October 14, 2021, A1.

8. Data furnished by Prologis.

9. Emailed statement from Tom Boyd, March 23, 2022.

10. Maersk press release, February 9, 2022.

11. Greg Miller, "Shipping Giant Maersk Continues Buying Spree After Best Quarter Ever," *FreightWaves*, November 2, 2021, https://www.freightwaves.com/news/shipping-giant-maersk-continues-buying-spree-after-best-quarter-ever.

12. Interview with Jesse Lopez in Long Beach, California, March 7, 2022.

13. Interview with Jaime Hipsher in Long Beach, California, March 7, 2022.

14. "A.P. Mølleraersk A/S(AMKBY) CEO Soren Skou on Q2 2022 Results-Earnings Call Transcript," Seeking Alpha, August 3, 2022, https://seekingalpha.com/article/4529361-p-moller-maersk-s-amkby-ceo-soren-skou-on-q2-2022-results-earnings-call-transcript.

15. *Ibid.*

16. Interview with Gene Seroka in Los Angeles, March 8, 2022.

17. Aaron Clark and Kevin Varley, "Cyclone Closes One of World's Busiest Ports, Creating Ship Traffic Jam," *Bloomberg*, October 12, 2021.

18. Greg Miller, "California Congestion Nears New High, East Coast Gridlock Worsens," *FreightWaves*, August 16, 2021.

19. Interview with Griff Lynch in Savannah, Georgia, September 29, 2021.

11장 "말도 안 되게 위험해요"

1. Marc Levinson, *The Box: How the Shipping Container Made the World Smaller and the World Economy Bigger*(Princeton: Princeton University Press, 2016), 29.

2. *Ibid.*

3. *Ibid.*, 29–30.

4. *Ibid.*, 143.

5. *Ibid.*, 29.

6. Interview with Anthony Chilton, Long Beach, California, March 10, 2022.

7. Interview with Marshawn Jackson in Los Angeles, September 13, 2022.

8. Data furnished by ILWU.

9. US Bureau of Labor Statistics, "Union Members Summary," press release, January 19, 2023, https://www.bls.gov/news.release/union2.nr0.htm.

10. *Ibid.*

11. Gerald Mayer, "Union Membership Trends in the United States," Congressional Research Service, Domestic Social Policy Division, August 31, 2004.

12. *Ibid.*

13. Qianqian Huang, Feng Jiang, Erik Lie, and Tingting Que, "The Effect of Labor Unions on CEO Compensation," *Journal of Financial and Quantitative Analysis* 52, no. 2(April 2017): 553–82.

14. Josh Bivens and Jori Kandra, "CEO Pay Has Skyrocketed 1,460% Since 1978," Economic Policy Institute, October 4, 2022, https://www.epi.org/publication/ceo-pay-in-2021/.

15. *Ibid.*

16. Tracy A. Loveless, "About a Third of Families Who Received Supplemental Nutrition Assistance Program Benefits Had Two or More People Working," United States Census Bureau, July 21, 2020.

17. Nir Kaissar and Timothy L. O'Brien, "Who Helps Pay Amazon's Low Wage Workers? You Do," *Bloomberg*, March 18, 2021.

18. John Drake, "How Ongoing Labor Negotiations Are Impacting Inflation and Supply Chains," US Chamber of Commerce, September 7, 2022, https://www.uschamber.com/security/supply-chain/how-ongoing-labor-negotiations-are-impacting-inflation-and-supply-chains.

19. "Trade Association Letter to White House," Retail Industry Leaders Association, March 1, 2022, https://www.rila.org/focus-areas/supply-chain/trade-association-letter-port-negotiations.

20. Levinson, *The Box*, 27.

21. Andrea Hsu, "Retired Labor Leader Says His Former Union Must Think Outside the Box to Save Jobs," NPR, September 11, 2022 https:// www.npr.org/2022/09/11/1121373064/shipping-union-dockworker-ilwu-supply-chain-automation.

22. Interview with John Arkenbout in Rotterdam, July 12, 2016.

12장 "아침에 일어날 가치나 있는 걸까요?"

1. Ryan Johnson, "I'm a Twenty Year Truck Driver, I Will Tell You Why America's 'Shipping Crisis' Will Not End," *Medium*, October 27, 2021, https://medium.com/@ryan79z28/im-a-twenty-year-truck-driver-i-will-tell-you-why-america-s-shipping-crisis-will-not-end-bbe0ebac6a91.

2. Ari Ashe, "US Drayage Drivers Quitting as Rail Ramp Congestion Crimps Pay," *Journal of Commerce*, May 19, 2021.

3. David Wren, "Anchored Ship Logjam Increases off SC Coast as Charleston Port Sees Container Overload," *Post and Courier*, February 15, 2022.

4. Ruby Bolaria, Alexis Cooke, and Natalie Nava, "South Central Neighborhood Council Report," December 20, 2013, https://vnnc.org/wp-content/uploads/2014/05/The-State-of-South-Central-NC.pdf.

5. TheVideoWhisperer, "Trucking in America—Driving for Swift, Excerpts," 2010, YouTube video, https://www.youtube.com/watch?v=3t4i8kfftFc.

6. Steve Viscelli, *The Big Rig: Trucking and the Decline of the American Dream*(Oakland: University of California Press, 2016), chapter 1.

7. Aurora Armendral, "Unloading Container Ships Faster in the US Is Pushing Supply Chain Woes onto Trucks," *Quartz*, October 18, 2021.

13장 "공공의 비용으로 아무 데나 철도를 건설한다"

1. Alexander Laska, "Freight Rail's Role in a Net-Zero Economy," *Third Way*, June 7, 2021.

2. David Austin, "Pricing Freight Transport to Account for External Costs," Congressional Budget Office, Working Paper No. 2015-03, March 2015, 35.

3. *Ibid.*, Summary.

4. Matt Stoller, *Goliath: The 100-Year War Between Monopoly Power and Democracy*(New York: Simon & Schuster, 2019), 6–7.

5. "Baltimore and Ohio Railroad," *Encyclopedia.com*, https:// www.encyclopedia.com/history/encyclopedias-almanacs-transcripts-and-maps/baltimore-and-ohio-railroad.

6. Michael Hiltzik, *Iron Empires: Robber Barons, Railroads, and the Making of Modern America*(New York: Mariner Books, 2020), chapter 1.

7. Sam Vong, "The Impact of the Transcontinental Railroad on Native Americans," *O Say Can You See?* (blog), National Museum of American History, June 3, 2019. https://americanhistory.si.edu/blog/TRR.

8. *American Experience*, season 15, episode 7, "The Transcontinental Railroad," aired January 27, 2003, on PBS.

9. David Haward Bain, *Empire Express: Building the First Transcontinental Railroad*(New York: Penguin Books, 1999), 8–9.

10. Hiltzik, *Iron Empires*, chapter 1.

11. Gordon H. Chang, Shelly Fisher Fishkin, and Hilton Obenzinger, introduction to *The Chinese and the Iron Road: Building the Transcontinental Railroad*, eds., Gordon H. Chang and Shelley Fisher Fishkin(Stanford, CA: Stanford University Press, 2019).

12. Bain, *Empire Express*, 209.

13. Evelyn Hu-DeHart, "Chinese Labor Migrants to the Americas in the Nineteenth Century," in *The Chinese and the Iron Road*.

14. Chang, Fiskin, and Obenzinger, introduction to *The Chinese and the Iron Road*.

15. Barbara L. Voss, "Living Between Misery and Triumph," in *The Chinese and the Iron Road*.

16. J. Ryan Kennedy, Sarah Heffner, Virginia Popper et al., "The Health and Well-Being of Chinese Railroad Workers," in *The Chinese and the Iron Road*.

17. Voss, "Living Between Misery and Triumph."

18. Bain, *Empire Express*, 219–20.

19. *Ibid.*, 666–67.

20. Hiltzik, *Iron Empires*, chapter 1.

21. Maury Klein, "Financing the Transcontinental Railroad," Gilder Lehrman Institute of American History, https://ap.gilderlehrman.org/essays/financing-transcontinental-railroad.

22. Hiltzik, *Iron Empires*, chapter 3.

23. Bain, *Empire Express*, 679–80.

24. Hiltzik, *Iron Empires*, chapter 4.

25. *Ibid.*, chapter 5.

26. *Ibid.*, chapter 4.

27. Stoller, *Goliath*, 9–10.

28. *Ibid.*, 11.

29. *Ibid.*, 9.

30. Robert V. Bruce, 1877: *Year of Violence*(Indianapolis: Bobbs-Merrill Co., 1959), chapter 1.

31. *Ibid.*, chapter 3.

32. *Ibid.*

33. *Ibid.*

34. State of Pennsylvania, General Assembly, *Report of the Committee Appointed to Investigate the Railroad Riots in July*, 1877(Harrisburg, PA: Lane S. Hart, State Printer, 1878), https://www.google.com/books/edition/Report_of_the_Committee_Appointed_to_Inv/jtE5AQAAIAAJ?hl=en.

35. Bruce, 1877, chapter 3.

36. Stoller, *Goliath*, 11.

37. Bruce, 1877, chapter 8.

38. *Ibid.*

39. *Ibid.*

40. Record Group 10, records of the office of Pennsylvania Governor John F. Hartranft and photos of the scene, "Description of Railroad Riots-July 23, 1877," Pennsylvania Historical & Museum Commission, http://www.phmc.state.pa.us/portal/communities/documents/1865-1945/railroad-riots.html.

41. Bruce, 1877, chapter 8.

42. "Hayes' July 21 Proclamation: A Manifesto Against Domestic Violence," Railroads and the Making of Modern America, University of Nebraska, Lincoln, https://railroads.unl.edu/documents/view_document.php?keyword=hayes&id=rail.str.0016.

43. "Rutherford B. Hayes Diary Entry, August 5, 1877," Railroads and the Making of Modern America, University of Nebraska, Lincoln, https://railroads.unl.edu/documents/view_document.php?rends%5B%5D=diary&sort=title&page=1&order=desc&id=rail.str.0044.

44. Stoller, *Goliath*, 9–10.

45. *Ibid.*

46. "Interstate Highway System," Dwight D. Eisenhower Presidential Library, Museum & Boyhood Home, https://www.eisenhowerlibrary.gov/research/online-documents/interstate-highway-system.

47. Matthew Jinoo Buck, "How America's Supply Chains Got Railroaded," *American Prospect*, February 4, 2022, https://prospect.org/economy/how-americas-supply-chains-got-railroaded/.

48. *Ibid.*

49. *Ibid.*

50. B. Kelly Eakin, A. Thomas Bozzo, Mark E. Meitzen, and Philip E. Schoech, "Railroad Performance Under the Staggers Act," *Regulation*(Winter 2010–2011): 32.

51. *Ibid.*

52. "Rail Deregulation Passes House," *New York Times*, September 10, 1980, A7.

53. Buck, "How America's Supply Chains."

54. Eakin et al., "Railroad Performance," 34.

55. *Ibid.*

56. Buck, "How America's Supply Chains."

57. Marvin Prater, Adam Sparger, Daniel O'Neill Jr., "Railroad Concentration, Market Share

and Rates," United States Department of Agriculture, Agricultural Marketing Service, February 2014.

58. *Ibid.*

59. Martha Moore, "U.S. Freight Customers Increasingly Taxed by Higher Rail Rates," *Regulatory Review*, June 24, 2019, https://www.theregreview.org/2019/06/24/moore-us-freight-customers-taxed-higher-rail-rates/.

60. Eakin et al., "Railroad Performance."

61. Bureau of Transportation Statistics data, cited in Buck, "How America's Supply Chains."

62. Moore, "U.S. Freight Customers."

14장 "전능한 지표인 영업비율"

1. Testimony of Martin J. Oberman, chairman, Surface Transportation Board, in hearing before US House of Representatives, Committee on Transportation and Infrastructure, Subcommittee on Railroads, Pipelines and Hazardous Materials, May 12, 2022.

2. Matthew DeLay, "'It Is Getting Worse. People Are Leaving,'" *Railway Age*, April 25, 2022, https://www.railwayage.com/regulatory/it-is-getting-worse-people-are-leaving/.

3. "Chicago Intermodal Simplification and Service Update from Kenny Rocker, EVP, Marketing & Sales," announcement no. CN2019-28, Union Pacific, May 2, 2019, https://www.up.com/customers/announcements/customernews/generalannouncements/CN2019-28.html.

4. Union Pacific Corp. Form 10-K, 2020, 32.

5. *Ibid.*, 3–4.

6. Quoted in Ari Ashe, "UP Suspending USWC-Chicago Hub Services to Clear Global IV Boxes," *Journal of Commerce*(July 15, 2021).

7. Bill Mongelluzzo, "UP Suspends Receipt of Westbound Boxes at LA-LB Facility," *Journal of Commerce*(October 25, 2021).

8. Letter from Michael Paul Lindsey II to the Surface Transportation Board, July 18, 2022.

9. *Ibid.*

10. Jeff Stagl, "It's Taking a Team Effort for Union Pacific to Roll Out Its Version of PSR," *Progressive Railroading*, March 2019, https://www.progressiverailroading.com/union_pacific/article/Its-taking-a-team-effort-for-Union-Pacific-to-roll-out-its-version-of-PSR--56940.

11. Data compiled by Salary.com from Union Pacific proxy statements.

12. *Ibid.*

13. Testimony from Chris Jahn, president of the American Chemistry Council, before the Surface Transportation Board, April 26, 2022, https://www.americanchemistry.com/content/download/10951/file/ACC-Testimony-to-STB-on-Urgent-Issues-in-Freight-Rail-Service-042622.pdf.

14. Letter from Corey Rosenbush, president and CEO of The Fertilizer Institute, to Surface Transportation Board, June 2, 2021, https://www.stb.gov/wp-content/uploads/Fertilizer-Institute-to-Board-relating-to-CSX_20210602.pdf.

15. Interview with David Heide in Kansas City, November 17, 2021.

16. Speech by Martin J. Oberman to annual meeting of the North American Rail Shippers Association, September 8, 2021, https://www.stb.gov/wpcontent/uploads/NARS-Speech-9-8-21.pdf.

17. Eleanor Mueller, "The Supply Chain's Little-Known Weakest Link: Railroad Workers," *Politico*, May 16, 2022, https://www.politico.com/newsletters/weekly-shift/2022/05/16/the-supply-chains-little-known-weakest-link-railroad-workers-00032624.

18. Norfolk Southern earnings call, July 27, 2022, transcript via The Motley Fool, https://www.fool.com/earnings/call-transcripts/2022/07/27/norfolk-southern-nsc-q2-2022-earnings-call-transcr/.

19. *Ibid.*

20. Anthony Gunter resignation letter, August 3, 2022.

21. *Report to the President by Emergency Board No. 250*, August 16, 2022, 30, https://nmb.gov/NMB_Application/wp-content/uploads/2022/08/PEB-250-Report-and-Recommendations.pdf.

22. *Ibid.*, 32.

23. Peter S. Goodman, "For Rail Workers, Anger Persists over Sick Leave," *New York Times*, October 29, 2022, B1.

24. *Ibid.*

25. Steven Watts, *The People's Tycoon: Henry Ford and the American Century* (New York: Vintage Books, 2006), chapter 22.

26. Henry Ford, *My Life and Work* (1922; repr., Pantianos Classics, ebook), chapter 8.

27. Richard Snow, *I Invented the Modern Age: The Rise of Henry Ford* (New York: Scribner, 2013), 221.

28. Ford, *My Life and Work*, chapter 8.

29. *Ibid.*, chapter 11.

30. Mark J. Roe, "Dodge v. Ford: What Happened and Why?" European Corporate

Governance Institute-Law Working Paper No. 619/2021, November 12, 2021, SSRN, https://ssrn.com/abstract=3943559 or http://dx.doi.org/10.2139/ssrn.3943559.

31. Watts, *The People's Tycoon*, chapter 10.

32. Snow, *I Invented the Modern Age*, 219–20.

33. *Ibid.*, 222.

34. *Ibid.*

35. Interview with Peter Kennedy, October 13, 2022.

36. Andrea Hsu, "Some Rail Workers Say Biden 'Turned His Back on Us' in Deal to Avert Rail Strike," NPR, December 2, 2022, https://www.npr.org/2022/12/02/1140265413/rail-workers-biden-unions-freight-railroads-averted-strike.

37. Emily Cochrane, "With Senate Vote, Congress Moves to Avert Rail Strike," *New York Times*, December 2, 2022, A1.

38. *Ibid.*

39. "Welcome to Investor Day," presentation, slide 25, Norfolk Southern, December 6, 2022, http://www.nscorp.com/content/dam/nscorp/get-to-know-ns/investor-relations/Slides/2022_InvestorDay%20Presentation_Final_For_Web.pdf.

40. Mark George, in NS WebVideos, "NSC Investor Day 2022 Webcast," YouTube video, December 6, 2022, https://www.youtube.com/watch?v=k8roDn3an5A&t=2087s.

41. National Transportation Safety Board press release, February 23, 2023.

42. Becky Sullivan, "Here's Why It's Hard to Clean Up Toxic Waste from the East Palestine Train Derailment," NPR, March 3, 2023, https://www.npr.org/2023/03/03/1160481769/east-palestine-derailment-toxic-waste-cleanup.

43. Julia Rock and Rebecca Burns, "There Will Be More Derailments," *The Lever*, February 10, 2023.

44. Interview with Michael Paul Lindsey II, October 2022.

15장 "바퀴 달린 노동 착취 공장"

1. Andrew W. Hait and Lynda Lee, "What's in That Truck I Just Passed on the Highway?" United States Census Bureau, February 24, 2021, https://www.census.gov/library/stories/2021/02/what-is-in-that-truck-i-just-passed-on-the-highway.html.

2. Driver Shortage Update 2021, American Trucking Associations, Economics Department, October 25, 2021.

3. Jim Stinson, "ATA's Costello: Trucking Alone Can't Solve the 80K Driver Shortage,"

Transport Dive, October 25, 2021.Stephen V.

4. Burks and Kristen Monaco, "Is the U.S. Labor Market for Truck Drivers Broken? An Empirical Analysis Using Nationally Representative Data," IZA Institute of Labor Economics, Discussion Paper No. 11813, September 2018, 31.

5. Bob Costello and Alan Karickhoff, "Truck Driver Short-age Analysis 2019," American Trucking Associations, July 2019, 4, https://www.trucking.org/sites/default/files/2020-01/ATAs%20Driver%20Shortage%20Report%202019%20with%20cover.pdf.

6. US Department of Transportation, *Driving Automation Systems in Long-Haul Trucking and Bus Transit: Preliminary Analysis of Potential Workforce Impacts*, January 2021, https://www.transportation.gov/sites/dot.gov/files/2021-01/Driving%20Automation%20Systems%20in%20Long%20Haul%20Trucking%20and%20Bus%20Transit%20Preliminary%20Analysis%20of%20Potential%20Workforce%20Impacts.pdf.

7. Interview with Max Farrell, November 10, 2021.

8. Alana Semuels, "The Truck Driver Shortage Doesn't Exist. Saying There Is One Makes Conditions Worse for Drivers," *Time*, November 12, 2021.

9. *Ibid.*

10. Costello and Karickhoff, "Truck Driver Shortage," 6, n. 10.

11. Interview with Steve Viscelli, December 24, 2021.

12. Steve Viscelli, introduction to *The Big Rig: Truck- ing and the Decline of the American Dream*(Oakland: University of California Press, 2016).

13. Gary J. Edles, "Motor Carrier Act (1935)," *Encyclopedia.com,* https://www.encyclopedia.com/history/united-states-and-canada/us-history/motor-carrier-act.

14. Viscelli, introduction to *The Big Rig*.

15. *Ibid.*

16. *Ibid.*

17. *Ibid.*

18. Rachel Premack, "Truck Driver Salaries Have Fallen by as Much as 50% Since the 1970s-and Experts Say a Little Known Law Explains Why," *Insider*, September 26, 2018.

19. Viscelli, introduction to The Big Rig.

20. *Ibid.*

21. *Ibid.*

22. *Ibid.*

23. *Ibid.*

24. President Jimmy Carter, "Motor Carrier Act of 1980 Statement on Signing S. 2245 Into

Law," July 1, 1980, UC Santa Barbara, The American Presidency Project, https://www.presidency.ucsb.edu/documents/motor-carrier-act-1980-statement-signing-s-2245-into-law.

25. Viscelli, introduction to *The Big Rig*.

26. *Ibid.*

27. *Ibid.*

28. Premack, "Truck Driver Salaries."

29. Michael H. Belzer, *Sweatshops on Wheels: Winners and Losers in Trucking Deregulation*(New York: Oxford University Press, 2000).

30. The public health literature: Adam Hege, Michael K. Lemke, Yorghos Apostolopoulos, Sevil Sönmez, "Occupational Health Disparities Among U.S. Long-Haul Truck Drivers: The Influence of Work Organization and Sleep on Cardiovascular and Metabolic Disease Risk," PLoS ONE 13, no. 11(November 15, 2018), https://doi.org/10.1371/journal.pone.0207322.

16장 "식료품점 진열대를 채울 수 있게 해주신 여러분의 노고에 감사드립니다"

1. Tom McGhee, "Swift Sold to Brazilian Firm," *Denver Post*, May 29, 2007.

2. Chloe Sorvino, *Raw Deal: Hidden Corruption, Corporate Greed, and the Fight for the Future of Meat*(New York: Simon & Schuster, 2022), 67–73.

3. *Ibid.*, 62–63.

4. Felipe Marques and James Attwood, "Brazil's Batista Brothers Are Out of Jail and Worth $6 Billion," *Bloomberg*, July 15, 2021.

5. Shelly Bradbury, "More Than 800 Greeley Meat Packing Plant Workers Call Off as Coronavirus Is Confirmed Among Employees," *Denver Post*, March 31, 2020.

6. US Department of Labor, Occupational Safety and Health Administration, "JBS Foods USA Reaches Settlement with OSHA to Develop, Implement Infectious Disease Preparedness Plan at Seven Meat Processing Plants," press release, May 27, 2022, https://www.osha.gov/news/newsreleases/national/05272022.

7. US House of Representatives, Select Subcommittee on the Coronavirus Crisis, "Staff Memorandum on Coronavirus Infections and Deaths Among Meatpacking Workers," October 27, 2021, https:// docs.house.gov/meetings/VC/VC00/20211027/114179/ HHRG-117-VC00-20211027-SD003.pdf.

8. Email from physician at Moore County Hospital to Cameron Bruett, head of corporate affairs, JBS USA Holdings, April 18, 2020, partially redacted, attached as exhibit to US

House of Representatives, Select Subcommittee on the Coronavirus Crisis, "How the Trump Administration Helped the Meatpacking Industry Block Pandemic Worker Protections," May 2022, https://coronavirus-democrats-oversight.house.gov/sites/democrats.corona virus. house.gov/files/2022.5.12%20-%20SSCC%20report%20Meatpacking%20FINAL.pdf.

9. *"the continued functioning"*: The White House, "Executive Order on Delegating Authority Under the DPA with Respect to Food Supply Chain Resources During the National Emergency Caused by the Outbreak of COVID-19," April 28, 2020, https:// trumpwhitehouse.archives.gov/presidential-actions/executive-order-delegating-authority-dpa-respect-food-supply-chain-resources-national-emergency-caused-outbreak-covid-19/.

10. Michael Grabell and Bernice Yeung, "Emails Show the Meatpacking Industry Drafted an Executive Order to Keep Plants Open," *Pro- Publica*, September 14, 2020.

11. Select Subcommittee on the Coronavirus Crisis, "How the Trump Administration Helped."

12. "Smithfield Closes South Dakota Pork Plant Due to Coronavirus," Associated Press, April 12, 2020.

13. US Department of Agriculture, National Agricultural Statistics Service, "Cold Storage: March 2020 Highlights," April 22, 2020, 7, https://downloads.usda.library.cornell.edu/ usda-esmis/files/pg15bd892/1r66jm331/qb98n127b/cost0420.pdf.

14. Karl Plume, "Surge in U.S. Pork Exports to China Led by Brazil's JBS, China's WH Group," Reuters, September 22, 2020.

15. "Top 9 Meat Packing plants in the U.S.," IndustrySelect, July 20, 2022, https://www. industryselect.com/blog/the-largest-meatpacking-plants-in-the-us.

16. Email thread between Sarah Little, vice president of communications, North American Meat Institute, and Robin E. Troy, di- rector of conference services and marketing, April 16, 2020, partially redacted, attached as exhibit to Select Subcommittee on the Coronavirus Crisis, "How the Trump Administration Helped."

17. *Ibid.*

18. North American Meat Institute internal emails attached as exhibits to Select Subcommittee on the Coronavirus Crisis, "How the Trump Administration Helped," 14, n. 100.

19. *Ibid.*, n. 101.

20. *Ibid.*, n. 104.

21. *Ibid.*, 15.

22. Email from Julie Anna Potts, CEO of North American Meat Institute, to Noel White, CEO Tyson Foods, et al., April 2, 2020, attached as exhibit to Select Subcommittee on the

공급망 붕괴의 시대

Coronavirus Crisis, "How the Trump Administration Helped," 15–16, n. 111.

23. Email from Julie Anna Potts, CEO North American Meat Institute, to USDA Secretary Sonny Perdue, April 3, 2020, attached as exhibit to Select Subcommittee on the Coronavirus Crisis, "How the Trump Administration Helped," 16, n. 112.

24. "Vice President Pence with Coronavirus Task Force Briefing," C-SPAN, video, April 7, 2020, https://www.c-span.org/video/?471020-101/vice-president-pence-coronavirus-task-force-briefing.

25. *Ibid.*

26. Brian Deese, Sameera Fazili, and Bharat Ramamurti, "Recent Data Show Dominant Meat Processing Companies Are Taking Advantage of Market Power to Raise Prices and Grow Profit Margins," White House Briefing Room blog, December 10, 2021, https://www.whitehouse.gov/briefing-room/blog/2021/12/10/recent-data-show-dominant-meat-processing-companies-are-taking-advantage-of-market-power-to-raise-prices-and-grow-profit-margins/.

27. JBS SA earnings call with investors, March 25, 2021, transcript via CQ-Roll.

28. *Ibid.*

29. US Department of Labor, Occupational Safety and Health Ad- ministration, "OSHA News Release-Region 8: U.S. Department of Labor Cites JBS Foods Inc. for Failing to Protect Employees from Exposure to the Corona- virus," press release, September 11, 2020, https://www.osha.gov/news/news releases/region8/09112020.

30. US Department of Agriculture data, cited in Peter S. Good-man, "Record Beef Prices, but Ranchers Aren't Cashing In," *New York Times*, December 27, 2021, A1.

17장 "자유 시장이 사라지고 없어요"

1. Analysis of US Department of Agriculture data furnished by Cassandra Fish.

2. Average Price: All Uncooked Beef Steaks in U.S. City Average, FRED Economic Data, St. Louis Fed, https://fred.stlouisfed.org/series/APU0000FC3101.

3. *Barry Lynn had once dissected:* Barry C. Lynn, Cornered: The New Monopoly Capitalism and the Economics of Destruction(Hoboken, NJ: John Wiley & Sons, 2010), chapter 2.

4. *Ibid.*, chapter 3.

5. Matt Stoller, "Big Bottle: The Baby Formula Nightmare," *BIG*, May 13, 2022.

6. Coral Beach, "Former Employee Blows Whistle on Baby Formula Production Plant Tied to Outbreak," *Food Safety News*, April 28, 2022, https://www.foodsafetynews.com/2022/04/

former-employee-blows-whistle-on-baby-formula-production-plant-tied-to-outbreak/.

7. Tom Perkins, "Baby Formula Crisis: Abbott Enriched Shareholders as Factory Needed Repairs, Records Show," *The Guardian*, May 20, 2022.

8. Stoller, "Big Bottle."

9. Claire Kelloway, "U.S. Food Prices Are Up. Are the Food Corporations to Blame for Taking Advantage?" *Time*, January 14, 2022.

10. Josh Bivens, "Corporate Profits Have Contributed Disproportionately to Inflation. How Should Policy Makers Respond?" *Working Economics Blog*, Economic Policy Institute, April 21, 2022, https://www.epi.org/blog/corporate-profits-have-contributed-disproportionately-to-inflation-how-should-policymakers-respond/.

11. Mike Konczal and Niko Lusiani, "Prices, Profits, and Power: An Analysis of 2021 Firm-Level Markups," Roosevelt Institute, June 2022, https://rooseveltinstitute.org/wp-content/uploads/2022/06/RI_PricesProfits Power_202206.pdf.

12. Matthew Boesler, "Profits Soar as U.S. Corporations Have Best Year Since 1950," *Bloomberg*, March 30, 2022.

13. Kroger, Third Quarter 2021 Earnings Call Transcript, Seeking Alpha, December 2, 2021, https://seekingalpha.com/article/4473085-kroger-co-kr-ceo-rodney-mcmullen-on-q3-2021-results-earnings-call-transcript.

14. Brian Deese, Sameera Fazili, and Bharat Ramamurti, "Addressing Concentration in the Meat-Processing Industry to Lower Food Prices for American Families," *Briefing Room* (blog), The White House, September 8, 2021, https://www.whitehouse.gov/briefing-room/blog/2021/09/08/addressing-concentration-in-the-meat-processing-industry-to-lower-food-prices-for-american-families/.

15. Christopher Knowlton, *Cattle Kingdom: The Hidden History of the Cowboy West*(New York: Houghton Mifflin Harcourt, 2017), introduction.

16. *Ibid.*

17. *Ibid.*

18. "Report of the Federal Trade Commission on the Meat- Packing Industry," Summary and Part 1, June 24, 1919, 31, https://www.google.com/books/edition/Report_of_the_Federal_Trade_Commission_o/0GgJAQA AMAAJ?hl=en&gbpv=1.

19. Knowlton, *Cattle Kingdom*, chapter 7.

20. *Ibid.*

21. Upton Sinclair, The Jungle(1906; repr., Apple Books, ebook), chapter 26.

22. "Report of the Federal Trade Commission," 24.

23. *Ibid.*, 32.

24. "Ronald Reagan's Announcement for Presidential Candidacy, 1979," January 13, 1979, Ronald Reagan Presidential Library & Museum, https://www.reaganlibrary.gov/archives/speech/ronald-reagans-announcement-presidential-candidacy-1979.

25. Peter S. Goodman, *Davos Man: How the Billionaires Devoured the World*(New York: HarperCollins, 2022), 377–79.

26. *Ibid.*

27. US Department of Agriculture, Economic Research Service, Historical Monthly Price Spread for Beef data, https://www.ers.usda.gov/data-products/meat-price-spreads/.

28. Chloe Sorvino, *Raw Deal: Hidden Corruption, Corporate Greed, and the Fight for the Future of Meat*(New York: Simon & Schuster, 2022), 26–27.

29. *Ibid.*

30. *Ibid.*, 67.

31. Associated Press, "Brazilian Co. Acquires National Beef, Plans to Buy Smithfield Unit to Form No. 1 Processor," *Denver Post*, March 4, 2008.

32. US Department of Justice, "Justice Department Files Lawsuit to Stop JBS S.A. from Acquiring National Beef Packing Co.," press release, October 20, 2008, https://www.justice.gov/archive/atr/public/press_releases/2008/238382.htm.

33. Sorvino, *Raw Deal*, 29.

34. US Department of Agriculture data, cited in Peter S. Goodman, "Record Beef Prices, but Ranchers Aren't Cashing In," *New York Times*, December 27, 2021, A1.

35. Interview with Bill Bullard, chief executive officer, Ranchers-Cattlemen Action Legal Fund.

36. USDA data; Goodman, "Record Beef Prices."

37. Third Consolidated Amended Class Action Complaint, In re Cattle Antitrust Litigation, US District Court, District of Minnesota, Civil No. 19-cv-1222(JRT/HB), Doc. 313, 47, https://aglaw.psu.edu/wp-content/uploads/2021/04/In-Re-Cattle-Antitrust-Litigation-Third-amended-complaint-12.28.20.pdf.

38. Email from Sarah Little, December 15, 2021.

18장 "생산 공장을 다변화할 필요가 있어요"

1. Zolan Kanno-Youngs and Peter Baker, "Biden Pledges to Defend Taiwan if It Faces a Chinese Attack," *New York Times*, May 24, 2022, A1.

2. "No Change in U.S. Policy Towards Taiwan, Says White House Official," Reuters, May 23, 2022.

3. Alan Rappeport and Keith Bradsher, "Trump Says He Will Raise Existing Tariffs on Chinese Goods to 30%," *New York Times*, August 24, 2019, A1.

4. Damien Cave, "How 'Decoupling' from China Became 'De-Risking,'" *New York Times*, May 22, 2023, A6.

5. China Business Climate Survey Report, American Chamber of Commerce in China, via Arendse Huld, "2023 AmCham China Business Climate Survey-Insights and Analysis," *China Briefing*, March 10, 2023.

6. *Ibid.*

7. "Nearly One in Four European Firms Consider Shifting Out of China," *Bloomberg*, June 20, 2022.

8. Interview with Brandon Daniels, July 22, 2022.

9. Jason Douglas and Stella Yifan Xie, "Countries Compete to Lure Manufacturers from China," *Wall Street Journal*, March 23, 2023.

10. Shannon K. O'Neil, *The Globalization Myth: Why Regions Matter*(New Haven, CT: Yale University Press, 2022), chapter 5.

11. *Ibid.*

12. The White House, "Fact Sheet: New U.S. Government Actions on Forced Labor in Xinjiang," press release, June 24, 2021, https:// www.whitehouse.gov/briefing-room/ statements-releases/2021/06/24/fact-sheet-new-u-s-government-actions-on-forced-labor-in-xinjiang/.

13. Ana Swanson, "Companies Brace for Impact of New Forced Labor Law," *New York Times*, June 22, 2022, B1.

14. Peter S. Goodman, Vivian Wang, and Elizabeth Paton, "Global Brands Find It Hard to Untangle Themselves From Xinjiang Cotton," *New York Times*, April 6, 2021, A1.

15. Thomas Baumgartner, Yogesh Malik, and Asutosh Padhi, "Reimagining Industrial Supply Chains," McKinsey & Company, August 11, 2020.

16. Juliana Liu, "US-China Trade Defies Talk of Decoupling to Hit Record High in 2022," CNN, February 8, 2023.

17. Bryce Baschuk, "DHL Digs into Trade Data to Track US- China Decoupling," *Bloomberg*, March 15, 2023.

18. *Ibid.*

19. Donald J. Trump, Twitter thread, July 12, 2019, https://x.com/realDonaldTrump/status/1

149661694735474688?s=20.

20. Mark Zandi, Jesse Rogers, and Maria Cosma, "Trade War Chicken: The Tariffs and the Damage Done," Moody's Analytics, September 2019.

21. Lori Ann LaRocco, "China, 'Factory of the World,' Is Losing More of Its Manufacturing and Export Dominance, Latest Data Shows," CNBC, October 20, 2022.

22. *Ibid.*

23. Cheng Ting-Fang and Lauly Li, "Apple to Produce Millions of AirPods in Vietnam Amid Pandemic," *Nikkei Asian Review*, May 8, 2020.

24. Nathan Reiff, "Apple to Move Some MacBook Production to Vietnam from China," *Investopedia*, December 20, 2022.

25. "Samsung to Relocate Chinese Display," Reuters, June 19, 2020.

26. Caroline Freund, Aaditya Mattoo, Alen Mulabdic, and Michele Ruta, "Is U.S. Trade Policy Reshaping Global Supply Chains?" World Bank Group, Policy Research Working Paper 10593, October 2023, https://openknowledge.worldbank.org/entities/publication/4edfe909-2761-4b03-b8a7-153650da7cf6.

27. "Clothing Makers Find It Hard to Break with China's Supply Chain," *Bloomberg*, October 30, 2023.

28. Abigail Dahlman and Mary E. Lovely, "Most IPEF Members Became More Dependent on China for Trade over the Last Decade," Peterson Institute for International Economics, October 25, 2023, https://www.piie.com/research/piie-charts/most-ipef-members-became-more-dependent-china-trade-over-last-decade.

29. Interview with Brad Setser, October 26, 2023.

30. Peter S. Goodman, "China Ventures Southward," *Washington Post*, December 6, 2005.

31. LaRocco, "China, 'Factory of the World.'"

19장 "세계화는 이제 수명이 다했습니다"

1. Jay-Z, "F.U.T.W.," on *Magna CartaHoly Grail*(Roc Nation / Roc-A-Fella Records, 2013).

2. Willy C. Shih, "Climate Regulations Are About to Disrupt Global Shipping," *Harvard Business Review*, October 21, 2022, https://hbr.org/2022/10/climate-regulations-are-about-to-disrupt-global-shipping.

3. *Ibid.*

4. Lori Ann LaRocco, "China, 'Factory of the World,' Is Losing More of Its Manufacturing

and Export Dominance, Latest Data Shows," CNBC, October 20, 2022.

5. Chad P. Bown and Thomas J. Bollyky, "Here's How to Get Billions of COVID-19 Vaccine Doses to the World," *Trade and Investment Policy Watch* (blog), Peterson Institute for International Economics, March 18, 2021, https://www.piie.com/blogs/trade-and-investment-policy-watch/heres-how-get-billions-covid-19-vaccine-doses-world.

6. *Ibid.*

7. *Ibid.*

8. Sharon LaFraniere and Katie Thomas, "Pfizer Nears Deal with Trump Administration to Provide More Vaccine Doses," *New York Times*, December 23, 2020, A1.

9. Sharon LaFraniere, "Biden Got the Vaccine Rollout Humming, with Trump's Help," *New York Times*, March 11, 2021, A10.

10. Zolan Kanno-Youngs, "Biden Signs Industrial Policy Bill Aimed at Bolstering Competition with China," *New York Times*, August 10, 2022, A15.

11. Demetri Sevastopulo, "Chipmakers Receiving US Federal Funds Barred from Expanding in China for 10 Years," *Financial Times*, February 28, 2023, https://www.ft.com/content/9f4f9684-088c-45eb-b6bf-962061bfea7b.

12. Kanno-Youngs, "Biden Signs."

13. David Shepardson, "U.S. Says It Will Limit Size of Semi- conductor Chip Grants," Reuters, July 29, 2022.

14. Ana Swanson, "Biden Administration Clamps Down on China's Access to Chip Technology," *New York Times*, October 8, 2022, A1.

15. *Ibid.*

16. Ana Swanson, "Netherlands and Japan Said to Join U.S. in Curbing Chip Technology Sent to China," *New York Times*, January 29, 2022, A12.

17. Jim Tankersley, "Biden Signs Expansive Health, Climate and Tax Law," *New York Times*, August 16, 2022.

18. Jack Ewing, "Tax Credits for Electric Vehicles Are About to Get Confusing," *New York Times*, December 30, 2022, B1.

19. *Ibid.*

20. Emma Newburger, "Biden Awards $2.8 Billion for Projects to Boost Electric Vehicle Battery Manufacturing," CNBC, October 19, 2022.

21. See, for example, Adam Posen, "America's Zero- Sum Economics Doesn't Add Up," *Foreign Policy* (Spring 2023).

22. Olivia White, Jonathan Woetzel, Sven Smit, et al., "The Complication of Concentration in

Global Trade," McKinsey Global Institute, January 12, 2023.

23. Michael R. Davidson et al., "Risks of Decoupling from China on Low-Carbon Technologies," *Science* 377, no. 1266(2022).

24. See, for example, Pinelopi K. Goldberg and Tristan Reed, "Is the Global Economy Deglobalizing? And If So, Why? And What Is Next?" National Bureau of Economic Research, Working Paper No. 31115, April 2023.

25. Catherine Thorbecke, "Intel Investing $20 Billion to Bring Chip Manufacturing to Ohio Amid Global Shortage," ABC News, January 21, 2022, https://abcnews.go.com/Business/intel-investing-20-billion-bring-chip-manufacturing-ohio/story?id=82395975.

26. Steve Lohr, "Micron Pledges Up to $100 Billion for Semiconductor Factory in New York," *New York Times*, October 5, 2022, B3.

27. Don Clark and Kellen Browning, "In Phoenix, a Taiwanese Chip Giant Builds a Hedge Against China," *New York Times*, December 7, 2022, B1.

28. Kevin Xu, "The Cost of Deglobalization," *Noema*, February 23, 2023.

29. Yang Jie, "TSMC's Arizona Chip Plant, Awaiting Biden Visit, Faces Birthing Pains," *Wall Street Journal*, December 5, 2022.

30. Kevin Xu, "Globalization Is Dead and No One Is Listening," *Interconnected*, December 12, 2022, https://interconnect.substack.com/p/globalization-is-dead-and-no-one.

31. Robert Casanova, "The CHIPS Act Has Already Sparked $200 Billion in Private Investments for U.S. Semiconductor Production," Semiconductor Industry Association, December 14, 2022, https://www.semiconductors.org/the-chips-act-has-already-sparked-200-billion-in-private-investments-for-u-s-semiconductor-production/.

32. Camila Domonoske, "2022 Was a Big Year for EV Battery Plants in the U.S. How Big? $73 Billion Big," NPR, December 30, 2022, https://www.npr.org/2022/12/30/1145844885/2022-ev-battery-plants#:~:text=All%20told%2C%20the%20group%20counted,previous%20record%2C%20set%20in%202021.

33. Olivia Evans, "Ford, SK On Bringing 5,000 Jobs to Kentucky with Massive Electric Vehicle Battery Park," *Louisville Courier-Journal*, December 5, 2022.

34. Harry Moser's testimony before the US-China Economic Security Review Commission, June 9, 2022.

35. "Reshoring Initiative 2022 Data Report," Reshoring Initiative, https://reshorenow.org/blog/reshoring-initiative-2022-data-report/.

20장 "그래, 멕시코, 우리 좀 살려줘"

1. Walmart 2022 Annual Report.

2. Sandy Dietrich and Erik Hernandez, "Nearly 68 Mil- lion People Spoke a Language Other Than English at Home in 2019," United States Census Bureau, December 6, 2002, https://www.census.gov/library/stories/2022/12/languages-we-speak-in-united-states.html.

3. Alexander Burns, "Choice Words from Donald Trump, Presidential Candidate," *New York Times*, June 16, 2015.

4. "Trump: NAFTA Is 'Worst Trade Deal Ever Made,'" *Bloomberg Quicktake*, October 1, 2018.

5. Interview with Shannon K. O'Neil, November 21, 2022.

6. Robert Koopman, William Powers, Zhi Wang, and Shang-Jin Wei, "Give Credit Where Credit Is Due: Tracing Value Added in Global Production Chains," National Bureau of Economic Research, Working Paper No. 16426, September 2010, Appendix A, 7–8, http://www.nber.org/papers/w16426.

7. United States Census Bureau, "Trade in Goods with Mexico," https://www.census.gov/foreign-trade/balance/c2010.html.

8. United States Census Bureau, "Trade in Goods with China," https://www.census.gov/foreign-trade/balance/c5700.html.

9. Shannon K. O'Neil, *The Globalization Myth: Why Regions Matter*(New Haven: Yale University Press, 2022), chapter 4.

10. City Is Shaping the Future of Global Trade," *New York Times*, January 9, 2023, B1.

11. *Ibid*

12. Data from Prologis.

13. Carolina Gonzalez and Maya Averbuch, "Tesla to Build Northern Mexico EV Plant, AMLO Says After Musk Call," *Bloomberg*, February 28, 2023.

14. Mexican Ministry of Economy data.

15. Greg Miller, "Container Shipping's 'Big Unwind': Spot Rates Near Pre-COVID Levels," *FreightWaves*, December 27, 2022.

16. See, for example, Pinelopi K. Goldberg and Tristan Reed, "Is the Global Economy Deglobalizing? And If So, Why? And What Is Next?" Brookings Papers on Economic Activity, March 29, 2023, https://www.brookings.edu/articles/is-the-global-economy-deglobalizing-and-if-so-why-and-what-is-next/.

17. For two excellent treatments of this development, see Rana Foroohar, *Homecoming: The Path to Prosperity in a Post-global World*(New York: Crown, 2022), and O'Neil, *The Globalization Myth*.

18. Peter S. Goodman, "How Columbia Sportswear Is Loosening Its Ties to Asia," *New York Times*, October 26, 2023, B1.

19. Peter S. Goodman, "Chinese TV Maker Sharpens Focus on Europe," *Washington Post*, December 13, 2004.

21장 "이런 일은 안 하려고 하거든요"

1. Aaron Klein, "Not All Robots Take Your Job, Some Become Your Co-worker," *Brookings*, October 30, 2019.

2. James Bessen, "Scarce Skills, Not Scarce Jobs," *The Atlantic*, April 27, 2015, https://www.theatlantic.com/business/archive/2015/04/scarce-skills-not-scarce-jobs/390789/.

3. Peter S. Goodman, "The Robots Are Coming, and Sweden Is Fine," *New York Times*, December 28, 2017, A1.

4. Karen Weise and Noam Scheiber, "Amazon Workers on Staten Island Vote to Unionize in Landmark Win for Labor," *New York Times*, April 2, 2022, A1.

5. Jodi Kantor and Karen Weise, "How Two Best Friends Beat Amazon," *New York Times*, April 3, 2022, A1.

맺는말 "당신을 위해 큰 희생을 하는 것이다"

1. Laura Curtis, "Container Rates Sink Near $1,000 with Demand 'Crashing,'" *Bloomberg*, March 2, 2023.

2. Greg Miller, "West Coast Wipeout: Los Angeles, Long Beach Imports Still Sinking," *American Shipper*, March 17, 2023, https://www.freight waves.com/news/west-coast-wipeout-los-angeles-long-beach-imports-still-plunging.

3. *Ibid.*

4. Willy C. Shih, "Climate Regulations Are About to Disrupt Global Shipping," *Harvard Business Review*, October 21, 2022, https://hbr.org/2022/10/climate-regulations-are-about-to-disrupt-global-shipping.

5. Kolja Stehl, Leonard Ng, Matt Feehily, and Sidley Austin, "EU Corporate Sustainability Reporting Directive-What Do Companies Need to Know," Harvard Law School Forum on Corporate Governance, August 23, 2022, https://corpgov.law.harvard.edu/2022/08/23/eu-

corporate-sustainability-reporting-directive-what-do-companies-need-to-know/.

6. Ben Tracy and Analisa Novak, "Drought Affecting Panama Canal Threatens 40% of World's Cargo Ship Traffic," CBS News, August 23, 2023, https://www.cbsnews.com/news/panama-canal-drought-threatens-global-cargo-ship-traffic/.

7. Laura Curtis, "The Backbone of Global Trade Faces Antitrust Questions in US Congress," *Bloomberg*, March 28, 2023.

8. Hearing at US House of Representatives, Committee on Agriculture, "An Examination of Price Discrepancies, Transparency, and Alleged Unfair Practices in Cattle Markets," April 27, 2022, https://www.youtube.com/watch?v=kSqyELfmMUA.

9. Nandita Bose, "White House Renews Pressure on Railroads over Paid Sick Leave," Reuters, February 9, 2023.

10. 'Union Pacific Railroad Reaches Paid Sick Leave Agreements with Eight Labor Unions," company press release, March 22, 2023, https://www.up.com/media/releases/paid-sick-leave-nr-230322.htm.

11. The White House, "Remarks by National Security Advisor Jake Sullivan on Renewing American Economic Leadership at the Brookings Institution," April 27, 2023, https://www.whitehouse.gov/briefing-room/speeches-remarks/2023/04/27/remarks-by-national-security-advisor-jake-sullivan-on-renewing-american-economic-leadership-at-the-brookings-institution/.

12. Peter S. Goodman, "How Geopolitics Is Complicating the Move to Clean Energy," *New York Times*, August 22, 2023, B1.

13. Laura Alfaro and Davin Chor, "Global Supply Chains: The Looming 'Great Reallocation,'" paper prepared for Jackson Hole Symposium organized by Federal Reserve Bank of Kansas City, August 2023, https://www.kansascityfed.org/documents/9747/JH_Paper_Alfaro.pdf.

14. "Clothing Makers Find It Hard to Break with China's Supply Chain," *Bloomberg*.

15. Barbara Ehrenreich, *Nickel and Dimed: On (Not) Getting By in America*(New York: Metropolitan Books, 2001), Evaluation.

찾아보기

신디 샌번 298

◉

아니카 차터-윌리엄스 357
아메리칸 센트럴 트랜스포트 330, 332
〈아메리칸시퍼American Shipper〉 162
아미어 폴 417
아이도 레비 459, 460
아이디얼-X호(컨테이너선) 135~137, 140, 154
아이작 미즈라히 149
아이작 프레스버거 428, 430, 431
아이젠하워 283
아킬 나이르 123
알렉산드라 스티븐슨 145, 482
알리바바 403
애나 바커 39, 40, 61, 390, 398~403
애플 20, 50, 64, 80, 98, 107, 112, 120, 396
앤서니 건터 298~301, 303, 304
앤서니 칠턴 231, 232
앨런 쇼 298
앨버트슨스 463
양밍해운 161
업턴 싱클레어 370, 371
에린 M. 워스 207
에버기븐호 154
에스캔더 야바 418
에이사 휘트니 270
HMM(구 현대상선) 161
APM 터미널 259, 263
F9브랜드 158
FNV헤이븐스(노동조합) 240
F-150(포드 차량) 77, 79, 81

엑시거 393
LG 17, 258
MSRF 161
연방거래위원회 367, 371, 380
연방해사위원회 152, 176, 184, 191~193,
197~198, 206~208, 469
연준 364, 423, 476
영업비율 292
오난(Onan) 101~103
오노 다이이치(大野耐一) 83, 136, 458
OJ커머스 205~207
오퍼레이션 워프 스피드(Operation Warp Speed)
410
왕예핑 48
우드로 윌슨 371
울타뷰티 457
워런 크리스토퍼 53
워크하운드 322
원양해운개혁법 191, 198, 201, 205, 206
월그린 161
월마트 49, 50, 57~59, 62, 120, 144, 145,
153, 161, 184, 199, 285, 393, 428~431,
460, 480
월스트리트 27, 28, 71, 78, 99, 103, 104,
110, 289, 292, 293, 297, 364, 472
월트 보그대니치 99, 485
웨슬리 바티스타 345
웬화 449~451
유급 병가 281, 282, 298, 303, 308~310,
347, 470
유니언퍼시픽철도 273, 290~292, 294, 312
유어건 펌프 206
유연성 96, 111, 160, 230, 233, 425, 457
유연한 인력 96

HOW THE WORLD RAN OUT OF EVERYTHING

공급망 붕괴의 시대

초판 1쇄 발행 2025년 2월 1일
초판 2쇄 발행 2025년 2월 5일

지은이 피터 S. 굿맨
옮긴이 장용원

펴낸이 오세인 | **펴낸곳** 세종서적(주)

주간 정소연
편집 이상희 | **표지디자인** co*kkiri | **본문디자인** 김진희
마케팅 조소영 | **경영지원** 홍성우
인쇄 탑 프린팅 | **종이** 화인페이퍼

출판등록 1992년 3월 4일 제4-172호
주소   서울시 광진구 천호대로132길 15, 세종 SMS 빌딩 3층
전화   (02)775-7012 | 마케팅 (02)775-7011 | 팩스 (02)319-9014

홈페이지 www.sejongbooks.co.kr | 네이버 포스트 post.naver.com/sejongbooks
페이스북 www.facebook.com/sejongbooks | 원고 모집 sejong.edit@gmail.com

ISBN 978-89-8407-858-1 (03320)

· 잘못 만들어진 책은 구입하신 곳에서 바꾸어 드립니다.
· 값은 뒤표지에 있습니다.